학생과 소통하는 행복한 학급 만들기

김현욱
고 전
김민조
박상완
박일수
서현석
이재호
정바울
정상원
정성수
최원석
홍영기
공 저

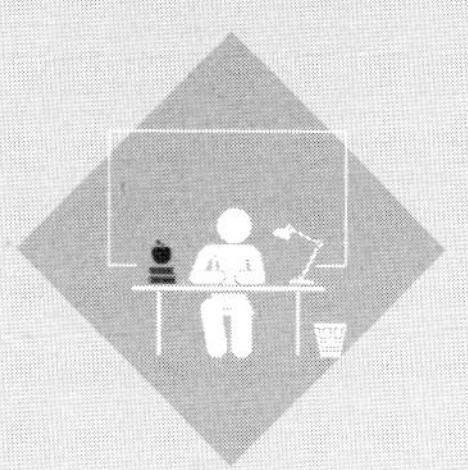

학지사

머리말

교육은 인간의 삶 속에 내재되어 매 순간 일어나는 현상이지만, 동서고금을 막론하고 가장 분명한 목적을 바탕으로 교육활동이 지속적으로 이루어지는 공간은 학급이다. 지식의 전달을 중추로 하던 학급은 점차 사라지고, 이제 학생, 학부모, 교사, 사회가 유기적인 상호작용을 하면서 보다 나은 삶을 지향하는 공공의 장으로 거듭나고 있다.

교사는 학급의 역할과 그 중요성을 인식하고, 보다 원만한 교육이 이루어질 수 있도록 노력해야 한다. 학생들과 함께 행복한 학급을 만들기 위해 이해하고 실천해야 할 내용들을 망라하기는 어려운 일이나, 필수적으로 알아야 할 내용들을 이 책을 빌려 정리해 보았다. 수시로 변화하는 교육 현실과 정책으로 말미암아 계속적인 보충과 수정이 필요한 내용은 지양하고, 비교적 항구적으로 교사가 습득하고 활용할 수 있는 내용들로 구성하고자 노력하였다.

이 책은 크게 학급운영의 기초 영역 및 요소를 다룬 제1부와 행복한 학급을 운영하기 위한 실천적 요소 및 프로그램을 다룬 제2부로 구분된다. 먼저, 제1부에서는 학생존중과 관계형성의 의미를 살피고, 학생의 심리 · 사회적 행동특성에 대한 이해를 도모하며, 교사와 학생의 의사소통 방법을 제안한다. 그리고 학급운영의 법제적 내용을 정리하고, 학급에서 학생의 다양성을 수용하기 위한 방법을 제안하였다. 더불어 학급에서의 의사결정 방법과 문제행동에 따른 소통 전략을 소개하였다.

제2부에서는 학생 인성 지도 프로그램을 예시하고, 긍정적 행동지원 방법과 학부모가 참여하는 학급경영 방법을 제안하였다. 그리고 학급에서 실천할 수 있는 민주시민교육 방법과 회복적 생활교육 방법도 정리하였다.

학생들과 소통하는 행복한 학급을 만드는 것이 매우 중요하다는 사실은 누구나 인정하는 바이지만, 그것을 현재 사회의 복합적인 맥락 속에서 구체화하는 것은 쉬운 일이 아니다. 이러한 이상을 실천할 수 있도록 내용 구성 및 집필에 애써 주신 고전 교수님, 김민조 교수님, 박상완 교수님, 박일수 교수님, 서현석 교수님, 이재호 교수님, 정바울 교수님, 정상원 교수님, 정성수 교수님, 최원석 교수님, 홍영기 교수님께 깊은 감사를 드린다.

2021년 8월
저자대표 김현욱

차례

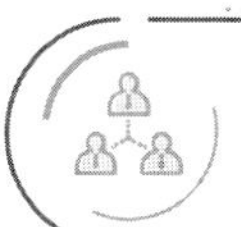

제1부 학급운영의 기초

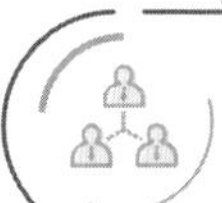

제2부
행복한 학급 만들기의 실제

제1부

학급운영의 기초

제1장

학생존중과 관계형성

홍영기(진주교육대학교)

1. 학급에서 학생존중과 긍정적인 관계형성의 필요성

초등학교에서 학생을 존중하고 긍정적인 관계를 형성하는 일은 왜 중요할까? 교사와 학생 간의 긍정적인 관계형성이 학생 교육을 위해 중요하다는 것은 누구나 공감한다. 교사가 학생을 존중해야만 학생들과 긍정적인 관계가 형성된다. 상식적인 이야기이다. 교사와 학생 간의 불편한 관계는 교사뿐만 아니라 학생에게도 부담스러운 일이고, 의미 있는 학습이 이루어지는 데 장애가 된다. 여기서 교직에 목표가 있는 사람들이라면 '어떤 긍정적인 관계가 이루어져야 하는가?'라는 질문에 대해 학생의 학습 관점에서 살펴보고 이를 학급운영에 적용하는 방법을 찾아내야 한다.

우리나라 초등학교 교육은 학습과 일상생활에 필요한 기초 능력 배양과 기본 생활 습관을 형성하는 데 중점을 두고 있다. 초등교육을 마친 후의 교육 결과와 교육을 받는 6년간의 과정을 학년에 따라 비중은 다르지만 모두 중요하게 다루고 있다. 초등교육과정은 학생들이 가능하면 직접 경험할 수 있는 교육내용을 교과와 연결지어 구성하고 있다. 학생들의 경험을 교과와 맥락화한다는 의미는 학생들의 관심과 흥미가 교과내용을 다룰 때 큰 비중을 차지하고 수업을 운영한다는 것이다. 학생들의 경험, 일상, 관심과 흥미는 정서적인 측면이 강하다. 예를 들어, 학생 자신의 일상의 경험, 관심과 흥미가 수업시간에 다루어지거나 적용되면 학생들의 수업 몰입도는 당연히 증가한다. 반면에 자신의 관심 및 흥미와 동떨어진 수업 내용이나 교사의 무관심은 수업 참여를 방해한다. 즉, 학생들의 관심과 흥미가 수업에 반영되지 않으면 교과 내용을 진행하는 데 어려움이 생기게 된다.

교실 수업은 교사와 학생, 학생들 간의 의사소통을 중심으로 이루어진다. 언어적 또는 비언어적인 의사소통은 교과에 담긴 정보뿐만 아니라 정서적인 교류를 포함한다. 교사의 퉁명스럽거나 날카로운 어조의 설명과 발문은 학생들로 하여금 수업 회피 행동을 증가시킨다. 즉, 교사와 의사소통을 하고 싶지 않은 태도가 형성되며 이는 바로 학습을 저하시키는 요인이 된다. 교사와의 관계뿐만 아니라 학생들 간의 의사소통 관계도 학습에 영향을 준다. 어느 한 학생이 수업시간에 수업과 관련 없는 질문으로 의사소통 분위기를 차단하면 다른 학생들의 수업 참여 정도는 급격히 줄어든다. 교실 내에서 자신을 과시하고 싶은 학생이 많으면 의사소통이 원활하게 이루어지지 않으며 오히려 갈등관계가 조성된다. 학습을 방해하는 또 다른 요인이다.

언급한 정서적인 측면의 교실 수업 사태와 의사소통은 학생들과의 관계형성과 매우 밀접한 관계가 있다. 학생존중을 바탕으로 형성될 때 긍정적인 학급 분위기와 관계가 형성된다. 교사와 학생들 간의 관계가 잘 형성되어 있지 않으면 교과에 대한 학생들의 관심이 급격하게 떨어진다. 학생들의 주의집중도가 오래 지속되지 않기 때문이기도 하지만 언급한 대로 초등학생들은 수업내용을 감정적으로 혹은 정서적으로 접근하기 때문이다. 쉽게 표현하면 자기가 좋아하거나 자신이 경험한 내용과 연관이 있는 내용이 나오거나 혹은 담당 교사와 매우 긍정적인 관계가 형성되었을 때 더 많은 관심을 보이며 학습하고자 하는 태도를 보이는 경향이 있다. 사회적 · 정서적 · 심리적으로 수업을 대하기 때문이다. 또한 교사를 통해 교과의 세계를 경험하고 입문하기 때문에 교사와의 긍정적인 관계는 학습에 절대적인 영향을 끼친다.

학생존중과 이를 바탕으로 하는 긍정적인 관계형성 방법은 교육학에서 항상 중요하게 다루어지는 영역이다. 많은 연구를 통해 교실이라는 특수성을 중심으로 심리학적 또는 사회학적 접근을 통해 다양한 해결방안이 제시되어 왔다. 이 장에서는 시각을 조금 달리하여 '교실이라는 공간에 1년 동안 비자발적으로 만나 이루어진 집단'에서 어떤 일들이 일어나며, 교사는 이러한 현상을 어떻게 이해하고 대처해야 하는지를 '소집단역학(small group dynamics)'의 관점에서 조망해 보고자 한다. 달리 말하면 학생을 존중하고 긍정적인 관계를 형성하는 방법은 다른 관점에서도 설명과 대처방법의 모색이 가능하다는 의미이다. 물론 목표점은 '학생존중과 긍정적인 관계형성'으로 동일하다.

따라서 이 글에서는 학급의 특징을 살펴보며, 교사와 학생 간의 역할분담, 규범 설정, 가치 있게 삼아야 하는 행동, 갈등해결 전략 등 학년 초에서 학기 말에 이르기까지 교사가 이끌어야 하는 전략을 집단발달 또는 집단역학이라는 관점에서 살펴보고자 한다. 이 글의 초점은 학생들과의 긍정적인 관계를 형성하는 데 영향을 주는 요인과 대처방안을 교사의 리더십 측면에서 알아보는 데 있다.

참고로 학급집단의 특성과 역동성을 논의하면서 개념과 설명이 중복되어 진술되는 경우가 있다. 그 이유는 학급 내에서 일어나는 한 가지 현상에 대한 설명이 각기 다른 관점에서 조망될 수 있기 때문이다. 또한 학급 내의 여러 가지 현상이 순차적으로 구분지어 일어나는 것이 아니라 복합적인 요인에 의해 동시에 일어나기 때문에 분석 또한 다양한 관점에서 진행될 수밖에 없다. 예를 들어, 수업시간에 학생들이 수업에 집중하지 않는 현상은 학생들의 수업에 대한 흥미, 이해력 부족, 교사의 권력(power) 부재, 의사소통 구조의 미성숙, 학급 규범의 미흡 등 여러 가지 요인에 의해 발생되는 현상이다.

2. 학급이라는 집단의 특성

집단이란 "상호작용을 통해 서로 영향을 끼치는 두 명 이상의 개인들"로 정의된다(고재홍 외 공역, 2001: 7). 인간 대부분은 집단을 이루고 산다. 가족, 친척, 이웃, 마을, 국가 등 우리가 속한 곳은 집단이다. 개인이 속한 집단은 개인의 생활양식과 사고방식에 영향을 줄 뿐만 아니라 집단이 속한 지역사회에도 지대한 영향을 끼친다. 우리의 거의 모든 생활은 집단 안에서 이루어진다. 학습하기, 일하기, 생산하기, 놀이하기 등의 활동은 집단적으로 일어난다. 집단 활동을 통해 집단 구성원 간의 관계가 형성된다. 형성된 관계를 통해 상호작용을 하면서 집단 구성원은 공동의 목표와 가치 등을 공유하고 추구하게 된다. 즉, 집단의 구성원은 공동의 목표를 달성하고 긍정적 결과를 확보하기 위해 서로 의존되어 있다(남기덕 외 공역, 2008: 4).

학교 교실[1]도 1년간 유지되는 집단이다. 학교에서는 학생 자신에게 반 배정이나 담임교사의 선택권이 거의 주어지지 않기 때문에 자율적인 집단형성이라고 할 수는 없다. 하지만 학령기 학생 모두는 특별히 예외적인 상황이 아니면 학교라는 집단에 속해 사회생활에 필요한 여러 가지 지식과 기능을 배우게 된다. 한 국가에서 학교라는 집단은 수없이 많은 역할을 수행하며 개인의 이상실현을 위한 준비와 국가가 필요한 인재를 길러 내는 데 중요한 역할을 한다. 현대사회에서 학교 없이 국가가 유지되기는 어렵다. 교사와 학생은 교실이라는 공간에 일정 기간 동안 학급이라 불리는 집단을 형성하며 많은 것을 공유한다. 예를 들면, 학습을 위한 공동의 가치관을 형성하고 이에 공감하며, 교실에서 해도 되는 행동과 하지 말아야 하는 행동 규칙을 정하여 함께 지키려고 노력한다. 교실이라는 집단[2]은 다음의 특징을 갖는다.

첫째, 학생들은 자신이 교실이라는 범주의 구성원이라고 스스로 인식한다. 예를 들어, 'A 초등학교 6학년 1반'의 학생들은 같은 반 급우들 안에 자신이 속하고 있다고 스스로 여기며, 6학년 1반이라는 범주를 만들어 낸다. 예를 들면, 학교행사에서 "각 반별로 모여라."라고 교사가 지시하면 학생들은 자연스럽게 각자 속한 반별로 모이게 된다. 다른 반에 가서 학급을 바꾸는 행동은 거의 일어나지 않는다. 학년 초에 정해진 반이라는 범주에 자신이 속해 있다고 인식하고 그 범주에서 자신의 위치와 역할을 모색하는 경향을 보인다. 물론 학급보다 더 큰 범주인 학교의 구성원임을 전제로 한다. 다니던 학교를 별 이유 없이 바꾸지 않는다.

둘째, 교실이라는 집단은 직접적인 대면을 통해 의사소통을 하는 특징이 있다. 한 교실에서 교사와 학생 또는 학생들 간의 의사소통은 특별한 상황을 제외하고는 대부분 직접적으로 일어난다. 온라인을 통해 수업진행, 학습과제 부여, 공지사항 전

---

1) 이 장에서는 교실과 학급을 같은 의미로 문맥에 따라 혼용하여 사용하였음.

2) Donelson R. Forsyth(2006)가 정의한 집단의 특징을 남기덕 등(2008: 5)이 번역한 『집단역학』의 내용을 중심으로 교실상황을 대비하여 설명하였음.

달, 학교생활 지도 등이 증가하고 있기는 하지만 기본적으로 교사와 학생은 교실이라는 공간에 직접적으로 모여 의사소통을 하며 주어진 과제나 문제를 해결한다. 특히 학생 생활지도에 있어 교사와 학생 간의 정서적 교류와 공감이 전제되어야 하기 때문에 교사와 학생의 만남은 교실 내에서 면대면으로 이루어진다. 학생들 간의 관계형성, 공동의 목표 추구, 학급 내에서 급우 간의 갈등해결 등의 활동 또한 면대면으로 이루어진다. 사실 학생들은 일상의 대부분을 학교 안에서 생활하기 때문에 학교라는 공간에서 직접적으로 의사소통을 하게 되는 특징이 있다.

셋째, 직접적인 의사소통을 바탕으로 교사와 학생들 간의 학습이 일어나기도 하고 규범을 만들기도 하며, 갈등을 해결하는 등 정서적인 교류가 일어난다. 의사소통은 정서적 교류를 바탕으로 하는 상호작용을 의미한다. 교실에서 학생들은 서로의 관계가 협동적이든 경쟁적이든 의사소통 규칙을 만들어 낸다. 즉, 의사소통 규칙 없이 협동적이거나 경쟁적인 상호작용이 이루어지지는 않는다. 이는 의사결정이 이루어지기 힘들다는 의미이기도 하다. 또한 의사소통을 통해 서로에게 영향을 주거나 받기도 한다. 이러한 학생들 간의 상호작용은 상호관계를 형성하게 된다. 상호관계는 서로가 인식하고 있는 심리적 관계를 포함한다. 이를 통해 교실이라는 집단의 정체성을 확립해 나간다. 학기 초에 비해 시간이 흐르면서 학급 내 급우들 간의 상호관계는 강해지는 경향이 있다. 학급의 응집력(cohesiveness)으로 볼 수 있다. 의사소통 체계가 일부 학생들에게 편중되어 있는 경우, 학급의 정체성에 부정적인 영향을 주기도 한다. 의사소통은 학급 내에서 특별한 의미를 지닌 언어적 표현으로부터 몸짓, 안면표정 등의 비언어적 표현을 통해 학급 특유의 의미를 갖는 의사소통 체계를 구축한다.

넷째, 학급이라는 집단에서는 공유된 정체성이 존재한다. 학교 밖의 사람들이 보기에는 반별로 별 차이가 없는 것처럼 보이기도 하지만 학교 내에서 속한 반별로 다른 정체성을 갖는다. 이는 우리 반과 다른 반을 구별하는 기준이 되기도 하며, 학급 내의 집단성을 의미한다. 학급집단이 발달을 하며 형성한 학급 문화와도 밀접한 관련이 있다. 교사의 리더십 유형에 따라 다른 반과는 차이가 있는 정체성을 만들기도 하고 학급 내의 의사소통 체계를 통해 나름대로의 문화를 만들어 내기도 한다. 교사의 리더십과 의사소통 체계는 학급의 정체성 형성에 서로 영향을 주는 요인이다. 때로는 공유된 정체성이 제3자에 의해 인식되는 경향도 있다. “4학년 2반 학생들은 체유시간에 매우 활동적이야.", "5학년 3반은 유난히 협동적이야." 등이 제3자가 인식하는 정체성의 예이다.

다섯째, 합의된 공동의 목표가 있다. 학급은 비자발적인 집단이기는 하지만 본래 학교의 기능과 목적에 부합되는 공동의 목표가 존재한다. 학급의 구성원이 되기 이전에 이미 인지하고 있는 공동의 목표이기도 하다. 학급 내의 학생들이 학년이 진급하면서 바뀌어도 목표 자체는 거의 변하지 않는다. 예를 들면, 교사와 학생 모두 학교에서는 기본적으로 학습을 해야 한다는 암묵적인 동의가 있다. 가장 기본적인 공동의 목표이기도 하다. 교과별 수업목표도 공동으로 공유하는 목표의 예시가 된다. 때로는 교사의 주도로 학급목표를 정하고 이를 지키려고 하는 경향도 있다. 학급의 급훈이 '서로 배려하자'라면 학급 구성원들은 일정 기간 동안 '배려'를 위한 행동을 공동의 목표로 설정하고 상호 의존하며 목표를 수행한다. 또는 학생들의 요구에 의해서 세워지는 공동의 목표를 정하기도 한다. 학급회의 등을 통해 학생들이 규범을 만들거나 학급목표를 세우기도 한다. 학생들의 합의하에 세운 목표가 많을수록 학급은 긍정적으로 발달하는 경향이 있다.

여섯째, 교실에는 역할분담에 따른 구조가 존재한다. 학급 내에는 교사와 학생의 지위가 다른 집단에 비해 명확하게 구분되어 있다. 교사는 다양한 리더십을 통해 교사로서의 지위를 갖고 그 역할을 수행한다. 기본적으로 학급운영, 학생지도, 수업이 대표적인 교사의 역할이다. 학생은 학생으로서의 기본적인 역할이 있다. 교사와 학생의 역할이 바뀌는 경우는 거의 발생하지 않는다. 이러한 교사와 학생의 역할분담으로 인해 형성된 구조는 행동을 규제하는 가치와 규범을 만들어 낸다. 즉, 교사와 학생들 간의 행동 규범과 학급 내에서 가치 있는 행동을 규정하는 데 영향을 준다. 예를 들면, 수업시간에 교사는 교과 내용을 통해 가르치고 학생들은 학습을 해야 하는 역할분담은 학급 내에서는 모두가 공감하는 행동 규범이다. 그 밖에도 시험 시간에 남의 답안지 보지 않기, 수업 중 수업내용과 무관한 잡담 금지, 책상 밑에 껌 붙이지 않기, 복도에서 뛰어다니지 않기 등 수없이 많은 행동 규범이 존재한다. 이미 존재하는 것도 있고 새롭게 만들어 내는 규범도 있다. 학급 구조에 영향을 주기도 하고 받기도 하는 주된 요인이다.

학급이라는 집단의 특징을 간략하게 살펴보았다. 외형적으로 학급은 지극히 안정적인 집단의 모습을 보이기도 하지만 실제 1년 동안 무수히 많은 일이 벌어진다.

학급은 특별한 이유를 제외하고는 스스로의 판단으로 탈퇴할 수 없으며 1년 동안 학생들이 구성원으로 머물러 있는 곳이다. 일정 시간 오랜 기간 동안 학급이라는 정해진 공간에 급우들과 함께 모여 있기 때문에 교실에서는 다양한 정서적 교류가 일어나며 심리적 갈등과 공감이 여느 집단보다 복잡한 양상을 보인다. 이로 인해 교실에서는 학생들이 자신의 역할 인식과 수행, 급우 간 영향력을 끼치는 범위, 갈등해결 등 해결해야 하는 과제가 있는 집단의 특징을 갖는다. 다른 집단과 마찬가지로 학급은 1년 동안 긍정적이든 부정적이든 발달한다. 긍정적으로 발달한다는 의미는 교사와 학생 간의 상호 존중을 바탕으로 하는 관계가 형성되어 학급 구성원들이 공동의 목표 지향적인 행동을 한다는 의미이며, 이는 학생들의 학습에 지대한 영향을 끼친다. 반면, 부정적인 발달은 교사와 학생, 학생들 간의 갈등관계가 해결되지 못한 상태로 인해 공동의 목표를 추구하지 못했다는 의미이다. 학급의 가장 중요한 공동의 목표가 넓은 의미에서 학습이기 때문에 학습 저하의 원인으로 작용하기도 한다. 예를 들면, 집단 따돌림과 같은 학급 내 갈등과 이로 인한 부정적인 교우관계는 학급의 기본 기능인 '학습'을 마비시키기도 한다.

3. 학급이라는 집단의 역학

교실이라는 집단의 구성원인 학생들과 교사는 끊임없는 의사소통을 통해 상호작용하기 때문에 그 안에서는 역동성이 발생한다. 학급에서 발생하는 역동성에 대한 이해는 교사에게 학급 내 현상을 객관적으로 볼 수 있는 안목을 주며 학생들과의 긍정적인 관계형성에 중요한 역할을 한다. 집단역학(group dynamics)[3]을 광범위하게 정의하면 사회 집단 내 또는 사회 집단 간에 발생하는 행동 및 심리적 과정의 체계를 말한다. 최초로 집단을 과학적으로 탐구한 선구자는 사회심리학자 커트 레빈(Kurt Lewin, 1951)이며, 집단구조를 고정된 제 요소의 복합체로서 보는 일반적인 사고방식과는 달리 집단을 힘 또는 권력(power)의 장(field)으로 보았다. 이에 영향을 받은 카트라이트(Dorwin Cartwright)와 완더(Alvin Wander, 1968: 7)는 집단역학을

3) 이 장에서는 교실이라는 집단을 소집단역학(small group dynamics)의 범위로 한정지어 설명하였음.

"집단의 본질, 집단의 발달 법칙, 개인, 다른 집단 또는 더 큰 기관과의 상호관계에 대한 지식을 연구하는 분야"라고 정의하였다(남기덕 외 공역, 2008: 19). 근래 집단역학을 연구하는 학자들은 집단을 한 개의 고정된 조직으로 보는 관점에서 벗어나 개인적 · 사회적 · 문화적인 여러 가지 힘에 의해 합성된 힘(power)의 장(field)으로 생각하여 집단은 변화하고 발달한다고 주장한다. 학급도 마찬가지로 변화하고 발달한다. 학급집단발달에 영향을 주는 요소[4]는 다양하지만 이 장에서는 주로 학급집단 내의 응집력(cohesiveness)과 규범 형성, 권력(power), 갈등(conflict)을 중심으로 살펴보았다.

1) 학급집단의 응집력과 규범 형성

집단은 긍정적이든 부정적이든 발달한다. 학급집단도 마찬가지이다. 집단이 어떻게 형성되었으며, 그 집단의 응집력이 집단발달에 끼친 영향과 집단의 구조를 살펴보아야 한다. 얄롬(Yalom, 1985)은 집단의 응집력은 효과적인 집단을 위한 충분한 조건은 아니지만 필요한 조건임을 강조하였다(고재홍 외 공역, 2001: 574). 페스팅거(Festinger)와 동료들은 집단응집력을 "집단 구성원들로 하여금 집단에 머물도록 하는 힘(power)들의 전체 장(field)"으로 정의하였다(남기덕 외 공역, 2008: 157).

교사를 중심으로 응집력이 강한 학급은 상호 신뢰적 관계를 형성하는 데 유리하다. 응집력이 강한 학급은 학급 구성원이 뭉치는 강도가 강한 일체성과 결속력을 가지며, 학급의 목표 달성을 위해 상호 협력하는 노력의 정도가 강한 특징을 가진다. 반면에 응집력이 약한 학급은 비효율적인 의사소통을 한다. 교사를 중심으로 하는 응집력, 즉 교사의 리더십이 약한 경우 학생들이 목표지향적인 행동을 하지 않는다. 예를 들면, 교사의 학생지도 또는 학습지도에 대한 피드백을 학생들이 잘 수용하지 않는다. 이로 인해 응집력이 약한 학급의 학생들은 학급에 대한 만족도가 낮다. 학급에 불만이 있는 학생 중심으로 응집력이 형성될 때 학급의 문화, 학급 정체감, 소속감이 부정적으로 형성되기도 한다. 학급 내의 부정적인 하위문화는 학급의 주류

4) 집단역학의 주요 주제와 명제 중 학급집단에 주로 적용할 수 있는 부분을 남기덕 외 공역(2008: 32-33)의 내용을 참고하여 제시하였음.

문화에 반발하는 요인이 되기도 한다. 예를 들면, 교사가 과제를 내줄 때 일부 불만이 있는 학생이 다른 학생도 과제 제출을 하지 못하게 방해하는 경우 학급 내의 응집력은 급격히 약화되고 갈등의 요인이 되기도 한다. 또한 응집력은 학급 내의 규범 발달에 영향을 준다. 언급한 바와 같이 규범은 집단구조의 한 요소이다(남기덕 외 공역, 2008: 202). 학급 내에 형성된 규범은 학생들에게 학습활동에 대한 동기를 부여하고 학생들 간의 상호작용을 조직화, 체계화하여 상호 간의 행동을 예측 가능하게 해 준다. 예를 들어, '교사가 교과 내용을 설명할 때는 학생은 우선 경청해야 한다.', '토론을 할 때 학생 상호 간에 존중해야 한다.', '학급의 목표 달성에 협조해야 한다.' 등의 규범을 들 수 있다. 학급 내의 규범은 학생들에게 제약을 주기도 하지만 그보다는 학급 내 질서를 부여하여 오히려 이득을 주게 된다.

2) 학급집단 내의 권력

집단 구성원은 상호작용을 하며 서로 영향을 주고받는데, 상호 동등한 영향을 주고받지는 않는다. 상대방에게 끼치는 영향의 범위와 정도를 권력(power)이라고 한다. 구성원 개인의 관점에서 권력은 한 집단 내에서 자신의 영향력이 미치는 범위를 의미한다. 권력(power)을 많이 가진 구성원이 다른 구성원에게 영향을 더 주게 된다. 프렌치와 레이븐(French & Raven, 1959)은 집단 내 권력의 원천을 '다른 구성원들에게 보상을 주거나 처벌할 수 있는 권력을 가진 구성원', '좋아하고 존경받는 구성원', '구성원들에 의해 합법적인 권위자로 인정되는 구성원', '특별한 기술과 정보를 가지고 있는 구성원'으로 보았으며 이러한 권력을 가진 구성원은 집단 내 다른 구성원보다 더 영향력이 있다고 하였다(남기덕 외 공역, 2008: 312-313). 프렌치와 레이븐(1959)은 권력의 종류[5]를 여섯 가지로 제시하였다. 학급 내에서 교사가 가지는 권력의 유형은 교사의 리더십과도 매우 밀접한 관련이 있다. 교사의 리더십은 학생들과의 관계형성에 절대적인 영향을 준다.

첫째, 보상권력(reward power)은 집단 구성원들에게 주어진 또는 제공된 보상의

5) 프렌치와 레이븐(French & Raven, 1959)이 권력의 기반을 중심으로 하는 권력의 종류를 학급 상황에 대비하여 논의하였음. 문헌은 남기덕 외 공역(2008)과 박병기(1998)의 내용을 참조하였음.

분배를 통제할 수 있는 영향력이다. 교사가 학급 내에서 선행을 한 학생이나 성적 향상이 있었던 학생에게 주어지는 물질적 또는 상징적 보상의 분배를 통제하는 권력을 생각해 볼 수 있다. 교사는 학생을 독려하거나 통제하는 수단으로 보상권력을 사용하기도 한다. 보상권력이 일관성이 없거나 일부 학생들에게 편중될 때 갈등을 조장하는 원인이 되기도 한다.

둘째, 강제권력(coercive power)은 다른 집단 구성원을 강제하거나 처벌할 수 있는 영향력을 의미한다. 강제력이 다른 구성원에게 영향을 줄 수 있는 유일한 수단이라고 판단할 때 사용하는 방법이다. 즉, 강제권력은 다른 구성원에게 영향을 주기 위해 사용하는 강제력이다. 학급의 경우 교사가 학생을 처벌하는 것, 예를 들면 과제를 안 했을 경우 방과후에 남아서 하게 한다든지 학급 내 규범을 지키지 않은 경우 처벌을 하는 것이 이에 해당된다. 반면에 일부 학생이 다른 급우를 괴롭히거나 비난하는 행위도 강제권력에 해당한다. 학급에서 일부 학생이 쓰는 강제권력은 자신이 교사보다 다른 학생에게 영향을 줄 수 없기 때문에 쓰는 영향력으로 볼 수 있다. 학급집단 내 서열이 낮거나 권력이 없는 학생이 다른 급우에게 영향력을 끼치기 위해 흔히 쓰는 방법이다. 강제권력의 영향을 교사보다 일부 학생이 더 많이 가지게 되면 학급의 질서와 규범이 무너지기 쉽다. 교사가 경계해야 하는 부분이다. 교사의 강제권력이 학급의 긍정적인 발달에 도움만 주는 것은 아니다. 지나친 강제권력의 사용은 학생들에게 불안감을 조장할 수도 있다. 학급 내에서 교사는 강제권력보다는 보상권력을 사용하는 것이 대체적으로 학급경영에 유리하다.

셋째, 합법적 권력(legitimate power)은 합법적으로 자신의 명령에 따르도록 요구할 수 있는 승인된 영향력이다. 군대에서 지휘관의 명령할 수 있는 권력, 교통질서를 위한 교통 경찰관의 통제권력, 직장 상사의 업무지시 권한 등을 들 수 있다. 학급 내에서 교사는 수업과 학급경영, 학생지도에 있어 합법적 권력을 가지고 있다. 교사가 학생들의 학습을 위해 내주는 과제나 수업시간에 조용할 것을 요구하는 것 등은 교사가 가지고 있는 합법적 권력이다. 교사는 때때로 보상권력, 강제권력, 합법적 권력을 동시에 사용하는 경우가 있다. 예를 들면, 학생이 과제를 잘 수행하고 수업시간에 경청할 것을 요구하는 합법적 권력을 사용하면서 학생들이 그렇게 수행했을 때 물질적 혹은 심리적 보상을 제공하는 보상권력을 흔히 사용한다. 반면에 강제권력을 주로 사용하는 교사는 학생들이 따르지 않을 경우 제재를 가하게 된다. 학생들은 처벌과 제재를 피하려고 교사의 합법적 권력에 표면적으로 복종하는 경향을 보인다. 교사의 통제력이나 일관성이 결여될 경우 교사의 통제력이 감소할 뿐만 아니라 학급 내의 부정적인 문화가 형성될 수 있다. 요약하면, 교사의 합법적 권력은 학생들이 공감하고 자발적인 책임감과 순응에 의해 수용되었을 때 긍정적인 학급집단의 발달이 이루어진다.

넷째, 참조권력(referent power)은 한 집단 내 대인관계의 중심에 있는 사람이 가지고 있는 영향력이다. 카리스마(charisma)를 가진 사람으로 생각해 볼 수 있다. 남기덕 등(2008: 318)은 카리스마를 "신이 특정한 사람에게 내리는 특별한 힘으로 추종자들이 보여 주는 거의 비이성적 추종과 헌신"으로 설명하고 있다. 참조권력을 지닌 지도자는 집단이 가지고 있는 문제점을 벗어나게 해 주는 영향력을 발휘하고 구성원은 강한 충성심으로 반응하는 상황이 발생한다. 학급집단은 교사가 참조권력을 발휘할 수 있는 상황이 일어나기 어려운 구조이다. 학생들 사이에 심한 갈등 상황이 벌어졌을 때 참조권력이 발휘될 수도 있지만 그보다는 교사가 합법적 권력이나 전문성 권력을 바탕으로 하는 지도력으로 해결하는 것이 효율적이다.

다섯째, 전문성 권력(expert power)은 집단 구성원들보다 월등한 기술과 능력을 가지고 있는 사람이 끼치는 영향력이다. 중요한 점은 다른 구성원이 전문성이 있다고 인정해 주어야 한다. 학급집단에서 대부분의 전문성 권력은 교사가 가지고 있다. 교사의 학급 내 주된 활동이 교과별 학습과 학생지도이기 때문에 교과에 대한 전문성과 학생지도 능력은 교사가 가지는 대표적인 전문성 권력의 예이다. 학생들 또한 교사의 전문성을 인정하고 따른다. 교사의 전문성 권력을 중심으로 학급집단이 발달하는 경향을 보인다. 교과에 대한 교사의 비전문성과 학생지도에 있어 일관되지 못한 행동은 학급집단발달에 부정적으로 작용하여 학급 내 갈등을 일으킨다. 학급 내 상황에 따라 특정한 정보를 많이 가진 학생이 일시적으로 전문성 권력을 가지는 경우도 있다. 예를 들어, 학교에서 반별 음악경연대회가 계획된 경우 담임교사보다 음악적 능력이 뛰어난 학생이 전문성 권력을 갖게 된다. 전문성 권력의 일시적 분산은 긍정적인 집단발달에 기여한다.

여섯째, 정보성 권력(informational power)은 구성원이 필요한 정보를 가진 개인이 정보력을 가지고 다른 구성원에게 끼치는 영향력이다. 대부분 한 집단의 지도자는 구성원에 대한 정보나 집단 내에서 발생한 문제를 해결할 수 있는 정보력을 가지고 리더십을 발휘하게 된다. 학급집단에서 정보성 권력은 학생에 대한 정보를 많이 가지고 있는 교사가 갖게 된다. 정보성 권력은 집단 구성원에 대한 정보를 기반으로 한다는 점에서 전문성 권력과는 차이가 있다.

3) 학급집단의 갈등

집단에서는 갈등이 발생한다. 학급집단에서도 갈등은 발생한다. 집단 내 갈등은 "한 명 또는 그 이상의 집단 구성원의 행동과 신념이 한 명 또는 그 이상의 다른 집단 구성원에게 수용되지 않거나 저항을 계속 받을 때 일어나는 불일치, 불화, 마찰"을 의미한다(남기덕 외 공역, 2008: 493). 의견 불일치 또는 구성원 간의 불화로 발생한 갈등이 증폭되어 집단의 목표가 달성되지 못하기도 하고, 갈등이 해결되어 구성원들의 목표 지향적인 행동을 통해 목표가 달성되기도 한다. 여기서도 지도자의 리더십이 중요한 역할을 한다. 일반적으로 집단 내 갈등은 구성원 간의 불일치 및 불화의 원인과 상관없이 설득이 논쟁으로 바뀌고, 감정이 이성에 앞서고, 집단 내 하위집단 또는 반발집단이 이해관계에 따라 분리되면서 심화된다(남기덕 외 공역, 2008: 494).

한 교실 안에는 자신이 취할 수 있는 결과를 최대화하고 상대방의 결과를 최소화하는 경쟁주의자, 자신과 다른 급우들의 결과를 최대화하려는 협동주의자, 자신의 결과만을 최대화하는 방향으로 동기화되어 있는 개인주의자가 공존한다(남기덕 외 공역, 2008: 500).[6] 예를 들면, 경쟁을 통해 자신의 성적 향상에 집중하는 경쟁을 추구하는 학생, 서로 학습도움을 통해 공동의 학습향상을 추구하는 학생, 급우의 학습에 상관하지 않고 자신의 학습결과만을 추구하는 학생들이 공존한다. 서로 성향과 추구하는 학급의 사회적 가치가 다르기 때문에 이로 인해 갈등이 발생하기도 한다.

학급에는 경쟁과 협동이라는 가치가 공존한다. 경쟁은 "집단 내의 어느 한 구성원의 성공이 다른 구성원이 실패하는 경우에만 가능하게 되는 방식으로 구조화된 수행상황"이다(남기덕 외 공역, 2008: 495). 경쟁의 대표적인 상황이 성적일 것이다.

---

6) 이 부분은 남기덕 외 공역(2008: 500)에서 제시한 한 집단의 구성원이 추구하는 기본적인 사회적 가치관의 내용을 학급집단에 비추어 진술하였음.

'좋은 성적을 받는 학생은 학교생활에 잘 적응하고 자신이 원하는 일을 수월하게 성취할 수 있을 것'이라는 가치가 공동의 목표로 되어 있다. 하지만 좋은 성적을 얻기 위한 교실 상황은 경쟁적이다. 누군가는 상위권의 성적을 얻고 성취감을 느끼지만 누군가는 하위권의 성적을 받고 낙담을 하게 된다. 원하는 성적을 얻기 위한 경쟁관계는 갈등을 일으킨다. 어느 정도의 경쟁은 학급을 활기차게 만들기도 하지만 일반적으로 경쟁은 학생들 간의 상호의존을 저해하는 요인이다.

이 밖에도 갈등을 일으키는 요인은 많이 있다. 교사와 학생들과의 의사소통 방법이나 구조에서도 갈등은 발생한다. 교사가 특정 학생이나 모둠과 의사소통하며 의사결정을 하고 나머지 학생들을 소외시킨다면 이 또한 갈등의 원인이 된다. 의사소통은 학급 내의 규범과 규칙을 만드는 수단이 되기 때문에 원활한 소통 구조를 구축하는 것이 중요하다. 교사가 가지는 권력의 유형과 이로 인한 리더십이 갈등을 조장하기도 한다. 예를 들면, 강제권력을 너무 많이 사용하는 교사의 리더십은 교실 내의 불안감을 조장하여 갈등을 일으킬 수도 있다.

예상하지 못한 상황으로 인해 갈등이 발생하기도 한다. 학급 내에서 도난 사건이 일어나거나 급우 간에 의견 차이로 충돌이 일어나는 경우에 원만한 해결이 이루어지지 않으면 갈등은 지속된다. 학급 내의 갈등은 교사의 리더십, 의사소통 구조, 규범의 부재 등 여러 가지 요인이 동시에 관여하여 발생한다.

4. 학급집단의 발달

교사는 학급을 상호 존중하는 풍토와 긍정적인 관계를 바탕으로 효율적인 학습이 이루어지는 집단으로 발달시켜야 할 책무가 있다. 효율적인 학급은 긍정적인 학습풍토, 구성원 모두가 공유하는 학급규범, 학급 내 역할분담, 학습에 대한 기대감, 효과적인 수업운영, 소집단 협동학습체제 구축, 학부모와 지역사회의 적극적인 지원과 참여 등으로 특징지을 수 있다.

언급한 바와 같이, 학급집단은 학기 초에 구성되어 일 년간 유지되면서 긍정적이든 부정적이든 발달한다. 집단발달에 관한 연구와 이론 중 윌런(Wheelan, 1994)의 집단발달단계별 특징을 학급집단에 비추어 살펴보고자 한다. 앞서 살펴본 학급집단의

특징과 역학을 참조하여 학급집단발달단계별 특징을 대비해 보면 다음과 같다.[7)]

1) 1단계: 의존성과 포용성(dependency and inclusion)

학급이 학기 초에 구성되면 교사와 학생은 서로 친밀도가 낮기 때문에 학생들은 처음 만나는 상황에 다소 긴장하게 된다. 이를 해소하기 위해 학생들은 교사에게 과도할 정도로 의존하게 된다. 윌런(Wheelan, 1994: 64)이 제시한 1단계 집단의 특징을 학급집단에 비추어 살펴보면 다음의 특징이 있다.

- 학생들은 학급집단 내에서 각자의 심리적 안전감에 관심을 갖는다.
- 학생들은 서로 수용되고 포용되는 것에 관심을 갖는다.
- 학생들의 의사소통 방법은 불안정하지만 예의를 갖추어 이루어진다.
- 학생들은 교사가 학급에 심리적 안정감을 제공하고 추구해야 할 목표를 제시할 것을 기대한다.
- 학급의 구조와 목표는 불안정하다.

학급의 문화나 구조가 형성되기 전 단계로 학급 상황 전개가 불확실하다. 이 단계에서 교사는 의사소통 체계를 학생들에게 주지시키고 확립해야 한다. 교사의 리더십과 권력, 학급집단의 규범, 문제해결 방법, 응집력, 학급 통합 등을 주요 이슈로 정하는 것이 유리하다.

2) 2단계: 반의존성과 다툼(counterdependency and fight)

교사와 학생 간, 학생들 간의 갈등이 이 단계의 특징이다. 윌런(Wheelan, 1994)은 갈등을 학급의 응집력을 키우는 데 필수불가결하게 발생되는 요소로 보았다. 바꾸어 말하면, 갈등해결 방법의 실마리를 찾지 못한 학급은 응집력을 갖는 데 어려움을

7) 학급집단발달의 특징을 Wheelan(1994)의 집단발달단계에 비추어 설명하였음.

겪는다. 이 단계에서 학생들 사이에서는 상호 긴장감과 불안감을 회피하기 위해 다툼이 발생하기도 한다. 이는 각자의 역할과 심리적 경계선을 구축하는 과정으로 볼 수 있으며, 이 과정에서 나타나는 현상이 갈등이다. 심리적 경계선을 서로 인정하게 되면 갈등해결의 방법을 상호 인지하게 된다. 이 단계에서 학급은 다음의 특징을 갖는다.

- 추구해야 할 가치의 갈등이 표면으로 드러난다.
- 학급의 목표와 수행과제에 대한 불일치가 발생한다.
- 추구해야 하는 목표에 대한 명료성이 시작된다.
- 교사의 권위나 권력에 대한 저항감이 발생한다.
- 학급 일에 대한 학생들의 참여가 증가한다.
- 발생한 갈등을 해결하려는 노력이 눈에 띄게 증가한다.
- 갈등해결 방법이 모색되면 학급 내의 상호 신뢰와 응집력이 증가한다.

이 단계에서 교사는 학급의 목표, 추구해야 하는 가치, 규범의 설정, 권력의 분배, 각자의 역할분담을 명확히 해야 한다. 갈등을 해결하기 위해 교사가 모든 학생의 의사를 반영할 수는 없지만 민주적인 의사소통 구조를 구축해야 한다. 이를 통해 학급집단의 상호 의존성과 일치성을 확보할 수 있다.

3) 3단계: 신뢰와 구조화(trust and structure)

학급의 갈등단계가 성공적으로 해결되고 나면 학급 구성원들은 상호 신뢰감이 형성된다. '우리'라는 의식이 증가하는 단계이다. 이 단계는 학급의 목표와 구조화 역할분담, 목표 수행 등이 한층 성숙되는 단계이다. 특징을 살펴보면 다음과 같다.

- 학급목표의 명확성과 합의 정도가 두드러지게 증가한다.
- 교사의 역할이 지시적이지 않고 자문 역할로 전환된다.
- 학생들과의 의사소통 구조가 경직되지 않고 유연하다.
- 의사소통의 내용이 과제 지향적이다.

- 학급의 응집력과 신뢰가 증가한다.
- 상호 협력이 증가하며 갈등해결 전략이 효율적으로 이루어진다.

이 단계에서 교사는 보다 개방적이고 과제 지향적인 의사소통 구조를 정착시켜야 한다. 해결하거나 추구해야 하는 과제에 있어 교사는 명확한 방법을 제시해 주어야 한다. 의사소통 구조가 개방적이고 학생들이 모두 공감할 수 있는 구조를 확립해야 하며 의사소통의 내용은 과제 지향적이어야 한다. 교사는 학생들의 심리적 안정감, 학급 내의 위치와 역할 등을 명확하게 해 주어 학급 구조의 안정화에 주력해야 한다.

4) 4단계: 수행(work)

학급의 목표, 구조, 규범이 정해지고 나면 학급은 보다 효율적이고 생산적으로 과제를 수행하게 된다. 학급목표 달성을 위한 과제지향적인 학급으로 전환되는 단계이다. 수행, 생산성, 문제해결, 의사결정이 이 단계의 특징이다.

- 학급 구성원은 학급의 목표를 명확하게 공감하고 공유한다.
- 학급의 의사소통은 과제 수행을 위해 학급 구성원 모두가 참여하는 구조가 된다.
- 상호 피드백을 통해 학급의 효율성과 생산성을 높인다.
- 학급집단의 응집력이 극대화되며, 상호 협력적이다.
- 갈등이 일어나지만 지속되는 시간이 짧아진다.
- 학급 내에 일어나는 갈등해결을 위한 전략을 구축한다.

이 단계에서 교사는 학생들이 보다 효율적으로 과제를 수행하도록 하기 위해 단순한 과제는 교사를 중심으로 진행하여 효율성을 높이고 복잡한 과제는 권력, 즉 결정권을 분산시켜 학생들의 만족도와 생산성을 높이도록 한다.

5) 5단계: 해체(termination)

학급집단은 1년이라는 주어진 시간이 있다. 모든 학급이 각 발달단계를 거치는 것은 아니다. 학기 말이 되면 학생들은 학급이 해체된다는 것을 자연스럽게 안다. 어떤 학급은 1년 동안 갈등을 극복하지 못하고 해체되는 경우도 있다. 내부 갈등이 해소되지 않은 상태로 학기 말을 맞이하면 학생들과 교사의 스트레스가 증가한다. 해체 단계에서는 다음과 같은 현상이 일어난다.

- 학급 구성원은 곧 학급이 해체되고 진급한다는 사실을 인지한다.
- 학급의 결속력이 점차 감소한다.
- 문제를 일으킬 만한 이슈는 거론하지 않는다.
- 학급 구성원들 간의 스트레스와 긴장감이 증가하기도 한다.
- 학급이 성취한 과업에 대한 회고와 반성을 한다.

교사와 학생들의 역할과 학기 초에 세웠던 목표와 과제가 종료된다. 이 단계에서 학생들은 상호 의존도가 급격히 감소하고 1년간의 학급에 대한 반성과 회고가 일어난다. 교사는 성공적인 과업수행과 학습결과에 대하여 칭찬하고, 진급 후 학교생활에 대한 이야기로 새로운 학급집단을 맞이할 준비를 한다.

5. 긍정적인 관계형성을 위한 교사의 자질

지금까지 학급집단의 특징과 발달과정을 중심으로 학생존중과 긍정적인 관계형성을 위한 교사의 역할과 대처방안에 대하여 살펴보았다. 교실이라는 집단은 정서적인 교류를 바탕으로 하는 의사소통이 일어나는 곳이기 때문에 기계적인 대응전략이 적합하지 않은 경우가 발생한다. 예를 들어, 학급 내에서 만든 규칙이라고 할지라도 학생들이 교사를 불신임하거나 부정적인 감정을 일으킬 만한 사건이 일어날 경우 여타의 대처방안이 무용지물이 될 수 있다. 교사의 리더십과 성품이 긍정적인 관계형성의 전제 조건이 된다는 것은 상식적인 이야기이다. 교사가 학생들에게 이상적인 학생이 되어야 한다는 것을 무조건 강요할 수는 없다. 교사가 먼저 학생이 선호하는 교사의 모습을 갖추는 것이 현실적인 대응방안이다. 학생들이 선호하는 교사에 대하여 알아봄으로써 보다 안정적인 정서적 교류를 위한 학급풍토를 마련하는 방안을 살펴보고자 한다.

'학생들은 어떤 교사를 선호할까?'라는 물음은 교직을 준비하는 예비교사들에게는 매우 중요한 관심사이다. 어떤 교사도 학생들과 불편한 관계를 맺는 것을 원하지 않는다. 긍정적인 관계형성이 성공적인 교직생활에 밑거름이 된다는 것을 누구보다도 더 잘 알기 때문이다. 교사로서의 자질 중 성품이 기본적이고 필수적인 조건이지만 충족조건은 아니다. 성품 외에도 학급경영과 수업능력 등 두루 갖추어야 하는 일이 많다. 예비교사로서 자신의 성격을 바꾸는 일이 쉬운 것도 아니다. 또한 모든 교사가 획일적으로 같은 성격과 성품을 지녀야 하는 것도 아니다. 다양한 교사를 만나면서 학생들이 관계 맺기 기술을 습득하는 것도 학교라는 사회에서 이루어져야 한다. 그렇지만 교사로서의 성품을 지니도록 부단히 노력해야 하는 것은 당위성의 문제이다. 학생들이 성장과정에 따라 교사를 어떻게 인지하는지에 대한 내용을 살펴보면 좀 더 구체적인 사항을 발견할 수 있다.

초등학교와 중등학교에서 학생들이 기대하는 교사의 역할은 연령에 따라 인지하는 교사상과 교과목을 대하는 태도로 인해 차이가 있다. 예를 들면, 〈표 1-1〉과 같이 초등학교 교육은 '경험화 단계'라 칭한다. 학생들의 일상과 교과의 내용이 맥락화하는 교육을 의미한다. 즉, 학생들의 일상생활과 경험한 내용이 교과의 내용과 연계되어 수업이 이루어지는 경향이 강하다. 저학년과 고학년의 경우 정도의 차이가 있기는 하다.

저학년 학생들은 교사를 인지하는 방식이 부모나 보호자를 인지하는 방식과 동일한 경향이 있다. 즉, 교사도 자신의 부모나 보호자와 같이 친절하고 항상 자신을 돌봐 줄 것이라는 기대감을 가지고 있다. 학생들의 경험과 일상이 수업에 들어온다는 점과 대부분의 학생이 교사를 대하는 태도가 부모나 보호자를 인지하는 방식과 동일하다는 점으로 인해 교사와 학생 개개인의 정서적 관계가 중요한 역할을 한다. 이로 인해 교사와 학생들의 정서적 관계가 교과의 선호 정도에 큰 영향을 준다. 교사와의 관계가 불편하면 교과 내용에 대한 태도도 부정적일 수 있다는 의미이다. 이러한 이유로 초등교사는 학생으로부터 교실 수업이 출발하고 학생이 교과에 호감

표 1-1 초 · 중등 교육과정의 비교

구분	초등교육	중등교육
교육과정의 의미	• 경험	• 내용
교과와의 관계	• 교과에 호감 형성(liking) • 아동에서 출발	• 교과 스타일 형성(knowing) • 교과에서 출발
교사 · 학생 · 교과의 관계	• 교사 · 학생 관계를 기초로 학생 · 교과 관계에 영향을 끼치고자 함 • 개인적 · 정서적 관계	• 교사 · 교과 관계를 기초로 학생 · 교과 관계에 영향을 미치고자 함 • 사회적 · 인지적 관계
교수학습	• 일차적 경험: 직접경험 • 자기방식, 주관적	• 이차적 경험: 간접경험 • 교과의 방식, 객관적

출처: 정광순 외(2019: 22).

을 가질 수 있도록 가능한 한 정서적 유대를 가지려고 노력한다. 예를 들면, 초등교사는 수학교과의 분수 개념이 학생의 일상생활에 어떻게 적용되는지를 꾸준히 강조하며 일상을 바라보는 안목을 키우기 위해 노력한다. 초등학교 연령의 학생들이 교사와 교과를 대하는 이러한 태도는 사회적 · 정의적 인지발달단계의 특성으로 인한 차이이다.

중등학교 교육은 '개념화 단계'라고 부른다. 직접 경험하지 않아도 개념을 이해하고 적용하는 인지적 발달이 이루어지는 시기이다. 예를 들면, 도덕 교과의 '효(孝)'에 대한 개념 이해를 통해 '효'에 대한 가치관을 확립하고 실천할 수 있는 인지발달이 이루어지는 단계이다. 수학이나 과학교과의 내용 또한 개념을 통해 교과 내용 이해가 가능하다. 중등학교에서는 교사의 교과에 대한 전문성 정도가 학생들의 교과에 대한 지식 습득에 보다 많은 영향을 준다. 학생들은 개념을 통한 교과 내용 습득과 이를 통한 자신의 진로탐색이 가능하기 때문에 교사의 전문성이 정서적인 의사소통보다 많은 영향을 주는 것은 아닌지 추론이 가능하다.

또한 중등학생들은 교과에 대한 경험이 많고 교과 방식대로 사고하는 방법에 익숙하기 때문에 교사와의 정서적인 관계가 영향을 덜 준다. 교과에 대한 깊은 이해가 있는 교사일수록 수업에서 학생들의 호기심을 더 잘 해결해 주고 실생활에 나타나는 여러 가지 현상을 교과의 관점에서 이해하기 쉽게 학생들에게 설명하는 경향이 있다. 그만큼 학생들의 만족도도 높아지고 교과에 대한 관심과 탐구가 더 깊어진다. 요약하면, 초등학교에서는 정서적인 유대관계가 우선하며, 중등학교에서는 교과의 전문성이 먼저 갖추어져야 한다는 것이다. 그렇다고 다른 요인을 간과해도 좋다는 의미는 아니다.

초등학교와 중등학교 학생들의 학습 경향과 교사의 역할을 학생들의 인지발달 특징을 바탕으로 간략하게 살펴보았다. 이와 관련하여 초·중등학생들이 선호하는 교사의 유형에 대한 연구를 살펴보면 다음과 같다. 학생이 선호하는 일반적인 교사상에 관한 연구에서 안길훈(2007)은 정서적인 측면에서, 첫째, 유머감각을 보유하고 수업을 재미있게 하는 교사, 둘째, 자상하고 너그러운(친절, 친근, 미소) 교사, 셋째, 삶의 지혜를 강조하고, 많은 추억을 심어 주며, 학교 안에서뿐만 아니라 밖에서도 관계의 끈을 놓지 않는 교사를 제시하였다.

황찬양(2008)은 초등학생이 선호하는 교사상에 대한 연구에서 학습지도 방법, 생활 지도, 학급경영, 일반적 특성으로 나누어 〈표 1-2〉와 같이 제시하였다.

표 1-2 초등학생이 선호하는 교사상

측면	지도 영역	지도 방법
학습 지도	학습 지도	실제로 경험하는 현장체험학습을 많이 하는 교사
	수업방법	모둠원과 협동하여 학습문제를 해결하도록 지도해 주는 교사
	과제 제시	꼭 필요한 경우만 과제를 내주는 교사
	보충 지도	아침자습 · 점심시간 등을 이용하여 공부하도록 하는 교사
	학력향상 지도	칭찬과 격려를 통해 자신감을 길러 주는 교사
생활 지도	선행 지도	친구들 앞에서 칭찬해 주는 교사
	문제행동 지도	개별적으로 조용히 불러서 타이르는 교사
	개별생활 지도	소질과 적성에 맞는 특기를 신장할 수 있도록 지도해 주는 교사
	학급규칙 지도	한 번 더 기회를 주는 교사

학급 경영	아침자습 지도	스스로 자유롭게 할 수 있도록 해 주는 교사
	일기쓰기 지도	일기는 개인적인 일에 속하므로 상관하지 않는 교사
	자리배치	학생들이 희망하는 짝끼리 앉게 하는 교사
	급식 및 우유급식 지도	자기 기호에 맞게 먹도록 하는 교사
	학급운영 결정	학생의 의견을 들어 보고 그것에 따라 결정하는 교사
	환경 구성	학생들의 취미활동에 관련된 환경 구성을 하는 교사
	청소 지도	학생과 같이 청소하는 교사
일반적 특성	연령	20대 교사
	교사의 언어 사용	수업시간에는 높임말을, 그 외에는 보통말을 사용하는 교사
	용모	늘 단정하고 깔끔한 교사
	성별	관계 없음
	성격	자상한 교사
	인성교육	올바른 사람이 되도록 지도하는 교사
	학생을 대하는 태도	학생을 차별하지 않는 교사
	훌륭한 교사의 자질	학생을 이해하려고 하는 자세를 가진 교사

출처: 황찬양(2008).

황찬양(2008)의 연구 결과를 종합하면, 첫째, 초등학생들은 학생이 주체가 되고 주도적으로 참여하여 활동할 수 있는 다양한 수업방법을 동원하는 교사의 수업을 선호한다. 둘째, 학급에 맞는 학급규칙과 교사의 학급경영 방침을 원한다. 셋째, 숙달된 교수방법을 수업에 적용하는 교사를 선호한다. 전체적으로 학생들과 긍정적인 정서적 상호작용을 전제로 하는 교사의 지도 방법으로 정리할 수 있다. 교사의 리더십 측면에서 전문성 권력과 합법적 권력을 조화롭게 적용하는 교사로 설명할 수 있다.

오경종(2012)의 연구는 중등학교 교사들이 자신의 교직 생활을 회고하며 바람직한 교사의 특성과 그렇지 못한 교사의 특징을 귀납적으로 살펴보았다. 학생들의 응답에 기초한 분석이 아닌 자신과 동료 교사의 모습을 떠올리며 전문적 특성 영역과 개인적 특성 영역으로 나누어 다음과 같은 결과를 제시하였다. 학생들이 인지하는 교사상과는 차이가 있을 수 있지만 교사 자신의 경험을 토대로 학생들이 선호하는 교사상을 도출한 점이 특이하다.

표 1-3 중등학생이 선호하는 교사상

바람직한 교사상			바람직하지 못한 교사상		
	순위	내용		순위	내용
여교사	1	인성과 인품(41.7%)	여교사	1	인성과 인품이 부족한 선생님(37.8%)
	2	교직에 대한 기술 및 실기능력(25%)		2	교직에 대한 기술 및 실기 능력이 부족한 선생님(29.7%)
	3	교직에 대한 태도 및 가치관(16.7%)		3	교직에 대한 태도 및 가치관이 바르지 못한 선생님(13.5%)
	4	정신적 · 신체적 건강(8.4%)		4	정신적 · 신체적으로 건강하지 못한 선생님(10.8%)
	5	교사로서의 일반적 소양(4.2%)		5	교사로서의 일반적 소양이 부족한 선생님(5.4%)
	6	교직에 대한 지식 및 이해(4.2%)		6	교직에 대한 지식 및 이해가 부족한 선생님(2.7%)
남교사	1	교직에 대한 기술 및 실기능력(31%)	남교사	1	교직에 대한 기술 및 실기능력이 부족한 선생님(31.5%)
	2	인성과 인품(28.4%)		2	인성과 인품이 바르지 못한 선생님(25%)
	3	교직에 대한 지식 및 이해(16.4%)		3	교직에 대한 태도 및 가치관이 바르지 못한 선생님(17.5%)
	4	교직에 대한 태도 및 가치관(9.5%)		4	교사로서의 일반적 소양이 부족한 선생님(10%)
	5	정신적 · 신체적 건강(7.8%)		5	정신적 · 신체적으로 건강하지 못한 선생님(7.5%)
	6	교사로서의 일반적 소양(6.9%)		6	교직에 대한 지식 및 이해가 부족한 선생님(5%)

출처: 오경종(2012)의 일부 내용을 재구성하였음.

오경종(2012)의 연구 결과를 분석하면, 현직 중등교사가 교직생활 중 경험한 바람직한 교사의 특성은 남교사는 담당 교과에 대한 전문지식과 실기능력이 높게 나왔으며, 여교사는 인성과 인품, 즉 정의적 특성이 높게 나왔다. 순위를 고려하지 않으면 남녀교사 모두 '교과의 전문성', '인성과 인품', '교직에 대한 태도 및 가치관'이 대부분의 학생이 선호하는 교사의 특성으로 제시되어 있다. 마찬가지로 교사의 전문성 권력과 관련이 깊게 나타났다.

반면에 중등교사가 교직생활 중 경험한 바람직하지 못한 동료 교사의 특징은 남교사는 담당교과에 대한 비전문성이 제일 높게 나왔으며, 여교사는 인성과 인품이 부족한 교사로 나타났다. 마찬가지로 순위를 고려하지 않았을 경우, 남녀교사 모두 '교과의 비전문성', '부족한 인성과 인품', '바르지 못한 교직에 대한 태도'가 학생들이 선호하지 않는 교사상으로 나타났다.

이 장에서는 학생존중과 긍정적인 관계형성에 대하여 학급집단의 특성, 역학, 학급 발달의 관점에서 살펴보았다. 교사의 주도적인 역할을 강조하기 위해 교사의 리더십을 중심으로 학급의 응집력 강화, 갈등의 해결, 규범의 확립, 의사소통 체계의 구축, 학생들이 선호하는 교사의 모습을 강조하였다. 학급집단을 이해하기 위해서는 여기서 언급한 내용보다 광범위한 내용과 관점이 있다는 점을 간과해서는 안 된다. 또한 학생을 존중하고 긍정적인 관계를 형성하는 방법은 집단역학의 관점 외에도 무수히 존재한다. 학급의 심리적 · 사회적 접근도 중요한 영역이다. 학습집단을 조직하는 방법, 학생들의 학습을 위한 학습사태 조성, 학습강화와 보상 방법, 학부모와의 관계 등 고려해야 하는 영역이 존재한다. 그만큼 학급은 다양성과 가변적인 상황이 항상 일어나는 공간이다. 이로 인해 교사는 학급을 고정된 공간이 아닌 역동적인 현상이 항상 일어나는 공간으로 이해하려는 노력을 기울여야 한다.

다음은 현장 교사가 학생들과의 긍정적인 관계형성을 위해 사용했던 전략의 예시이다. 학급집단의 발달 측면에서 현장교사가 활용한 권력의 유형과 갈등의 해결 방법 측면에서 조망해 보았다.

학교현장 이야기

▣ 사례 1: 학생들의 협력 이끌어 내기

학생 개개인과의 긍정적인 관계형성도 중요하지만 학급 전체의 협력적인 관계형성은 무엇보다도 중요하다. 학급은 교사 혼자서 운영하는 것이 아니라 교사와 학생이 함께 운영한다는 인식을 학생들에게 심어 주는 것이 좋다. 예전에는 교사가 지시하고 학생들은 교사의 지시에 따라 일사분란하게 움직이는 학급의 모습을 보면서 통제를 잘하는 유능한 교사라는 인식도 있었지만 바람직한 모습은 아니다. 교실은 교사와 학생 간, 학생들 간의 의사소통이 항상 있는 곳이다. 교사가 바라는 것과 학생들이 바라는 것이 달라 의견 충돌이 일어날 수도 있고 학생들끼리도 의견이 달라 다툼이 발생할 수 있다. 교사는 발생하는 의견 차이나 갈등을 현명하게 해결해야 하며 그 방법 중 하나가 협력적인 분위기의 학급 문화를 조성하는 것이다. 교사는 한 명이고 학생들은 여러 명이기 때문에 교사가 학생들의 협력을 잘 이끌어 내면 학급을 운영하는 데 매우 효율적이다. 다음의 사례는 학생들의 협력을 이끌어 낼 수 있는 방법이다.

첫 번째 전략은 학생들에게 역할을 주는 방법이다. 학급의 주도권을 교사나 특정 학생이 오랜 기간 동안 점유하는 것은 긍정적인 학급문화를 형성하는 데 장애요인이 된다. 교사 초임 시절에는 학급 반장을 뽑아서 교사에 버금가는 권력과 역할을 주었고 학급 봉사위원이라는 이름으로 학급 인원에 따라 5~6명의 위원을 뽑아서 순번으로 반장 역할을 주기도 하였다. 요즘은 한 사람에게 큰 역할을 주기보다는 모두에게 공평하게 역할을 주어 학급 일에 참여하도록 하고 있다. 역할을 맡은 학생이 책임감과 보람을 함께 느끼게 하기 위해서는 교사의 관심과 적절한 칭찬이 필요하다.

- **교사**: 이번 주 책 정리 담당이 누구지요?
- **학생들**: 가희예요.
- **교사**: 음……. 책이 가지런히 정리가 잘되어 있어 보기가 좋구나. 가희 덕분에 선생님이 책 찾기가 정말 수월했어.
- **교사**: 오늘 수업 시간에는 학급 문고에서 찾은 『우리나라 전통 옷 한복』을 읽어 줄게요.

책을 읽어 주는 내내 책 정리 역할을 맡은 가희는 뿌듯한 표정으로 수업에 집중하는 모습을 보였다.

▣ 사례 2: 의견 물어보기

학급에서 일어나는 문제에 대해 학생들의 의견을 물어보는 방법도 학급의 응집력을 키우는 데 효과적이다. 의견을 모으는 형식, 예를 들면 사회를 보는 사람, 기록을 하는 사람, 의사결정 방법 등도 중요하지만 그보다 격식을 좀 갖추어서 둥글게 모여 앉아 서로의 의견을 경청하는 분위기를 만들어 주고 진지하게 대화를 이끌어 나간다. 물론 모아진 의견에 따라 실천하는 것도 매우 중요하다. 다음은 문제행동을 보이는 친구를 어떻게 할지에 대한 의견을 나누는 과정의 예이다.

- **교사**: 민국이가 성훈이와 싸우고 수업시간에 교실에 들어오지 않았어요. 선생님이 민국 친구에게 어떻게 해야 할까요?
- **학생 1**: 다시는 그런 행동을 못하게 따끔하게 혼내야 해요.
- **학생 2**: 혼내기보다는 생각할 수 있는 시간을 줄 수 있게 생각의자를 만들어서 거기에 앉아 있게 해요.
- **학생 3**: 저는 민국이의 행동을 이해해요. 전학 온 지 얼마 안 되어서 학교에 적응을 잘 못해서 그럴 거예요. 저도 처음 전학 왔을 때 민국이와 같은 심정이었어요. 그러니까 한 번 용서해 주고 우리가 잘 적응할 수 있도록 도와줘요.
- **교사**: 다른 친구들 생각은 어떤가요?
- **학생들**: 좋은 생각인 것 같아요. 우리가 도울게요.

민국이는 친구들이 의견을 나누는 동안 책상에 엎드려 울고 있다가 끝날 때쯤에는 친구들의 의견을 함께 들으며 위로받고 있었다. 그 후로는 문제행동을 보이지 않으려고 노력하는 모습이 보였고 다른 친구들도 민국이를 더 이해하려고 노력했다.

▣ 사례 3: 자신이 결정하고 행동하게 하기

학생들이 하고 싶은 일과 교사가 학생들에게 해 주고 싶은 일이 일치한다면 그보다 더 좋을 순 없다. 하지만 학생들은 쉬는 시간을 더 달라고 요구하고, 어려운 공부

보다는 재미있는 놀이 시간을 많이 가지고 싶어 하며, 숙제는 없었으면 좋겠다고 바란다. 교사는 아이들의 요구를 무시해서는 안 되지만 아이들에게 휘둘려서도 안 된다. 말 한마디로 아이들이 원하는 대로 하면서 교사가 계획한 모든 일을 실행할 수 있는 방법도 있다.

- **교사**: 아침활동 시간에 무엇을 하면 좋을까요?
- **학생들**: 운동장에 나가서 놀아요.
- **교사**: 좋은 생각이긴 한데 운동장에 나가서 놀기에는 시간이 너무 부족한 것 같은데, 점심시간이 더 기니까 점심 먹고 바로 운동장에서 놀면 어때?
- **진숙**: 점심시간에 나가는 것이 더 좋겠어요.
- **교사**: 책 읽고 친구들에게 소개하기, 책 읽고 그림 그리기, 그냥 책 읽기 중에 하고 싶은 것 한 가지만 정해 보자.
- **진숙**: 저는 그냥 책 읽을 거예요.
- **학생들**: 저희도 그냥 책 읽을 거예요.

교사는 아이들이 아침에 책을 읽기를 바랐고 아이들도 자신이 선택한 활동을 하게 됨으로써 만족스럽게 책 읽기를 시작하게 된다. 교사가 일방적으로 활동을 정한 후 학생들이 수동적으로 따라오게 하는 것보다 항상 학생들에서 선택 1, 2, 3을 제안하고 선택하도록 하면 학생들은 자신이 선택한 일을 하게 되어 만족스럽고 원하는 것이 있을 때 교사에게 떼쓰기보다는 제안을 하게 된다.

- **희재**: 선생님, 오늘은 부모님이 늦게 들어오셔서 숙제하기가 어려워요. 그러니까 오늘 내줄 숙제를 내일 내주시면 안 될까요?
- **교사**: 희재는 선생님과 함께 미리 하고 가면 어떨까?
- **희재**: 시간이 오래 걸리지 않으면 그렇게 해요.

학생들과 1:1 시간을 갖는 것은 매우 의미 있는 시간이다. 여러 명과 함께할 때는 느끼지 못했던 친근감과 편안함을 느끼게 함으로써 교사와 학생은 라포르를 형성하게 되어 앞으로 그 학생과의 긍정적인 관계형성에 도움이 된다. 만약 교사가 다루기 힘든 학생이 학급에 있다면 여러 가지 빌미를 마련하여 1:1 시간을 가져 보는 것이 좋다.

▣ 사례 4: 고자질을 증가시키는 교사의 행동

교사의 행동으로 인해 학급에서 갈등을 일으키는 행동이 증가할 수도 있다. 어느 날 갑자기 고자질을 하는 학생들이 부쩍 늘어났다면 교사가 이런 행동을 하지 않았나 생각해 볼 필요가 있다.

- **진숙**: 선생님, 만수가 내가 읽던 책인데 말도 없이 가져가서 보고 있어요.
- **교사**: 만수야, 진숙이가 먼저 보던 책을 말도 없이 가져가면 어떡하니? 얼른 돌려주세요.

무엇이 잘못되었을까? 바로 고자질한 학생 편에서 교사가 나서서 문제를 해결해 준 것이다. 진숙이의 사례를 지켜본 아이들은 앞으로 조그마한 일도 교사가 나서서 해결해 주기를 바라게 되고 나아가 교사를 통해서 평소 미운 행동을 한 학생을 혼내 주려는 생각을 가지게 된다. 이러한 사태를 막으려면 어떻게 해야 할까?

- **진숙**: 선생님, 만수가 내가 읽던 책인데 말도 없이 가져가서 보고 있어요.
- **교사**: 진숙이가 보던 책을 만수가 말도 없이 가져가서 황당했겠네. 그럼 진숙이가 만수한테 가서 내가 보던 책이니까 먼저 보고 준다고 말해 보지 않을래?
- **진숙**: 네, 그렇게 말해 볼게요.

교사는 진숙이가 만수에게 하는 행동을 주의 깊게 관찰한다. 만수도 분위기를 파악했기에 순순히 미안하다며 책을 돌려주게 된다. 이후로는 사소한 문제가 생기면 아이들 스스로 해결하려고 노력하게 될 것이다.

요약

- 학급에서 학생을 존중하고 긍정적인 관계를 형성하는 일은 학생들의 학습력 극대화와 사회화에 목적을 두어야 한다. 학생들의 긍정적인 관계형성을 위한 다양한 관점과 전략이 존재한다. 그중에서 학급을 집단이라는 관점에서 조망할 필요가 있다. 왜냐하면 인간의 모든 생활은 집단 속에서 이루어지고 학급도 집단의 특징을 가지고 있기 때문이다. 학급집단도 발달을 하며 그 과정에서 다양한 현상이 일어난다.

- 학급이라는 교실은 다음과 같은 특징을 갖는다. 첫째, 학급이라는 집단 내에서 학생들은 스스로 교실이라는 범주의 구성원이라고 인식한다. 둘째, 직접적인 대면을 통해 의사소통을 한다. 셋째, 의사소통을 통해 학습을 하며 규범을 만들기도 하고 갈등을 해결한다. 넷째, 공유된 정체성이 존재한다. 다섯째, 합의된 공동의 목표가 있다. 여섯째, 교사와 학생들 간에 역할분담에 따른 구조가 존재한다.

- 학급이라는 집단에는 역학이 발생한다. 학급은 정체되어 있는 공간이 아니라 다양한 학생이 모여 있는 역동적인 공간이기 때문이다. 학급집단의 역학은 학급집단을 발달시키며 이에 영향을 주는 많은 요소 중 학급집단의 응집력과 규범 형성 과정, 학급집단 내의 권력, 학급집단에서 발생하는 갈등을 교사는 리더십을 가지고 긍정적으로 발달시키는 데 주력해야 한다.

- 학급집단은 발달한다. 발달단계는 의존성과 포용성, 반의존성과 다툼, 신뢰와 구조화, 수행, 해체 단계로 나누어지며 학생들과의 긍정적인 관계형성을 위해서는 각 단계마다 교사가 수행해야 할 역할이 있다.

- 긍정적인 관계형성을 위한 교사의 자질로는 초등학교와 중등학교가 다소 차이가 있다. 초등학교는 일반적으로 정서적인 유대관계가 중요하며 중등학교는 교사의 전문성이 더 많은 비중을 차지하는 경향이 있다. 하지만 정서적 유대관계와 교과 전문성 모두 교사가 갖추어야 하는 자질이다.

토론주제

1. 교사의 자질은 타고나는 것일까? 훈련되는 것일까? 학생들과의 관계형성에 관한 이슈가 제기될 때마다 항상 논의되는 내용이다. 물론 정답이 있는 것은 아니지만 관점에 따라 다른 교사의 역할을 요구하게 된다. 학생을 존중하고 좋은 관계를 형성하는 것은 교사의 타고난 성품인가? 아니면 훈련될 수 있는 것일까?

2. 저학년 학생들은 자신의 감정을 세밀하게 표현하지 못한다. 감정이 세분화되지 않은 탓도 있겠지만 표현하는 방법도 서툴다. 이로 인해 교사와 의사소통이 처음에는 잘 이루어지지 않는다. 다음의 사례는 초등학교 저학년을 담임하고 있는 교사의 경험이다. "학생들에게 자신의 감정을 말해 보라고 하면 가장 많은 대답이 '재미있다'이다. 일기에도 맨 마지막 문장은 항상 '재미있었다'로 끝맺는 경우가 많다. 학생들의 감정을 자세히 들여다보면 각양각색인데 왜 표현을 해 보라고 하면 한두 가지로 표현되는 것일까? 학생들의 자세한 감정을 파악하지 못하다 보니 의사소통에도 어려움이 있다." 교사와 의사소통을 위해 학생들이 자신의 감정을 자유롭게 표현하게 하기 위한 교사의 전략에는 무엇이 있을까? 교사의 권력(power) 측면에서 논의해 보자.

3. 매번 수업과 관계없는 질문을 습관적으로 하는 학생이 있다. 교사와 다른 친구들의 관심을 받고 싶어서 그러는 경우가 대부분이다. 선생님이 자신에게 집중하고 있다고 동료 친구들에게 자랑하고 싶은 의도도 있다. 교사가 그 학생의 질문에 계속 답을 해 주기 시작하면 다른 학생들은 교사가 편애를 하고 있다고 생각하기 때문에 학급 분위기는 급속도로 저하된다. 또한 수업내용과 상관없는 질문이 이어질 때 다른 학생들은 자신이 방해받고 있다는 생각으로 해당 학생을 멀리한다. 규범 측면에서 교사의 대처방법에 대하여 논의해 보자.

참고문헌

박병기(1998). **장이론(場理論) Lewin**. 서울: 교육과학사.

안길훈(2007). 학생들의 선호-교사상(選好-教師像)에 대한 내용분석적 연구. **교육행정학연구, 25**(4), 117-140.

오경종(2012). 중등학교 교사들의 교직생활 회고를 통한 바람직한 교사상에 대한 고찰. 인천대학교 교육대학원 석사학위논문.

정광순, 홍영기, 강충열, 조상연, 김세영, 이주영, 이한나, 이윤미, 최보인, 김경하, 박희원(2019). **2015 개정 교육과정에 따른 초등학교 통합교과 교육론**. 서울: 학지사.

황찬양(2008). 초등학생이 선호하는 교사상에 관한 연구: 울산광역시 초등학교 4·5·6학년을 중심으로. 부산교육대학교 교육대학원 석사학위논문.

Forsyth, D. R. (2001). *Group dynamics* (3rd ed.). Boston, CA: Wadsworth. 고재홍 외 공역 (2001). **집단역학**. 서울: 시그마프레스.

Forsyth, D. R. (2006). *Group dynamics* (4th ed.). Boston, CA: Wadsworth. 남기덕 외 공역 (2008). **집단역학**. 서울: 시그마프레스.

Wheelan, S. A. (1994). *Group processes: A developmental perspective*. Needham Heights, MA: Allyn and Bacon.

제2장

학생의 심리 · 사회적 행동특성

박일수(공주교육대학교)

1. 개관

인간은 사회 속에서 타인과 관계를 맺으며 성장한다. 인간은 사회적인 동물로서, 부모, 교사, 또래, 의미 있는 타자(significant others)로부터 영향을 받으며 성장한다. 이와 같이 인간은 개인의 사회적 및 문화적 환경 속에서 심리 · 사회적 행동 특성을 형성하게 된다.

심리 · 사회적 특성(psychosocial characteristics)은 개인의 사회적 및 문화적 환경과 관련된 개인의 심리적 발달을 의미한다. 개인의 심리적 및 사회적 측면은 개인의 사회적 조건, 정신적 및 정서적 건강과 관련이 있다. 인간은 주변 환경과의 상호작용을 통하여 자아개념과 자아존중감을 형성하게 된다. 학생은 부모, 교사, 형제, 자매, 또래 등과 상호작용하는 과정에서 친사회적 행동과 반사회적 행동 특성을 표출한다.

친사회적 행동(pro-social behaviour)은 다른 사람에게 유익을 주는 의도적이고 자발적인 행동으로 정의된다. 친사회적 행동은 정서적 건강, 긍정적 대인관계, 학업

등과 같이 성공적이고 적응적인 발달과 성취를 가늠하는 지표로 사용된다. 친사회적 행동의 대표적인 사례는 자원을 나누거나 기부하는 행동, 다른 사람을 돕는 행동, 봉사와 협력, 어려움에 처한 사람 위로하기 등이 있다. 이러한 행동은 공감, 관점 채택 능력, 도덕적 추론 등과 같은 사회적 역량을 전제로 한다. 친사회적 행동에 필요한 사회적 역량은 가정에서의 부모나 형제와의 관계, 학교에서의 또래나 교사와의 관계에서 비롯되는 다양한 유형의 사회적 상호작용을 통해 발달된다. 친사회적 행동은 생애 초기부터 부모와의 애착과 상호작용을 통해 발달하기 시작하여 초등학교를 입학하면서 빠른 속도로 증가하다가 청소년기부터 증가가 둔해지는 경향을 보인다(박종효, 김진구, 윤영, 2017: 26).

한편, 반사회적 행동(anti-social behaviour)은 다른 사람들에게 부정적인 방식으로 영향을 미치고 공동체 생활의 질을 저하시키는 이기적이고 수용될 수 없는 모든 활동을 의미한다(김순양, 2010: 2). 반사회적 행동 특성은 생의 초기에 시작되어 청소년기와 성인기까지 이어지는 특성이 있다. 반사회적 행동 특성은 초등학교 초기에 시작되며, 반사회적 행동은 청소년 비행으로, 청소년 비행은 성인범죄로 이어지고 있다(김태련, 1992: 172). 대표적인 반사회적 행동의 사례로는 절도, 파괴, 방화, 거짓말, 무단결석, 가출 등과 같은 극단적인 문제행동, 폭력, 범죄, 비행 등이 있다. 반사회적 행동은 초기의 부적절한 부모의 양육태도, 학업실패와 사회적 거부, 가정폭력 목격, 학대 경험, 학교폭력 가해 경험, 그리고 친구의 반사회적 행동에 의하여 영향을 받는다(김태련, 1992: 4; 이지언, 정익중, 백종림, Byambaakhuu, 2014: 142).

교사는 학생의 친사회적 행동과 반사회적 행동 특성에 관심을 가질 필요가 있다. 왜냐하면 학생의 친사회적 행동과 반사회적 행동은 학생의 자아정체성 및 자아개념에 영향을 끼칠 뿐 아니라 수업과 생활지도를 포함한 학급운영에 중요한 영향을 끼치기 때문이다. 친사회적 행동의 증가는 공격성이나 거짓말, 훔치기, 약물남용과 같은 문제행동의 감소로 연결된다. 청소년의 긍정적 행동의 촉진은 비행 행동에 대한 예방적 접근과 함께 자연스럽게 청소년의 부정적 행동을 감소시키는 효과가 있다(김학령, 김정화, 정익중, 2011: 262).

교사가 교실 내외에서 학생들의 친사회적 행동을 조장하고 반사회적 행동을 감소시키게 되면 효과적인 수업을 전개할 수 있을 뿐만 아니라 학생 개인은 교사 및 또래와의 성공적이고 긍정적인 상호작용 경험을 통하여 원만한 자아를 형성하는 데 기여할 수 있다. 이와 같이 학생은 교실과 교실 밖에서 타인과 사회적인 관계를 맺으며 성장한다. 단위 학교에서 학생들의 심리사회적 행동 특성에 대한 이해는 학생과 소통하는 행복한 학급을 만드는 데 필요한 지식이라고 할 수 있다.

친사회적 행동과 반사회적 행동을 포함한 학생의 심리사회적 행동 특성은 에릭슨(Erikson)의 심리사회적 발달이론과 밀접하게 관련되어 있다. 에릭슨은 인간이 사회 속에서 타인과 관계 맺게 되는 사회적인 관계를 중심으로 심리사회적 발달이론을 제시하였다. 이 장에서는 에릭슨의 심리사회적 발달이론을 살펴보고, 학령전기의 사회정서적 발달, 초등학교 시기의 사회정서적 발달, 청소년 시기의 사회정서적 발달특성에 대하여 살펴보았다.

2. 에릭슨의 심리사회적 발달이론

에릭슨의 이론은 심리적 발달 원리와 사회적 발달 원리를 연관시키기 때문에, 심리사회적 이론(psychosocial theory)이라고도 부른다(강갑원 외 공역, 2013: 54). 에릭슨의 심리사회적 발달이론은 자아(ego)에 초점을 두고 출생 시부터 사망에 이르기까지의 전 생애 과정을 8단계로 나누고, 각 단계에서의 성공 경험의 중요성을 제시하였다. 그는 사회적 상호작용의 관점에서, 개인의 심리사회적 위기에 대한 성공과 실패 경험에 따라 각기 정반대의 성격이 형성된다고 가정하였다. 이러한 심리사회적 위기는 다른 사람과의 관계와 관련이 있으며, 개개인의 성격 형성에 영향을 준다. 학생은 심리사회적 발달단계의 성공과 실패 경험에 따라서 자아개념, 자아정체성, 친사회적 행동 등을 형성하게 된다. 또한 인지능력이 발달하면서 자아개념, 타인과의 상호작용 방법, 사회성 등도 함께 발달한다. 에릭슨의 심리사회적 성격 발달단계는 〈표 2-1〉과 같다.

표 2-1 에릭슨의 심리사회적 성격 발달단계

단계	연령	심리사회적 위기	중요한 관계	심리사회적 중요 행동
1	출생~18개월	신뢰감 대 불신감	어머니 또는 어머니 역할자	얻기 받아 주기
2	18개월~3세	자율성 대 수치심과 의심	부모 또는 양육자	붙들기 내보내기
3	3~6세	주도성 대 죄의식	가족	따라 하기 가장놀이 하기
4	6~12세	근면성 대 열등감	이웃, 학교	만들기 함께 만들기
5	12~18세	정체감 대 역할 혼미	동료, 지도자	자기 되기 함께 하나 되기
6	성인 초기 (18~35세)	친밀감 대 고립감	친구, 이성, 경쟁자, 협력자	타인 속에서 나를 찾거나 나를 잃어 버리기
7	성인 중기 (35~65세)	생산성 대 침체감	직장, 가족 구성원	보살피기
8	성인 후기 (65세~)	통합성 대 절망감	인류, 우주 만물	과거를 통한 현재 확인 무존재 직면

출처: 강갑원 외 공역(2013: 54).

에릭슨 이론에서는 환경의 역할을 강조한다. 환경은 위기를 일으키는 원인이 되기도 하고 위기를 해결하는 방식을 결정하기도 한다. 성격 및 사회성 발달의 단계는 타인 그리고 사회 전체와의 지속적인 상호작용을 통해 진행된다. 상호작용의 처음 1단계부터 3단계까지는 무엇보다도 부모와 다른 가족 구성원들과의 상호작용이 중요하지만, 4단계(근면성 대 열등감)와 5단계(정체감 대 역할 혼미)가 되면 학교가 중요한 역할을 하게 된다(강갑원 외 공역, 2013: 57).

1) 신뢰감 대 불신감(basis trust vs. mistrust)

첫 번째 심리적 단계는 타인에 대한 신뢰감 발달이다. 이 시기는 출생부터 18개월에 해당된다. 신뢰감은 최초의 양육자에 의해 따뜻한 보살핌을 받거나, 유아가 울고 있을 때 적절히 돌봐 줄 경우 형성된다. 이 시기에 가장 중요한 사람은 어머니 또는 어머니 역할을 하는 사람이다. 왜냐하면 어머니는 음식과 애정에 대한 욕구를 충족시켜 주는 사람이기 때문이다. 만약 어머니가 일관성이 없거나 거부적이면 그 어머니는 유아에게 즐거움이 아니라 좌절의 근원이 된다. 이 시기에 형성된 불신감은 아동기에서 성인기까지 지속되기도 한다(강갑원 외 공역, 2013: 55).

학교나 교사에 대한 학생의 불신감은 유아기에 발달한 불신감과 관련이 있을 수 있다. 그러므로 교사는 학생이 신뢰감을 형성할 수 있는 환경을 조성해야 한다. 예를 들면, 학생이 친구와 교사의 행동을 예측하고, 일관성 있게 학교 생활을 할 수 있는 규칙을 마련하는 것이 필요하다. 한편, 불신감이 매우 심각한 상태의 학생이라면, 교사는 이 학생에게 따뜻하고 관심 어린 보살핌을 제공할 필요가 있다. 결국, 교사는 학생들에게 교실은 안전하고 사랑이 있는 장소라는 믿음을 주어야 한다(구광현 외 공역, 2006: 106).

교실에서 신뢰성을 추구하기 위한 전략은 다음과 같다. 먼저, 학생들이 교실에서 일관성 있게 생활할 수 있도록 학급규칙을 설정하고, 그것을 일관성 있게 적용한다. 둘째, 하루의 시작과 끝을 조정하는 일과를 마련한다. 이것은 학생들에게 교실의 일과 활동을 예측할 수 있게 함으로써 학생들의 신뢰감을 향상시킨다. 셋째, 또래의 신뢰관계에 기초하여 소집단 또는 팀을 구성한다. 학생들은 또래와 시간을 보내는 시간이 많기 때문에, 상호 신뢰로운 분위기 속에서 상호 존중하는 교실 환경을 조성해 주어야 한다(구광현 외 공역, 2006: 107).

2) 자율성 대 수치심과 의심(autonomy vs. shame and doubt)

두 번째 심리적 단계에서 아동은 자기 일을 하거나 자율적으로 활동하기를 원한다. 이 시기는 18개월부터 3세의 유아기에 해당된다. 자율성에 대한 욕구는 실제로 안전한 상황에서 이루어져야 한다. 이 시기의 유아는 여러 개의 상반되는 충동 사이에서 스스로 선택하려고 하며, 이러한 과정을 통하여 자신의 의지를 표현하려고 한다. 즉, 자율성을 가지려고 하는 것이다.

이 단계의 목적은 자아존중감을 잃지 않고 자기통제력을 습득하는 것이다(구광현 외 공역, 2006: 106). 이 시기의 유아는 근육발달로 인하여 대소변의 통제가 가능해지며, 자기 발로 서서 걷게 되면서부터 자기 지위를 혼자서 열심히 탐색하게 되고, 음식도 남의 도움을 받지 않고 자신의 힘으로 먹으려 한다. 이러한 자율성은 이들의 언어에서도 발견된다. 예를 들어, '나', '내 것' 등의 말을 자주 하며, 특히 '싫어'라는 말을 사용함으로써 자기주장을 한다(김충기, 2003: 105).

독립심과 자기통제력을 형성하기 위해서 가장 중요한 과제 중의 하나는 배변 훈련이다. 예를 들어, 유아는 대소변 훈련을 통하여 때와 장소를 가릴 줄 알도록 해야 하며, 이러한 과정에서 유아는 사회의 기대나 압력을 경험하게 된다. 만일 대소변 훈련에 실수하거나, 걷기 및 뛰기와 같은 신체적 통제와 자조 기능이 충분히 발달하지 못하거나, 사회적 기대에 적합하게 행동을 원활하게 수행하지 못하면 수치심과 의심을 갖게 된다.

학급에서 자율성을 추구하기 위한 전략은 다음과 같다. 첫째, 아동이 자율성을 훈련하는 환경은 신체적인 안전성이 보장되어야 한다. 특히 아동들이 상처를 입지 않도록 안전에 주의해야 한다. 둘째, 결과를 예견할 수 없는 상황의 아동에게 벌을 주지 않도록 주의해야 한다. 아동이 자율적으로 행동할 때 그들이 의도하지 않았는데도 넘어지고, 옷이 찢어지거나 부딪힐 수도 있다. 이러한 학생들의 행동을 허용할 때, 이들의 자율성을 발달시킬 수 있다. 이러한 학생을 벌하게 되면 자율성 발달을 저해할 수 있다(구광현 외 공역, 2006: 107).

3) 주도성 대 죄의식(initiative vs. guilt)

아동은 자율성이 성장함에 따라 새로운 일에 도전하고 싶어 하는 주도성이 발달하게 된다. 이 시기는 3세부터 6세의 유아기에 해당된다. 이 시기의 아동은 어떤 목표나 계획을 수립하고, 이것을 달성하기 위하여 성공하려고 노력한다. 아동의 행동은 목적 지향적이며 경쟁적인 형태로 나타나고 상상적인 측면도 포함된다.

이 시기의 아동은 그들의 세계에 대하여 많은 질문을 하게 된다. 언제나 호기심을 가지고 '왜'와 '무엇' 등에 관하여 탐구하게 된다(구광현 외 공역, 2006: 107). 한편, 이 시기의 아동은 자신의 큰 계획과 희망들이 결국에는 실패할 수밖에 없다는 것을 깨닫게 되면서, 죄의식을 느끼게 되고 이러한 충동이나 환상을 억제하게 된다(김충기, 2003: 105).

교사는 학생의 주도성을 형성하기 위하여 다음과 같은 전략을 사용해야 한다. 첫째, 학생을 많이 칭찬한다. 둘째, 또래 친구를 행동의 모델로 활용한다. 셋째, 학생에게 놀이의 기회를 충분히 제공한다. 역할극은 학생의 주도성 형성에 긍정적인 영향을 미친다. 넷째, 학생이 새로운 것을 시도할 수 있는 기회를 제공한다. 성공과 실패도 중요하지만 무엇인가 시도해야 한다는 것을 강조한다. 다섯째, 학생이 토의 주제에 대하여 질문하거나 초청 연사로 말할 기회를 제공한다. 이것은 미래에 학생의 주도성을 가질 수 있도록 격려하는 기능을 한다(구광현 외 공역, 2006: 108).

4) 근면성 대 열등감(industry vs. inferiority)

이 시기는 자아 성장의 결정적인 시기에 해당한다. 이 시기는 6세에서 12세의 초등학생 시기이다. 이 시기의 학생은 기초적인 인지 기술과 사회적 기술을 습득하게 된다. 학생은 가족의 범주를 벗어나 더 넓은 사회에서 통용되고 유용한 기술을 배우려고 노력하며 이것들을 숙달시킨다. 만약 이 시기에 근면성이 순조롭게 발달하지 못하고 또래들과의 놀이에서 실수나 실패하게 되면 어린이는 부적절함과 열등감을 느끼게 된다(김충기, 2003: 106).

에릭슨은 학생 스스로 모든 일에 실패했다고 느끼며 근면성 없이 초등학교를 졸업하는 학생에 대하여 우려하였다. 여기서 '모든 일'은 학문적 성취뿐만 아니라 취미, 스포츠 활동, 교사와의 긍정적 관계, 친구와의 우정을 포함한다.

학급에서 근면성을 추구하기 위한 전략은 다음과 같다. 첫째, 학생의 능력 범위 내에서 도전할 수 있는 과제를 제공함으로써, 실패를 경험하지 않도록 주의해야 한다. 둘째, 사소한 것이라도 학생의 성취를 칭찬해야 한다. 동료들끼리 서로 잘한 것을 칭찬해 주고 교사도 말과 글로 피드백을 제공한다. 셋째, 개별 학생의 취미나 특별한 기술을 발표하도록 한다. 학생이 가진 전문적인 지식을 공유하게 하는 것이다. 넷째, 학생의 다양한 문화적 배경을 교실로 옮겨 옴으로써 자아존중감을 높일 수 있도록 한다. 다섯째, 학생이 그들의 성취를 다른 학생들과 공유할 수 있도록 일지를 쓰게 한다. 여섯째, 학생이 '어떻게 해야 내가 다른 아이들을 이길 것인가'에 초점을 맞추기보다, 자신에게 합리적인 목적을 세우는 습관을 지니게 하고, 자신을 위한 자기-경쟁을 격려하도록 한다. 일곱째, 학생이 폭넓고 다양한 재능과 영재성을 인식하도록 격려한다. 가드너(Gardner)의 다중지능이론에 의하면, 영재성은 언어 지능과 논리-수학적 지능뿐만 아니라, 음악 지능, 신체-운동적 지능, 공간 지능, 대인관계 지능, 개인내 지능에서도 발휘된다(구광현 외 공역, 2006: 108).

5) 정체감 대 역할 혼미(identity vs. identity confusion)

이 단계는 청소년기에 해당된다. 이 시기는 12세에서 18세의 중 · 고등학생 시기이다. 이 시기의 학생은 급격한 신체적 변화와 새로운 사회의 압력의 요구에 어떻게 대응할지 몰라서 자기 존재에 대해 새로운 의문과 탐색이 시작된다. 이 시기의 핵심과제는 자아정체감의 확립이다. 이 시기의 청소년들은 자기 자신의 의문에 대한 해답을 찾으려고 부단히 노력하지만 그 해답은 쉽게 얻어지지 않는다. 이에 따라 학생은 고민하고 방황하게 되는데, 이러한 고민과 방황이 길어지면 역할 혼미를 경험하게 된다(김충기, 2003: 106).

이 시기의 학생은 자아정체성을 형성하기 위하여 다음과 같은 행동을 한다. 청소년은 동료집단, 위인 또는 영웅에서 동일시 대상을 찾으려고 노력한다. 그리고 자신의 능력을 시험하기 위하여 여러 단체나 동아리에 가입하거나 다양한 활동에 참여한다. 이 시기는 기본적 신뢰감이 형성되는 1단계 못지않게 중요한 시기이다. 왜냐하면 이 시기에 긍정적인 자아정체감을 확립한 청년은 이후의 단계에서 부딪히는 심리적 위기를 무난히 넘길 수 있지만, 그렇지 못한 청년은 계속 방황하며 때로는 부정적인 정체감을 형성하게 되기 때문이다(김충기, 2003: 106-107).

이 시기의 학생들은 또래를 판단 기준으로 삼게 된다. 이들은 서로 비슷한 점을 이해하는 동시에 모든 사람과 다른 유일한 존재란 점을 알게 된다. 청소년은 자신의 개성을 발견하고 명확히 하고 싶어 한다. 이들은 자신의 정체감을 형성하기 위하여 다양한 성적, 직업적, 교육적 역할들을 경험한다(구광현 외 공역, 2006: 111).

학급에서 학생의 정체성을 추구하기 위한 전략은 다음과 같다. 첫째, 자아정체성을 탐색할 기회를 충분히 제공해야 한다. 예를 들어, 자신에 대한 자서전을 쓰는 활동을 제공한다. 둘째, 자아정체성과 관련된 민족적 배경에 대하여 토론할 기회를 제공한다. 셋째, 학생의 자아존중감을 향상시킨다. 학생의 부정적인 자아를 긍정적 자아로 변하게 하도록 격려해야 한다. 넷째, 학생의 정체성 발달을 위하여 협동 및 협력의 기회를 제공한다. 다섯째, 자신의 장점과 약점을 스스로 평가함으로써, 자신을 특별한 개체로 인식하도록 한다(구광현 외 공역, 2006: 115).

6) 친밀감 대 고립감(intimacy vs. isolation)

자신이 누구인지 그리고 어떤 사람이 될 것인가를 알게 되면, 자신의 삶을 다른 사람과 공유하는 단계가 된다. 이 시기는 18세부터 35세의 성인 초기 단계이다. 학생은 다른 사람들과 우정, 성, 경쟁, 협동의 동반자로서 신뢰감과 친밀감을 나누는 새로운 관계를 형성하게 된다(강갑원 외 공역, 2006: 56).

이 시기에는 타인과의 관계에서 친밀감을 형성하는 것이 중요한 과업이다. 즉, 이 시기에는 진실하고 친밀한 인간관계의 발달이 중요하다. 이 시기에 친밀감을 형성하지 못하면 고립감을 키우게 되고 타인과의 인간관계나 공동체 형성을 피하게 된다(구광현 외 공역, 2006: 114).

7) 생산성 대 침체감(generativity vs. stagnation)

친밀감이 형성되면 두 사람과의 관심에서 확장되어 그 밖의 사람으로 확장된다. 이 시기는 35세부터 65세의 성인 중기 단계이다. 가정적으로는 자녀를 낳아 양육하게 되며, 사회적으로는 다음 세대를 양성하는 데 관심과 노력을 기울이게 된다. 직업적인 성취나 학문적, 예술적 업적을 통해서 생산성이 발휘된다(김충기, 2003: 107).

생산성은 다음 세대를 생산하고 지도하는 것에 관한 관심이다. 사람들은 자녀를 기르면서 생산성을 형성한다. 창의성이나 생산력으로 정의되는 생산성이 발달하지 않으면, 인간은 침체성을 경험하고 과도한 자기-편견을 갖게 된다(구광현 외 공역, 2006: 114).

8) 통합성 대 절망감(integrity vs. despair)

심리사회적 발달의 마지막 단계에서 사람들은 자신의 삶을 뒤돌아보고 마지막으로 정체성 위기를 해결한다. 이 시기는 65세 이후의 성인 후기 단계이다. 자신의 삶에 대한 책임이 자신에게 있다는 것을 깨닫게 되면 성취, 실패 등을 수용하는 통합성을 형성하게 된다(강갑원 외 공역, 2006: 56).

노년기에 들어서면 지금까지 살아온 자신의 생애를 돌아보면서 가치 있고 보람 있는 삶이었던가를 성찰하게 된다. 이러한 과정에서 자신의 생이 무의미한 것이었다고 느끼게 되면 절망에 빠지게 된다. 그러나 이러한 절망 속에서도 자신이 그때 그럴 수밖에 없었다고 생각하면서 자기 나름대로 인생의 의미를 찾고 보람을 느끼게 되면 인생에 대한 참다운 지혜를 획득하게 된다. 이러한 지혜를 통하여 앞의 7단계인 생산성을 수용하게 되며, 인생 철학으로 통합성을 이루어 나갈 수 있다(김충기, 2003: 107).

피아제의 인지발달단계와 유사하게, 에릭슨의 심리 · 사회적 위기는 모든 사람이 같은 정도로 혹은 같은 시기에 경험하는 것은 아니다. 에릭슨이 제시한 연령의 범위 역시 위기가 해결될 수 있는 가장 적절한 시기를 나타낸 것일 뿐 그 시기에만 가능한 것도 아니다. 예를 들어, 안전한 환경에서 태어나지 못한 아이더라도 안정적인 가정에 입양되거나 가정이 안정적으로 회복된 후에는 신뢰감이 발달할 수 있다. 부정적인 학교 경험 때문에 열등감을 형성한 사람은 시간이 지나면서 새로운 내용을 학습하거나, 자신이 가지고 있는 가치 있는 기술을 발휘하면서 직장생활을 하게 된다면, 근면성 대 열등감의 위기를 해결할 수도 있다.

3. 학령전기의 사회정서적 발달

학령전기 학생들의 사회생활은 비교적 예측할 수 있는 방향으로 일어난다. 사회적 관계는 부모, 다른 가족 구성원, 어른, 그리고 또래 관계로 확장된다. 사회적 상호작용은 집에서 이웃으로 그리고 유치원에서 형식적인 학교로 확장된다. 에릭슨의 심리 · 사회적 성격발달 이론에 의하면 학령전기의 아동은 주도성 대 죄의식의 성격 갈등을 해결해야 한다. 이 단계를 성공적으로 해결한 아동은 적절한 범위 안에서 주도성과 야망을 갖게 된다. 아동들이 주도성을 발달시킬 수 있는 환경을 마련해 주어야 한다. 교사는 아동 스스로 도전하고 성공할 수 있는 기회를 제공할 필요가 있다(강갑원 외 공역, 2013: 63).

1) 또래 관계

학령전기에는 또래가 아동의 사회성 발달과 인지발달에 중요한 역할을 담당한다. 또래 놀이는 학생에게 발달 수준이 자신과 비슷한 다른 아이들과 상호작용의 기회를 제공한다. 또래 놀이 과정에서 학생들 간에 갈등이 발생하게 되며, 이때 양보와 협력으로 또래 놀이가 지속된다. 학생들은 또래 놀이 과정에서 나타나는 갈등이 자신과는 다른 사고, 감정 그리고 관점과 관련 있다는 것을 경험하게 된다. 타인이 자신의 관점과 다른 관점을 가지고 있다는 것을 인식하면서 자기중심성을 극복하게 된다(강갑원 외 공역, 2013: 63).

2) 친사회적 행동

친사회적 행동(prosocial behaviors)은 돌봄, 나눔, 위로, 협력과 같이 다른 사람들을 존중하고 보살피는 학생의 자발적인 행동을 의미한다. 친사회적 행동은 학생의 사회적 발달 및 도덕적 발달과 밀접한 관련이 있다. 아동이 친사회적 행동을 발달시키기 위해서는 다음과 같은 방법을 사용한다. 첫째, 부모는 자녀가 한 행동에 대하여, 그 행동이 타인에게 어떠한 결과를 가져올 것인지를 생각할 수 있도록 훈육해야 한다. 둘째, 부모는 자녀를 온정적으로 대하고, 자녀의 행동에 적극적으로 반응해야 한다. 셋째, 학생들은 주변 사람들로부터 타인에게 관심을 가져야 한다는 것을 배워야 한다. 넷째, 일상생활에서 문제가 발생하면, 폭력적인 해결방법을 사용하지 않고 수용 가능한 대안을 찾을 수 있도록 지도한다. 다섯째, 학생이 칭찬받을 만한 일을 했다면, 이에 대한 칭찬을 한다(강갑원 외 공역, 2013: 63-64).

3) 놀이

학령전기 아동의 또래와의 상호작용은 대부분 놀이 활동에서 일어난다. 학령전기의 놀이 활동은 학생의 상호작용 수준을 발달시키는 데 영향을 준다. 또한 놀이는 아동의 언어적 · 인지적 · 사회적 기술을 훈련시키고, 전반적인 성격발달에 영향을 끼친다. 아동은 놀이를 통하여 구체적 사물을 중심으로 사고하는 것에서 벗어나 추상적인 사고를 하게 된다. 놀이는 틀에 얽매이지 않는 융통성 있는 사고 능력을 제공함으로써 창의성을 향상시킬 수 있다. 놀이는 아동이 현재 가능한 능력 수준 이상의 사고 방법과 활동방법을 자유롭게 탐구하도록 해 준다(강갑원 외 공역, 2013: 64).

학령전기 아동의 놀이는 다양한 요소에 의해 영향을 받는다. 부모와 따뜻하고 안정적인 관계를 맺고 있는 아동은 부모와의 관계가 불안정한 아동보다 또래들과 가상 놀이(pretend play)를 자주 하며, 갈등 상황을 원만하게 해결한다. 학생은 친숙한 또래 또는 동성 또래와 더 잘 어울린다. 학생의 나이에 적합한 장난감과 놀이 활동을 제공하면, 또래와의 상호작용 기술과 놀이 기술이 발달한다(강갑원 외 공역, 2013: 64-65).

4. 초등학교 시기의 사회정서적 발달

초등학교 시기는 에릭슨의 4단계인 근면성 대 열등감의 시기이다. 이 시기의 학생은 '스스로 할 수 있다'는 것을 증명하려고 노력한다. 집중력이 향상됨에 따라 과제에 집중하는 시간이 길어진다. 이 시기에는 독립적인 행동, 집단과의 협동, 공정하면서 사회적으로 수용할 수 있는 방식으로 일하는 능력이 발달하게 된다(강갑원 외 공역, 2013: 65).

1) 자아개념과 자아존중감

초등학생의 자아개념과 자아존중감의 발달은 가정, 학교, 또래 관계에서 영향을 많이 받는다. 자아개념은 우리의 장점, 단점, 능력, 태도, 가치를 인식하는 방법에 해당되며, 자아존중감은 우리의 기능과 능력을 어떻게 평가하는가와 관련이 있다(강갑원 외 공역, 2013: 65).

학령전기 아동은 자신의 키와 성별 등과 같은 물리적이고 물질적인 특성에 따라 자신을 묘사하지만, 초등학교 저학년 학생은 지능, 친절 등과 같은 추상적이고 내재적인 속성에 근거하여 자신을 묘사하기 시작한다. 또한 이 시기의 학생은 자신의 행동이나 타인의 행동을 설명할 때 객관적인 행동보다는 의도와 동기를 중시하게 된다(강갑원 외 공역, 2013: 65).

초등학교 중학년이 되면, 다른 사람들과 비교하여 자신을 평가하기 시작한다. 어떤 학생이 학령전기에 "나는 축구를 좋아해."라고 자신을 표현했다면, 몇 년 후에는 "나는 종국이보다 축구를 더 좋아해."라고 묘사한다. 이와 같이 학생은 나이가 증가함에 따라 사회적 비교(social comparison) 정보를 활용하여 자신의 능력을 평가하고 판단한다. 이러한 경향성은 학문적 자아존중감 발달에서도 발견된다. 학령전기 아동은 자신을 학업 성취나 다른 객관적인 요소와 관계없이 긍정적으로 평가하지만, 이 시기의 학생은 학업 성적에 따라서 학문적 자아개념을 높게 또는 낮게 형성하게 되며, 학업성취에 영향을 끼친다. 이와 같이 초등학생이 되면 처음으로 자신을 다른 사람들과 비교하는 경험을 하게 된다. 한편, 초등학생은 가족이 아닌 성인들의 지도 하에서 공부하고 놀이하는 경험을 하게 된다. 그러므로 성인은 학생에게 성공, 자신에 대한 긍정적 생각, 그리고 공감과 창의성을 길러 주는 경험을 제공해야 한다(강갑원 외 공역, 2013: 65-66).

2) 또래의 중요성 증가

초등학교 시기의 또래 집단은 학생의 사회정서적 발달에 중요한 영향력을 끼친다. 초등학교 시기에 접어들면서, 학생의 우정은 보다 안정적이고 상호적으로 변한다. 이 시기에는 친구를 종종 개인적인 특성("내 친구 영수는 착해.")으로 묘사하며, 우정에 대하여 상호 지지, 보살핌, 충성과 상호 교류의 의미를 부여한다. 우정이 학생에게 중요한 몇 가지 이유가 있다. 첫째, 초등학교 시기의 친구는 기쁨을 함께 나누고 무엇을 같이하는 상대이다. 친구는 또한 새로운 상황에 부닥칠 때 혹은 가족 문제나 어떤 문제가 있을 때 정서적으로 보호해 주는 중요한 자원이 된다. 둘째, 친구는 특정한 인지적 기능을 가르쳐 주거나 모델이 되는 인지적 자원이 되기도 한다. 학생은 또래 관계에서 행위에 대한 사회적 규준, 사회적 상호작용 기술 그리고 성공적으로 갈등을 해결하는 방법을 배운다(강갑원 외 공역, 2013: 67-68).

초등학교 시기에서 가장 중요한 것은 또래 수용 또는 또래 집단 내의 지위와 관련이 있다. 또래 수용과 관련된 요인은 신체적 매력과 인지적 능력을 포함하여 다양한 특성이 영향을 준다. 또래로부터 수용을 받고 인기가 있는 학생은 협동적이고 잘 도와주고 돌봐 주려는 경향이 있다. 반면, 또래들이 싫어하는 아동은 공격성이 높고 사회성과 갈등 해소 능력이 부족한 경향이 있다. 관심을 받지 못하는 아동이나 갈등적인 아동은 특별히 눈에 띄는 행동을 보이지 않으며 또래 속에서의 위치가 자주 바뀐다. 초등학교에서 또래의 수용을 받지 못하거나 거부당하는 학생들은 결석을 하거나, 비행을 저지르거나, 청소년기와 성인기에 정서적이고 심리적인 문제를 유발할 가능성이 있다. 거부당하는 학생 중에 어떤 아동은 폭력성이 높은 경향이 있고, 어떤 아동은 매우 수동적이고 위축되는 경향이 있어서 괴롭힘을 당하기도 한다(강갑원 외 공역, 2013: 68).

5. 청소년 시기의 사회정서적 발달

청소년은 사회적으로나 정서적으로 중요한 변화를 겪는다. 신체적 구조와 인지적 구조의 변화는 초등학교 고학년 학생들의 사회정서적 발달에 영향을 준다. 이 시기의 학생들은 부모가 자신을 사랑한다는 것을 믿지만 자신을 이해하지는 못한다고 생각한다. 초등학교 고학년이 되면서 교사와 학생과의 관계도 차츰 변하기 시작한다. 초등학교 고학년 학생은 가끔 그들의 부모에게 하지 않는 개인적인 이야기를 교사에게 한다. 어떤 학생은 교사를 역할 모델로 선택하기도 한다. 반면, 어떤 학생은 교사에게 대들거나 공개적으로 반항하기도 한다. 이 외에 학교로부터 완전히 멀어져 비행 청소년이 되거나 학교를 그만두는 행동의 조짐을 보이는 학생도 있다(강갑원 외 공역, 2013: 69-70).

1) 정체감 발달

청소년은 자신을 더 자세히 관찰하고 다르게 정의하기 시작한다. 그들은 자신이 생각하고 느끼는 것과 자신의 행동 간에 차이가 있다는 것을 인식하기 시작한다. 그들은 자신의 개인적인 특성을 비판하고 다른 사람들과 비교하며 자신의 모습을 바꾸기 위해 노력한다. 청소년은 다른 사람들이 자신처럼 세상을 보고 세상에 대해 생각하는지 고민한다. 자신이 다른 사람들과 독립적이고 독특하다는 것을 알게 된다. 자신이 생각하고 느끼는 것을 다른 사람들이 충분히 알지 못한다는 것도 알게 된다.

청소년이 자신의 정체감을 성공적으로 획득하기 위해서는 여러 가지 방법으로 정체성을 탐색하고, 수정할 수 있는 기회를 제공해야 한다. 학생이 자신의 정체감을 형성하는 시도에 대하여, 부모, 교사, 동료들은 안정적이고 수용적인 반응을 보여야 한다(강갑원 외 공역, 2013: 70-71).

2) 자아개념과 자아존중감

청소년기에 접어들면서 자아개념과 자아존중감에 변화가 생긴다. 이 시기에는 자신에 대한 추상적 표현이 계속되며, 자기 자신에 대한 표현은 성격 특성(다정한, 불쾌한), 감정(우울한, 기분이 고조된), 개인적인 신념(진보적인, 보수적인)들을 포함한다. 청소년기의 자아개념은 사회자아개념, 가족자아개념, 신체자아개념 등과 같이 세분화된다. 한편, 청소년기의 자아존중감은 아동이 중학교에 입학하고 사춘기가 시작되면서 가장 낮아진다. 이 시기의 자아존중감은 신체적 매력, 또래로부터의 사회적 수용에 영향을 받는다(강갑원 외 공역, 2013: 71).

3) 사회적 관계

청소년기에 들어서면서 우정의 성격에도 변화가 일어난다. 일반적으로 친구와 보내는 시간의 양이 극적으로 증가한다. 청소년은 가족과 지내거나 혼자 지내는 것보다 친구와 보내는 시간이 훨씬 많다. 친구들과 만족스럽고 조화로운 우정을 나누는 청소년은 그렇지 못한 청소년보다 자아존중감이 높고 덜 외로워하며, 더 성숙한 사회적 기술을 가지고 있고 학교생활도 더 잘한다. 청소년은 사회적 지지를 얻기 위하여 또래에게 많은 관심을 둔다. 중학교에 들어가면 동성 친구가 부모만큼 사회적 지지 자원으로 인식되고, 고등학생이 되면 친구들이 사회적 지지의 가장 중요한 자원으로 인식된다(강갑원 외 공역, 2013: 71).

4) 정서적 발달

대부분의 청소년은 정서적 갈등을 경험한다. 이 시기의 학생은 신체상(身體像),

기대되는 역할, 또래 관계에서 빠르고 극적인 변화를 겪기 때문에 정서적 갈등을 경험하게 된다. 초등학교 고학년에서는 정서적 문제가 일반적으로 신체적 · 인지적 · 사회적 발달과 관련되어 있다. 이들은 일반적으로 행복하고 낙관적이지만 또한 또래 집단으로부터 거부, 교우관계, 부모와의 관계, 학교 적응과 관련하여 두려움을 갖고 있다. 이 시기의 학생은 분노, 죄의식, 좌절, 질투와 같은 정서가 발달하게 된다. 교사는 학생에게 이러한 두려움과 정서가 자연스러운 성장 과정의 일부라는 것을 인식하도록 도와주어야 한다. 대부분의 청소년은 정서적 어려움을 일시적으로 경험하고 성공적으로 해결하지만, 어떤 청소년은 이런 스트레스 때문에 비행, 마약 남용, 자살 시도를 하기도 한다(강갑원 외 공역, 2013: 72-73).

5) 반사회적 행동

청소년 시기의 학생들은 장기적으로 부정적 결과를 초래할 수 있는 행동을 하거나 이와 관련된 결정을 할 수 있다. 이것은 청소년기의 문제행동과 반사회적 행동을 유발하게 된다. 청소년기 학생에게 발생하는 반사회적 행동으로는 괴롭힘, 중퇴, 비행, 약물 남용 등의 문제가 발생할 수 있다. 이러한 문제를 예방하기 위하여 이 시기 학생에 대한 지지와 관심, 그리고 이들 학생들을 위한 지원이 요구된다.

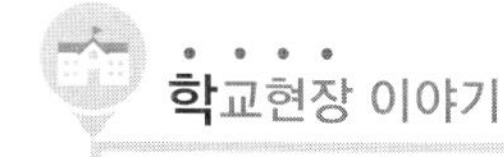

▣ 사례 1

2교시 수학 단원평가가 끝나고 중간놀이 시간이 되었다. 간식을 먹는 아이들, 옹기종기 모여 담소를 나누는 아이들, 운동장으로 나가자고 한껏 소리를 지르는 아이들이 있었다. 그러나 이러한 상황과 달리, '영희'는 시험지를 들고 고개를 숙인 채 한숨을 푹 쉬고 있다. 이러한 영희의 모습을 본 친구들이 영희 곁으로 다가갔다.

뉴질랜드에서의 생활을 이야기하며 아이들 앞에서 한껏 기세등등하던 영희는 늘 수학시간만 되면 표정이 굳어지곤 하였다. 영희는 아버지를 따라 뉴질랜드에서 3학년을 보내고 올해 초 한국에서 4학년으로 재입학한 학생이다.

> "영희야! 무슨 일이야?"
>
> 영희는 눈에 그렁그렁 맺힌 눈물을 떨구며, "나, 수학시험 50점 맞았어. 이대로 가면 오늘 엄마한테 크게 혼이 날 거야……. 어제 엄마랑 비슷한 문제도 여러 번 풀고, 자신 있었는데, 오늘 시험에선 너무 많이 틀렸어."라고 말하였다.
>
> 옆에 있던 영수는 "에이~ 야! 나는 40점이야. 나보다 잘 봤네 뭐~"라고 이야기했으나, 영희는 "난 열심히 준비했는데도 이래, 수학을 너무 못해."라고 하면서 책상 위에 엎어져 엉엉 울고 있었다.
>
> 이 모습을 보고 선생님이 영희에게 다가가 다음과 같이 이야기하였다.
>
> "영희야. 어제 정말 열심히 준비했는데, 생각보다 결과가 좋지 않아 속상했구나?"
>
> "네, 선생님 저는 왜 이렇게 수학을 못할까요?"
>
> "아니야. 선생님이 생각할 때는 영희는 집중력도 좋고, 이해도 잘하는데 시험을 볼 때 너무 긴장을 많이 하는 것 같아. 잘 봐야지 하는 부담감에 영희가 가진 실력을 제대로 발휘하지 못하는 것 같아."
>
> "선생님, 이 시험지 집에 가서 확인받아 오는 거 하기 싫어요."

사례 1에서 만약 영희가 100점을 맞았다면 영희는 스스로를 엄청 자랑스러워하며 어제 연습한 경험에 대해서 매우 긍정적으로 이야기했을 것이며, 얼른 집에 가서 이 사실을 부모님께 알리고 싶어 했을 것이다. 그러나 영희는 수학 시험에 대한 여러 번의 실패 경험을 통하여 열등감을 형성하게 되었다. 이러한 열등감을 극복하기 위하여, 영희의 어머니는 영희가 이런 실수를 반복하지 않도록 사전에 평가 범위를 정확하게 확인해 가며 연습을 시켰다. 이를 통해 영희의 실수가 줄고, 영희가 좋은 결과를 보며 행복해하기를 바랐기 때문이다. 이러한 과정을 통해 얻게 된 영희의 성공 경험은 영희의 근면성 형성에 긍정적인 영향을 미쳤을까?

부모가 잘 준비해 준 길을 그대로 따라가는 아이! 그 길에 있는 아이는 실패보다는 성공의 경험이 많다. 부모의 말을 잘 들으면 늘 결과가 좋기 때문에 문제 상황에 맞닥뜨렸을 때 부모에게서 해결책을 얻으려 한다. 반면에 결과가 좋지 않은 경우에는 부모 탓을 하게 된다. 그러나 이러한 모습은 건강하게 근면성이 발달하는 모습이라고 볼 수 없다.

▣ 사례 2

"오늘은 지구의 날을 맞이해서 'Earth Hour'에 대해 공부하고, 〈북극곰아〉 노래로 우리 반 모두 힘을 모아 뮤직비디오를 만들 거예요. 우리 반 학생이 모두 22명이니까, 노래 가사를 22부분으로 나누어 자신이 맡아서 그리고 싶은 부분을 선택해서 그리기로 해요."

수업이 끝나자 각자 나누어 맡은 부분을 완성해서 한 명씩 제출하였다. 지구를 사랑하는 마음, 북극곰을 걱정하는 마음을 담아 자신의 방식으로 그린 그림들로 책상 위가 가득했다.

그러나 영희는 그림을 완성하지 못했다.

"선생님! 저는 집에 가서 그려 오면 안 될까요? 지금 생각만 하다가 시간이 모자라서 다 못했어요."

다음날, 영희는 집에서 과제로 해 온 그림을 책상 위에 올려놓았다. 아이들은 너무나 멋진 그림이라며 영희를 칭찬하였다.

사례 2에서 우리는 두 가지 경우를 예측할 수 있을 것이다. 한 가지는 영희가 집으로 돌아가 스스로 열심히 과제를 완성해 온 것이고, 다른 한 가지는 부모나 타인의 도움을 받아 과제를 완성해 온 것이다. 과제를 완성해 왔다는 결과는 같을 수 있으나, 두 가지의 성공 경험은 영희의 근면성 발달에 서로 다른 영향을 미칠 것이다.

초등학교 시기는 근면성이 발달하는 시기이다. 근면성은 스스로 개인적, 사회적으로 의미 있는 목표를 추구하는 가운데 사회 환경에 적극적인 영향을 발휘할 수 있는 자신감이다(안범희, 2009). 따라서 부모가 아이의 일을 대신 해 주기보다는 아이가 스스로 자신의 일을 준비하고, 실패의 경험을 하게 되었을 때 받아들이는 연습을 하도록 도와줄 필요가 있다. 실패는 아이에게 부정적인 영향만 주는 것이 아니라 이 실패를 어떻게 받아들이고 대처하는가에 따라 긍정적인 경험을 줄 수도 있다. 학생이 학습과정에서 경험하게 되는 또 다른 성취(마음가짐의 변화, 노력, 해결방안 제시 등)에 대해서 아낌없이 칭찬해 주게 되면, 근면성이 형성될 수 있다. 아이의 건강한 심리적 발달을 위해서 부정적인 실패의 경험을 하지 못하도록 방지하는 것이 아니라 아이의 능력 범위 안에서 도전 가능한 과제를 제시하여 성공의 경험을 하도록 하는 것이 보다 중요하다. 학생이 학습과정에서 실패의 경험을 하게 되더라도 실패를 통해서 무언가를 배울 수 있도록 도와줄 필요가 있다.

요약

- 에릭슨은 심리사회적 발달의 8단계를 제시하였다. 에릭슨에 의하면, 사람의 사회 · 심리적 행동 특성은 사회적 환경과의 상호작용을 통해서 형성되는 특별한 심리사회적 위기에 의해 영향을 받는다. 사람의 심리사회적 행동 특성은 환경과 상호작용하고, 갈등과 위기를 해결할 수 있는 능력과 함께 발달한다. 에릭슨의 심리사회적 발달단계는 다음과 같다.

  1단계: 신뢰감 대 불신감(출생~18개월)
  2단계: 자율성 대 수치심과 의심(18개월~3세)
  3단계: 주도성 대 죄의식(3~6세)
  4단계: 근면성 대 열등감(6~12세)
  5단계: 정체성 대 역할 혼미(12~18세)
  6단계: 친밀감 대 고립감(성인 초기: 18~35세)
  7단계: 생산성 대 침체감(성인 중기: 35~65세)
  8단계: 통합성 대 절망감(성인 후기: 65세 이상)

- 에릭슨의 심리 · 사회적 성격발달 이론에 의하면 학령전기에 주도성 대 죄의식의 성격 갈등을 해결해야 한다. 학령전기에는 또래가 아동의 사회성 발달과 인지발달에 중요한 역할을 담당한다. 또래와의 상호작용은 대부분 놀이를 하는 동안에 일어난다. 놀이는 아동의 언어적 · 인지적 · 사회적 기술을 훈련시키고, 전반적인 성격발달에 영향을 끼친다. 학생의 나이에 적합한 장난감과 놀이 활동을 제공하면, 또래와의 상호작용 기술과 놀이 기술이 발달한다.

- 에릭슨의 심리 · 사회적 성격발달 이론에 의하면 초등학교 시기는 근면성 대 열등감의 성격 갈등을 해결해야 한다. 이 시기의 학생은 '스스로 할 수 있다'는 것을 증명하려고 노력한다. 집중력이 향상됨에 따라 선택한 과제에 더 많은 시간을 사용할 수 있다. 이 시기에는 독립적인 행동, 집단과의 협동, 공정하면서 사회적으로 수용할 수 있는 방식으로 일하는 능력을 발달하게 된다. 이 시기의 학생은 추상적이고 내재적인 속성에 근거하여 자신을 묘사하기 시작한다. 또한 이 시기의 학생은 자신의 행동이나 타인의 행동을 설명할 때 객관적인 행동보다는 의도와 동기를 중시한다. 초등학교 중학년이 되면, 다른 사람들과 비교하여 자신을 평가하기 시작한다. 초등학교 시기의 또래 집단은 학생의 사회정서적 발달에 중요한 영향력을 끼친다. 초등학교 시기에서 가장 중요한 것은 또래 수용 또는 또래 집단 내의 지위이다.

- 에릭슨의 심리 · 사회적 성격발달 이론에 의하면 청소년 시기는 정체성 대 역할 혼미의 성격 갈등을 해결해야 한다. 청소년은 사회적으로나 정서적으로 중요한 변화를 겪는다. 신체적 구조와 인지적 구조의 변화는 초등학교 고학년 학생의 사회정서적 발달에 영향을 준다. 청소년은 자신을 더 자세히 관찰하고 자신을 다르게 정의하기 시작한다. 그들은 자신이 생각하고 느끼는 것과 자신의 행동 간에 차이가 있다는 것을 인식하기 시작한다. 이 시기의 자아존중감은 신체적 매력, 또래로부터의 사회적 수용에 영향을 받는다. 청소년은 사회적 지지를 얻기 위하여 또래에게 많은 관심을 둔다. 대부분의 청소년은 정서적 갈등을 경험한다. 이 시기의 학생은 신체상, 기대되는 역할, 또래 관계에서 빠르고 극적인 변화를 겪기 때문에 정서적 갈등을 경험하게 된다. 어떤 청소년은 이런 스트레스 때문에 비행, 마약 남용, 자살 시도를 하기도 한다.

토론주제

1. 초등학교 저학년 학생이 불안하고 초조해하는 등의 심리적 불안을 겪고 있다고 가정해 보자. 이러한 심리사회적 행동 특성이 에릭슨의 1단계, 2단계, 3단계의 위기 직면 상황에서의 실패 경험에 기인한다면, 교사와 학부모가 이 학생을 어떻게 지도해야 하는지 토의해 보자.

2. 초등학교 중학년 학생은 에릭슨의 심리사회적 발달단계의 4단계에 해당된다. 이들 학생의 근면성은 또래집단의 지위를 통하여 발달할 수 있다. 인기 아동, 거부 아동, 무관심 아동 등을 확인할 수 있는 방법을 조사하고, 이들 학생의 근면성을 형성시키기 위한 방안에 대하여 토의해 보자.

3. 초등학교 고학년 학생 중에서 사춘기에 접어든 학생이 있다. 이들 학생은 정체성 대 역할혼미를 경험할 가능성이 있다. 이들 학생이 긍정적인 자아개념을 형성함으로써 자신의 올바른 정체성을 형성할 수 있는 방안에 대하여 토의해 보자.

4. 에릭슨의 발달단계에 따르면 성공과 실패 경험은 인간의 심리사회적 발달에 영향을 미친다. (예비)교사로서 나는 에릭슨의 발달단계 중 어디에 위치하는가? 나의 발달단계가 친밀감(18~35세) 또는 생산성(35~65세)이라면, 이러한 위기에 직면한 내가 성공하기 위하여 학교 관리자, 동료 교사, 학생, 학부모와의 관계를 어떻게 형성해야 하는지 토의해 보자.

참고문헌

김순양(2010). 청소년의 반사회적 행동에 대한 효율적 대응방안의 모색. **한국사회정책**, 16(2), 1-56.

김충기(2003). **생활지도와 상담**. 경기: 한국학술정보.

김태련(1992). 아동의 반사회적 행동(antisocial behavior)의 관련변인에 대한 연구. **성곡논총**, 23, 171-198.

김학령, 김정화, 정익중(2011). 청소년의 친사회적 행동에 대한 또래집단의 영향력 검증: 또래영향모델과 개인특성모델의 비교를 중심으로. **한국아동복지학**, 36, 261-288.

박종효, 김진구, 윤영(2017). 초등학생의 지각된 인기가 친사회적 행동에 미치는 영향: 또래 연결망 구조의 조절효과. **아시아교육연구**, 18(1), 25-49.

안범희(2009). **성격심리학**(개정판). 서울: 하우.

이지언, 정익중, 백종림, Batzolboo Byambaakhuu (2014). 친사회적 행동과 반사회적 행동에 영향을 미치는 관련변인에 대한 메타분석. **한국아동복지학, 47**, 125-155.

Slavin, R. E. (2011). *Educational psychology: Theory and practice* (10th ed.). Boston: Pearson. 강갑원, 김정희, 김종백, 박희순, 이경숙, 이경화 공역(2013). **교육심리학: 이론과 실제**. 서울: 시그마프레스.

Tan, O. S., Richard, D. P., Stephanie, L. H., & Deborah, S. (2003). *Educational psychology: A practitioner researcher approach*. Belmont, CA: Thomson Learning. 구광현, 심재영, 문정화, 강영하, 조봉환, 김언주 공역(2006). **교육심리학: 실천과 연구의 통합**. 서울: 시그마프레스.

제3장

교사와 학생의 의사소통

서현석(전주교육대학교)

1. 서론

우리는 의사소통을 통하여 서로의 삶을 공유하며 살아간다. 그리고 일평생 동안 겪게 되는 수많은 의사소통의 과정 속에서 다양한 문화적 반응과 판단에 의해 자신의 정체성을 계속해서 새롭게 구성하게 된다. 다시 말해, 우리의 일상적 의사소통은 '나는 누구인가?'를 드러내며, '나'의 정체성을 끊임없이 만들어 낸다는 점에서 중요하다. 의사소통에 투영되는 개인의 고유성 혹은 정체성은 특정한 관계를 맺은 누군가와의 의사소통 과정에서 형성되고 변화하는 것이다(서현석, 2019).

특히 교육은 교사와 학생이 의사소통을 통해 함께 형성해 가는 과정으로서 한쪽의 일방통행으로는 기대하는 목적과 효과를 성취할 수 없고, 교사와 학생의 상호 소통에 기반을 둔다(김정기, 2012). 또한 학교 조직과 같은 교육공동체에서의 의사소통은 공동체의 목표, 가치, 규범 등을 공유하고 실현하기 위한 과정에서 매우 중요하다. 구성원 간의 수평적 상호작용과 헌신, 돌봄, 협동 등을 강조하는 공동체에서 이러한 관계는 기본적으로 의사소통을 기초로 맺어지기 때문이다(박상완, 2005).

초등교사의 하루 일상은 그야말로 '의사소통의 삶'이라고 할 수 있다. 가정에서의 삶을 제외하고도 직장(학교)에서의 거의 모든 활동이 말과 글을 통해 진행되기 때문이다. 예를 들어, 매일 아침 등굣길에서 학생들과의 짧은 만남 또는 교실에서의 조회나 종례 시 교사는 학생들과의 대화를 통해 크고 작은 영향을 미친다. 학생 상담 역시 교사가 하게 되는 중요한 일인데 이것 역시 언어를 통해 내담자와 의사소통하는 과정이다. 더 말할 것도 없이 각 교과를 지도할 때 교사는 말하기와 토론을 통해 지도하며, 끊임없이 읽고 쓰기를 안내한다. 요컨대, 학교와 교실에서 일어나는 온갖 교육 활동의 핵심은 한마디로 표현해서 학생과의 대화, 즉 '교사와 학생의 의사소통'이라 할 수 있다. 급변하는 현 사회에서 교사의 의사소통 능력은 그 어느 때보다도 절실히 요청되며, 학생의 학습 능력 향상, 바른 인성 함양 등을 위해 교육 활동에 임하는 교사에게 핵심적인 능력이라 할 수 있다. 특히 중 · 고등학생에 비하여 언어적, 감정적 특성 등 여러 측면에서 미성숙한 초등학생을 지도하는 초등교사에게 의사소통 능력은 더욱 중요하다(류덕엽, 2014: 5).

그렇다면 지금 우리나라 초등학생들의 삶은 어떠할까? 강경아(2017) 연구에서는 서울 · 강원 · 경기 지역 초등 4 · 5 · 6학년 학생 1,600명을 대상으로 '삶의 의미'에 대해 질문하였다. 그 결과, 초등학생들의 '삶에서 소중한 것'은 가족, 친구, 자신과 선생님 등이 포함된 나와 밀접한 사람(59%)인 것으로 조사되었으며, '감사함을 느낄 때'는 언제인가라는 질문에는 사랑과 인정을 받을 때(53.5%)라고 응답한 비율이 가장 높게 나타났다. 이러한 연구 결과는 초등학생이 느끼는 삶의 핵심 역시, 안전한 환경에서 자신에게 중요한 사람과 좋은 관계를 맺으며 즐겁고 성실하게 살아가는 것임을 파악할 수 있게 한다. 또한 초등학생에게 부모를 비롯한 중요한 타인의 사랑과 칭찬은 삶의 의미를 경험하는 데 매우 중요한 요소로 작용함을 다시 한번 확인할 수 있다. 그러나 현대사회가 급속도로 진행되면서 맞벌이나 이혼의 증가, 핵가족화 등 여러 이유로 지금 우리는 전통적인 가족의 구조와 역할에 큰 변화를 맞이하고 있다. 이로 인해 학생은 가족과 함께 보내는 시간이나 의미 있는 타자와의 지속적인 의사소통의 기회를 점점 더 잃어 가고 있으며, 이는 곧 학생이 성장 과정에서 자연스럽게 습득해야 할 사회적 기술이나 올바른 가치관을 배울 수 있는 일차적 환경이 약화되고 있음을 의미한다.

이러한 사회의 변화 속에서 학교는 몇몇 측면에서 가정과 매우 유사한 구조를 가졌기에 학교 구성원과의 의사소통 과정을 통해 사회에서 지켜야 할 기본규칙과 습관을 자연스럽게 배울 수 있는, 대안적이지만 매우 중요한 학습 공간이 되었다. 즉, 초등학교의 단위 학급은 담임교사의 교육철학과 학급경영 아래 교과지도와 생활지도가 함께 이루어지는 매우 개별적이면서도 보편적인 장소로, 초등학생은 매일 일정한 시간을 교사와 그 공간에서 함께 생활하게 된다. 이러한 현실을 볼 때, 초등학생에게 담임교사는 부모와 더불어 학생에게 지대한 영향을 미치는 존재라 하겠다. 따라서 초등학교 교사는 학생의 일상에서 가장 가까이에 존재하는 성숙한 타인으로서 모범이 되어야 하는 동시에 지속적인 의사소통을 통해 학생이 올바른 인간관계를 맺고 학교생활은 물론 나아가 사회생활에 잘 적응할 수 있는 전인적 인간으로 성장할 수 있도록 도와야 할 것이다.

이러한 생각에 터하여 이 장에서는 인간 의사소통의 특성과 중요성, 교사 화법의 개념 및 범주를 살펴본 후, 학생과 교사의 의사소통의 유형과 구조, 특징, 중요성 등을 개괄하고 미래를 준비하는 교사의 바람직한 의사소통에 관하여 탐색하고자 한다.

2. 인간 의사소통과 교사 화법의 이해

1) 인간 의사소통의 특성

먼저, 의사소통에 관하여 학자들의 정의를 몇 가지 살펴보면, 차배근(1993)은 '하나 또는 그 이상의 생물 개체가 다른 개체와 지식 · 정보 · 의견 · 감정 등을 공유하는 행동의 과정'이라고 하였으며, 이정숙 외(2002)에서는 '사람들과 그들의 환경 사이에서 생각과 느낌 같은 정보가 전달되는 연속적인 순환과정으로 둘 또는 그 이상의 사람들 사이에 사실 · 생각 · 의견 또는 감정의 교환을 통하여 공통적 이해를 이룩하고, 수용자 측의 의식이나 태도 또는 행동에 변화를 일으키게 되는 일련의 언어적 · 비언어적 행동'이라고 정의하였다. 특히 교육 상담 영역에서는 '서로의 감정 · 생각 · 기대 · 처한 상황 등을 나눌 수 있는 통로가 바로 의사소통이며, 이를 통해 인간은 서로를 이해하고, 행동하고, 생각하게 되며 감정의 변화까지 일으킬 수 있다(연문희, 1996)'고 하면서 그 중요성을 더욱 강조하고 있다. 이렇듯 의사소통은 사람들의 대인관계 상황에서 빼놓을 수 없는 활동으로 자극에 대한 차별적인 반응이라는 단순한 개념으로부터 상징을 통한 정보, 아이디어 · 정서 · 스킬 등의 전송, 주어진 환경에서 처신할 방향을 잡고 변화 욕구를 충족시키기 위하여 각종 단서들을 조작하고 변별하는 창의적 활동이라는 개념 등을 포함한다(이숙자, 2009).

이러한 인간 의사소통의 특성 중 하나를 꼽으라고 한다면 '지각의 편향'을 들 수 있다(임택균, 서현석, 2017). 이 말을 달리 표현하면, 인간은 자신의 관점에서 '선택적 의사소통(selective communication)'을 한다는 것이다. 신지영(2014: 20)에 따르면, 모국어를 습득하는 과정은 말소리를 귀로 듣지 않고, 머리로 듣는 연습을 하는 과정이라고 해도 결코 지나친 표현이 아니다. 즉, 모국어를 습득하게 되면서 우리의 귀는 모국어의 의미 있는 차이를 주목하는 데에만 익숙해지기 때문에 '귀'가 익숙해졌다

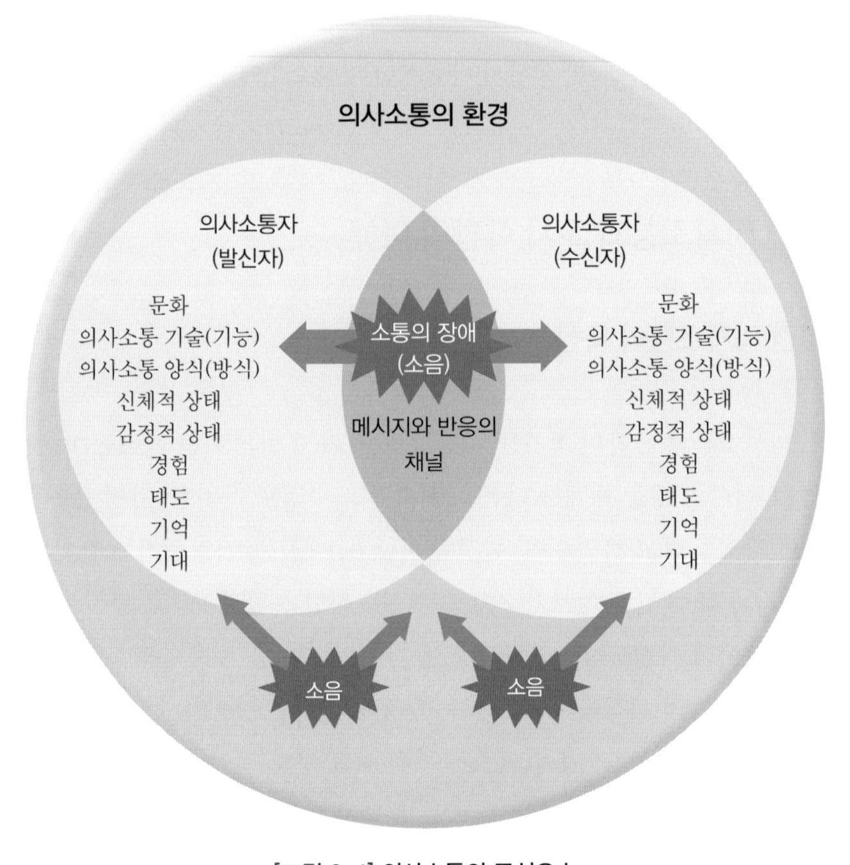

[그림 3-1] 의사소통의 구성요소

출처: Roy et al. (2013).

고 표현하기보다는 '뇌'가 그러한 해석에 익숙해졌다고 표현하는 것이 좀 더 정확하다는 것이다.

'선택적 의사소통'은 인간이 의사소통을 위해 특정한 기호를 선택하여 사용하기에 붙여진 용어라 할 수 있다. 인간이 사용하는 그 기호 중에서 가장 대표적인 것은 바로 언어이다. 선택적 의사소통은 우리에게 소리를 결합하여 복잡한 문장으로 구성하고 느낌, 사고, 사건, 대상을 기술하게 해 준다. 우리는 선택적으로 의사소통할 수 있는 능력이 있기 때문에 자신이 의도하는 메시지를 수신자에게 어떻게 보낼 것인지를 결정할 수 있다.

[그림 3-1]은 인간 의사소통의 구성요소를 보여 준다. [그림 3-1]에 제시된 의사소통의 구성요소는 의사소통자의 지각, 의사소통 과정, 발화자와 메시지, 경로, 수신자와 메시지, 피드백, 의사소통의 장애(소음), 맥락 등이다. 그중에서 특히 주목할 것은 의사소통자(발신자, 수신자)의 하단에 제시된 의사소통 요소, 참조 자료(source)인데, 이는 의사소통하는 사람의 '지각'을 나타낸다. 세계를 보는 방식으로서 '지각'은 의사소통적 자극을 해석하는 데 큰 영향을 미친다. 의사소통의 참여자를 구성하는 많은 요소가 '지각적 필터'를 형성하고, 이를 통해 의사소통이 진행되기 때문이다. 참조 자료의 하위 요소에는 문화(우리가 가지고 있는 배경적 세계관), 의사소통 기술(경험과 훈련을 통해서 발달된), 신체적 · 감정적 상태(특정한 시간에 어떻게 느끼는지), 경험(문화적 배경), 태도(어떤 특정한 자극에 반응하는 긍정적, 부정적 경향), 기억(정보를 저장하고 기억해 내는 능력), 기대(기대하는 것이 이뤄짐) 등이 포함된다. 이러한 발신자 혹은 수신자 개인의 지각의 차이 때문에 두 사람이 동일한 사건을 관찰하고도 서로 다른 결과를 말하기도 하는 것이다.

이 점에서 우리 모두는 의사소통 과정에서 각자의 고유한 지각적 필터를 통해 메시지를 부호화하고 해독한다고 볼 수 있다. 각자의 지각적 필터는 의사소통의 결과를 위한 기대를 형성하기도 하고 의사소통자의 메시지를 해석하는 지침이 되기도 한다. 예를 들어, 어느 학교에서 일어난 특정 사건에 대하여 교사가 긍정적인 측면에 초점을 맞추어 일관된 관점으로 설명할지라도 해당 사건이나 말하는 이에 대해 부정적인 선입견을 갖고 있는 학생이나 학부모는 그 사건을 전혀 다른 방향으로 해석할 수 있다. 교사와 학생, 학부모가 지닌 지각적 필터가 각각 다르기 때문이다. 요컨대, 인간의 의사소통은 서로의 '해석'에 의한 소통이지 메시지 자체가 전달된다고 보기는 어렵다.

2) 교사 화법의 개념과 범주

인간은 태어나면서부터 부모를 포함한 의미 있는 타인들과 상호작용을 통해 일정한 행동을 학습하고 관계를 맺는다. 아동에게 있어 부모는 최초의 의미 있는 타인이지만 성장해서 학교에 다니게 되면서부터는 교사가 의도적인 교육의 과정을 통해 학습 경험의 질을 결정하고, 지도하게 된다. 이런 의미에서 교사는 여러 형태로 학생의 성장과 학습에 큰 영향력을 주는 또 하나의 의미 있는 타인이다. 교사가 교육애와 인간애를 가지고 학생을 수용하고, 이해하고, 사랑하며, 신뢰하고, 존중하는 관계를 형성하면 서로의 영향력이 매우 커지게 되는데 이는 양자 간의 언어적, 비언어적 의사소통을 통해 가능하게 된다(연문희, 강진령, 2002).

교육에서 수업을 비롯하여 학생의 생활지도에 이르기까지 교사의 주도적 역할을 고려한다면, 교사와 학생이 어떠한 의사소통으로서 서로에게 의미 있는 상호작용을 수행하는가를 살피는 일은 교육적 발전을 위해 중요한 의미를 지닌다. 이는 단지 수업목표 달성을 위해 교사가 교과 내용을 어떻게 잘 가르치고 있는가에 대한 교육의 효율성이나 교사의 의사소통 능력 혹은 인성을 평가하기 위함만은 아닐 것이다.

교사의 의사소통에 대한 본격적인 논의를 하기 위해서 '화법'과 '교사 화법'의 개념과 범주를 먼저 살펴볼 필요가 있다.[1] 학자들에 따르면 지금까지 '인간의 음성언어 의사소통'은 다양한 관점에서 연구되어 왔다. 즉, 화자의 설득력과 같은 일방적 말하기 기술(화술)을 강조하는 전통수사학적 관점, 화자가 전달하고자 하는 메시지를 음성부호로 바꾸어 표현·전달하면 청자는 그 역순으로 음성부호를 수신하여 거기에 담긴 메시지를 해독한다고 보는 정보처리적 관점, 화자와 청자는 역동적 상황 속에서 상호작용을 통해서 의사소통을 하고 의미를 구성해 간다는 상호작용적 의사소통 관점 등으로 시대에 따라 인간의 음성언어 의사소통에 대한 관점이 달라져 왔다(원진숙, 2001; 전은주, 2002). 최근에 상당한 설득력을 얻고 있는 의사소통학의 관점에서 '화법'을 정의한다면, 화법이란 '음성언어를 중심으로 이루어지는 인간 의사소통 행위와 그 방법'이라 할 수 있다.

그렇다면 교사 화법이란 무엇일까? 민현식(2001: 68)에서는 교원 화법과 교수 화

1) 교사 화법과 관련한 부분은 이창덕 외(2008)의 내용을 참조하였다.

법으로 나누고, 교원 화법은 '교원(교사, 교수)의 교육활동에서 말하기와 듣기에 관련한 언어활동'으로 보고, 그 하위 범주로 교수 화법(수업 화법), 상담 화법, 생활지도 화법, 업무 화법을 설정하였다. 또한 교수 화법(수업 화법)은 '교원 화법 중의 하나로, 어떤 교육 내용을 어떤 학생에게 전달하고자 할 때 관련하는 교수 · 학습상의 언어활동'이라고 규정했다. 원진숙(2001: 270)에서는 '교사 화법이란 학교라는 조직 안에서 교육적 활동에 참여하는 교사들을 대상으로 하여 구두 언어인 말을 중심매체로 하여 이루어지는 상호교섭적 의사소통의 본질, 원리, 과정, 방법, 평가 등을 다루는 (학문)분야이다.'라고 규정하고, 교사 화법의 범위를 ① 자기표현을 위한 화법, ② 수업을 위한 화법, ③ 인성 지도를 위한 화법, ④ 상담을 위한 화법, ⑤ 업무 수행을 위한 화법으로 나누었다.[2)]

이러한 선행연구에 근거하여 이창덕 외(2008)에서는 '교사 화법' 안에 '교원 화법', '교사 교육 화법', '교사 수업 화법=교수 화법'이라는 세 가지 개념을 설정한 바 있다. 즉, 교사 화법의 범주를 시각화한 [그림 3-2]에 제시된 것처럼, 교사 화법의 세 범주는 훌륭한 인격을 갖춘 인간으로서 교원을 길러 내는 경우처럼 가장 넓은 의미의 교원 화법, 수업과 학생지도, 상담과 행정업무 수행 등 학교 업무 수행 측면이 강조되는 교육 화법, 교실에서 교수 · 학습 활동의 중심 역할 수행 측면이 강조될 경우에는 수업 화법(교수 화법)의 범주로 구분할 수 있다. [그림 3-2]에서 가장 넓은 범주의 '교원 화법'은 교사의 화법이 반드시 수업 활동에만 관련된 것이 아니라 교사의 전반적인 인격이나 일상 언어생활과 깊은 관련이 있다는 점을 인정해야 한다고 보기 때문에 설정된 것인데, 교사 화법 교육과 관련지어서는 교사가 교실 수업뿐만 아니라 교실 밖에서도 어떤 화법을 어떻게 구사하도록 할 것인가를 고려할 필요가 있다(이창덕 외, 2008). 다만, 이 장에서는 논의의 초점을 '교사와 학생의 의사소통'에 두었기에 [그림 3-2]의 교사 화법의 범주 중 두 번째인 교사 교육 화법과 세 번째 범주인 교사 수업 화법을 주로 다루게 될 것이다.

---

2) 우리나라에서 '화법' 및 '화법 교육'과 관련한 대표적인 연구학회로는 한국화법학회를 들 수 있다. 이 학회에서는 2003년 '교사 화법'을 주제로 학술대회를 개최하였고, 한국화법학회 정기 학술지인 『화법연구 5』에서는 교사의 수업 활동의 대부분을 이루는 구어적 의사소통에 주목하여 학생 상담과 수업에 필요한 설득 화법, 훈화 화법, 교수 화법, 칭찬 화법, 상담 화법, 질문과 응답 화법 등 교실과 학교에서 교사에게 실제로 필요한 커뮤니케이션 능력 등에 관한 논문을 게재한 바 있다.

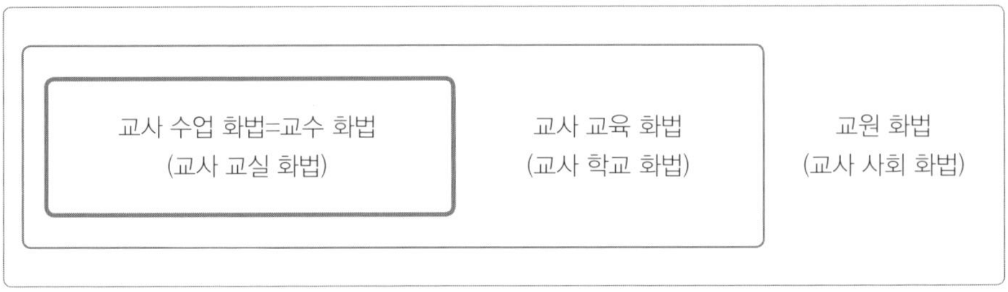

교사 수업 화법=교수 화법
(교사 교실 화법)

교사 교육 화법
(교사 학교 화법)

교원 화법
(교사 사회 화법)

• 교원 화법(교사 사회 화법)–한 사회 구성원으로서 교사의 화법, 가장 넓은 의미의 교사 화법
• 교육 화법(교사 학교 화법)–학교교육업무 수행자로서 교사의 화법, 수업, 상담, 생활지도, 행정업무 등의 화법을 포함하는 중간 범주 교사 화법
• 수업 화법(교사 교실 화법)–수업 진행, 참여, 관리자로서 교사 화법, 가장 좁은 의미의 교사 화법

[그림 3-2] 교사 화법의 범주

출처: 이창덕 외(2008: 7).

3. 교사와 학생 간 의사소통의 이해

일반적으로 교사와 학생 간 의사소통은 '학급 조직의 목표를 향해 교사와 학생이 정보나 지식, 생각이나 느낌, 감정 등을 공유함으로써 공통된 이해를 도모하고 서로의 행동에 영향을 미쳐 교육적이며, 상생적인 관계를 형성해 가는 과정'으로 정의된다. 교사와 학생 간 의사소통에는 교사가 학급경영을 비롯하여 교과 교수·학습 등 다양한 활동을 통해 학생을 향하여 사용하는 교사의 언어적·비언어적인 의사소통이 모두 포함된다. 다시 말해, 교사의 말과 글뿐만 아니라 말투, 즉 억양이나 말의 빠르기, 세기 등 그리고 눈빛, 손짓, 표정, 몸동작, 서 있는 자세, 복장 그리고 교실 환경에서 풍겨 오는 모든 크고 작은 '의미들'은 학생에게 적지 않은 영향을 끼친다. 또한 학생과의 의사소통을 통해 교사는 학생을 이해할 수 있고, 학생의 생활과 학습에 바람직한 방향으로의 변화를 가져올 수 있다.

학교교육이라는 테두리에서 교사와 학생 간에 진행되는 의사소통은 교육목표를 달성하는 주된 수단일 뿐만 아니라, 교사와 학생이 개인적이거나 사회적인 목적까지 이루어 가는 데 중요한 기제로서 작동하기에 이는 교육을 위한 매우 중요한 활동이며 곧 교육 그 자체라 할 수 있다. 바람직하고 효율적인 교사의 의사소통은 좋은 교육적 성과를 가져올 뿐만 아니라 학생의 의사소통 능력이나 교사와 학생의 삶의 질까지도 결정하는 것이다. 이 절에서는 교사와 학생의 의사소통 문제 발생 원인과 중요성을 살핀 후 교사와 학생의 의사소통을 교수 · 학습 상황과 교수 · 학습 외(학급경영 및 상담) 상황으로 크게 나누어 좀 더 알아보기로 한다.

1) 교사와 학생의 의사소통 문제 발생의 원인

일반적으로 교사와 학생의 의사소통 문제 발생의 원인은 다음과 같다. 먼저, 교직의 특성상 교사는 자기 수업, 자기 교실에만 매몰되기 쉽고, 학생이나 학부모와의 관계에 있어 가르치는 사람과 배우는 사람의 이분법적 분리로 생각하여 경청의 상황에서도 자신의 판단이나 충고 등을 참지 못한다는 점이다. 또한 교사는 대화 상대자에게 전적으로 자신을 드러내지 못해 어려움을 겪으며 동료 교사나 학생, 학부모와 온전히 신뢰하는 관계를 만들지 못함에 따른 의사 불통의 문제를 종종 경험하곤 한다. 실제 교사는 동료 교사, 학부모, 학생에게 느끼는 감정을 솔직하게 드러내는 것을 부담스럽고 불편해하며, 감정을 삭이고 달래거나 학생을 다루고 통솔하기 위해 위장된 감정의 표현을 사용하기도 한다(손준종, 2011). 학교 현장에서 교사와 학생의 의사소통에서 교사가 어려움을 겪는 상황에 대하여 김은성(2017)의 연구에서는 인터뷰를 통해 조사한 바 있는데, 그 연구 내용에서 몇 가지 사례를 살펴보면 다음과 같다.

(1) 사춘기 학생과의 감정 · 정서적 갈등 상황

- 언행이 거칠고 사춘기를 사납게 시작하는 여학생들을 대할 때 표현에 조심스러워지고 주저하게 된다. (F 교사)
- 사춘기의 지능적이고 똑똑한 아이들과 대화할 때 뭔가 실수하지 않고, 허점을 보이지 않기 위해 더욱 긴장하는 마음으로 표현하게 된다. (C 교사, L 교사)
- 사춘기 학생을 훈육할 때 내가 가진 생각과 감정을 솔직히 학생에게 전달할 수 없고, 학생과의 심리(상) 밀고 당기기에 급급한 때도 있었다. (H 교사)

(2) 교사 자신이 순간적인 감정 절제를 하지 못하는 상황

- 예의에 벗어나거나 규율에 따르지 않는 학생을 대할 때 화가 나서 교육적인 의사소통을 하지 못하게 된다. (B 교사)
- 화가 많이 난 상태에서 학생에게 잘못을 지적하여 비논리적이고 감정적인 언어 사용으로 내가 원하는 바가 학생에게 잘 전달되지 않을 뿐 아니라 학생에게 상처를 주고 좋지 못한 관계를 갖게 되는 경우가 있다. (F 교사)
- 학생들 간의 다툼이 있었을 때 객관적이고 공정한 제3자의 태도를 유지해야 하는데 간혹 어느 한쪽의 입장에 지나치게 감정이입이 되어 흥분하거나 꾸중하게 되는 경우가 있다. (D 교사, I 교사)

(3) 잘못을 인정하지 않는 학생과의 의사소통 상황

- 학생의 끊임없는 고자질을 듣다 보니, 자신의 잘못은 인정하지 않고 무엇인가를 고자질하는 학생이 있을 때, 제대로 눈 맞춤하고 들어 주려는 마음이 안 생길 때가 있다. (C 교사)
- 뻔히 보이는 거짓말을 하거나 자기 입장에서 계속 변명을 하는 학생을 대할 때, 교사에게 불손한 태도로 말하는 경우 신경이 쓰여 경청이 어렵다. (B 교사, F 교사)
- 친구와 다툼이 일어나 화해를 시키고자 이야기를 들을 때, 100% 자신의 잘못은 없다고 끝까지 주장하는 학생의 이야기를 듣게 되는 경우 경청이 어렵다. (E 교사, H 교사)

지글러 힐(Zeigler-Hill, 2006)은 학교 현장에서 교사들이 학생들에게 감정을 표현할 때 일방적이고 지시적인 교사 중심의 자기표현 행동을 빈번하게 사용하며 때로는 학생의 부정적인 자기표현에 영향을 받아 자신의 말이 부정적 자기표현 행동으로 변화되고 있는 것을 전혀 인식하지 못하기도 한다고 지적하였다. 또한 정소미 등(2015)에 따르면, 교사가 아무리 좋은 수업 기술과 방법을 사용하여 교수 활동을 한다고 할지라도 학생에 대한 적절한 자기표현이 이루어지지 않는다면 다양한 특성과 개성을 지닌 요즘 학생들을 지도하는 것은 현실적으로 어렵다. 최근 학생들은 과거 학생들에 비해 흥미나 요구가 다양하고, 각자 뚜렷한 개성을 드러내기 때문에 수업이나 생활지도 면에서 교사의 자기표현 행동과 관련된 다양한 문제점이 드러나기 쉽다는 것이다. 그래서 여러 연구자는 학생의 권리를 침해하거나 감정을 상하게 하지 않으면서 교사가 자신의 권리, 욕구, 생각 및 느낌을 있는 그대로 나타내는 자기표현 기술을 갖추어 좀 더 효과적인 의사소통을 진행해야 한다고 조언하고 있다.

2) 교사와 학생 의사소통의 중요성

학교생활에서 교사는 다양한 의사소통 매체를 사용하지만 그중에서도 언어적인 전달매체를 가장 많이 사용하고 있으며, 이를 통해 수업지도, 생활지도, 학급경영 등을 수행한다. 학급 안에서 담임교사와 학생 사이의 의사소통은 공통된 이해와 행동의 변화를 가져와 함께 목표를 세우고 협력하여 학급의 목적을 달성하게 만든다. 학급 안에서 담임교사와 학생 사이의 원활한 의사소통은 서로가 존중을 받고 자신들의 욕구를 대화를 통해 표현할 수 있게 함으로써 관계의 질을 향상시키고(백종억 외 공역, 1987), 학급풍토 형성에 기여하게 되며, 학급의 인간관계, 화목과 갈등, 경쟁과 도전, 협동심, 공동체 의식 등에도 영향을 미친다(곽한영, 최윤정, 2013).

대체로 교실에서의 수업은 교사의 말로 시작된다. 전달하고자 하는 교육 내용도 주로 말을 통해 설명되며, 교사가 과제를 내주고, 수업을 끝낼 때에도 말을 이용한다. 일반적인 수업에서 교사와 학생 사이에 서로 주고받는 언어나 말이 없는 상황을 생각하기 어려우며, 실제 수업에서 말이 차지하는 역할과 중요성을 고려하면 학교의 교실 수업은 일종의 의사소통의 한 형태로 볼 수 있다(조규락, 2011). 일반적으로 의사소통이 가진 기능으로는, 첫째, 사람들을 환경이나 다른 사람들과 관련짓는 연결기능, 둘째, 사람들의 정신을 개발시켜 주는 정신개발기능, 셋째, 사람들의 행동을 규제해 주는 규제기능을 든다(이한검, 1992). 이러한 의사소통의 기능은 학급 내에서의 학급 담임교사와 학생의 의사소통에도 적용된다. 즉, 교사는 학생과의 의사소통을 통해 관계를 맺고 교육의 목표에 대한 이해와 행동의 변화 및 규제를 함으로써 상호협력을 통한 소기의 목적을 달성할 수 있는 것이다.

교사와 학생의 의사소통의 중요성은 일상의 학급 활동과 수업 과정 중에서 교사의 의사소통 방식이 학생들에게 미치는 영향만 살펴보아도 쉽게 파악할 수 있다. 즉, 교사의 의사소통에 관한 연구 결과에서 '교사의 의사소통 행동은 아동의 자아개념과 성장 가능성 그리고 실제적인 학습 태도와 성취에 대해 영향력을 갖고 있다'는 증거를 어렵지 않게 찾아볼 수 있다. 또한 학생의 학교폭력 경험과 학교폭력 태도 간의 관계에 관한 연구 결과에서도 교사의 촉진적 의사소통에 의해 청소년의 의사 반영이 원활하게 이루어질수록 학교폭력이 예방되며(이덕희, 2014), 학급에서 교사의 비언어적 행동에 의한 의사소통은 교사와 학생 간의 관계를 원활히 하는 데 도움이 됨(김인숙, 2011)을 파악할 수 있다.

학생은 교사의 신체 움직임, 제스처, 안면 표정에서 적지 않은 영향을 받으며, 유능한 교사는 의미를 표현함에 있어 발화와 동시에 신체 언어를 활용하여 효과적으로 메시지를 전달한다. 교육현장에서 교사의 의사소통 유형은 학생에게 동기부여나 행동변화에 영향을 주어 학생들의 학교 적응을 돕는다(하둘이, 박완주, 2014)고 알려져 있다. 또한 교사의 의사소통 능력은 당사자인 교사의 효능감이나 주관적 행복감에도 영향을 미친다(류덕엽, 2014)는 연구 결과도 찾아볼 수 있다. 이와 관련하여 몇 가지 선행 연구 내용을 간략히 제시하면 다음과 같다.

- 김미화(2017): 교사의 촉진적 의사소통과 아동의 학교행복감은 아동의 성별, 학년별에 따라 모두 정적 상관관계를 나타냄
- 남기택(2019): 초등학교 고학년이 지각한 담임교사의 촉진적 의사소통은 학생들의 공감 능력에 유의한 정적인 영향을 주어 또래 관계에도 유의미한 정적인 영향을 미침
- 류덕엽(2014): 초등교사의 의사소통 능력과 교사효능감, 그리고 주관적 행복감의 구조적 관계를 분석한 결과 의사소통 능력과 교사효능감이 주관적 행복감에 직간접적인 영향을 줌
- 정은선(2017): 교사의 수용적 경청 태도와 촉구적 의사전달 태도는 학생의 학업 성취에 긍정적인 영향을 미침
- 채수앙(2017): 초등학생이 지각한 담임교사의 의사소통 유형에 따라 학급응집력, 학교 행복도는 모두 유의미한 상관관계를 보임
- 홍은혜(2015): 초등학생이 지각한 담임교사의 의사소통과 학생의 공감 능력 간에는 유의미한 정적 상관관계가 있으며, 담임교사의 의사소통과 학생의 공격성 간에는 유의미한 부적 상관관계가 있음

앞서 제시된 선행 연구 내용에서 학생들이 지각한 교사의 의사소통의 방식은 학생들의 행복감, 공감 능력, 학업 성취, 학교 행복도, 학급 응집력, 공격성 등에 긍정적 혹은 부정적 영향을 미침을 알 수 있다. 또한 교사와 학생의 의사소통은 교사 자신의 주관적 행복감이나 효능감 등에도 영향을 주고 있다. 특히 교사 한 명이 다수의 학생을 지도해야 하는 우리나라 교육 상황에서 교사의 의사소통은 학생들이 학급에서 말하고 행동하는 방식에 영향을 준다(황영준, 박미하, 2013). 초등학생은 학교에서 대부분의 시간을 담임교사와 함께 보내며 교사가 학급 구성원들과 상호작용하는 것을 보면서 타인과 관계 맺는 법을 자연스럽게 배우게 되는 것이다. 즉, 교사가 다른 학생들의 감정을 수용하면서 진실성, 무조건적 긍정적 존중, 공감적 이해하는 모습을 보이면, 학생들도 서로를 존중하는 성숙한 또래 관계를 맺는 방법을 학급에서 접할 수 있게 된다. 이렇듯 학급에서 대부분의 시간을 함께 보내는 담임교사는 학생들에게 중요한 타인이 되며(정은, 2007), 학생들은 교사와 의사소통하는 경험으로 사회적 기술을 발달시킨다(송현미, 2013).

교사의 촉진적 의사소통 방식이 학생에 미치는 영향은 사회적 관계를 원만히 맺거나 공감 능력을 향상시킨다는 연구 결과 외에도 교사와 학생 의사소통의 질이 학업성취에 미치는 영향에 관한 결과를 보고하는 여러 선행 연구도 찾아볼 수 있다. 예를 들어, 정은선(2017)의 연구에 따르면, 교사의 수용적 경청 태도와 촉구적 의사전달 태도는 학생의 학업 성취에 긍정적으로 영향을 미친다. 이는 학생의 학업성취를 높이기 위해서도 교사와의 의사소통이 중요함을 시사한다. 즉, 담임교사가 학생의 의견을 수용하며 능동적으로 받아들이고 학생들이 자율적으로 행동할 수 있도록 촉구하는 의사소통을 행할 때 학생의 학업성취가 높아진다는 것이다. 이러한 연구 결과들은 교사가 학생들에게 일방적인 명령을 내리기보다는 학생들의 의견을 능동적으로 받아들이고, 학생들 스스로가 자율적으로 행동할 수 있도록 촉구하는 형태의 쌍방적 의사소통의 중요성을 강조해 준다.

3) 교과 수업 상황에서 교사와 학생의 의사소통

초등학교 교실에서의 의사소통을 일어나는 상황에 따라 구분한다면 크게 교과 수업에서의 의사소통과 교과 외 활동에서의 의사소통으로 구별할 수 있다. 교과 수업에서의 의사소통은 주로 각 교과별 교수 · 학습 상황을 중심으로 교사와 학생 간에 일어나는 의사소통을 말한다. 학교 의사소통에 대해 김인식 등(김인식 외 공역, 1988)은 의사소통과 교육의 관계를 강조하고, 교수 · 학습 과정의 본질적 요소를 커뮤니케이션(의사소통)으로 보았다. 일반적인 대화와 달리 수업 상황에서 의사소통은 교사가 수업을 계획하고 주도적으로 진행하는 경우가 많기 때문에 수업 상황에서 대화는 대부분 교사의 지시, 설명, 질문 등으로 시작하고, 그에 대한 학생의 반응이 이어지며, 그 반응에 대해서 교사의 피드백 또는 평가가 뒤따르는 경우가 일반적이다.[3)]

싱클레어와 쿨타드(Sinclair & Coulthard, 1975)에서는 교사와 학생의 수업 중 대화를 분석하여 [I−R−F] 구조가 이들의 대화적 상호작용의 일반 구조라고 주장하였다. 즉, 시작(Initiation)은 다음에 이어질 반응(Response)을 예측하고, 반응은 선행하는 시작에 맞춰 대답함으로써 발화하는 것이며, 피드백(Feedback)은 그 발화 교환을 마무리하는 기능을 맡는다는 것이다. 메한(Mehan, 1979)의 연구에서도 교사와 학생 사이에 이루어진 대화적 상호작용을 분석하면 다양한 발화 교환 구조가 나타나지만 [I−R−F]가 기본 구조이며, 피드백으로 마무리됨을 보여 주었다.

그러나 수업 중 교사와 학생 사이의 발화 교환은 관습적 성격이 강해 일상 대화 상황보다는 교환 구조가 단순하기는 하지만 모든 발화 교환이 [I−R−F] 구조로 이루어지는 것은 아니다. 이런 교사 학생 간 발화 교환에 대해서 이미 싱클레어와 쿨타드(Sinclair & Coulthard, 1975)에서는 [I−R−F]의 기본 구조 이외에 다양한 변이형(variation)이 존재함을 밝히고 있다(이창덕, 2018). 그에 따르면 교사가 학생의 대답을 유도하는 교사 주도형 질문 발화 시작은 [I−R−F] 구조를 보이는 경우가 대부분이지만 교사가 학생에게 무엇을 행하도록 지시하는 발화로 시작하는 경우는 [I−R(f)] 구조를 보이고 응답(R)도 비언어적 응답인 경우가 많으며, 교사가 설명하거나 정보를 일러 주는 발화로 시작하는 경우는 [I(R)]의 구조를 띠는 경우가 대부분이

3) 대화의 규칙성을 발견하려는 연구자들은 이러한 화자와 청자 간에 말(발화)을 주고받는 것(말차례)의 패턴을 '대화 구조' 혹은 '대화 이동 연속체' 등으로 부른다. 대화적 상호작용의 발화 교환 구조에 대해서 1960년대 초 화행이론이 등장한 이후 사회학의 민족지학과 민족방법론, 언어학과 교육학 분야의 여러 학자가 관심을 가지기 시작했다.

라는 것이다.

수업 중 발화 교환이 격식적이고, 단순하고, 비교적 예측이 쉽다고 보고, [I-R-F] 구조를 예상하며 수업 대화 전사 자료를 확인해 보면 실제 발화 교환은 그렇게 단순하지도 않으며 예측하기도 쉽지 않다. 하지만 대체로 수업 중 교사와 학생의 의사소통은 대화 참여자들이 '의미를 공유해 가는 과정'이므로, 수업 대화에서 후행 발화를 예측하거나, 선행 발화를 확인하거나, 평가 혹은 마무리하는 과정으로 이루어지는 것이 이상적이다. 하지만 수업 대화도 다른 유형 대화와 마찬가지로 정보를 처리하는 과정, 관계와 대화 과정을 조정해 가는 과정에서 항상 일탈이 일어날 가능성이 존재하고, 대화 전개 전형이나 이상적 구조 외에 다양한 변이형이 나타날 수 있다.

좀 더 구체적인 수업 의사소통의 사례로 서영진(2017)의 연구 내용을 살펴보면, 국어 수업에서의 다양한 의사소통 양상은 교사와 학습자 간 상호작용의 방향성을 중심으로 〈표 3-1〉과 같은 유형으로 나타난다.

표 3-1 수업 대화 상호작용 방식

	유형 1	유형 2	유형 3
특징	• 교사가 학습자에게 강의 내용을 전달하고 학습자는 이를 수용 • 교사의 정보 전달 및 지시의 중요성 강조	• 교사의 유도에 대해 학습자가 반응하고, 교사가 이에 대해 평가 • 학습자 참여를 통한 상호작용 시도	• 교사의 유도에 대한 학습자의 반응을 상세화, 심화, 확장하기 위해 두 차례 이상 상호작용 • 학습자의 적극적인 참여를 통한 사고력 자극과 의미 구성
상호작용 구조	• TI • TI-TR • TI-(SR)	• TI-SR • TI-SR-TE	• TI-SR-TF-SR…TE • TI-SR-TF-(SR)-TR • TI-(SR)-TF-SR-TF …
의사소통 성격	• 일방향성 (교사 → 학습자) • 작용적 관점	• 순차적 양방향성 (교사 ⇄ 학습자) • 상호작용적 관점	• 동시적 쌍방향성 (교사 ⇔ 학습자) • 상호교섭적 관점

출처: 서영진(2017).

유형 1은 교사가 학습자에게 일방적으로 강의 내용을 전달하는 장면과 학습자 반응에 대한 기대 없이 교사의 발화로만 전개되는 장면, 학습자의 반응을 기대하는 듯이 물음을 던지기는 하지만 교사 스스로 답하며 혼자서 대화를 이어 가는 장면에서의 상호작용 방식이다. 단위 화제에 관한 대화의 시작과 종료를 교사가 도맡는 것이다. 학습자의 반응은 듣기 행동을 통해 실현되지만, 학습자가 메시지의 의미를 적극적으로 이해하며 듣고 있는지 확인하거나 의도적으로 학습자의 참여를 유도하고 있는 것이 아니므로, 학습자의 참여는 소극적이라고 할 수 있다. 이는 의사소통 행위를 작용적 관점으로 바라보는 것과 관련된다.

유형 2는 교사의 물음이나 지시에 대해 학습자가 응답하거나 반응 행동을 보이는 장면, 학습자 반응의 정오를 판정하거나 반응 내용의 적절성 및 수준에 대한 가치 판단을 포함한 평가적 정보를 제공하는 장면에서의 상호작용 방식이다. 학습자 참여를 통한 교실 구성원 간 상호작용을 시도하고 있지만, 교사가 계획한 방향에 따라 원래의 고정된 의미를 일회적으로 교환하는 정도로 단위 화제에 관한 대화가 완성된다. 자극에 대한 반응, 그 반응에 대한 재반응으로 메시지를 주고받는 것으로, 의사소통 행위를 상호작용적 관점으로 바라보는 것과 관련된다.

유형 3은 교사와 학습자가 협력하며 일차 반응의 의미를 발전적으로 재구성하며 대화를 이어 가는 장면에서의 상호작용 방식이다. 학습자의 일차 반응에 대해서 평가적 피드백 대신 후속 조치 피드백을 제공하고 그에 대한 재반응을 반복하며 의미를 조정하고 재구성하는 것이다. 이러한 상호작용 방식은 주로 오류 수정이나 문제해결을 위한 단서를 제공하며 정반응을 유도하는 경우, 다소 정확성이 떨어지는 반응을 보다 정교화하고 구체화하는 경우, 정확한 반응에 대해 그 수준을 높이기 위해 다른 의미와의 결합을 시도하며 심화·확장하는 경우에 나타난다. 대화 참여자들이 고정된 의미를 주고받기보다 각자의 생각에 새로운 정보를 보태고 조정된 의미를 주고받는 양상을 띠므로 의사소통 행위를 상호교섭적 관점으로 바라보는 것과 관련된다(서영진, 2017).

서영진(2017)의 연구에서는 교실 수업에서 벌어지는 교사와 학생의 의사소통적 상호작용이 아직도 미흡하다고 지적하였으며, 다음과 같이 제언하였다. 즉, 교사 통제하에 의미를 선조적으로 전달하는 상호작용 방식(교사 → 학습자)을 지양하고 교사가 되었든 학생이 되었든지 간에, 누구든 대화를 주도할 수 있고, 서로의 생각에 생각을 보태고 정보를 더하며 새로운 의미를 구성해 가는 의사소통을 지향해야 한다는 것이다. 이러한 상호교섭적인 교사와 학생의 의사소통은 서로의 사고를 자극하고 점차 고차적인 사고를 구성해 가는 과정을 보여 주는 대화라 할 수 있다. 결국 교수·학습 과정에서의 의사소통은 교육목표에 부합하는 내용을 담아야 하는 것은 물론이고, 의사소통의 방식 그 자체도 상호교섭적으로 이루어져서 학생의 전인적인 인성 함양은 물론이고 교과 교육의 목표와 내용에 부합해야만 한다.

4) 교과 수업 외 상황에서 교사와 학생의 의사소통

교과 수업 외 활동에서 교사와 학생의 의사소통은 학급에서 일어나는 생활지도와 진학지도 그리고 일상적 대화 및 상담 등이 해당된다. 초등학교 교사가 효과적으로 학생들의 생활을 지도하고 상담하려면 먼저 학생들과의 촉진적이고 신뢰성 있는 관계형성이 중요하다(한국초등상담교육학회, 2016). 학생과 촉진적이고 신뢰성 있는 관계를 형성하기 위해서 초등학교 교사는 학생 생활을 지도하고 상담할 때 학생중심적인 태도를 보여야 한다. 즉, 학생을 긍정적으로 수용하고, 공감적으로 이해하며 진정성을 갖고 대해야 한다는 것이다. 일찍이 로저스(Rogers, 1977)의 인간중심상담에서도 상담자와 내담자의 촉진적 관계를 중요하게 생각했다. 왜냐하면 상담의 결과는 상담과정에서 상담자가 상담 기술이나 방법에 얼마나 숙달되어 있느냐에 좌우되지 않고 전적으로 내담자와 촉진적 인간관계를 얼마나 깊고 신뢰성 있게 가졌느냐에 달렸기 때문이다.

교사와 학생이 서로 신뢰하는 분위기 속에서 학생들이 또래와 바람직한 인간관계를 형성할 수 있도록 도와주는 교사의 의사소통 방식을 촉진적 의사소통이라 한다. 즉, 이는 인간의 실현 경향성을 믿고 아동이 스스로 성장하고 발달할 수 있도록 도와주는 관계에서, 교사가 진실성, 무조건적 긍정적 존중 및 공감적 이해를 교사가 아동에게 말과 행동으로 전달하는 과정으로 정의할 수 있다(조주희, 2010). 이러한 교사의 촉진적인 의사소통은 초등학교 학생들이 또래와 원만한 관계를 맺는 데 중요하다고 알려져 있다. 또한 담임교사의 수용적인 경청과 촉구형 전달 태도는 학생들이 스스로 행동하고 생각하며 말할 수 있도록 허용하여 그들이 다양한 사회적 정체성을 수행할 수 있도록 하는 과정을 통해서, 교사와 학생이 수준 높은 상호작용을 할 수 있는 분위기를 만든다(Warren & Lessner, 2014). 학생이 지각한 교사의 의사소통 방식은 교사를 모델링하는 과정에서 학생들의 공감 능력에 영향을 미치며, 공감 능력의 수준이 높을수록 학생은 또래와 긍정적인 관계를 형성할 수 있다고 알려져 있다.

교사와 학생의 의사소통에서 상담자로서 임할 때, 교사는 학생과의 촉진적 관계 형성을 위해 내담자 중심 태도를 갖추는 것이 필요한데, 로저스(Rogers, 1951)에 따르면 내담자에게 긍정적인 행동 변화나 경험 변화를 촉진하는 상담자의 내담자 중심 태도에는 '긍정적 수용', '공감적 이해' 및 '진정성' 등이 있다. 타우스와 타우스(Tausch & Tausch, 1990)에서는 상담자가 이 세 가지 내담자 중심적 태도를 상담과정에서 적절하게 실천하고 이것이 내담자에게 지각된다면 내담자의 어려운 문제가 긍정적으로 해결될 수 있다고 보았다.

강재원(1995)은 담임교사가 학급경영을 위해서 학생들과 나누는 언어적 의사소통에 대하여 교사의 경청 태도와 의사소통 행위를 기준으로 수용명령형, 비수용명령형, 수용촉구형, 비수용촉구형으로 분류한 바 있다. 이를 이효정(2004)에서도 수용하여 교사의 의사소통 유형을 수용(경청태도)과 촉구(의사소통행위)로 선정한 후 수용형, 강제형, 민주형, 촉구형으로 재명명하였다. 이러한 교사의 의사소통 유형은 서민영(2008)과 임문희(2017)의 연구에도 반영되었다. 교사가 학급을 경영하기 위해 학생들과 나누는 언어적인 의사소통에 중심을 둔 교사의 의사소통 유형을 제

촉구 정도 (의사소통 행위) ↕ / 수용 정도 ↔	저	고
고	사분도 II (촉구형) 낮은 수용 높은 촉구	사분도 I (민주형) 높은 수용 높은 촉구
저	사분도III (강제형) 낮은 수용 낮은 촉구	사분도IV (수용형) 높은 수용 낮은 촉구

[그림 3-3] 담임교사의 의사소통 유형 구분

출처: 이효정(2004); 임문희(2017).

시하면 [그림 3-3]과 같다.

[그림 3-3]에 제시된 교사 의사소통의 유형별 특징을 간략히 살펴보면 다음과 같다. 민주형 의사소통 유형(사분도I)은 학생들의 의견을 적극적으로 수용하며, 학생이 스스로 행동하게 하는 경향을 보인다. 촉구형 의사소통 유형(사분도II)은 학생의 의견을 수용하는 정도는 낮지만, 학생이 스스로 행동하도록 촉구하는 경우이다. 강제형 의사소통 유형(사분도III)은 교사의 의사에 따르도록 강요하면서, 학생의 의견을 수용하지 않는 유형이다. 마지막으로 수용형 의사소통 유형(사분도IV)은 학생의 의견을 수용하되, 학생이 스스로 행동하도록 격려하거나 조언하는 정도가 낮은 유형이다. [그림 3-3]에 제시된 교사의 의사소통 유형은 교과별 교수 · 학습 상황뿐 아니라 학급경영 전반에 걸친 교사의 의사소통 방법에 대한 것으로, 인터넷 등 다양한 의사소통 방식도 반영한 것이다. 따라서 교사와 학생의 의사소통 방식이 직접적인 만남을 통한 방식뿐 아니라 학급 홈페이지나 SNS 등 인터넷이나 스마트폰을 활용한 방식이 함께 활용되고 있는 현실을 고려할 때도 참고가 될 수 있다.

4. 교사와 학생 간 의사소통의 바람직한 방향

예로부터 지금까지 교수 · 학습의 가장 유용한 수단은 '직접 상호작용하는 것, 즉 가르치는 자와 가르침을 받는 자의 대화'였다. 스튜어트 등(Stewart, Zediker, & Witteborn, 2005)에서는 '들이쉬기와 내쉬기(inhaling and exhaling)'라는 표현으로 인간의 대인 의사소통의 특성을 간명하고도 상징적으로 묘사한 바 있다. 그에 따르면, 인간의 의사소통이란, 매일의 숨쉬기와도 같아서 그것은 곧 우리의 삶 자체이며 고유한 개인과 개인의 만남이자 윤리(도덕)적 판단과 문화 속에서 지속적으로 구성되어 가는 과정을 의미한다. 이창덕 등(2007)에서도 '한 사회에 속한 각 사람이 말을 한다는 것은 각 개인의 삶의 교환이며, 의사소통은 이제 단순한 삶의 도구가 아니라 삶의 질을 결정짓는 가장 중요한 요소'라고 강조하고 있다.

교사와 학생 간 의사소통의 중요한 특성은 의도적인 계획에 의해 일정한 시간과 공간을 지속적으로 공유하며 서로의 반응을 교환함으로써 공동의 교육적 의미를 형성해 가는 '상호작용(interaction)'에 있다. 여기서 '상호작용'이란 말은 상호 교섭적(transactional)이고 관계적(relational)인 차원의 구어 의사소통의 특성으로, 이러한 특성은 여타의 의사소통 방법과 중요한 차이를 드러내는 것이다.

교사와 학생의 의사소통은 현재 우리 교육 공동체의 수준과 삶의 질을 그대로 보여 주며, 그 속에 살아가는 학생과 교사의 삶에도 큰 영향을 끼친다. 이런 의미에서 진정한 교사의 의사소통 능력은 단지 물리적으로 대답하고 설명하는 데 필요한 지적인 능력만을 의미하는 것이 아니라 학생이든 학부모든 또는 동료든 간에 상대방과 진정한 관계를 맺고 새로운 의미를 생성하며 공유할 수 있는 능력까지 포함한다.

앞으로의 미래를 살아갈 학습자를 위한 교육은 '상호 연계, 의존적인 세계, 다양한 맥락'에서 '효과적인 행동, 상호작용, 의사소통, 참여' 등을 강조하게 될 것이며, 다양한 관계 속에서의 상호작용과 의사소통 능력은 더욱 중요해질 전망이다. AI시대를 목전에 둔 지금 바람직한 교사와 학생의 의사소통 역시 기존의 정보사회 시민성의 덕성과 역량들을 두루 계승하여 발전시키는 동시에 자율적 학습의 속성을 잘 이해하고 삶의 문제를 해결하기 위해 적극적으로 나서는 학습자의 주체적인 태도와 의지를 갖추도록 하는 데 초점을 두어야 한다. 이를 위해서는 자신과 타인뿐만 아니라 기계와도 좋은 관계를 맺으며, 협업을 익숙하게 하는 데 필요한 의사소통적 능력이 그 어느 때보다도 필요할 것이다.

또한 교육의 목표를 향해 갈 때에는 탈중심적이고 비위계적이며, 능동적 · 적극적인 동시에 우연성과 창발성에 익숙한 새로운 디지털 세대의 지식 형성 과정과 특성들을 인정하는 미래 세대의 의사소통 방식을 고려해야만 할 것이다. 이러한 생각을 바탕으로 여기서는 앞으로 교사가 학생과의 의사소통에서 지향해야 할 바람직한 방향을 몇 가지로 제시하고자 한다.

첫째, 교사는 의사소통을 통해 진실된 인간관계를 형성해야 한다. 미래사회에 인간관계는 점점 더 희미해지고 인간의 정체성은 여러 조각으로 나누어질 것이라 예상된다. 즉, 미래로 갈수록 인간 간에 맺는 관계는 짧고 분절적으로 이루어지며, 현실에서 말과 행동을 통해 이뤄지기보다 네트워크상에서 문자와 이미지를 통해 더 자주 이루어질 것이다. 또한 인간과 인간 사이의 의사소통일지라도 한 개별화된 고유한 인격이 아니라 각자에게 주어진 '역할'에 따라서 상호작용하는 경우가 많다면, 이는 동물이나 로봇과 같이 비인간과의 관계에서 행하는 대화와 같을 뿐 진정한 인간관계적 의사소통이라 볼 수 없다.

앞으로 우리는 각자의 삶에서 '관계'에 관한 고민을 점점 더 심각하게 하게 될 것이다. 권순영(2018)에서도 미래를 준비하는 교육은 인간 실존에 대한 질문을 던질 수 있는 관계 맺음을 통해 이런 가치를 환기해야 하며 '관계'를 돋우는 교육 활동을 통해 자아를 만나고 사회적 존재로의 정체성을 형성해야 한다고 강조한 바 있다. 특히 교사는 교육적 목표를 수행하기 위해 학생, 학부모, 동료 등과 다양한 소통적 관계를 맺고 있는데(이은주, 2007), 이러한 과정에서 요구되는 의사소통 능력은 기본적인 인간관계의 형성을 바탕으로 한다. '관계성 없이는 교육이 없다'는 말처럼 교사가 학생과의 효과적인 의사소통을 통해 인격적이고 신뢰로운 관계를 맺을 때에야 비로소 교사가 수행하는 교육활동의 질도 높아질 수 있다(홍종관, 2001).

둘째, 교사는 의사소통을 통해 바람직한 학급 문화를 조성해야 한다. 문화란 한 집단이나 조직의 구성원에 의해 공유되는 기본적인 가정과 신념, 이해 또는 의미들의 집합체로서 사회를 구성하고 있는 많은 사람이 공동으로 소유하고 있는 개념이며, 한 사회의 특징적인 여러 가지의 행동양식 또는 생활양식의 체계이다(Starratt, 1991; Stolp & Smith, 1995). 샤인(Schein, 2010)은 학교 지도자의 중요한 역할로 문화 형성을 강조하였는데, 학급 문화란 학급 구성원들 사이에 공유된 가치, 믿음, 기대, 규범으로 정의될 수 있다. 교사 역시 학급 문화 형성자로 지도력을 발휘하려면 학급 조직의 일상에서 상징이 드러내는 상황을 읽어 내고, 그것을 통해 학급 문화가 함유하고 있는 의미를 발굴하며 필요에 따라서는 새로이 학급 문화를 형성해 낼 수 있어야 한다(이성은 외, 2012).

문화는 상호작용하고 있는 사람들과 분리되어서는 존재하지 않는다(Smircich, 1983). 미래의 교육은 좀 더 인간적인 삶과 공동체를 위한 교육적 가치를 찾고 이를 실현하는 교실 문화 속에서 이뤄져야만 할 것이다. 교사는 학생들이 내면의 자아와 만나 스스로를 성찰하고 주체적인 삶을 살아가는 데 도움을 줄 수 있어야 하며, 개인 혼자가 아닌 공동체를 통해 함께 살아가는 삶을 영위할 수 있도록 안내하여야 한다. 이러한 상호협력적 과정은 의사소통의 과정을 통해서 체득될 수 있는데, 그 과정에서 교사와 학생의 의사소통은 가장 강력한 교육 방법이라고 할 수 있을 것이다.

셋째, 교사는 학생과 의사소통을 위한 교육 공동체의 협력을 도모해야 한다. 학교라는 조직체는 인적 상호작용을 통하여 조직의 목표가 달성되는 곳이므로 학교 교육에서 발생되고 있는 여러 가지 문제를 근본적으로 해결하기 위해서는 교사, 학생,

학부모 등 교육 공동체의 원활한 의사소통과 협력이 반드시 필요하다. 그러한 예로, 신혜진(2020)의 연구에서는 교육공동체 가치를 실천하며 현재의 갈등을 상생의 협력관계로 변화시킬 수 있는 기제로 학부모의 교육관여(parent involvement) 활동이 중요함을 재차 확인한 바 있다. 그리고 교육관여 동기에 영향을 미치는 요인들을 설명한 이론 및 선행연구 결과를 분석함으로써, 교사와 학부모의 관계에서 우리나라 학부모가 교육 공동체의 주체로서 능동적이며 적극적으로 자녀 학교교육에의 관여를 실천할 수 있도록 돕는 개입 방안을 제시하였다. 그 연구에서 첫 번째로 제시한 방안이 바로 교사와 학부모의 양방향적 의사소통의 증진이다. 즉, 효과적인 교사의 의사소통 능력은 교사와 학생, 학부모 사이의 원만한 문제해결과 의사결정을 위한 기본적이면서도 필수적인 요소이며, 학부모와 교사는 아동에 관한 다양한 정보를 서로 교환함으로써 교육적 지도를 함께해 나가는 동반자가 될 수 있다. 요컨대, 학부모와 교사의 협력적 의사소통은 미래의 교육을 위한 교사와 학생의 의사소통에 중요한 정보원이요 출발점이라 하겠다.

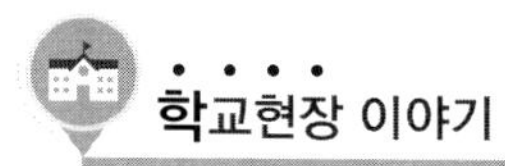

▣ 학부모 동아리 활동을 통한 교사와 학부모의 의사소통(학부모 면담 사례)

질문 1〉 ○○초등학교는 학부모 참여 활동을 어떻게 진행하고 계신지요?

저희가 아무래도 학부모 동아리니까 저희끼리 정기적인 모임시간을 갖고 있는데, 월 2회 함께 모여 책토론회를 합니다. 주로 책을 읽고 각자 돌아가며 자신의 생각, 감정, 느낌을 말하는데, 이제는 그뿐만 아니라 자신의 삶에 대한 이야기도 함께 나누게 되지요.

질문 2〉 굉장히 활발한 학부모 참여 활동을 하고 계시다고 들었는데, 처음부터 이렇게 활성화가 되었었나요? 과정에 대한 이야기를 듣고 싶습니다.

우리 책○○ 동아리는 현재 4년 정도의 역사가 있습니다. 저희가 처음부터 이렇게 왕성하게 활동했던 것은 아닙니다. 처음에는 방과후 책 읽어 주기 활동을 하다가 점차 수업에도 참여하게 되었어요. 수업시간에 책 읽어 주기를 하게 되었는데, 처음에는 저학년만 읽어 주다가 현재는 중학년인 3학년까지 책 읽어 주기를 하고 있습니다. 또한 그림자 연극 공연 또한 처음부터 강당에서 했던 것은 아니고, 다목적실에서 소규모로 했는데, 현재는 강당에서 하고 있습니다. 그런데 이제 교내뿐 아니라 지역사회 도서관이나 사회복지관 등을 빌려 공연을 하게 될 것 같아요.

질문 3〉 시간이 흐르는 동안 변화가 있었다고 말씀하시는데, 학교 측과 어떻게 의사소통을 하면서 여기까지 왔는지 이야기를 듣고 싶습니다.

시작할 때 부담감이 전혀 없었던 것은 아닙니다. 처음 수업시간에 책 읽어 주기 활동을 하기로 했을 때 사실 학부모 입장에서는 무척 걱정이 많았습니다. 자녀의 경우 오라고 하는 경우도 있었고, 오지 말라고 하는 경우도 있었고, 부모도 아이들 앞에 서는 것이 부담스러웠죠. 한쪽에서는 선생님께서 진도를 나가야 할 시간에 우리가 오히려 그 교육시간을 빼앗는 게 아닌가 하는 염려도 있었습니다. 그렇지만 용기를 내어 학교에 요청을 했고, 학교에서는 저희의 요청을 들어주었습니다. 수업 참여 부분도 그렇고, 그림자 연극 공연같은 경우도 처음에는 다목적실에서 했는데,

음향장치도, 암막장치도 온전치 않았기 때문에 공연 과정이 매우 불편했어요. 그래서 강당으로 변경 요청을 하였고, 결국 강당에서 공연할 수 있게 되었습니다.

그 의사소통 과정을 정리해 보면, 처음엔 저희가 여러 조건이나 상황을 고려하여 주저하기도 했지만, 용기를 내어 학교에 요청을 했고, 학교에서도 저희의 요청을 받아 주었습니다. 아마 그것은 독서 활동이 아이들에게 도움이 될 것이라는 학교와 학부모의 믿음이 확고했고, 그 소중한 가치를 함께 공유했기 때문에 가능했던 거라고 생각합니다.

질문 4〉 동아리 대표이다 보니 회장님께서는 학교와 자주 접촉하실 것 같은데, 그 과정에서 의사소통의 어려움은 없으신가요?

교장선생님께서 학부모 간담회나 동아리 간담회, 책소리 학부모 연수 참여 등 여러 형태로 관심을 보이시고, 직접 소통하는 시간을 꽤 자주 마련해 주셨어요. 아무래도 관리자가 관심을 보이고, 지원해 주셔서 참 감사하고, 그래서 큰 어려움은 없었습니다. 그렇지만 의사소통의 어려움을 물으신다면, 담당교사가 해마다 바뀌는 문제, 그러면 다시 처음부터 저희 상황을 설명하고 이해시켜 드려야 하거든요. 그리고 한 선생님만 저희랑 연결되는 것이 아니라 여러 선생님이 동시에 연결되는데, 예를 들면 학부모 연수 담당 선생님, 학부모 동아리 담당 선생님, 공연 관련 시설이나 관리 선생님이 다 다르시거든요. 저희가 어느 선생님께 말씀을 드려야 하나 헷갈리는 부분들이 있어요.

질문 5〉 ○○초와 의사소통하며 혹시 다른 학교와 비교해서 특별한 점이 있다면 말씀해 주세요.

우리 학교는 학생 인원수가 300명 내외로 일반 서울 시내 학교에 비해 작은 학교예요. 그래서 상대적으로 의사소통에는 유리한 측면이 있어요. 그럼에도 굳이 의사소통에서 우리학교의 특색을 얘기하자면, 학부모 연수 때 외부강사를 부르기도 하지만 내부 선생님들이 직접 학부모 연수 때 연수 강사로 활동해 주세요. 올해 같은 경우, 책 읽기와 진로 연수를 ○○초 선생님들께서 직접 하셨어요. 외부강사도 좋지만, 내부 선생님들이 연수를 하는 경우 학교 교육활동에 대한 이해도 높아지고,

신뢰도 더 생기는 부분이 있어요. 그리고 선생님들께서 학부모 연수와 관련 분야의 전문 강사들을 소개하고 연결해 주시는 경우도 있는데, 그런 정보교환을 하는 점이 다른 학교와 비교할 때 특색이라면 특색이라 생각해요.

사진을 보아 아시겠지만, 독서에 관한 학부모 연수를 먼저 했는데, 연수 장소가 습기가 있어 썩 좋지 않았어요. 그래서 장소 변경을 요청했는데, 보시다시피 진로 연수 때는 장소를 바꾸어 진행할 수 있었어요. 이런 간단한 문제들이 해결되는 것이 우리 학교의 의사소통 특성을 드러내 주는 사례라고 생각해요. 얘기하면 들어주시는 거죠.

질문 6〉 책○○ 학부모 동아리 참여로 학교교육활동에 혹시 일어난 변화가 있다면 무엇인지 얘기해 주세요.

학부모 동아리 활동 참여만으로 일어난 변화라기보다는 학교와 학부모가 서로 잘 협력하여 일어난 변화예요. 사진에서 보시듯 교장선생님께서도 아이들에게 책을 읽어 주시고, 담임선생님께서도 종종 아이들에게 책을 읽어 주세요. 학부모인 저희도 책 읽어 주기 활동을 통해 아이들에게 책 읽는 모습을 보이니, 저학년의 경우 아이들이 학급 친구들에게 서로서로 책을 읽어 주는 시간을 갖기도 해요. 책을 가깝게 느끼고 좋아하는 아이로 자라는 것이 보여요. 그게 아이들에게 찾아온 가장 큰 변화라 느껴요.

질문 7〉 마지막으로 교육활동 참여를 통해 느낀 보람이나 바람이 있다면 말씀해 주세요.

제가 느낀 가장 큰 보람은 책 읽어 주기를 할 때 집중력 있게 즐거워하며 듣고 있는 아이들의 모습을 보는 것이에요. 학교에서 들은 이야기를 집에 가서 부모에게 이야기하는 아이들도 있다고 들었어요. 재미있어하며, 호흡이 긴 책의 경우 오늘 이것까지만 읽는다고 했을 때 아쉬워하는 아이들의 눈빛을 보며 참 보람을 느껴요. 가능하면 책만 읽고 부가 설명은 하지 않으려고 하는데, 어쩌다 부가 설명을 할 때가 있어요. 안네 프랑크의 일기를 읽어 줄 때였는데, 배경 설명을 하니 아이들이 숙연해지더군요. 그런 아이들의 모습에서 힘을 얻고 보람을 찾아요.

그리고 저 자신은 책 읽어 주기 활동을 통해 다양한 책을 섭하며 자녀들을 내할 때 좀 더 인내심이 있고, 배려심이 많은 엄마로 바뀌어 가는 것이 좋아요. 예를 들면,『혼나지 않게 해 주세요』라는 책이 있어요. 이 책을 읽으며 혼나는 아이들의 마음과 동심의 세계를 더 깊게 알게 되었고, 내 자녀를 대할 때도 이해의 폭이 더 커지게 되었어요. 이런 변화들이 좋고, 그래서 아이들에게 책을 더 읽어 주고 싶고, 책이 주는 기쁨이 우리 학교뿐 아니라 다른 학교에도 널리 퍼졌으면 좋겠어요.

출처: KERIS 국가교육정책 과정(학부모 교육)에서 발췌.

요약

- 개인의 고유성 혹은 정체성은 특정한 관계를 맺은 누군가와의 의사소통 과정에서 형성되고 변화한다. 이러한 인간 의사소통은 서로의 '해석'에 의한 소통이지 메시지 자체가 전달된다고 보기 힘들다. 특히 교육은 교사와 학생이 의사소통을 통해 함께 형성해 가는 과정으로서 한 쪽의 일방통행으로는 기대하는 목적과 효과를 제대로 성취할 수 없으며, 교사와 학생의 상호 소통에 기반을 둔다.

- 인간은 자신의 관점에서 '선택적 의사소통'을 하며, 선택적으로 의사소통할 수 있는 능력이 있기 때문에 자신이 의도하는 메시지를 수신자에게 어떻게 보낼 것인지를 결정할 수 있다. 그래서 특정 사건이나 말하는 이에 대해 부정적인 선입견을 갖고 있는 상대방은 그 사건을 전혀 다른 방향으로 해석하기도 한다.

- 교원 화법은 훌륭한 인격을 갖춘 인간으로서 교원을 길러 내는 경우처럼 가장 넓은 의미의 교원 화법이 있고, 수업과 학생지도, 상담과 행정업무 수행 등 학교 업무 수행 측면이 강조되는 교육 화법, 교실에서 교수 · 학습 활동의 중심 역할 수행 측면을 강조하는 수업 화법(교수 화법) 등으로 구분할 수 있다.

- 학교교육이라는 테두리에서 교사와 학생 간에 진행되는 의사소통은 교육목표를 달성하는 주된 수단일 뿐만 아니라, 교사와 학생들이 개인적이거나 사회적인 목적까지 이루어 가는 데 중요한 기제로서 작동하기에 이는 교육을 위한 매우 중요한 활동이며 곧 교육 그 자체이다. 바람직하고 효율적인 교사의 의사소통은 좋은 교육적 성과를 가져올 뿐만 아니라 학생의 의사소통 능력이나 교사와 학생의 삶의 질도 결정한다.

- 초등학교 교실에서의 의사소통을 발생 상황에 따라 크게 둘로 나누면 교과 수업에서의 의사소통과 교과 외 활동에서의 의사소통으로 구분할 수 있다. 교과 수업에서의 의사소통은 주로 각 교과별 교수 · 학습 상황을 중심으로 교사와 학생 간에 일어나는 의사소통을 말하며, 교과 수업 외 활동에서 교사와 학생의 의사소통은 학급에서 일어나는 생활지도와 진학지도 그리고 일상적 대화 및 상담 등이 해당된다.

- 교수 · 학습 과정에서의 교사와 학생의 의사소통은 교육목표에 부합하는 내용을 담아야 하는 것은 물론이고, 의사소통의 방식 그 자체도 상호교섭적으로 이루어져야 한다. 이는 교사와 학생의 의사소통 과정은 교과 교육의 목표와 내용에 부합하는 동시에 학생의 전인적인 인성 함양에도 도움이 되어야 함을 의미한다.

- 학생과 촉진적이고 신뢰성 있는 관계를 형성하기 위해서 초등학교 교사는 학생 생활을 지도하고 상담할 때 학생 중심적인 태도를 보여야 한다. 즉, 학생을 긍정적으로 수용하고, 공감적으로 이해하며 진정성을 가져야 한다.

- 교사와 학생의 의사소통은 현재 우리 교육 공동체의 수준과 삶의 질을 그대로 보여 주며, 그 속에 살아가는 학생과 교사의 삶에도 큰 영향을 끼친다. 진정한 교사의 의사소통 능력은 단지 물리적으로 대답하고 설명하는 데 필요한 지적인 능력만을 의미하는 것이 아니라 학생이든 학부모든 또는 동료든 간에 상대방과 진정한 관계를 맺고 새로운 의미를 생성하며 공유할 수 있는 능력까지 포함한다.

- 효과적인 교사의 의사소통 능력은 교사와 학생, 학부모 사이의 원만한 문제해결과 의사결정을 위한 필수 요소이며, 학부모와 교사는 아동에 관한 다양한 정보를 서로 교환함으로써 교육적 지도를 함께해 나가는 동반자가 될 수 있다.

- 앞으로의 미래를 살아갈 학습자를 위한 교육은 '상호 연계, 의존적인 세계, 다양한 맥락'에서 '효과적인 행동, 상호작용, 의사소통, 참여' 등을 강조하게 될 것이며, 다양한 관계 속에서의 상호작용과 의사소통 능력은 더욱 중요해질 전망이다.

토론주제

1. 이민영 선생님은 올해로 교직 3년차로 6학년 담임을 맡은 새내기 교사이다. 그는 발령 첫해부터 연속해서 6학년 학생들을 지도해 오고 있다. 평소에 마치 친구인 것처럼 학생들과 좋은 관계를 맺어 왔지만, 이번 학기에 만나게 된 학생들은 사뭇 다른 느낌이다. 특별히 어려움을 겪는 학생과 상담을 하고 났더니, '왜 그 아이만 특별 대우하느냐'는 불만 아닌 원성을 들어야만 했다. 또한 학급 내에 몇 개 또래 집단이 형성되어 갈등이 있었는데, 이민영 교사가 몇몇 집단의 이야기를 들어 주고 공감해 주었더니 또 다른 집단의 학생들이 오해를 하고 특정 학생을 따돌림하기 시작했다. 지금까지 학생들과의 관계를 위해 최선을 다한 것 같은데, 이민영 선생님은 요즘 이 문제로 고민이 많다. 학생들 사이의 원만한 관계를 유도하고 효과적인 학습 지도와 학급경영을 위해서 이민영 교사가 앞으로 어떻게 하면 좋을지 고민해 보자.

2. 농촌이나 도시 외곽에서 10여 년이 넘도록 근무한 김수영 교사는 최근 가장 번화한 지역의 아파트 밀집 지역으로 근무지를 옮기게 되었다. 교사에게 학교 주변 환경의 변화가 크기도 했지만, 무엇보다도 학생들의 학력과 경제적 측면에서의 수준 차가 심해서 요즘 김수영 교사는 학생지도에 어려움을 겪고 있다. 이러한 상황에서 더욱더 힘든 일이 발생했는데, 학급 내에서 학생 간의 다툼이 있었고, 둘이 맞붙어 싸우면서 한 학생이 상대 학생의 얼굴을 손톱으로 할퀴어 깊은 상처가 난 것이다. 김수영 교사는 그때 교실 안에서 학생들과 함께 있었지만, 그 싸움은 일순간에 벌어졌고 말릴 겨를도 없었다. 이 사건으로 평소에도 관계가 좋지 못했던 두 학생의 학부모 사이의 갈등은 증폭되었고, 급기야 한 학생의 학부모는 학교폭력으로 상대방 학생과 학교 및 담임교사를 고소하겠다고 하였다. 내가 만약 김수영 교사와 같은 상황에 처하게 된다면 어떻게 이 문제를 해결해 갈 수 있을지 고민해 보자.

참고문헌

강경아(2017). 초등학생이 경험하는 삶의 의미: 의미요법의 주요개념에 따른 내용 분석. **한국아동간호학회, 23(1)**, 37-47.

강재원(1994). 중학교 학급담임교사의 의사소통유형과 집단응집성 관계연구. 한국교원대학교 대학원 석사학위논문.

강지영(2017). 초등학교 담임교사의 의사소통 수준이 학생의 행복감에 미치는 영향. 서울교육대학교 교육전문대학원 석사학위논문.
곽한영, 최윤정(2013). 담임교사의 의사소통 유형이 고등학생의 민주 시민성에 미치는 영향. **법과인권교육연구**, 6(1), 1-19.
권순영(2018). 미래사회의 교육 가치에 관한 연구. 강릉원주대학교 대학원 박사학위논문.
권한님(2019). 초등학교에서 학급 의사소통 방식이 학생의 규칙 신뢰감에 미치는 영향. 서울대학교 대학원 석사학위논문.
김나유(2014). 열린 공동체 성장 프로그램을 통한 창의 · 협력 · 소통의 학급문화 혁신방안. **미래교육연구**, 4(1), 61-79.
김미화(2017). 교사의 촉진적 의사소통과 아동의 학교행복감 관계. 경인교육대학교 교육전문대학원 석사학위논문.
김민선(2007). 초등학교 고학년 아동의 공감이 또래수용도 및 친구관계에 미치는 영향. 서울여자대학교 대학원 석사학위논문.
김영우(2014). 담임교사의 의사소통 효과성이 초등학생의 자아정체감 형성에 미치는 영향. 서울교육대학교 교육전문대학원 석사학위논문.
김은성(2017). 초등학교 교사를 위한 의사소통역량 향상 프로그램 개발 및 적용. 건국대학교 대학원 박사학위논문.
김인숙(2011). 초등학생이 지각한 교사 · 학생 간 의사소통, 학습태도, 학업적 자기효능감이 학교적응에 미치는 영향. 관동대학교 대학원 박사학위논문.
김정기(2012). 커뮤니케이션 스타일, 동기, 주목도, 만족감, 교육효과의 관계. *Speech & Communication, 18,* 202-234.
남기택(2019). 초등학교 고학년이 지각한 담임교사의 촉진적 의사소통이 또래관계에 미치는 영향: 공감능력의 매개효과. 한국교원대학교 교육대학원 석사학위논문.
노선희(2019). '협력적 의사소통 역량' 함양을 위한 과학 논의 수업. 한국교원대학교 대학원 석사학위논문.
류덕엽(2014). 초등교사의 의사소통능력, 학교조직문화, 교사효능감 및 주관적 행복감 간의 구조적 관계. 숭실대학교 대학원 박사학위논문.
민현식(2001). 교수 화법론. 한국화법학회(편). **국어화법과 담화전략**(pp. 61-120). 서울: 역락.
박남기(2016). 미래교육을 위한 교사의 역량과 역량 제고 방안. **교육부, 행복한 교육**, 58-59.
박상완(2005). 학교조직문화와 구성원 간 의사소통. **지방교육경영**, 9, 20-58.
박성희(2006). 대화의 심리와 대화기법. **초등상담연구**, 5(1), 3-25.
박성희(2007). **상담학 연구방법론**. 서울: 학지사.
박성희, 김숙희, 장희화(2010). **선생님은 해결사(학부모 편)**. 서울: 이너북스.

박수희(2020). 학급풍토가 학교폭력예방문화에 미치는 영향. **학습자중심교과교육연구, 20**(11), 1289-1310.

박윤아(2013). 초등학생이 지각한 담임교사의 의사소통유형 및 지도성유형에 따른 학생의 상담에 대한 기대. 경인교육대학교 교육대학원 석사학위논문.

서민영(2008). 담임교사의 의사소통 유형과 초등학생 자아존중감의 관계. 공주교육대학교 교육대학원 석사학위논문.

서영진(2017). 국어 수업 대화에서 교사와 학습자의 상호작용 양상. **청람어문교육, 64**, 7-41.

서지현(2009). 학생이 지각한 담임교사의 의사소통유형, 담임교사에 대한 신뢰, 자기효능감이 학교생활 적응에 미치는 영향. 동국대학교 교육대학원 석사학위논문.

서현석(2019). 미래의 초등학교 듣기 · 말하기 교육을 위한 의사소통 모형. **화법연구, 43**, 25-54.

손준종(2011). 초등학교 교사의 감정노동 연구. **한국교육학연구, 17**(3), 93-127.

송은영(2017). 초등학생이 지각한 교사의 촉진적 의사소통과 학급응집력간의 관계: 아동의 공감능력의 매개효과. 아주대학교 대학원 석사학위논문.

송현미(2013). 초등학생이 지각한 사회적 지지와 학교행복의 관계에서 자기조절능력의 매개효과. 경북대학교 대학원 석사학위논문.

신지영(2014). **한국어의 말소리**. 서울: 박이정.

신혜진(2020). 교육공동체 관점에서 본 교사-학부모 간 협력 과제: 학부모의 교육관여를 중심으로. **학부모연구, 7**(3), 1-18.

연문희(1996). **성숙한 부모, 유능한 교사**. 서울: 양지원.

연문희, 강진령(2002). **학교상담: 21세기의 학생생활지도**. 서울: 양서원.

우영혜(2007). 아동이 지각한 의사소통과 공감능력의 관계. 서울교육대학교 교육대학원 석사학위논문.

원진숙(2001). 교사화법의 교육의 내용과 방법. **국어교육연구, 13**, 267-295.

이덕희(2014). 학생의 학교폭력경험과 학교폭력태도 간의 관계: 인권의식 및 촉진적 의사소통의 매개효과를 중심으로. **학교사회복지, 27**, 221-252.

이민관(2017). 체육수업에서 초등학생이 지각한 교사의 의사소통 유형과 수업 흥미도, 수업 만족도의 관계. 광주교육대학교 교육대학원 석사학위논문.

이성은, 장유정, 감성원(2012). Nel Noddings의 배려이론 관점으로 본 학급 문화 형성자로서 교사의 상징적 지도력. **열린교육연구, 20**(3), 1-17.

이숙자(2009). Action Learning 프로그램이 간호사의 문제해결능력과 의사소통에 미치는 효과. 전남대학교 대학원 박사학위논문.

이은숙(2009). **인간관계와 의사소통**. 경기: 양서원.

이은주(2007). 교사의 대인의사소통 유형에 관한 고찰. **커뮤니케이션학연구, 15**(2), 109-138.
이정숙, 김수지, 고규희, 공수자, 김수진, 김은희, 박후남, 이강오, 정순아 외 편저(2002). **정신건강간호학**. 서울: 현문사.
이창덕(2018). 국어 수업대화에서 교사 피드백 방식 분석 연구. **국어교육연구, 66**, 173-206.
이창덕, 민병곤, 서현석, 박창균, 이정우, 김평우, 김지연, 정민주(2008). **교수 화법**. 경기: 경인교육대학교.
이창덕, 임칠성, 심영택, 원진숙(2007). **삶과 화법**. 서울: 박이정.
이칭찬(2001). **교사론**. 서울: 동문사.
이한검(1992). **경영학원론**. 서울: 형설출판사.
이효정(2004). 초등학생이 지각하는 담임교사의 의사소통유형과 학급풍토와의 관계. 경인교육대학교 교육대학원 석사학위논문.
임문희(2017). 초등학교 교사의 의사소통유형과 학생의 자아존중감 및 사회성과의 관계. 한국교원대학교 대학원 석사학위논문.
임칠성(1997). 화법교육의 방향 연구. **국어교육, 94**, 77-99.
임택균, 서현석(2017). 대인관계 중심적 의사소통 능력 향상을 위한 듣기 교육의 개선 방향. **화법연구, 37**, 129-167.
전은주(2002). 화법교육연구의 현황과 과제. 박영순(편). **21세기 국어교육학의 현황과 과제**(pp. 121-160). 서울: 한국문화사.
정광희(2015). 중학생 인성교육을 위한 교원 연수 자료집-민주적인 학교문화 및 학급문화 조성. 연구자료 RRM 2015-18-07. 서울: 한국교육개발원.
정소미, 김선연, 조은선(2015). 중등교사의 자기표현과 직무만족의 관계에서 적응적 인지적 정서조절의 조절효과. **학습자중심교과교육연구, 15**(1), 329-349.
정윤경(2005). CTT(Courage To Teach) 교사교육에 관한 고찰-한국 교사교육에의 시사점을 중심으로. **한국교육학연구, 11**(1), 53-76.
정은(2007). 아동이 지각한 교사-아동간의 의사소통과 아동의 자기효능감 간의 관계. 이화여자대학교 대학원 석사학위논문.
정은선(2017). 교사-학생 의사소통과 부모-자녀 의사소통이 학업성취에 미치는 영향: 학업정서와 자기결정성 학습동기를 매개로. 울산대학교 대학원 박사학위논문.
조경아(2015). 중학생이 지각한 담임교사의 의사소통유형과 자아존중감 및 학교생활적응과의 관계. 아주대학교 교육대학원 석사학위논문.
조규락(2011). 교사의 비언어적 의사소통 행동이 학생의 수업 참여도와 학업 성취도 도움에 미치는 영향. **교육정보미디어연구, 17**(3), 261-282.

조주희(2010). 초등교사의 애착유형에 따른 교사-아동의 관계와 교사의 촉진적 의사소통. 경인교육대학교 교육대학원 석사학위논문.

차배근(1993). **커뮤니케이션학개론**. 서울: 세영사.

채수앙(2017). 초등학생이 지각한 담임교사의 의사소통 유형과 학교행복도의 관계: 학급응집력의 매개 효과. 서울교육대학교 교육전문대학원 석사학위논문.

최선미, 최창섭(2004). 초등학교 교사와 학부모간의 의사소통 실태 연구. **한국유아교육연구, 1**(2), 95-117.

하둘이, 박완주(2014). 초등교사의 공감 및 의사소통 유형과 주의력 결핍 과잉행동 장애 학생에 대한 대처방식. **한국정신간호학회, 23**(2), 103-112.

한국교육연구네트워크(2018). **더 나은 세상을 위한 학교혁명: 제3기 진보교육감 시기의 학교정책**. 서울: 살림터.

한국초등상담교육학회(2016). **한국형 초등학교 생활지도와 상담**(개정판). 서울: 학지사.

허진(2020). 프로젝트 학습을 적용한 통합교과 수업이 의사소통능력과 협업능력에 미치는 영향. 서울교육대학교 교육전문대학원 석사학위논문.

홍은영(2014). 학부모상담 과정에서 초등교사의 체험에 관한 현상학적 분석. 청주교육대학교 교육대학원 석사학위논문.

홍은혜(2015). 초등학생이 지각한 담임교사의 의사소통과 학생의 공감능력 및 공격성의 관계. 경인교육대학교 교육대학원 석사학위논문.

홍종관(2001). 교사의 효과적인 인간관계에 대한 고찰. **대구교대 초등교육연구논총, 17**(1), 217-238.

황영준, 박미하(2013). 중학생이 지각한 담임교사의 의사소통 태도 및 리더십 유형과 또래폭력 피해경험과의 관계. **한국교육문제연구, 31**(4), 25-43.

Armes, N. R. (1981). *Communication style in the classroom.* ERIC Document.

Brosche, H. (2010). *Warum lehrer gar nicht so blöd sind.* 이수영 역(2012). **교사가 알아야 할 학부모 마음 학부모가 알아야 할 교사 마음**. 서울: 시대의 창.

Gordon, T. (1974). *Teachers' effectiveness training.* New York: Peter H. Wyden Ltd. 백종억, 권낙원, 반용성 공역(1987). **성공적인 교사가 되는 길**. 서울: 성원사.

Hymes, D. (1972). On communicative competence. In J. B. Pride & J. Holmes (Eds.), *Sociolinguistics.* Harmondsworth: Penguin.

Mehan, H. (1979). *Learning lessons: Social organization in the classroom.* Cambridge: Cambridge University Press.

Norton, R. (1977). Foundation of a communicator style construct. *Human Communication Research, 4*, 99-112.

Partnership for 21st Century Learning (2015). Framework for 21st Century Learning. Retrieved May 1, 2015, from http://www.p21.org/our-work/p21-framwork.

Rogers, C. H. (1951). *Cliente-centered psychotherapy.* Boston: Die klientenzentrierte Gespraechspsychotherapie. München 1972.

Rogers, C. H. (1977). *Carl Rogers on personal power.* New York: Delacorte Publishing Company.

Roy, M. B., Andrew, D. W., Darlyn, R. W., & Joan, E. A. (2013). *Communicating-A social, career and cultural focus* (12th ed.). New York: Routledge.

Schein, E. H. (2010). *Organizational culture and leadership.* San Francisco, CA: Jossey-Bass.

Seiler, W. J., Schuelke, L. D., & Lieb-Brilhart, B. (1984). *Communication for contemporary classroom.* New York: Holt, Rinehart and Winston. 김인식, 김성렬, 김학준 공역(1988). **학교교육과 커뮤니케이션.** 서울: 교육과학사.

Sinclair, J. M., & Coulthard, R. M. (1975). *Towards an analysis of discourse: The English used by teachers and pupils.* Oxford: Oxford University Press.

Smircich, L. (1983). Organizations as shared meanings. In L. Pondy, P. J. Frost, G. Morgan & T. C. Dandridge (Eds.), *Organizational symbolism* (pp. 55-65). London: Greenwich, CT: JAI PRESS INC.

Starratt, R. J. (1991). Building and ethical school: A theory for practice in educational leadership. *EAQ, 27*(2).

Stewart, J., Zediker, K. E., & Witteborn, S. (2005). *Together: Communicating interpersonally: A social construction approach* (6th ed.). Roxbury, CT: Roxbury Pub Co.

Stolp, S., & Smith, S. (1995). *Transforming school culture: Stories, symbols, values & the leader's role.* Oregon: Eric Clearinghouse.

Tausch, R., & Tausch, A. M. (1990). *Gesprächspsychotherapie* (9. ergänzte Aufl.) Göttingen: Hogrefe, Verlag für Psychologie.

Warren, C. A., & Lessner, S. (2014). "Who has family business?" Exploring the role of empathy in student-teacher interactions. *Penn GSE Perspectives on Urban Education, 11*(2), 122-131.

Zeigler-Hill, V. (2006). Discrepancies between implicit and explicit self-esteem: Implications for narcissism and self-esteem instability. *Journal of Personality, 74*(1), 119-144.

제4장

학급운영 법제의 이해

고전(제주대학교)

1. 학급운영의 개념 및 의의

1) 학급운영과 학급경영

초등학교에 있어서 학급운영(學級運營)은 담임교사가 당해 학년의 교육목적을 달성하기 위하여 운영계획을 수립하고 담당한 학급을 조직하며 학급설비와 교구를 활용하여 교과 · 특별활동 · 생활지도 활동을 전개하고 관련 학급 서류를 정리하는 전 과정이다. 이때, 학급조직에는 학급임원의 선출이나 학급모둠의 편성이 포함되며, 학급서류로는 생활기록부와 건강기록부 등이 있다. 결국 학급운영이란 의미는 학급 담임교사가 수행하는 1년간의 업무와 하루하루의 일과를 지칭한다. 간단히 말해 담임교사의 학급 지도 활동을 총칭한다.

학급운영을 학교 전체와 관련시키면 학교행정 영역 중 학급단위의 행정과 연관된다. 그러나 학급운영은 교육전문가인 담임교사의 전문성에 따르는 수업 및 생활지도 활동을 포함하고 있다는 점에서 학칙과 법규의 적용 · 관리에 초점을 두는 학교행정이나 학급행정 개념보다는 범위가 넓다. 즉, 학급에 있어서는 법치행정의 원리에 따르는 '행정' 용어보다는 담임교사의 자율적 지도성이 강조되는 '운영'이라는 표현이 더 적합하다.

한편, 학급경영(學級經營)이란 표현도 오랫동안 사용되어 왔다. 현재의 교육대학 교직과목 명칭인 '교육행정 및 교육경영'은 이전에는 '학교와 학급경영'으로 표시되었다. 원래 '학교경영'은 교육학과 경영학의 간학문적 접근에 의해 이론화되었다기보다는 학교운영에 있어서 경영의 측면을 강조한 하나의 '관점(觀點)'이라고 할 수 있다. 학교경영의 실질적인 내용은 교육행정체계와 교육행정학에 의해 논의되고 있다는 점에서 '학교경영'보다는 '학교행정'이라 칭하는 것이 적절하다고 본다.

학급경영 역시 특별한 경영이론의 기법을 학급운영에 활용한 접근방법을 취하기보다는 학급을 운영하는 제반 영역 및 과정에 대한 좀 더 체계적인 논의 노력이다. 현재 국내 학급경영 관련 저서에서도 학급수준의 행정활동을 기반으로 하면서 기존의 교육학 내에 논의되어 온 교수·학습이론, 생활지도, 교사론, 아동발달과 심리 영역을 함께 논의하는 것이 일반적이다.

오늘날 교육행정 활동이 교육에 관한 사회적 합의(이른바 교육법규)에 기초한 지도·조언·감독의 '행정활동'적 측면보다는 보다 경제적인 조성·지원활동과 교육조직의 목표달성 및 성과를 높이는 '경영활동'에 주의를 기울이고 있는 것은 사실이다. 그러나 여전히 교육행정의 영역은 공공행정의 논리를 기본으로 하며, 여기에 경영적인 관점이 추가된 과정을 겪었다. 더구나 학교조직은 회사와 같이 영리를 추구하는 이익조직과는 다른 공공조직으로서 성격을 기본으로 한다는 점에서 지나친 경영적 측면의 강조는 본말의 전도를 가져올 수도 있다. 특히 국가가 균등한 교육기회를 조성·정비하여야 할 의무를 부담하는 의무교육을 담당하는 초등학교의 학교행정에서는 더욱 그러하다.

더욱이 단위 학급에서 담임교사가 학급운영 비용을 요구하고 집행하는 데 있어서 행사하는 경영권(학급운영비)은 법정 경상비를 제외하면 극히 미미하다는 점에서 학급운영활동에 '경영' 개념을 적용하는 것은 무리이다. 따라서 법규의 적용과 관리에 초점을 두는 '학급행정'이나 경영적 관점을 부각시키는 '학급경영'이란 개념보다는 교사와 학생 간의 자율적 활동을 포괄할 수 있는 '학급운영'이 보다 학교자율성 신장 흐름에 부합된다. 단위학교 풀뿌리 자치기구로서 설정된 '학교운영위원회'

가 도입되어 있고, 나아가 학교자치, 나아가 학급자치의 개념 확산 측면에서도 이러한 관점은 적정하다. 외국의 Classroom Management 논의 역시 '학급경영'이나 '학급관리'보다는 '학급운영'으로 번역하여 소개하는 것이 바람직하다.

그러나 '학교경영' 혹은 '학급경영'이란 용어가 교육가치보다 경제가치를 우선시한다고 하여 배척되어야 할 용어는 아니며 학교평가가 일반화된 오늘날 교육행정기관과 학교 현장에서도 통상 사용하고 있는 것이 현실이다. 이론적인 근거를 달리하는 차이라기보다는 국가 공적 자금에 의하여 운영되는 학교에서 효율적 배분과 집행을 강조하는 관점이다. '행정'과 '경영'의 개념이 상보적으로 이해되고, 행정의 민주성과 효율성이 동시에 강조되고 있는 오늘날 학교와 학급운영의 방향에서 볼 때 '학급운영' 개념이 '학급경영' 개념보다는 학교 중심적 · 교사 중심적이라 할 수 있다.[1)]

2) 학급운영의 영역

학급운영 영역은 담임교사의 활동 영역과도 일치한다. 활동의 성격과 과업 중심으로 나눌 수도 있고, 하루와 연간, 장면에 따라 구분할 수도 있다. 과업 중심은 교과지도 · 특별활동지도 · 생활지도 영역으로 나누는 것이 일반적이다.

1) 근대사회 이후의 사회조직이 공익을 추구하는 '행정조직'과 사익을 추구하는 '경영조직'으로 대별되어 전개되어 왔으나 현대사회에서 행정과 경영은 상호 간의 영역을 넘나들며 조직의 목표달성에 보다 효율적이면서도 민주적으로 접근하고 있다는 점에서 상호보완적이다. 행정과 경영의 유사성으로 흔히 '조직의 목표달성을 위한 수단성'과 '관료제적 성격'을 들곤 한다. 특히 후자의 경우 대규모 조직체, 대인원수, 분업체제, 획일주의 및 서식주의 등을 특징으로 한다. 행정과 경영의 차이 중 행정이 경영에 비하여 정치성이 강하다는 점은 보다 근원적인 차이이며, 행정이 민주성에 보다 큰 가치를 두는 데 비하여 경영은 능률성을 강조한다는 점은 상대적 차이이다. 행정이 객관성과 강제성이 특징이라면, 경영은 주관성 · 융통성 · 창의성을 특징으로 한다.

표 4-1 학급운영의 영역별 과업의 예시

영역	과업
학습 지도 영역	• 학습 지도 준비: 지도안 작성, 교재연구, 교수자료 준비 • 교과 지도: 교과 지도, 기술(실과)교과 지도, 예 · 체능 교과 지도, 교과 지도의 평가 • 특별활동 지도: 자치활동, 적응활동, 계발활동, 봉사활동, 행사활동 • 특수아 지도: 지진아 · 부진아 · 장애아 · 우수아 · 영재아 지도 • 가정학습 지도: 예습 지도, 복습 지도, 자습 지도, 과제 지도, 방학 지도 • 특기적성 지도: 특별보충 지도
생활 지도 영역	• 인성 지도: 정서안정 · 사회성 · 성격 · 문제아 · 행동누가기록과 지도 • 학급상 문제 지도: 학교 · 학습생활의 적응 지도, 학습부진아 지도, 수업태도 지도 • 진로 및 직업 지도: 적성 · 흥미 · 능력에 맞는 진로 지도, 직업선택 지도, 1인 1기 지도 • 건강 지도: 안전 · 위생 지도, 급식 · 식사 지도, 성교육, 신체 · 체질 · 체능 검사 및 지도 • 여가 지도: 여가 선택과 활용 지도, 취미 · 오락 · 스포츠 지도, 방학생활 지도, 놀이 지도
환경 및 시설영역	• 게시물 관리: 아동작품 게시, 학습물 게시, 시사 게시, 행사 게시 • 시설 관리: 칠판 관리, 유리창 관리, 전시대 관리, 방송시설 관리, 냉 · 난방시설 관리 • 비품 관리: 책걸상 관리, 정수기, 화분, 교수용품, 휴지통 관리 • 청소 관리: 청소용구 관리, 청소활동 관리 • 물리적 환경 관리: 채광, 통풍, 냉 · 난방, 방습, 방음 관리 • 정신적 환경(풍토) 관리
가정 및 지역사회	• 가정과의 유대: 통지표 발송, 가정방문, 부모면담, 학부모회 개최, 가정통신문 • 지역사회와의 유대: 각종 홍보활동, 자매결연, 고아원 및 양로원 방문 • 교육유관기관의 유대: 자매결연, 타 학교 연락, 지역교육청 · 시도교육청과의 연락 • 지역사회자원 활용: 자원인사 초청, 현장견학, 각종 조사활동, 공공시설 이용 • 봉사활동: 지역주민에게 교실개방, 평생교육 프로그램 제공
사무영역	• 학사물 관리: 생활기록부 관리, 건강기록부 관리, 출석부 관리, 입 · 퇴학 처리 • 학습 지도에 관한 사무: 학급운영록 작성, 연구안 작성, 연수물 기록, 학습 지도안 • 학생기록물 관리: 학습일지, 회의록, 관찰일지 관리, 일기장 점검, 학습장 점검 • 가정연결물 관리: 통지표 관리, 가정통신문 작성, 가정환경조사표 관리 • 각종 잡무관리: 저축관리, 제성금 처리, 수집물 처리, 통계 처리, 학급문고 관리 • 학급운영평가 관리: 교사 자기평가, 학생평가, 실적물, 포트폴리오

출처: 박병량(2003: 30-31)의 학급경영을 학급운영으로 수정하여 인용.

담임교사의 구체적인 학급운영 행동은 행동 기준의 확인과 규정 및 절차를 선정하는 과업, 학급 내 집단 및 모둠을 조직하는 과업, 교실의 물리적 · 재정적 조건 등 제반 환경을 조성하는 과업, 학생 행동을 점검하고 질서를 유지하는 등 학급활동을 유지하는 과업, 그리고 문제행동에 대처하는 등 학급문제를 해결하는 과업 등으로도 나눌 수 있다. 장소와 절차에 따라 교실영역, 학교경영, 전체 학급활동 및 제자리 학습, 소집단 활동 등으로 구분하기도 한다.

담임교사의 조직활동 중 중요한 것은 모둠을 편성하고 학급임원 선출을 관리하는 역할이다. 체벌이 금지되어 있는 중에 학생들의 행동 수정 방법(학칙상 규정된 생활지도 및 훈육 · 훈계의 방법 등) 또한 매우 중요하다.

학급운영의 마무리 활동은 학생들에 대한 평가를 기획하고 실시하며 피드백을 기록 · 관리하는 일이다. 최근에는 담임교사의 평가권이 강조되고 있고, 과정 중심으로 평가할 것을 주문받고 있다. 능력개발을 위한 교원평가의 일환으로 시행되고 있는 '학생의 수업만족도 조사' 및 '학부모에 의한 학생의 학교생활 만족도 조사' 결과는 비록 교육 비전문가이기는 하지만, 학급 담임교사의 학급운영에 대한 자기성찰과 점검의 의미로 큰 의미를 갖는다.

좋은 학급운영은 학습자에게 만족감을 주는 학급담임의 역량과도 같다. 동시에 그러한 학급분위기는 다시 학급담임의 사기를 진작시키고 수업 몰입도를 높여 더욱 개선된 학급운영으로 순환될 것이다.

이 점에서 학급운영은 모든 학급에 적용될 수 있는 베스트 이론을 지향하기보다는 학습자에 따라 다르거나 시기에 따라 다른 학급 내 구성원과의 유기적인 관계의 산물이라 할 수 있다. 구성원 요인이 무엇보다 중요하기에 개별적이며, 돌발 상황에 대한 대응능력이 중시되는 영역이기도 하여서 이론화 또는 표준화를 위한 법제화에도 일정한 한계가 있을 수밖에 없다.

3) 포스트 코로나 비대면 시대의 학급운영의 변화

코로나19 감염병으로 인하여 학교의 교육환경과 여건은 상당한 변화를 겪고 있다. 무엇보다 비대면 수업이 증가하여 교사나 학생들은 이에 적응하지 않으면 안 된다. 전통적 교육의 위기로 볼 수도 있지만 단계적으로 시행되어 온 디지털교과서나 스마트교실 환경의 확산 계기도 된다. 학습방법을 다변화시켜 전화위복의 기회로 삼을 수도 있다는 것이다. 예를 들어, 면대면 교육과 전자학습을 결합한 블렌디드 러닝[2)]이 그 예라 할 수 있다.

그러나 교사와 학생은 실시간 온라인 수업 플랫폼(Zoom, Webex 등)에 아직 익숙해 있지 않으며, 학교 현장의 인터넷 교육 설비 역시 교실 와이파이가 2~3개만 설치되어 있는 것이 현실이다. 포스트 코로나19 대응을 위한 온라인 수업 환경 조성을 위해 국가수준의 설비 투자가 신속히 이루어져야 하는 이유이기도 하다.

본래, 스마트 교육의 취지는 누구에게나 균등한 학습 기회를 온라인을 통하여 제공함으로써 「헌법」이 보장하고 있는 '능력에 따른 균등한 교육기회를 보장하는 것'이라고 할 수 있다. 도시와 농촌, 가정형편에 따라 온라인 학습 시설과 장비가 갖추어져 있지 못하거나 차이가 난다면 이는 곧 '디지털 교육환경 차이'로 나아가 '교육격차' 문제를 심화시킬 우려가 있다.

비록 국가수준의 투자가 있다 하더라도 이를 활용하는 교수 · 학습과정이 대응되지 않는다면 이는 국민 혈세의 낭비일 뿐이다. 학생들이 학습 흥미와 의욕을 잃지 않도록 교사가 수업역량을 갖추어야 하는 이유가 여기에 있다. 교사는 적어도 시설격차는 어쩔 수 없다 하더라도 자신으로 인하여 학생이 흥미와 의욕을 잃어 학습격차를 심화시키는 일이 없도록 하는 것이 사명이다.

스마트 교육에서 요구되는 교사의 역할은 학생을 이해하고 고민을 들어주는 상담자, 학생과 함께 호흡하는 친구, 학생이 스스로 지식을 탐구할 수 있게 해 주는 안내자, 학생과 평생 소통하며 바른길로 이끌어 주는 멘토, 그리고 학생이 뒤처지지 않고 속도를 낼 수 있도록 해 주는 페이스메이커와 같은 역할자라고 지적(조기성, 2020: 30)되기도 한다.

코로나19 상황하에서 원격수업에 대한 학생 설문조사 결과에 따르면, 학생들은 실시간 양방향 교육이 피곤하고, 기계조작 미숙 등으로 학습결손을 겪는 것을 주요 불만요인으로 지적했다. 교사 역시, 20~30명과 실제로 접촉하고, 즉시 지도하기

---

2) 블렌디드 러닝(blended learning)이란 두 가지 이상의 학습방법이 지니는 장점을 결합하여 적절히 활용함으로써 학습효과를 극대화하기 위한 학습형태를 말한다. 면대면 교실 수업과 온라인(사이버) 학습 등 오프라인과 온라인 활동을 결합한 학습이 대표적이다. 초 · 중등교육에서 기존의 면대면 교육과 e-러닝 등을 결합한 블렌디드 러닝이 주목받는 이유는 면대면 교육이 가진 시간적, 공간적 제한점을 전자학습의 장점을 통해 보완할 수 있기 때문이다. 반대로 전자학습의 문제점으로 지적되는 인간적인 접촉의 상실이나 홀로 학습에 대한 두려움, 이로 인한 동기유발 저하 등을 면대면 교육으로 보완할 수 있다는 측면이 면대면 교육과 전자학습을 결합한 혼합 학습의 장점이 된다(조기성, 2020: 28).

어려운 상황이며, 비대면 온라인은 일종의 블랙박스로 간주되고 있다는 것이다. 온라인 수업의 장점(언제 어디서나 반복 가능하고 학습속도 조절이 가능하며 등교시간 절약 등)에도 불구하고 집중력 유지가 어렵고, 학생-교사 간 상호작용이 부족하며, 질의응답에 한계가 있고 교우관계가 단절된다는 단점도 적지 않다. 그만큼 교사에게 멀티플한 대응력이 요구된다는 뜻이다. 온라인 학습성과를 좌우하는 요인 중 하나가 학생의 자기주도적 학습능력이라는 점에서 교사가 초점을 두어야 하는 부분이 자명해진다(박진호, 2020: 23-26).

한국정부는 코로나19 대응의 일환으로 '한국형 뉴딜정칙'을 내놓았는데, 디지털 인프라를 구축하고 비대면 산업이 육성될 전망이다. 온라인 수업 플랫폼인 '교실온닷'과 IT기술을 활용한 온라인 공동교육과정이 2018년부터 시행에 들어갔다. 온라인 교육 인프라 구축, 교수학습 콘텐츠 활용, 교사의 원격 수업역량, 학교의 정보화 환경 개선 등이 지속적인 현안이 될 전망이다.

2. 학급조직의 이해

1) 학급조직의 유형과 조직방법

(1) 일반학급과 특수학급 편성

특수학교를 제외한 일반 학교에서의 학급 편성 방법은 일반 학습자를 대상으로 한 일반학급 편성과 특수아를 포함하는 통합학급 편성, 그리고 별도의 특수학급 편성으로 구분된다. 특수학급의 편성은 신체적 특수성(시청각 등 장애 및 지체 부자유, 언어장애), 정서적 특수성(정서장애 · 정신지체), 지적 특수성(학습장애)을 지닌 학생을 위해 편성할 수 있고, 이는 관할청의 인가사항이기도 하다.

(2) 단식 및 복식 학급 편성

한 개의 교실 혹은 1일 중에 하나의 학급을 할당하고 운영하는 단식학급과 두 개 이상을 두는 복식학급(이른바 2부제 학급운영)의 형태가 있는데 단식학급의 형태가 일반적이다. 또한 복식학급은 두 개 이상 학년이나 학급을 통합하는 방식으로서 나타나기도 하는데, 인접지역 학급과 원격지역 학급으로 편성하는 방식이 있을 수 있고, 통합학급은 통합 교육과정을 운영하는 것이 효과적인 교과의 운영이나 학생 수 감소로 인한 농어촌 및 도서벽지학교의 경우에 있다.

(3) 능력별 편성

학습자의 학업성취도 및 학습의욕에 따라 학급을 편성하는 방식으로서 학습자 집단의 동질성이 우선시되는 어학교육 등에서는 효과적이라고 할 수 있다. 그러나 지능을 기준으로 한 영재반 · 지진아반이나 학력 및 성적을 중심으로 한 우수반 · 열등반 등의 편성은 능력 및 학습부진을 보전하고, 교육의 수월성 확보에 기여하는 측면이 없지 않으나 우수아의 경우 우월감을 조장하고 학습자 간의 위화감 및 지진아 및 열등아의 낙인으로 인한 학습의욕 저하 등 부작용도 우려되는 방식이다. 또한 우수아와 열등아의 표준을 설정하기 곤란하다는 어려움도 있다.

수준별 교육과정의 운영을 중핵으로 하는 제7차 교육과정의 경우에도 이러한 학습능력 수준에 근거한 학급 편성 및 모둠활동이 교육과정 성패의 관건이 되기도 한다. 도서벽지 및 농어산촌 지역의 취학아동 수 감소로 하여 나타나고 있는 5학급 이하 소규모 학교의 경우 저 · 고학년의 학급방식이나 단일 학급 편성 방식도 나타나고 있는데, 이 경우 개별 학생의 능력별 모둠 편성을 통해 무학년제의 학습효과를 기대할 수도 있다. 이때 학급특성에 적합한 담임교사의 교수능력이 구비되어야 함은 물론이다.

(4) 일반적인 학급 편성 방법

일반적으로 학년별로 학급을 편성하며, 동일 학년의 경우 생년월일, 성적, 주거지역, 성명 순서를 고려하여 편성하게 된다. 학급 편성의 방법은 지역 및 학교에 따라 그리고 학교장의 방침 및 학교내규에 따라 독창적인 방법을 사용할 수 있다. 특히 도시의 주거지역에 따라 학부모의 교육열의나 아동의 학습 환경의 차이가 극단적인 경우에는 학급 편성을 달리하게 할 경우 교육적 부작용을 초래할 수도 있으므로 유의하여야 한다. 생활환경의 차이는 생활지도 영역에서 담임교사가 세심한 배려로 노력하여야 하는 문제이지 학급을 구획짓는 근거가 될 수 없다. 무엇보다 국민보통교육이자 의무무상교육을 관장하는 초등학교의 학급은 그 특성이 평균적인 특성을 갖도록 하는 것이 '균등한 교육기회의 보장' 정신에도 부합하는 것이다.

2) 학급조직의 특성과 교육적 의미

(1) 학급의 특성

학급의 특성에 관하여는 '독특한 사회조직으로서 특성'이 지적되기도 한다. 오늘날 학습자 중심 교육과정과 학교운영에의 학부모 참가가 강조되고는 있으나 여전히 의무교육의 형태로 국가수준으로 표준화된 교육과정 및 법규에 의거하여 운영된다는 점에서 그 기본적인 특성은 유지되고 있다.

학급의 특성으로 상호작용과 구성원 간의 의존성, 급우 간의 상호작용, 공동목표의 수행, 사회적 구조를 통한 상호작용을 강조하며, 학급의 행동적 특성으로 다원성, 동시성, 즉시성, 불예측성, 공개성, 역사성이 지적되기도 한다(박병량, 2003: 113-116). 학급의 특성을 기존 연구 결과를 중심으로 정리하면 다음 네 가지 관점이 있다.[3)]

첫째, 학급은 구성원 간의 의존성을 갖는다. 학급에서 교사와 학생, 학생과 학생 간의 상호작용은 학생의 지적, 정의적 행동에 큰 영향을 미친다. 또한 학급은 개인 상호 간 그리고 학급 소집단 간 상호의존적 관계를 가지면서 학급과업을 수행한다. 둘째, 학급 내 급우 간에 상호작용성을 갖는다. 좋은 급우 관계는 학생에게 긍정적인 피드백을 주고 좋은 학급 분위기를 형성한다. 따라서 교사는 급우 간 관계의 중요성을 인식하고 좋은 급우 간의 관계를 발전시킬 수 있는 기회를 주며 또 권장하여야 한다. 셋째, 학급은 공동 목표를 수행한다. 학급에서는 학급 공동의 학습 목표가 추구되고 또한 소집단이나 학생 각자의 목표가 추구된다. 넷째, 학급은 사회적 구조를 통해 상호작용한다. 학급에서 반복되는 상호작용의 형태는 규범, 역할, 지위 등과 같은 사회적 구조를 형성한다. 이상과 같은 학급의 특성으로 학급은 그 나름대로의 인간관계, 분위기, 응집성, 문제해결 방식, 그리고 지도체제 등을 형성하게 된다. 또한 학급의 행동적 특성으로는 다원성, 동시성, 즉시성, 불예측성, 공개성, 역사성 등이 지적(박병량, 2003: 115-116)된다.

---

3) Schmuck & Schmuck의 1992년 연구 결과를 인용한 박병량, 주철안(2001: 479)과 박병량(2003: 113) 참조.

(2) 학급의 적정 규모와 교육효과

교육이론 및 교육자의 경험상 가장 효율성이 높은 학급의 편성기준을 말하는 것으로, 보편타당한 학급규모나 편성방식은 있을 수 없다. 결국 이상적인 학급당 학생 수, 지능, 학업성적, 적성, 희망진로, 성별, 신체발달, 선택교과, 통학지역, 가정환경 등을 고려하여 편성할 수 있다. 다만, 무상교육을 전제로 한 의무교육기관의 국가 및 지방자치단체의 무상의무교육비 부담능력 및 교원 수급 상황을 고려하여 학급 규모와 편성방법을 고려한다(고전, 2006: 161).

「초·중등교육법」 제정(1998. 3. 1.시행) 이전에는 학급당 학생 수를 50인 이하로 규정(구 「교육법 시행령」)했었으나 현재에는 교육감이 정하도록 하고 있다. 그 규모 역시 시대에 따라 달리 제시된다. 30년 전의 연구에서 적정 규모는 37~38명으로 제시되었다면(권기욱, 1991: 165), 20년 전의 연구는 초등학교 교사들이 적정학급 규모를 23.9명으로 인식하고 있다고 보고했다(김영철 외, 2001: 115). 또한 학급의 규모는 학교규모 및 해당 지역 취학아동의 분포를 반영하게 된다는 점에서 전국적인 학급당 학생 수의 평균치나 관련 교원의 적정 규모에 대한 인식은 상대적 차이가 있다. 그러나 소규모 학급이 학업효과[4)]가 있다는 것은 자명한 이치이다.

교육부 보도자료에 따르면, 2018년 한국의 교사 1인당 학생 수는 초등학교 16.5명, 중학교 13.5명으로 경제협력개발기구(OECD) 평균보다 높았고, 고등학교는 12.2명으로 경제협력개발기구 평균보다 낮았다. 이는 2017년 대비 초 0.1명 증가, 중 0.5명 감소, 고 1.0명 감소한 것이다. 2018년 한국의 학급당 학생 수는 초등학교 23.1명, 중학교 26.7명으로 전년 수준 유지 또는 감소했으나, 경제협력개발기구 평균보다는 높았다.

4) 문낙진(1983: 379)은 소규모 학급의 교육적 효과에 대하여 ① 국어, 수학, 사회, 자연 교과는 소규모 학급이 학업성취에 효과적이며, 특히 사회교과의 경우 두드러진다. ② 창의성은 학급규모 간 의미 있는 차이를 나타내지 않았으나 하위요소인 개방성에서는 차이가 있었다. ③ 자아개념은 소규모 학급이 대규모 학급에 비하여 긍정적으로 형성되었다. ④ 학업에 대한 태도는 학급규모 간 의미 있는 차이는 없으나 학습습관에서는 차이가 있다. ⑤ 인간관계 면에서 소규모의 경우가 응집성이 강하나 사제 간의 관계에는 학급규모 간 차이는 없는 것으로 나타났다. ⑥ 소규모의 경우 교육 업무처리 시간이 적게 걸리고 교사와의 개별 접촉 기회가 많은 점 등이 특징이라고 지적했다.

표 4-2 학급당 학생 수 등 한국과 OECD 비교(2005, 2014, 2018) (단위: 명)

구분		학급당 학생 수		교사 1인당 학생 수		
		초등학교	중학교	초등학교	중학교	고등학교
2018	한국	23.1	26.7	16.5	13.5	12.2
	OECD 평균	21.1	23.3	14.6	13.0	13.0
2014	한국	23.6	31.6	16.9	16.6	14.5
	OECD 평균	21.1	23.1	15.1	13.0	13.3
2005	한국	32.6	35.7	28.0	20.8	16.0
	OECD 평균	21.5	24.1	16.7	13.7	13.0

주: 1) OECD 학생 수에는 각 단계의 특수학교 · 학급은 제외, 고교의 OECD 학급당 학생 수는 산출하지 않음.
2) 교사는 수업 담당 교사만 해당(교장 · 교감 등 관리직 교원 및 보건 · 사서교사 등 제외)
3) 한국은 전일제 교사를 대상으로 하며, OECD 평균은 전일제 환산치를 기준으로 함.
출처: 교육부 보도자료(2016. 9. 15); 교육부 보도자료(2020. 9. 8.).

3. 학급운영의 법적 근거 및 현황

1) 학급운영과 관련된 교육법의 이해

(1) 헌법상 교육제도 법정주의에 의한 학급 조직 및 운영

학급운영과 관련한 교육법규의 근원은 「헌법」에 보장된 교육제도 법정주의 원칙(제31조 제6항)으로서, 학급제도 역시 법률에 근거하여 운영되어야 한다.

표 4-3 학급운영과 관련된 교육법규 조항과 주요 내용

법규	조항	주요 내용
헌법	§31 ⑥ 교육제도법정주의	"학교교육 및 평생교육을 포함한 교육제도와 그 운영, 교육재정 및 교원의 지위에 관한 기본적인 사항은 법률로 정한다"
교육기본법	§4 ② 교육기회균등 §5 ② 학교운영자율 §13 ② 보호자 권리	국가와 지자체에게 지역 간 교원수급등 교육격차 최소화 시책을 시행할 의무 학교에 의견제시권(학교는 존중할 의무)

<table>
<tr><td rowspan="5">초 · 중등교육법</td><td>§19 ④ 교원정원 등</td><td>대통령령으로 정함(교원정원령)</td></tr>
<tr><td></td><td>배치기준은 관할청(교육감)이 정함</td></tr>
<tr><td></td><td>장관의 교직원 정원 국회보고 의무</td></tr>
<tr><td>§24 ④ 수업 등</td><td>학급편제는 시행령에 위임함</td></tr>
<tr><td>§56 특수학급</td><td>고교 이하 일반학교에 특수학급 가능</td></tr>
<tr><td rowspan="8">초 · 중등교육법
시행령</td><td>§9 ① 학칙기재사항</td><td>학급편제 및 학생정원</td></tr>
<tr><td>§36의5 ① 담임+1</td><td>① 학생 수 일정규모 이상 담임 1인 증원 가능</td></tr>
<tr><td>② 증원권–관할청</td><td>② 학급담당교원 증원사항 관할청이 정함</td></tr>
<tr><td>③ 담임 담당업무</td><td>③ 학급운영, 학생 교육활동 · 상담 · 생활지도</td></tr>
<tr><td>④ 수석교사</td><td>④ 학교여건 따라 수석교사 학급담당 가능</td></tr>
<tr><td>§46 학급 편성 원칙</td><td>동학년 편성 원칙, 학교장 복식학급 편성권</td></tr>
<tr><td>§51 학급 수 · 학생 수</td><td>교육감이 학급 수 및 학급당 학생 수 정함</td></tr>
<tr><td>§52 학생 배치 계획</td><td>교육감의 학년도별 학생 배치 계획 수립 의무</td></tr>
<tr><td rowspan="2">공립교원정원 규정
(대통령령)</td><td>§2 ② 정원(별표 2)</td><td>공립학교 교원 정원(초등 148,445명)</td></tr>
<tr><td>§3 정원배정권</td><td>장관은 시 · 도별 정원, 교육감은 시 · 도 내</td></tr>
<tr><td>공립교원정원시행
규칙(부령)</td><td>§2 정원배정기준</td><td>초등학교 교원정원배정기준(별표2)</td></tr>
</table>

주: 공립교원정원 규정은 「지방교육행정기관 및 공립의 각급 학교에 두는 국가공무원의 정원에 관한 규정(대통령령)」을 지칭하고, 「공립교원정원시행규칙」은 교육부령으로서 위의 규정 시행규칙임.

(2) 교육기본법상 교육제도 운영의 기본 원칙과 학급운영

「교육기본법」은 법률의 형태이지만 여느 교육 관계법과는 다른 의미를 갖는다. 헌법상의 교육에 관한 규정을 반영하여 보다 구체적인 교육제도 운영의 기본 원칙을 정하고 있기 때문이다.[5)]

이어서 「교육기본법」은 교육기회를 균등히 보장하는 차원에서 지역 간 교육여건의 격차를 최소화하여야 한다는 원칙(제4조 제2항)을 천명하고 있다. 「교육기본법」 제4조(교육의 기회균등) ① 모든 국민은 성별, 종교, 신념, 인종, 사회적 신분, 경제적 지위 또는 신체적 조건 등을 이유로 교육에서 차별을 받지 아니한다. ② 국가와 지방자치단체는 학습자가 평등하게 교육을 받을 수 있도록 지역 간의 교원 수급 등 교

5) 「교육기본법」 제1조(목적) 이 법은 교육에 관한 국민의 권리 · 의무 및 국가 · 지방자치단체의 책임을 정하고 교육제도와 그 운영에 관한 기본적 사항을 규정함을 목적으로 한다.

육 여건 격차를 최소화하는 시책을 마련하여 시행하여야 한다.

학교운영에 있어서 자율성을 보장할 것(제5조 제2항)[6]을 규정하고 있는데, 이는 정부의 학교교육 정책의 근간을 이루는 조항이다. 그 제도적 방법은 구성원인 교직원, 학생, 학부모 및 지역주민으로 하여금 학교운영에 참여할 수 있도록 하는 것이다. 그 대표적인 예가 학교운영위원회 제도라 할 수 있다. 학교운영이 자율성 존중 원칙에 의한다면, 응당 학급운영 역시 자율성 존중 원칙이 적용된다고 보아야 하며, 초등학교의 경우 학급운영의 주관자인 담임교사의 자율성 보장을 포함한다 할 것이다. 동시에 그 자율성 역시 단위 학교운영의 자율성 보장 범위 내의 자율성이라 할 수 있다. 보호자인 학부모에게 학교운영에 대한 의견을 제시할 수 있도록 하고, 학교로 하여금 이를 존중토록 한 것(제13조 제2항)[7]도 학급운영에 적용되는 중요한 근거 규정이다.

(3) 초 · 중등교육법상 학급운영

초등학교에 대하여 직접적으로 규정한 법령은 「초 · 중등교육법」과 그 시행령이다. 「초 · 중등교육법」(1997. 12. 13. 제정)은 「교육기본법」 제9조 제4항(학교의 종류와 학교의 설립 · 경영 등 학교교육에 필요한 사항을 따로 정한다)에 근거하여 제정된 법으로서 초 · 중등교육에 관한 사항을 정하고 있다. 이 법은 총칙, 의무교육, 학생과 교직원, 학교, 교육비 지원, 보칙 및 벌칙 등 5개 장 68개 조항과 부칙으로 이루어진 법이다.

그 주된 내용은 학제, 학교의 종류, 교육과정, 수업 및 수업연한, 입학 및 졸업, 통합 · 병설 · 실험학교의 운영 등 학교교육제도에 관한 기본적인 사항을 정하고, 의무교육 및 무상교육에 관한 사항, 학생의 권리 보호를 위한 학생의 자치활동 보장과 징계 시 의견진술 기회를 부여하는 등 적정 절차에 관한 사항 등을 포함한다. 또한 적정하고 원활한 교육운영이 이루어질 수 있도록 탄력적인 교원제도 운영에 관한 사항과 학교 실정에 맞는 교육운영을 위한 학교 규칙 제정에 관한 사항을 규정하고 있다.

---

6) 「교육기본법」 제5조(교육의 자주성 등) ② 학교운영의 자율성은 존중되며, 교직원 · 학생 · 학부모 및 지역주민 등은 법령으로 정하는 바에 따라 학교운영에 참여할 수 있다.

7) 「교육기본법」 제13조(보호자) ② 부모 등 보호자는 보호하는 자녀 또는 아동의 교육에 관하여 학교에 의견을 제시할 수 있으며, 학교는 그 의견을 존중하여야 한다.

학급의 조직 및 운영과 관련된 사항은 「초 · 중등교육법」과 시행령에 자세하게 규정되어 있다. 동 학년 동 학과의 학생 편성을 원칙은 법률인 「초 · 중등교육법」에, 교육감의 단위학교 학급 수 및 학생 수 결정에 관한 권한은 「초 · 중등교육법 시행령」에 규정되어 있다. 이어 「초 · 중등교육법 시행령」은 학급편제와 학생정원을 학칙기재사항으로 규정하면서(제9조 제1항), 학급담당교원(담임교사)에 대하여 학생 일정 규모 이상인 경우 담임 한 사람을 더 둘 수 있고(관할청이 정함), 담임의 직무를 '학급운영, 학생 교육 · 상담 · 생활지도 활동'으로 규정(제36조의5)했다. 학급 편성에 관하여는 '동 학년 편성 원칙'에 학교장으로 하여금 복식학급을 편성할 수 있는 권한을 부여했고(제46조), 교육감에게 시 · 도의 학교 학급 수와 학급당 학생 수를 정하고, 학년도별 학생배치계획을 수립할 의무를 규정(제52조, 제53조)했다.

2) 학급운영과 관련된 학교 규칙의 이해

(1) 학교자치 규범으로서 학교규칙

학교규칙은 통상 줄여서 '학칙(學則)'이라고 표현한다. 학칙은 교육의 단위인 학교에서 제1차적으로 적용되는 교육에 관한 기초 법규로서 법적 근거를 가지며, 학교 내의 헌법이자 교사와 학생에게 가장 일상적으로 적용되는 학교규범이다. 따라서 학칙의 운영 상태를 보는 것은 해당 학교의 학교자치의 수준이나 자율적인 학교운영의 정도를 판단하는 것과 유사하다. 따라서 학칙은 학교 자치입법 수준의 판단척도(바로미터, barometer)라고도 할 수 있다.

학칙은 학교 내 구성원에 의하여 발의되고 수정되는 학교운영위원회의 심의 및 자문과정을 거쳐 결정되며, 구성원에 의하여 준수된다는 점에서 학교 내 풀뿌리 민주주의를 가능토록 하는 핵심 기제이자 출발점이기도 하다.

「초 · 중등교육법」상 학칙의 최종 의결권자는 학교의 장으로 되어 있지만 「초 · 중등교육법」 제8조(학교 규칙) ① 학교의 장은 법령의 범위에서 학교 규칙(학칙)을 제정 또는 개정할 수 있다. ② 학칙의 기재 사항과 제정 · 개정 절차 등에 관하여 필요한 사항은 대통령령으로 정한다고 되어 있다.

동시에 국 · 공립학교 학교운영위원회의 심의사항으로 「초 · 중등교육법」 제32조(학교운영위원회 기능)에서 제1호 사항으로 '학교헌장과 학칙의 제정 또는 개정'사항을 열거하고 있다. 따라서 학칙은 반드시 학교운영위원회의 심의를 통과해야 한다. 반면, 사립학교 학칙의 경우에는 사립학교의 자율성을 반영하여 학교법인이 요청하는 경우에만 자문토록 하고 있다.

학칙으로 정해야 할 기재사항은「초 · 중등교육법 시행령」에 규정하고 있다(제9조 제1항). 동시에 제7호부터 제9호까지의 사항에 관하여 학칙을 제정하거나 개정할 때에는 학칙으로 정하는 바에 따라 미리 학생, 학부모, 교원의 의견을 듣고, 그 의견을 반영하도록 노력하여야 한다(제9조 제4항).

1. 수업연한 · 학년 · 학기 및 휴업일
2. 학급편제 및 학생정원
3. 교과 · 수업일수 및 고사와 과정수료의 인정
4. 입학 · 재입학 · 편입학 · 전학 · 휴학 · 퇴학 · 수료 및 졸업
5. 조기진급, 조기졸업 및 상급학교 조기입학 자격 부여
6. 수업료 · 입학금 기타의 비용징수
7. 학생 포상, 징계, 교육목적상 필요한 지도 방법 및 학교 내 교육 · 연구활동 보호에 관한 사항 등 학생의 학교생활에 관한 사항
8. 학생자치활동의 조직 및 운영
9. 학칙개정절차
10. 기타 법령에서 정하는 사항

(2) 담임이 준수해야 할 학교내규

초등학교에는 학칙이 정한 바에 따라 학교의 내부규정(학교내규)을 둘 수 있다. 교육과정 편성 및 운영규정이나 학생생활지도 규정, 인사자문위원회 규정 등 각종 위원회의 구성 및 운영규정과 같은 다양한 규정이 있다. 특히 체벌금지 이후 학칙이 정한 생활지도 규정은 학생인권 보호 차원에서 매우 중요하게 다루어지고 있으므로 당해 학교의 학칙을 숙지하고 준수하는 것이 기본이다. 학교내규를 유형 및 목록별로 정리하여 소개하면 〈표 4-4〉와 같다.

표 4-4 초등학교 학교 내규 유형 및 목록

	인천 ○○초등학교	제주 ○○초등학교
학사	○○초등학교 학칙, 출석관리 규정 학업성적관리 규정, 체험학습운영 규정 여학생생리결석 시 출석인정방안 규정 졸업생장학금 지급내규 학교전염병에 관한 등교중지처리 규정 학교장위임전결 규정	○○초등학교 학칙, 학교규칙개정절차에 관한 규정 학업성적관리 규정, 학생시상 규정, 학교생활 규정 교외체험학습 규정, 학생선도 규정, 보결수업 규정 수학여행수련활동활성화위원회 규정 학교 내 영상정보처리기기설치 · 운영 규정 위임전결 규정
인사	인사자문위원회 규정, 보직교사임용 규정 학교업무분장 규정, 표창대상자추천 규정 학교 성과급 규정	인사자문위원회 규정 교원능력개발평가 관리위원회 규정
조직	각종위원회규정: 학교운영위, 학교폭력대책자치위, 교권보호위, 교구선정관리위, 과목별이수인정평가위 규정 선거규정: 전교 학생회 정부회장 선거, 학급어린이 정부회장 선출 내규 규정 어린이회 운영 규정	각종위원회규정: 학교운영위, 학교폭력대책자치위, 교권보호위, 학교급식소위원회 규정, 학교체육소위원회 규정 ○○초등학교 영재학급 학칙 전교어린이회 운영 규정
복무	교원휴가업무처리요령(교육부 예규) 서울시교육감소속 지방공무원 복무조례	교원휴가업무처리요령(교육부 예규) 제주도교육감소속 지방공무원 복무조례
기타	학교운동장개방 및 이용에 관한 규정 친목회 회칙	학교운동장개방 및 이용에 관한 규정 친목회 회칙

※ 각종 내규는 학교에 따라 통합되거나 혹은 별도의 규정으로 운영되며, 명칭도 다양하게 규정되어 있다.

3) 학급의 편성 및 담임의 배정

(1) 학급 편성 기준의 예

학급 편성에 관한 「초 · 중등교육법」상 근거는 "학교의 학기 · 수업일수 · 학급편성 · 휴업일과 반의 편성 · 운영, 그 밖에 수업에 필요한 사항은 대통령령으로 정한다"(제24조)에 있다. 시행령은 같은 학년, 같은 학과 편성 원칙을 규정하면서, 교장에게 두 개 학년 이상으로 편성된 복식학년 학급 편성권을 부여했다(제46조). 교육감은 '학교의 학급 수 및 학급당 학생 수'를 정하고, '학년도별 학생배치계획'을 수립한다(시행령 제51, 52조).

「초 · 중등교육법 시행령」은 보다 구체적인 학급 편성에 대한 권한을 교육감에게 부여하고 있다. 이는 지역별 교육규모와 교육재정 여건의 차이 등을 감안할 때, 지역의 실정을 반영한 학급을 편성하는 것이 보다 합리적이라는 견지에서 내려진 조치라고 할 수 있다. 그러나 교육여건에 대한 지역적인 형평 원칙을 선언한 「교육기본법」의 정신에서와 같이, 교원수급 상황과 연동하여 지역 간 균형을 유지토록 노력할 책임이 교육부와 교육청 모두에게 있다.

시 · 도교육청은 매년 중기 학생배치 계획을 수립하여 발표하고 있다. 제주특별자치도교육청의 경우 '2020~2025학년도 초등학교 중기학생배치계획'을 발표하였고, 2020년 기준 1~6학년에 있어서 학급당 29명을 학급 편성 기준으로 설정하고 있다. 읍 · 면 지역 초등학교의 경우 26명을, 제주형 자율학교는 25명을, 국립대학부설초등학교는 24명 기준을 적용하여 학급 편성계획을 수립한 바 있다. 5~6개년의 중기 계획기간에 도심 학교 등 대규모 학교의 경우에는 29명에서 26명으로 낮추는 방향으로 설정하고, 자율형 학교 지정에서 해제되는 학교의 경우에는 25명에서 29명으로 상향조정하는 방식이다. 2020년 기준 제주의 국공립학교 학급당 학생 수 평균은 23.7명으로 보고되었다.

표 4-5 제주특별자치도교육청 초등학교 학급 편성 기준 계획(2020~2025)

구분	2020년	2021년	2022년	2023년	2024년	2025년
동	29	28	28	28	27	26
읍 · 면	26	26	26	26	26	26
다흔디 배움학교	25	25	25	25	25	25

* '다흔디'란 제주어로 '다함께'라는 의미이고, 제주형 자율학교를 지칭한다.

(2) 학급담임의 배치 기준

학급담당 교원, 즉 학급담임에 대하여 「초 · 중등교육법 시행령」은 학급에 1인을 두는 것을 원칙으로 하되, 학생 수가 일정 규모 이상이거나 학급관리를 위해 필요한 경우 학급담당교원 1명을 더 둘 수 있도록 하고 있다(시행령 제36조의5). 「초 · 중등교육법 시행령」 제36조의5(학급담당교원) ① 초등학교 · 중학교 · 고등학교 학급에는 학급담당교원을 두되, 학생의 수가 일정 규모 이상이거나 학급관리를 위하여 필요한 경우에는 학급담당교원 1명을 더 둘 수 있다. ② 학급담당교원의 증원에 필요한 구체적인 사항은 교육부장관이 정하는 기준에 따라 관할청이 정한다. ③ 학급담당교원은 학급을 운영하고 학급에 속한 학생에 대한 교육활동과 그와 관련된 상담 및 생활지도 등을 담당한다. ④ 수석교사는 학급을 담당하지 아니한다. 다만, 학교 규모 등 학교 여건에 따라 학급을 담당할 수 있다.

이 규정은 학급담당 교원의 임무에 대하여 학급을 운영하고 학급에 속한 학생에 대한 교육활동과 그와 관련된 상담 및 생활지도 등을 담당한다고 규정한다. 수석교사는 원칙적으로 학급을 담당하지 않지만, 학교 규모 등 학교 여건에 따라 학급을 담당할 수도 있다. 대체적으로 단식학급이 일반적이나 몇 학년 및 학급을 통합한 복식학급을 운영할 경우 해당 담임교사의 역할은 이에 대응하여 수행되어야 할 것이다.

(3) 단위학교에서의 학급담임 배정의 실제

학급담임을 배정하는 권한은 학교장의 고유 권한이다. 그러나 통상 학교장은 소속 교원들로부터 학기 말에 다음 학년도 희망 학년에 대한 의사를 받아 반영하기도 한다. 일반적으로 교사들로부터 희망 학년을 받은 후, 학교장이 교사의 경력과 직전 담임 학년 등을 고려하여 일정 연한 교차선임방식을 기본으로 배정하는 것이 관례이다. 이 방식 이외에도 학급담임 배정 방식은 자유 · 희망 · 학년고정 · 계속 담임선임방식 등이 있다.

학급담임의 배정은 학교수준의 학급 편성만큼이나 중요한 학급조직 활동의 하나로서 교사 개인에게는 한 해의 근무부담 수준을 가늠하게 하는 중요한 의사결정과정이 되며, 학생에게는 1년 동안 접하게 될 중요한 교육 여건인 만큼 중대한 관심사이다.

일반적으로 1학년의 경우 초임교사보다는 경력교사를 배정하는 경향이 있으며, 교사들은 수업부담 및 학급운영 면에서 상대적으로 유리한 2, 3학년을 선호하기도 한다. 고학년과 저학년을 순환하는 방식으로 하여 교사들 간의 근무부담의 형평성을 유지하고 있다. 부장 업무를 맞는 경우 학급담임 대신 교과전담 업무를 맡는 경우가 일반적이다.

표 4-6 초등학교 학급담임 배치 기준 사례

기준	관련 규정
희망 학년의 고려	① 학년 말에 본인의 희망 학년을 3지망까지 받고 가급적 희망 학년을 배정할 수 있도록 함 ② 희망 학년이 편중되었을 경우에는 예외로 함
남녀 교사의 교체	성별이 같은 교사가 학급을 계속 담당하지 않도록 고려함
중간 이동자 고려	학기 도중에 이동발령 가능성이 있는 교사는 1, 5, 6학년에 배정하지 않음
교과전담 교사	학교의 경영상 필요한 부장교사, 희망교사를 우선으로 하고 희망자가 없을 때에는 능력을 고려하여 해당 연도 전입교사 중에서 배정함
경합학년 배정	경합학년의 배정은 ① 2년 이내의 범위 내에서 연계된 교육활동을 희망하는 교사, ② 학교업무의 성격상 특정 학년 담당이 필요한 교사, ③ 본교 근무 경력이 많은 교사, ④ 교육 경력이 많은 교사 등의 순으로 함
최고, 최저학년 계속 담임 지양	전 학년도에 6학년과 1학년을 담임했던 교사의 1학년과 6학년 담임 배정을 지양함. 단, 희망 교사가 없을 때는 예외로 함
지정연구, 체육 담당 교사의 배정	지정연구 및 교기지도담당교사는 가급적 본인의 희망대로 학년을 배정함
고학년 담임의 교류	고학년 교사가 저학년으로, 저학년 교사가 고학년으로 희망할 경우에는 우선하여 희망대로 배정함
고 경력자 우대	50세 이상의 고 경력자에 대하여는 가급적 희망 학년을 배정함

출처: 제주○○초등학교 교원인사내규(제10조~제18조)를 도표화함.

교사와 학생 간 혹은 학생과 학생 간의 갈등 관계로 인해 교수 및 학습활동이 불가능하다고 인정될 경우 학기에 상관없이 학급 소속 및 담임을 교체하는 등 신속한 대응이 필요하기도 하다.

4) 학급담임의 학급 조직활동 실제

(1) 학급임원의 선출 및 구성

모든 학교에는 학칙에 전교어린이회의 구성에 관한 규정을 두고 있고, 학급임원의 선출에 관한 내규를 정하고 있다. 선거의 절차와 방법, 선거운동의 범위 및 제한, 남녀의 구성비 간의 균형, 반장의 임기 등에 관한 내용을 포함한다. 학급임원을 선출하는 과정은 학교규칙에 따라 엄정히 관리되어야 한다. 특히 선거과정은 대의 민주주의를 배우는 학습장이므로 담임교사는 공정한 선거관리를 통해 교육적 효과를 높여야 한다.

선거 과열과 선거의 후유증을 최소화하기 위해서는 공정한 선거관리가 필수적이지만, 이보다 앞서 학생들에 대한 임원선거의 의미를 충분히 이해시킬 필요가 있다. 즉, 임원의 역할이 학급을 관리 또는 감독하는 것이 아니라 봉사하는 데 있다는 점이다.

현장 교사들이 민주주의 체험과정으로서 제안하는 학급임원 선출과정은 선거전 분위기 조성 → 선거관리위원회 구성 → 선거공고 → 후보자 등록 → 명단공고와 기호표기 → 선거운동 → 선거와 투・개표 → 당선자 소감발표와 당선자 공고 순이다.

선거관리위원회를 구성할 경우 학생이 주도하는 선거를 할 수 있다는 장점이 있다. 또한 자신의 행동을 자율적으로 규제하는 방식이라는 점에서도 교육적이다. 자율규제 능력이 낮은 저학년의 경우에는 자세한 안내가 필요하다. 선거관리위원은 3~5명이 적당하다. 위원회를 통하여 선거공고문을 일주일 정도 여유를 두고 작성하여 게시하고, 입후보 신청을 받으며, 후보자의 선거운동을 관찰하는 등 공정선거를 위한 활동을 한다. 투표용지를 준비하고 당일 투표를 주관하며 개표, 집계 및 당선자를 공고하도록 한다.

반장선거가 과열될 경우 학급 내 교우관계를 해치고, 경우에 따라서 학부형 간에 갈등의 원인을 제공하기도 한다. 선거 전 후보자의 부모에게 공정한 선거를 위하여 협조를 구하고, 선거기간 중에 유의하여야 할 사항을 충분히 안내할 필요가 있다. 예를 들어, 부정선거에 해당하는 사례를 가정통신문을 통하여 알리고, 학부모의 협조를 구하는 것도 효과적인 방법이다. 현장 교사들은 그 사례로 ① 선거운동 기간에 친구들에게 음식물이나 물건을 사 주는 일, ② 선거운동 기간에 '내가 선출되면 뭘 사 주겠다'고 약속하는 일, ③ 학교가 아닌 장소에서 선거운동을 하는 일, ④ 다른 후보자를 욕하거나 흉보는 경우, ⑤ 부모님이 선거운동을 하는 일(가정에서 부모님끼리 전화로 하는 것도 포함) 등을 예시한다. 선거가 끝난 후에 교우관계에 악영향이 없도록 선거과정에 대한 평가회를 겸한 작은 축하 파티를 교실에서 갖는 것도 한 방법이다.

또한 현장 교사들은 학급임원의 행동에 유의할 사항으로 ① 학급임원이 교사처럼 행동하는 일, ② 반 전체에 대하여 반말을 사용하는 일, ③ 과제물을 검사하는 일, ④ 반 전체 시험지나 성적표를 보게 하는 일 등을 지적하면서, 담임이 학급임원을 지나치게 신뢰하는 모습을 급우에게 보일 필요는 없다고 지적한다(우리교육 엮음, 2005: 112). 대표저자 신명기 선생님은 학급임원을 키우는 지혜로서 모범을 보여야 한다는 생각에서 벗어날 것, 역할을 분명히 맡길 것, 첩보원으로 만들지 말 것, 책임은 묻되 격려도 잊지 말 것 등을 제안한다.

(2) 학급 내 역할분담 조직

학급 내 역할분담 조직과 활동 역시 모둠의 편성과 더불어 학급운영의 실제적인 부분이다. 학급운영의 효율성 및 민주성 확보와 직결되는 중요한 활동이다. 학급운영은 담임교사 한 사람의 기획과 연출로 이루어지는 과정이 아니다. 그것은 교사와 학생 간의 소통의 과정이며 관계의 과정을 포함한다. 학생들은 공동의 목표달성을 위하여 가장 동질적 집단으로 구성된 구성원들이며, 각 학년에 걸맞는 목표를 공유하며 생활한다는 점에서 역할 또한 공유되어야 하고 독점되거나 편향되어서는 안 된다. 저학년의 경우에는 교사가 예시하여 안내하고, 고학년의 경우에는 학급어린이회 시간을 통하여 토론과정을 거친다면 역할의 의미와 분담에 대한 책임을 더욱 실감하게 될 것이다.

(3) 학급 조직으로서 모둠

책상 배열을 기준으로 한 분단은 학급 내 교수-학습활동에 있어서 중요한 학습단위로서 의미를 갖으나 모든 교과활동 및 지도영역에 통용되기에는 한계가 있다. 따라서 학급 내에서 소집단의 공동작업을 요하는 교과활동이나 토론을 위한 의사결정 단위로서 학급 아동들을 임의로 소집단화하는 작업이 필요하게 되었고, 이러한 학습소집단을 통상 '모둠'이라고 한다. 인터넷 국어사전 검색에 따르면 '모둠'이란 단어는 교육용어로서는 초중등학교에서 효율적인 학습을 위하여 학생을 5~6명 내외로 묶은 모임으로 소개되어 있다(용례: 모둠토의).

현장에서는 '조(組)'란 용어를 사용하기도 한다. 분단이 공간적 · 고정적 학급 내 조직으로서 의미를 갖는다면 모둠은 활동 중심적 · 임의적 학급 내 조직이라는 상대적 특징이 있다. 학급 내 소집단은 여러 가지 활동 목적으로 구성된다. 집단의 활동에는 토론, 문제해결, 특정과제의 수행, 시뮬레이션(여러 사람이 함께 '가상적 환경'

을 창안하는 것), 역할극, 정보전달 등이 포함된다(박병량, 2003: 358).

모둠활동에도 구성원 간의 약속의 일종인 룰(rule)이 있다면 보다 협동적이며 조화로운 활동이 될 것이다. 통상 모둠활동 시 지켜야 할 사항이나 역할분담의 원칙 및 위반 시의 벌칙 등이 룰에 포함된다. 현장교사들은 규칙위반에 대한 훈육이나 벌금 등은 바람직하지 않다고 조언한다.

박병량은 모둠을 구성하고 운영하는 데 고려되어야 할 사항으로 다음과 같은 점을 지적(2003: 139)한다.

첫째, 모든 집단은 공동목표를 달성할 수 있는 협동체로 조직한다. 집단구성원에게는 집단의 목표를 확인시키고, 역할과 책임을 분담시키며 의사소통 및 지휘체계를 수립한다.

둘째, 모든 집단에서는 규칙과 규범이 있어야 하며, 집단활동의 절차와 규칙 및 행동 규범을 세워서 학생들에게 주지시키고, 행동의 준거로 삼도록 함으로써 집단활동을 효율적으로 수행한다.

셋째, 모든 집단에서는 의사소통이 원활하게 이루어질 수 있도록 구조화한다. 학생과 교사, 학생과 학생 간에 그들의 의견, 생각, 감정 또는 정보가 자유롭게 교환될 수 있도록 조직되어야 한다.

끝으로, 모든 집단은 민주적 형태로 조직되고 운영되어야 하며, 분권적 자율성이 신장될 수 있도록 조직한다.

(4) 담임의 학급 편성 및 사후관리상 유의점

학급은 편성의 목적 혹은 대상의 특성을 충분히 고려하여 편성되어야 한다. 그러나 목적과 대상을 고려할수록 학급의 편포현상은 두드러질 수 있고, 이로 인한 역차별의 문제도 발생할 수 있음을 유의하여야 한다. 김영돈(1983: 65)에 따르면, 첫째, 우수아, 보통아, 지진아 및 열등아의 표준을 정확히 세우고 각 학급에 고르게 분산 배정한다. 둘째, 지도력 있는 아동을 각 학급에 고르게 배치하여 학급생활을 선도하게 한다. 셋째, 저학년의 학급 편성 시 통학구역, 교우관계 등을 고려한다. 넷째, 특수학생은 별도의 학급을 편성하도록 하되, 어려운 경우 담임의 지도력 및 의사를 고려하여 배정한다. 끝으로 법규상 정해진 학급당 학생 수를 넘지 않도록 하되 전학에 따른 인원조정 시 담임들 간의 협의를 거치도록 한다.

다음으로 학급 편성의 사후관리 측면에서는 학생의 학습부적응 및 교우관계 등으로 인한 학급 내 부적응 사례가 나타나기 마련이고, 학급이동 요구에 학급담임은 신속하게 대처해야 한다. 특히 학급의 변동은 타 학급과 관계가 있으므로 학교장의 조정역할이 필요하며, 관례상 타 학급으로의 이동보다는 전학으로 대처하는 경향이 있는 것도 사실이나 해당 학생의 부차적인 적응문제를 파생시키기도 한다.

따라서 학교 측에서는 학급 편성 전에 전 학년 담임의 소견을 참고하여 학급 편성을 하여야 하고, 특히 문제 학생그룹의 경우 적절한 지도와 함께 학급 편성 시 분산 배치하여 대비하는 것도 한 방법이라 할 수 있다. 관례상 한번 학급 편성이 공표되거나 개학이 된 다음에 학급을 옮기는 것은 오히려 피해 학생에게 제2차적 피해를 발생하게 할 수도 있다는 점에서 학급 편성 전에 충분히 고려되어야 한다.

한편, 학생의 입장에서 볼 때, 학급의 편성은 학급배정의 문제이다. 이 역시 과거와는 달리 학생 및 학부모의 의사를 고려하지 않으면 안 되며, 그 대표적 사례가 '담임선택제'의 요구이다. 이미 1995년의 5 · 31교육개혁안의 하나로 채택되어 시범적용된 바 있으나, 인기 위주의 담임 선호현상과 교사의 적극적 교육활동에 미치는 부정적 영향으로 인해 활성화되고 있지는 못하다.

그러나 학급담임 선택제의 논의를 통해 학급배정에 있어서 학생의 특성과 상황의 중요성이 부각되었고, 부적응 학생에 대한 적극적인 교육조치의 필요성도 인식하는 계기가 되었다. 특히 초등학교의 경우, 여교사의 비중이 70%를 넘고 있어서 고학년 담임 배정 시 지난 학년의 담임이 한쪽 성에 편중되지 않도록 고려할 필요가 있다.

4. 학급운영 시 발생하는 법적 문제

1) 학생인권 보장과 교사의 훈육 · 훈계의 범위

(1) 학생인권 개념의 이해

교육법에 학생의 인권이란 용어가 등장한 것은 1997년 제정된 「교육기본법」에서 교육당사자인 학습자에 대한 제1호 규정으로서 학습자의 기본적 인권을 언급하면서부터이다.[8] 학습권에 앞서 기본적 인권 보장을 선언한 것은 그만큼 한국 학생들이 처한 상황이 기본적인 수면과 휴식을 취할 수 없는 과잉 교육열에 시달리고 있음을 반증하는 것이기도 하다. 학습을 한다는 것 자체가 인간다운 삶을 영위하기 위한 인권보장적인 권리임에도, 그 과정이 얼마나 비인권적 가능성이 있었으면 이를 제1호로 강조했을까 하는 것이다. 그만큼 우리의 교육열과 학생의 학습 부담이 학생들의 삶에 악영향을 미치고 있다는 뜻으로 무겁게 받아들여야 한다.

이후 「초・중등교육법」 개정을 통하여 학생인권은 '헌법과 국제인권조약에 명시된 학생의 인권'으로 좀 더 구체적으로 언급되었다.[9] 그러나 이들 규정들은 구체적이지 못했고 선언적 의미에 가까운 것이었다. 보다 구체적인 학생 인권 개념이 규정된 것은 각 시도 인권조례였는데 「경기도학생인권조례」(2010. 10. 5.)가 선두에 섰다. 다섯 지역의 조례에서 언급된 학생인권은 주로 '헌법과 유엔의 아동권리에 관한 협약, 그리고 국제관습법상 학생의 권리'로 규정하는 경우가 대부분이다. 학생인권조례상 보호의 원칙으로는 최소한 권리의 최대한 보장, 열거되지 않은 이유로 인한 경시 금지, 본질적 침해 금지 등이다. 광주광역시 조례는 학생 상호 간 인권침해 금지와 교직원의 교육・연구활동 방해금지 사항 등이 추가되기도 했다.

(2) 학생인권조례

학생인권조례는 「교육기본법」과 「초・중등교육법」이 학생 인권 보장 정신을 구체화한 자치입법이다. 2020년 12월 기준으로, 경기, 전북, 서울, 광주, 그리고 최근의 충남 등 다섯 지역에서 인권조례가 제정되었다. 일부 규정들은 상위법인 「초・중등교육법」과의 충돌로 시정된 경우도 없지 않았다.

경기도 학생인권조례(2010. 10. 5. 공포)의 경우 비차별권, 구체적인 학생인권으로 차별을 받지 않을 권리, 폭력・위험으로부터 자유, 교육권, 사생활 비밀과 자유 및 정보에 관한 권리, 양심・종교자유, 표현의 자유, 학생 자치기구에의 참여권, 복지에 관한 권리, 징계 등에 있어서 절차를 보장받을 권리, 권리침해에 대해 구제 및 보

---

8) 「교육기본법」 제12조(학습자) ① 학생을 포함한 학습자의 기본적 인권은 학교교육 또는 사회교육의 과정에서 존중되고 보호된다.

9) 「초・중등교육법」 제18조의4(학생의 인권보장) 학교의 설립자・경영자와 학교의 장은 「헌법」과 국제인권조약에 명시된 학생의 인권을 보장하여야 한다.[본조신설 2007. 12. 14.]

호를 받을 권리, 장애나 빈곤 및 다문화 가정 등 소수 학생의 보호 받을 권리 등에 걸쳐 규정하고 있다.

학생인권조례는 학습자가 휴식을 취할 권리가 있음을 강조한 것이 특징이다. 또한 대부분 체벌금지 조항을 두고 있다. 「초 · 중등교육법 시행령」이 체벌을 직접적으로 언급하지 않고, 신체에 고통을 가하는 방법을 금지를 규정한 것과는 다소 대조적이다. 조례에는 교육감으로 하여금 직영급식을 하거나 무상급식이 되도록 노력할 의무를 지우는 경우도 있는데 예산조치가 필요한 법령사항이라는 점에서 분담에 관하여 지자체와 논란을 빚기도 한다.[10]

(3) 학생 지도방법으로서 훈육 · 훈계에 대한 이해

학생의 권리의 남용 혹은 의무의 불이행에 대한 책임으로서 내려질 수 있는 징계에 대하여 「초 · 중등교육법」 제18조는 교장을 징계권자로 하고 있으며, 법령과 학

표 4-7 학생에 대한 징계의 유형 및 지도방법상 가이드라인

학생징계의 유형 징계의 방법 등 「초 · 중등교육법 시행령」 §31	① 교장은 교육상 필요하다고 인정할 때에는 학생에 대하여 다음 각 호의 어느 하나에 해당하는 징계를 할 수 있다. 1. 학교내의 봉사, 2. 사회봉사, 3. 특별교육이수, 4. 1회 10일 이내, 연간 30일 이내의 출석정지, 5. 퇴학처분 ② 교장은 징계 시 학생인격이 존중되는 교육적인 방법으로 하여야 하며, 그 사유의 경중에 따라 징계의 종류를 단계별로 적용하여 학생에게 개전의 기회를 주어야 한다. ③ 교장은 징계 시 학생의 보호자와 학생의 지도에 관하여 상담을 할 수 있다. ④ 교육감은 특별교육이수 및 출석정지의 징계를 받은 학생을 교육하는 데 필요한 교육방법을 마련 · 운영하고, 이에 따른 교원 및 시설 · 설비의 확보 등 필요한 조치를 하여야 한다.
지도방법 가이드라인 신체고통방법의 금지 (도구, 신체이용 금지)	시행령§31 ⑧ 학교의 장은 (「초 · 중등교육법」 제18조 제1항 본문에 따라) 지도를 할 때에는 학칙으로 정하는 바에 따라 훈육 · 훈계 등의 방법으로 하되, 도구, 신체 등을 이용하여 학생의 신체에 고통을 가하는 방법을 사용해서는 아니 된다. 〈개정 2011. 3. 18.〉[11]

출처: 고전 외(2016: 313) 수정 · 인용.

10) 경기도 학생인권조례는 그 외에도 학생인권의 날 제정, 학생인권교육(학기당 2시간 이상)과 교원 · 학부모 대상 인권연수과정(연 2회 이상)을 마련할 것과 인권실천계획 등을 수립할 것을 규정하고 있다(고전 외, 2016: 312).

칙에 근거하도록 한다. 징계의 유형은 시행령 제31조 제1항에 학교 내의 봉사, 사회봉사, 특별교육이수, 1회 10일 이내, 연간 30일 이내의 출석정지, 그리고 퇴학처분 등 다섯 가지로 제시되어 있으나, 의무교육기관의 학생에 대한 퇴학은 금지되어 있다. 퇴학조치는 학생신분의 박탈이라는 점에서 시·도학생징계조정위원회에서 재심이 가능하다. 학생인권조례들은 징계에 대한 재심절차를 보장하고 있다(고전 외, 2016: 313).

시행령상 지도방법의 기본은 학칙에 따른 훈육·훈계(訓育·訓戒)이고, 금지되는 것은 '도구·신체 등을 이용해 학생의 신체에 고통을 가하는 방법'이다. 학교에서의 훈육은 '바람직한 방향으로 학생의 문제행동을 예방·지도하는 것으로 학교·학급 내에 교육적 질서를 유지하기 위한 행위'로 정의된다(박병량, 2001: 47).[12] 훈계는 그러한 목적의 말이라 할 수 있다. 교사로서는 학칙에 정한 바에 따라 지도하는 것이 제1원칙이고, 법률적 용어가 아닌 '간접체벌'이란 용어를 사용할 필요는 없다. 다만, 체벌을 금지하는 조례(학생인권조례)[13]를 둔 시·도에서도 이를 수용한 학칙에 따라 지도하는 것이 중요하다. 이들 시·도에서 교육감과 학교장은 체벌 방지를 위해 노력할 의무를 부여받고 있다.[14]

결국, 교사는 학생지도 시 교사가 도구나 신체를 사용하여 학생의 신체에 고통을 가하는 행위는 하지 못하며, 해당 학교에서 징계 이외 학칙에서 정한 생활지도 방법을 숙지하여 지도하지 않으면 안 된다. 매질, 뺨질, 주먹질, 발길질은 이미 교육법을

---

11) 구「초·중등교육법 시행령」(§31 ⑦)이 "학교장은 학생지도를 하는 때에는 교육상 불가피한 경우를 제외하고는 학생에게 신체적 고통을 가하지 아니하는 훈육, 훈계 등의 방법으로 행하여야 한다"고 하여 불가피한 경우에 고통을 가하는 방식(이른바 체벌)도 가능했던 것을 개정된 규정에서는 금지하고 있다.

12) 훈육(訓育)의 어원적 풀이는 '자식에게 이치와 도리에 따르도록 가르쳐 기른다'(부산대 한문교육학과 이진오 교수의 견해)를 의미하고, 국어사전(우리말큰사전, 한글학회, 1992)상 '품성이나 도덕 따위를 가르치고 기름'이라 정의되어 있으며, 서양사전(Random House Webster's College Dictionary, 1991)에 훈육(discipline)은 '규칙에 따라 행동하도록 훈련시키는 것'으로 소개되고 있다(박병량, 2001: 44-45).

13) 경기(6조 ② 학교에서 체벌은 금지된다), 전북(9조 ② 학교교육과정에서 체벌은 금지된다), 광주(11조 ② 학교에서 비인도적이거나 굴욕적인 처우 등을 포함한 체벌은 금지된다, ③ 학교에서는 교육적 목적의 활동을 제외한 강제노동은 금지된다), 서울(6조 ① 학생은 체벌, 따돌림, 집단괴롭힘, 성폭력 등 모든 물리적 및 언어적 폭력으로부터 자유로울 권리를 가진다) 등의 사례가 있다.

14) 경기(6조 ③ 학교와 교육감은 따돌림, 집단 괴롭힘, 성폭력 등 학교폭력 및 체벌을 방지하기 위하여 최선의 노력을 다하여야 한다), 서울(6조 ③ 교육감, 학교의 장 및 교직원은 체벌, 따돌림, 집단괴롭힘, 성폭력 등 모든 물리적 및 언어적 폭력을 방지하여야 한다)의 예가 있다.

벗어나 형법상 폭행죄에 해당한다(고전 외, 2016: 313).

학교규칙 기재사항(시행령 §9)으로 '징계 외의 지도방법 등 학생의 학교생활에 관한 사항'이 포함된 것에 근거하여 벌점제 및 교육벌도 정할 수 있다. 예를 들어, 제주대학교 교육대학 부설초등학교 학생생활규정(2019. 7. 22.)은 징계 외의 지도 · 체벌금지 및 훈육 · 훈계에 대하여 다음과 같이 규정하고 있다.

> 第33조(징계 외의 지도 · 체벌금지 및 훈육 · 훈계) 학생을 지도하면서 도구, 신체 등을 이용하여 학생의 신체에 고통을 가하는 체벌은 금지한다. 다만, 교육적 효과를 높이기 위한 훈육 · 훈계 방법으로 구두주의, 교실 뒤에 서서 수업 받기, 상담지도(보호자 상담 포함), 반성문 쓰기, 사과의 편지 쓰기, 좋은 글귀 쓰고 외우기 등을 적용할 수 있다.

2) 학교폭력 예방 및 대책과 담임의 역할

(1) 학교폭력 예방 및 대책에 관한 법률의 이해

「학교폭력 예방 및 대책에 관한 법률」(2004. 1. 29.)의 제정 목적은 "학교폭력의 예방과 대책에 필요한 사항을 규정함으로써 피해 학생의 보호, 가해 학생의 선도 · 교육 및 피해 학생과 가해 학생 간의 분쟁조정을 통하여 학생의 인권을 보호하고 학생을 건전한 사회구성원으로 육성"하는 것이다.

이 법이 규정하고 있는 '학교폭력'은 "학교 내외에서 학생을 대상으로 발생한 상해, 폭행, 감금, 협박, 약취 · 유인(略取誘引),[15] 명예훼손 · 모욕, 공갈, 강요 · 강제적인 심부름 및 성폭력, 따돌림, 사이버 따돌림, 정보통신망을 이용한 음란 · 폭력 정보 등에 의하여 신체 · 정신 또는 재산상의 피해를 수반하는 행위"를 지칭한다. 교사로서 그 기본 개념을 숙지하는 것은 중요하다.

모든 학교에는 학교폭력대책자치위원회를 구성하는 것이 의무이다. 이 위원회의

---

15) 사람을 자기 또는 제3자의 실력적 지배 아래 둠으로써 개인의 자유를 침해하는 행위로, '약취'는 폭행 · 협박을 수단으로 하는 것이며, '유인'은 기망(欺罔) 또는 유혹을 수단으로 하는 점에서 양자가 구별된다. 기망은 허위의 사실로써 상대방을 착오에 빠뜨리는 것이며, 유혹은 감언이설로써 상대방의 판단을 그릇되게 하는 것이다.

표 4-8 학교폭력 예방 및 대책에 관한 법률상 개념 정의

용어	정의
학교폭력	학교 내외에서 학생을 대상으로 발생한 상해, 폭행, 감금, 협박, 약취 · 유인, 명예훼손 · 모욕, 공갈, 강요 · 강제적인 심부름 및 성폭력, 따돌림, 사이버 따돌림, 정보통신망을 이용한 음란 · 폭력 정보 등에 의하여 신체 · 정신 또는 재산상의 피해를 수반하는 행위
따돌림	학교 내외에서 2명 이상의 학생들이 특정인이나 특정집단의 학생들을 대상으로 지속적이거나 반복적으로 신체적 또는 심리적 공격을 가하여 상대방이 고통을 느끼도록 하는 일체의 행위
사이버 따돌림	인터넷, 휴대전화 등 정보통신기기를 이용하여 학생들이 특정 학생들을 대상으로 지속적, 반복적으로 심리적 공격을 가하거나, 특정 학생과 관련된 개인정보 또는 허위사실을 유포하여 상대방이 고통을 느끼도록 하는 일체의 행위

기능은 피해 학생에 대한 보호조치나 가해 학생에 대한 선도 · 교육조치를 결정하거나 양자 간의 분쟁을 조정하는 것이다. 학교장은 학교폭력 관련 예방교육이나 대책에 관한 교육을 학기별로 1회 이상 실시하여야 한다.

피해 학생을 보호하기 위한 조치의 예로는 심리상담 및 조언, 일시보호, 치료 및 치료를 위한 요양, 학급교체 등이 있다. 또한 가해 학생에 대한 선도 및 교육조치의 예로는 피해 학생에 대한 서면사과, 피해 학생 및 신고 · 고발 학생에 대한 접촉, 협박 및 보복행위의 금지, 학교에서의 봉사, 사회봉사, 학내외 전문가에 의한 특별교육이수 또는 심리치료, 출석정지, 학급교체, 전학, 그리고 고교의 퇴학처분 등이 예시되어 있다.

(2) 학교폭력 관련 담임의 역할

학교폭력 관련 법률이 제정되면서 교원 양성기관에 있어서도 관련 과목이 교직소양으로 필수화되었고 현직교원의 연수교육에서도 강조되고 있다. 즉, 교사자격 취득을 위한 세부기준[16]에 따르면, 교직소양 영역에서 '학교폭력예방 및 학생의 이해(2017. 3. 1.)' 교과목이 필수화되었다. 최근 개정에서는 학교 '생활지도 및 상담' 과목으로 대체하여 인정하기도 하는데, 과목의 교수요목에 학교폭력예방교육, 인

16) 「유치원 및 초등 · 중등 · 특수학교 등의 교사자격 취득을 위한 세부기준」(교육부고시 제2016-106호, 2016. 12. 23.)에 따르면, 교직과목의 세부 이수기준(별표 2)에 교직 소양교과는 6학점으로 특수교육학개론, 교직실무, 학교폭력예방 및 학생의 이해 등을 각 2학점 이상씩 이수토록 하고 있다.

성교육 등의 내용이 50% 이상 반영되어야 한다.

누구라도 학교폭력 현장을 보거나 사실을 안 경우에는 신고(117)를 해야 한다(이 법 제20조 제1항). 교사 역시 학교폭력 현장을 보거나 그 사실을 알게 될 경우(같은 학교인 경우에는 그 학교 교장에게, 다른 학교인 경우에는 관계기관에) 즉시 신고해야 할 의무가 있다. 학교폭력의 예비나 음모 등을 알게 될 경우에는 학교장에게 보고하고 해당 학부모에게도 알려야 한다(이 법 제20조 제4항).

또한 학교폭력 관련 업무를 수행한 자는 가해 학생 · 피해 학생, 신고자 · 고발자와 관련된 자료를 누설할 수 없다. 담임 역시 알게 된 비밀[17] 또는 가해 학생 · 피해 학생 및 신고자나 고발자와 관련된 자료를 누설하여서는 안 된다. 벌칙 조항은 이를 위반한 경우 300만 원 이하의 벌금에 처하도록 하고 있다(제23조 과태료).

3) 학교안전사고 예방 및 대책과 담임의 역할

(1) 학교안전사고 예방 및 보상에 관한 법률의 이해

이와 관련하여서는 「학교안전사고 예방 및 보상에 관한 법률」(2007. 9. 1. 시행)이 제정되어 있다. 이 법에 따르면 학교안전사고란 "교육활동[18] 중에 발생한 사고로서 학생 · 교직원 또는 교육활동참여자[19]의 생명 또는 신체에 피해를 주는 모든 사고 및 학교급식 등 학교장의 관리 · 감독에 속하는 업무가 직접 원인이 되어 학생 · 교직원 또는 교육활동참여자에게 발생하는 질병으로서 대통령령[20]이 정하는 것"으로 규정하고 있다(이 법 제2조 제6호). 학교 안전사고의 유형은 〈표 4-9〉와 같다.

---

17) 이 법 시행령 제33조(비밀의 범위)에 따르면 누설이 금지된 비밀의 범위는 다음 각 호와 같다.
1. 학교폭력 피해 학생과 가해 학생 개인 및 가족의 성명, 주민등록번호 및 주소 등 개인정보에 관한 사항
2. 학교폭력 피해 학생과 가해 학생에 대한 심의 · 의결과 관련된 개인별 발언 내용
3. 그 밖에 외부로 누설될 경우 분쟁당사자 간에 논란을 일으킬 우려가 있음이 명백한 사항

18) 교육활동이란 학교의 교육과정 또는 학교장이 정하는 교육계획 및 교육방침에 따라 학교의 안팎에서 학교장의 관리 · 감독하에 행하여지는 수업 · 특별활동 · 재량활동 · 과외활동 · 수련활동 또는 체육대회 등의 활동, 등 · 하교 및 학교장이 인정하는 각종 행사 또는 대회 등에 참가하여 행하는 활동, 그 밖에 대통령령이 정하는 시간 중의 활동으로서 위의 항목과 관련된 활동 등을 지칭한다.

19) 교육활동참여자라 함은 학생 또는 교직원이 아닌 자로서 학교장의 승인 또는 학교장의 요청에 따라 교직원의 교육활동을 보조하거나 학생 또는 교직원과 함께 교육활동을 하는 자를 말한다.

표 4-9 학교안전사고의 유형 분류

<table>
<tr><td rowspan="5">교육활동과의 관련성 정도</td><td rowspan="3">정규교육활동 중의 사고</td><td>교과수업 중 사고</td><td>일반교과수업 중/실험 · 실습 중/체육시간 중의 사고</td></tr>
<tr><td>각종 특별활동 중의 사고</td><td>체육대회, 축제, 합창대회 등 교내행사 중/현장학습, 소풍, 사생대회, 수련활동, 수학여행 등 교외활동 중/체육대회, 예술대회 등 교외행사 출전 중/클럽활동, 학생자치활동 중의 사고</td></tr>
<tr><td colspan="2">학교급식 중의 사고/청소활동 중의 사고/휴식시간 중의 사고</td></tr>
<tr><td>비정규 교육활동</td><td colspan="2">보충수업, 자율학습 중의 사고/방과후 교육활동 중의 사고</td></tr>
<tr><td colspan="3">기타 학교의 일과 전후의 사고/등 · 하교 중의 사고</td></tr>
<tr><td>교원의 임장 여부</td><td colspan="3">임장(교원이 현장에 있는) 중의 사고/비임장 중의 사고</td></tr>
<tr><td rowspan="4">원인행위자별</td><td>학생 자신 원인</td><td colspan="2">학생의 고의 사고(자살, 자해사고)/학생 자신의 부주의 사고</td></tr>
<tr><td>교원 원인</td><td colspan="2">체벌 사고/심리적 처벌 사고/직무상 소홀 사고</td></tr>
<tr><td>다른 학생 원인</td><td colspan="2">폭행/집단따돌림 /우발적 접촉, 부주의/학생회 간부에 의한 체벌 사고</td></tr>
<tr><td colspan="3">기타 학교시설 · 설비에 의한 사고/식중독 등의 사고/학교구성원 외 제3자에 의한 사고</td></tr>
<tr><td>장소별 분류</td><td colspan="3">학교 안에서의 사고/학교 밖에서의 사고</td></tr>
<tr><td>피해별 분류</td><td colspan="3">피해의 내용 또는 정도가 중한 사고(중대 사고)/약한 사고(경미 사고)</td></tr>
</table>

출처: 한국교원단체총연합회 편(2000: 251-253)의 내용을 표로 재구성.

(2) 학교안전사고에서 담임의 책임

학교안전사고에 대한 교원의 법적 책임은 민사상 책임, 형사상 책임, 징계책임 등을 여러 가지이다. 그러나 교사에게 미성년자의 부모와 같이 미성년자의 생활 전반에 관하여 일반적 일상적 감독 및 주의할 의무가 있는 것은 아니며, 학교에서의 교육활동과 밀접 불가분의 관계에 있는 생활관계에서만 학생에 대한 감독 의무를 부

20) 이 법 시행령에 따르면 다음 각 호의 어느 하나에 해당하는 질병을 말한다. 1. 학교급식이나 가스 등에 의한 중독, 2. 일사병(日射病), 3. 이물질의 섭취 등에 의한 질병, 4. 이물질과의 접촉에 의한 피부염, 5. 외부 충격 및 부상이 직접적인 원인이 되어 발생한 질병

담한다. 이와 관련하여 대법원은 교사가 손해배상의 책임을 부담하는 경우는 사고 발생의 구체적 위험이 있어 사고를 예견하고 교육 감독을 통하여 사고를 방지할 수 있다는 기대 가능성이 있는 경우라고 판시(대법원 선고 97다15258)한 바 있다.

따라서 교사가 직무상의 의무를 성실히 수행하던 중에 발생한 의도되지 않은 사고나 지도 · 감독의 범위 밖에서 돌발적으로 발생한 사고에 대해서는 책임을 물을 수 없다고 보는 것이 통설적 견해이다. 그러나 교사의 직무 수행 중의 과실이 사고 발생의 직접적인 한 원인을 제공한 경우에는 면책되기 어렵다. 특히 징계권의 범위를 벗어나 법적으로 금지된 신체에 고통을 가하는 방식(체벌)으로 인해 학생에게 인사사고가 날 경우 불법행위 책임이 있다.

학교 안전사고에서 가장 중요한 점은 교실이건 교외 현장 체험학습 장소건 교육 현장에 교사가 있었는가 혹은 무단이탈하였는가 등 '임장 여부'가 관건이다. 또한 각종 사고와 관련하여서는 사전에 충분한 주의를 주거나 체육활동의 경우 준비운동을 시키고 안전교육을 실시하였는지가 매우 중요하다.

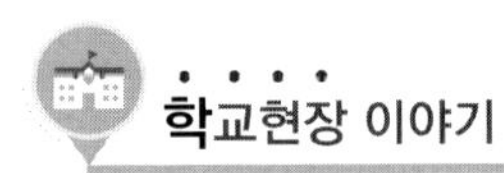

학교현장의 안전사고 시 교사의 손해배상책임 정도를 예시하면 다음과 같다.

▣ 사례 1: 안전사고에서 교사의 손해배상책임을 인정한 판례

【사례 1-1】 초등학교 6년 학생이 교사의 허락 없이 과학실에 들어가 실험을 하던 중 폭발사고로 사망한 사고에서 과학교사는 과학실을 개방 · 방치한 중대한 과실이 있어 배상책임이 있다(청주지법 98가합1154).

▣ 사례 2: 안전사고에서 교사와 가해 학부모의 지도책임을 동시에 인정한 판례

【사례 2-1】 초등학교 1년 학생이 글씨쓰기 수업 중에 친구가 필통에서 연필을 꺼내다 눈을 찌른 사건에서 교사는 안전을 확보하는 조치를 할 책임이 있고 가해 학부모 역시 지도책임이 있다(대전지법2006가단21862).

【사례 2-2】 초등학교 3년 학생이 음악실 수업 대기 중 친구가 던진 부메랑에 눈을 다친 사건에서 장난이 심한 학생을 교사가 지도하지 않은 과실책임이 있고, 가해 학생 부모 또한 책임이 있다(울산지법2004가단31455).

【사례 2-3】 초등학교 3년 학생이 계단 손잡이에 배를 대고 미끄럼을 타고 내려오다 상해를 입은 사고에서 교사는 학생들의 이러한 사실을 알고 안전교육을 시킬 의무가 있었으나 게을리 하여 손해를 배상할 책임이 있고(40%), 학부모 역시 주의의무를 소홀히 한 책임이 있다(60%)(서울고법 2006나1636).

【사례 2-4】 초등학교 4년 학생이 교사가 시력검사 중 친구가 휘두른 철사에 눈이 찔린 상해사건에서 교사는 보호 · 감독의 책임이 있고 위험물의 보관 주의 교육을 시키지 못한 것은 직무집행상의 불법행위에 해당하여 손해배상책임이 있고 가해 학생의 부모 역시 지도책임이 있다(광주지법96가합114).

▣ 사례 3: 사용자(지자체, 학교) 배상책임과 학생의 과실책임을 인정한 판례

【사례 3-1】 초등학교 3년 학생 골프교육 중 골프공에 맞아 부상을 입은 사고에서 교사·교감·교장의 보호·감독상의 조치과정에서 고의나 중대한 과실을 인정할 수 없어 사용자(지자체)가 배상책임이 있고(80%), 학생도 교사에 지시에 따르지 않은 과실책임(20%)이 있다(의정부지법2009가합13313).

【사례 3-2】 초등학교 5년 야구부 학생이 포수용 보호용구를 착용하지 않은 상태에서 야구공에 맞아 부상을 입은 사고에서 용구를 착용하지 않고 연습하게 한 학교(사용자 지자체)에게 배상책임(55%)이 있고, 주의를 살피지 않고 다른 곳을 응시하다 부상당한 피해 학생의 책임(45%)도 있다(부산고법95나9273).

【사례 3-3】 고교 체육시간에 교사가 준비운동과 안전교육을 실시한 후 체육활동 중이었으나 더운 날씨 탓에 종료 15분 전에 자율적으로 체육활동을 하게 하고 교실로 입실할 사람은 먼저 들어가도록 지시한 후 운동장을 떠났으나 이후 한 학생이 다른 운동장에 가서 철봉에서 놀다 목뼈를 다친 사건에 대하여, 교사가 예견할 수 있는 사건이라고는 할 수 없으나 교사의 부재로 신속한 응급처치가 늦어진 점과 학교 측의 철봉 아래 안전조치가 미흡한 점, 그리고 철봉에서 떨어진 직접적인 원인이 학생 본인에게 있었던 점을 감안하여 교사의 책임을 40%로 보았다(서울특별시 교육청 교권상식 자료집).

▣ 사례 4: 안전사고에서 교사에게 배상책임이 없다고 본 판례

【사례 4-1】 초등학교 6년 학생이 체육시간에 축구 중 학생 간 충돌로 골절당한 사고에서, 교사가 체육수업에 몸이 안 좋은 학생은 참관만 시키고, 시합 전 준비운동을 시킨 후 심판으로 참가했으며, 사고 후 즉시 병원으로 후송하는 등 지도·감독할 주의의무를 다하였으므로 배상책임이 없다(수원지법 97가합21478).

요약

- 학급운영(學級運營)은 담임이 교육목적을 달성하기 위하여 운영계획을 수립하고 학급을 조직하며 학급설비와 교구를 활용하여 교과 · 특별활동 · 생활지도 활동을 전개하고 관련 학급 서류를 정리하는 전 과정이다.
- 행정과 경영이 상보적으로 이해되고, 행정의 민주성과 효율성이 동시에 강조되고 있는 오늘날, '학급운영'은 '학급경영' 개념보다는 학교 중심적 · 교사 중심적인 개념으로 이해할 필요가 있다.
- 학급운영의 영역은 과업 중심으로 교과지도 · 특별활동지도 · 생활지도 영역으로 나누는 것이 일반적이다.
- 코로나19 감염병으로 인하여 학교의 교육환경과 여건은 상당한 변화를 겪고 있고, 학습방법을 다변화시켜 전화위복의 계기로 삼을 수도 있는데 면대면 교육과 전자학습을 결합한 블렌디드 러닝 등이 강조된다.
- 학급은 편성 기준에 따라 일반학급과 특수학급, 단식학급과 복식학급, 능력별 학급 등으로 유형화할 수 있다. 일반적으로 학년별로 학급을 편성하며, 동일 학년의 경우 생년월일, 성적, 주거 지역, 성명 순서를 고려하여 편성하게 된다.
- 학급의 특성으로 상호작용과 구성원 간의 의존성, 급우 간의 상호작용, 공동목표의 수행, 사회적 구조를 통한 상호작용을 강조하며, 학급의 행동적 특성으로 다원성, 동시성, 즉시성, 불예측성, 공개성, 역사성이 지적되기도 한다.
- 학급의 규모는 학교규모 및 해당 지역의 취학아동의 분포를 반영하게 된다는 점에서 전국적인 학급당 학생 수의 평균치나 관련 교원의 적정 규모의 의미는 상대적이나 소규모 학급이 학업에 효과적임은 자명하다.
- 학급운영과 관련한 교육법규의 근원은 헌법에 보장된 교육제도 법정주의 원칙(제31조 제6항)으로서, 학급제도 역시 법률에 근거하여 운영된다.
- 「교육기본법」상 지역 간 교원 수급 등 교육 격차 최소화 원칙을 비롯하여 기회 균등 원칙, 학교의 자율성 존중은 학급운영의 법적 기준이다.

- 동 학년, 동 학과의 학생 편성을 원칙을 비롯하여 학급의 조직 및 운영과 관련된 사항은 「초 · 중등교육법」과 시행령에 자세하게 규정되어 있다.
- 학칙은 교육의 단위인 학교에서 제1차적으로 적용되는 교육에 관한 기초 법규로서 법적 근거를 가지며, 학교 내의 헌법이자 교사와 학생에게 가장 일상적으로 적용되는 학교규범이다.
- 학칙이 정한 바에 따라 학교의 내부규정(학교내규)을 둘 수 있고, 교육과정 편성 및 운영 규정이나 학생생활지도 규정, 인사자문위원회 규정 등 각종 위원회의 구성 및 운영 규정 등 다양한 규정이 있다.
- 학급담임을 배정하는 권한은 학교장의 고유 권한이다. 그러나 통상 학교장은 소속 교원들로부터 학기 말에 다음 학년도 희망 학년에 대한 의사를 받아 반영하기도 한다.
- 모든 학교에는 학칙에 전교어린이회의 구성에 관하여 규정을 두고 있고, 학급임원의 선출에 관한 내규를 정하고 있다.
- 학급 내 역할분담 조직과 활동 역시 모둠의 편성과 더불어 학급운영의 실제적인 부분이다. 학급운영의 효율성과 민주성 확보와 직결되는 중요한 활동이다.
- 모둠은 활동 중심적 · 임의적 학급 내 조직이라는 상대적 특징이 있다. 학급 내 소집단은 여러 가지 활동 목적으로 구성된다.
- 학급 편성의 사후관리 측면에서는 학생의 학습부적응 및 교우관계 등으로 인한 학급 내 부적응 사례가 나타나기 마련이고, 학급이동 요구에 학급담임은 신속하게 대처해야 한다.
- 학생인권조례는 학습자가 휴식을 취할 권리가 있음을 강조한 것이 특징이다. 또한 대부분 체벌금지 조항을 두고 있다.
- 지도방법의 기본은 학칙에 따른 훈육 · 훈계이고, 금지되는 것은 '도구 · 신체 등을 이용해 학생의 신체에 고통을 가하는 방법'이다.
- 학교폭력이란 학교 내외에서 학생을 대상으로 발생한 상해, 폭행, 감금, 협박, 약취 · 유인, 명예훼손 · 모욕, 공갈, 강요 · 강제적인 심부름 및 성폭력, 따돌림, 사이버 따돌림, 정보통신망을 이용한 음란 · 폭력 정보 등에 의하여 신체 · 정신 또는 재산상의 피해를 수반하는 행위를 말한다. 담임은 학교폭력을 인지한 경우 교장에게 즉시 신고해야 하고, 해당 학부모에게도 알려야 한다. 또한 학교폭력 관련 업무(위원회 등)에 참가한 경우 가해 학생 · 피해 학생, 신고자 · 고발자와 관련된 자료를 누설할 수 없다.

- 학교안전사고란 교육활동 중에 발생한 사고로서 학생 · 교직원 또는 교육활동참여자의 생명 또는 신체에 피해를 주는 모든 사고 및 학교급식 등 학교장의 관리 · 감독에 속하는 업무가 직접 원인이 되어 학생 · 교직원 또는 교육활동참여자에게 발생하는 질병으로서 대통령령이 정하는 것을 의미한다.
- 학교안전사고에 있어서 담임은 교실이건 교외 현장 체험학습 장소건 교육현장에 교사가 있었는가 혹은 무단이탈하였는가 등 '임장 여부'가 관건이며, 각종 사고와 관련하여서는 사전에 충분한 주의를 주거나 체육활동의 경우 준비운동을 시키고 안전교육을 실시하였는지가 매우 중요하다.

토론주제

고지혜 학생은 10월에 아버지를 따라 지방도시의 초등학교로 전학을 가게 되었고, 그곳 학교에서 교장선생님의 지시로 5학년 3반에 들어가게 되었다. 그러나 이른바 문제그룹의 아이들로부터 심한 스트레스(서울말 쓰지 못하게 하는 등)를 받고 학교생활의 어려움을 호소하였고, 학생의 아버지는 담임선생님과 상담하여 아이에 대한 배려를 당부함과 아울러 6학년 반배정 시 상황을 고려하여 줄 것을 부탁하였다. 그러나 담임교사는 연말연시 과중한 업무로 인하여 이를 배려하지 못하였고, 그 결과 다시 같은 반에 배정되었다.

1. 사례에서 전학 온 학생의 반 배정 시 고려해야 할 점은 무엇인가?
2. 아동 상호 간의 갈등해결을 위하여 학기말 반 편성 시 어떻게 대처하는 것이 좋은가?
3. 담임선택제가 논의되기도 하는데 교사의 학급담임 배치와 학생의 학급배정 및 사후 조치의 중요성에 대하여 생각해 보자.

참고문헌

강경석, 최기만(2003). **학교 · 학급경영의 이론과 실제.** 서울: 원미사.

고전(2006). **학교행정의 이해.** 대구: 정림사.

고전, 김민조, 김왕준, 박남기, 박상완, 박종필, 박주형, 성병창, 유길한, 윤홍주, 전제상, 정수현, 주현준(2016). **초등교육행정행정의 이론과 실제.** 경기: 양성원.

고정곤, 최태식(2003). **초등학교교육의 이해.** 서울: 양서원.

교육부 보도자료(2016. 9. 15.). 2016년 OECD 교육지표 조사결과(pp. 8-9)

교육부 보도자료(2020. 9. 8.). 경제협력개발기구(OECD) 교육지표 2020 결과발표(p. 3).

교육부, 한국교육개발원(2020). **교육통계분석 자료집.** OECD 교육지표.

권기욱(1991). 학급 규모가 교사 · 학생의 정의적 특성에 미치는 영향:학급의 적정규모를 중심으로. 고려대학교 대학원 박사학위논문.

권기욱(2003). 최신 학급경영. 서울: 원미사.

권기욱, 이양옥(2007). 학급경영의 이해. 서울: 보현사.

권현진 외(2002). 새내기 초등학교 교사를 위한 학급경영 길라잡이. 서울: 양서원.

김영돈(1983). 학급경영론. 서울: 교육과학사.

김영철 외(2001). 학급규모에 따른 교육효과 분석. 서울: 한국교육개발원.

박남기(2003). 학급경영마이더스. 서울: 교육과학사.

박남기(2004). 21세기 학급경영의 이론과 실제. 광주: 광주교육대학교 출판부.

박남기, 고전, 구영철, 김용, 박상완, 서자영, 유길한, 윤홍주, 임수진, 전제상(2017). 초등학급경영의 이론과 실제(2판). 서울: 교육과학사.

박병량(2001). 훈육-학교 훈육의 이론과 실제. 서울: 학지사.

박병량(2003). 학급경영. 서울: 학지사.

박병량, 주철안(2001). 학교 · 학급경영. 서울: 학지사.

박진호(2020). 원격교육의 한계와 가능성, 그리고 발전방안. 교육개발, 여름호(통권 215호), 23-26. 한국교육개발원.

우리교육 엮음(2005). 초등 학급운영 1. 서울: 우리교육.

윤정일, 송기창, 조동섭, 김병주(2007). 교육행정학원론. 서울: 학지사.

이형행, 고전(2001). 교육행정론-이론 · 법제 · 실제-. 서울: 양서원.

조기성(2020). 온라인 수업, 학교에는 어떤 문제가 있을까. 교육개발, 여름호(통권 215호), 27-31. 한국교육개발원.

한국교육행정학회(1995). 학교 · 학급경영론. 서울: 도서출판 하우.

한국교원단체총연합회 편(2000). 교원과 법률. 서울: 한국교원단체총연합회.

제5장

학생의 다양성 수용하기

김현욱(한국교원대학교)

1. 개관

학급 안에는 다양한 유형의 학생이 있는데, 특별한 관심과 배려가 필요한 학생에는 다문화 학생뿐만 아니라 학년 수준보다 낮거나 높은 성취를 보이는 학생, 학교생활 부적응, 신체적 · 정서적으로 어려움을 겪고 있는 학생, 특수한 환경에서 생활하는 학생이 있다. 이러한 다양한 특성과 능력을 가진 학생을 위해서는 학급운영과 수업에서 특별한 노력이 요구된다. 이 장에서는 다양한 학생의 특별한 요구를 수용하고 학급관리와 수업을 효과적으로 실행하는 데 도움이 되는 방법을 살펴보고자 한다.

학생의 다양한 특성과 문화를 이해하고 수용하는 것은 학급 교육과정의 구성과 실천에 큰 영향을 미치고, 이는 곧 학생의 학업성취나 사회적 관계형성에 중요한 요소로 작용한다. 교사는 학생의 다양한 특성에 응할 준비가 되어 있어야만 학생의 학습 스타일과 요구에 대응할 수 있다.

게이(Gay, 2002)는 교사들이 학교에 성공적으로 적응하고 교육활동을 원만히 실천하기 위해서는 교사교육 프로그램에서 다양한 문화에 적절히 반응할 수 있는 지식, 태도, 기술을 갖추도록 하는 것이 매우 중요하다고 강조하였다. 이를 통해 학생이 가진 독특한 특성을 이해하고, 교사의 전달방식과 학생의 학습 스타일 간의 격차를 해소할 수 있으며, 다양한 학생과의 의사소통이 보다 원활하게 이루어질 수 있다. 이러한 차원에서 빌레가스와 루카스(Villegas & Lucas, 2002)는 지금까지의 교사교육을 비판적으로 검토하면서, 학생의 다양한 특성과 문화적 환경에 적절히 반응하기 위해 교사가 개발해야 할 여섯 가지 요소를 제안하였다.

첫째, 사회 문화적 의식(socio-cultural consciousness)을 배양하는 것이다. 교사 역시도 자신의 사고 및 행동에 인종, 민족, 사회 계급, 언어 등의 영향을 받는다. 교사는 이를 직시할 수 있는 경험이 필요하다. 교사는 문화적 차이로 인한 사회적 불평등에 대해 비판적으로 조사해 보아야 한다. 또한 학생의 인종, 사회 계층, 빈부 등에 따른 태도를 조사해 보고 이를 직면해야 한다.

둘째, 학생의 다양한 특성과 문화적 환경에 긍정적인 태도를 갖추는 것이다. 문화적으로 다양한 배경을 가진 학생에 대한 교사의 긍정적인 태도는 학생의 학습, 자아개념, 학업성취에 큰 영향을 미친다. 문화적 차이를 존중하고 이러한 문화를 반영하는 교육과정을 운영함으로써 수용적인 학급문화를 형성할 수 있다.

셋째, 변화의 주체로서 교사는 학급의 장애요소를 직시하고 통합적 문화를 창출하는 실행 기술을 개발해야 한다. 즉, 교사는 학급이 시간이 지남에 따라 보다 포용적이고 평등해지도록 지원할 수 있는 실제적인 방법을 알아야 한다.

넷째, 교사는 구성주의적 접근을 할 수 있어야 한다. 교사는 다양한 특성을 가진 모든 학생에게서 실제적인 학습이 일어날 수 있도록 비계를 제공해야 한다. 즉, 교사는 학생이 각자의 특수환 환경과 경험을 통해 이미 알고 있는 것과 배워야 하는 것을 파악하고 그 사이에서 역할을 해야 한다.

다섯째, 교사는 자신이 맡은 학생의 삶에 대한 구체적인 지식을 갖추어야 한다. 교사가 학생의 과거 경험, 가정 및 지역사회 문화, 학교 안팎에서의 생활에 대해 이해하게 되면 수업이나 학급경영에 있어서 이러한 지식을 적용할 수 있게 되고, 이를 통해 효과적인 수업은 물론 교사나 학생 간의 관계가 긍정적으로 형성될 수 있다.

여섯째, 학생의 다양한 특성과 문화를 포용하는 수업을 실천해야 한다. 교사는 수업 및 학습에 대한 구성주의적 관점을 통해 학생이 개인의 문화적 강점을 바탕으로 지식을 구축하도록 지원하고, 다양한 특성을 반영하는 교육과정을 운영하여 포용적인 교실을 만들어야 한다.

이상의 여섯 가지 요소는 구분되어 작용하기보다는 학급의 상황에서 융합되어 실천될 수밖에 없다. 따라서 이러한 요소들을 실천하기 위한 방안은 다양한데, 여기에서는 교사가 학생에 대해 가져야 할 태도로서 학생에 대한 기대 갖기, 학생의 기초 평가와 개별지도, 수업에서의 반영, 다양한 학생이 존중되는 학습풍토 조성 등의 차원으로 구체화하여 살펴보고자 한다.

2. 교사의 학생에 대한 기대

학생에 대한 기대는 학생의 성취에 결정적인 역할을 한다. 일부 학생의 경우, 자신의 환경이나 문화적 특성, 인종 등과 관련된 사회적 편견이나 고정관념으로 인해 주위에서 직간접적으로 전달되는 낮은 기대에 더 취약하다. 비록 교사가 낮은 기대를 전달하려고 의도하지 않더라도 학급에서 작용하는 이러한 사회적 편견이 학생의 성취에 명백하게 부정적인 영향을 미친다는 많은 보고가 있다. 낮은 기대는 학습을 방해할 뿐만 아니라 시간이 지남에 따라 학생의 태도와 동기에 부정적인 영향을 미쳐서 결국 자신에 대한 부정적인 자성예언으로 이어진다. 이러한 학생의 지속적인 불균형을 제거하려면 모든 교사는 학생의 현재 학업 수준에 상관없이, 모든 학생에게 동일하고 구체적이며 관찰 가능한 행동을 의식적으로 일관되게 보여야 한다 (Montgomery County Public Schools, 2010).

미국에서 이루어진 수십 년간의 '교사 기대와 학생 성취(Teacher Expectations Student Achievement: TESA)' 연구를 통해 교사가 학생에게 긍정적으로 기대를 전달할 수 있는 구체적이고 관찰 가능한 27개의 행동이 도출되었다. 이러한 교사의 행동은 학생에게 공정한 반응 기회와 효과적인 피드백을 제공하고 학생의 특성을 배려하는 데 도움이 된다. 27개의 행동은 인종, 문화, 언어적 맥락에 관계없이 모든 학생에게 높은 기대치를 전달하는 것으로 확인되었다(Los Angeles County Office of Education, 2002; Montgomery County Public Schools, 2010). 구체적인 내용을 살펴보면 다음과 같다.

① 교사는 학생이 교실을 오갈 때 일일이 이름을 불러 맞이하고 인사한다. 각 학생의 이름을 정확하게 기억하고 호명하는 것은 학생을 존중하는 표시가 된다. 특히 개성 있는 이름이나 외국어 이름을 가진 학생의 이름을 정확하게 발음하기 위해 노력하는 것은 학생과 그 학생의 문화를 존중하는 느낌을 전달할 수 있다. 많은 문화권에서 이름을 통해 상징적인 의미를 전달하기 때문에 그 이름을 잘못 부르는 것은 이름의 의미와 더불어 학생을 위축시키는 것이 될 수 있다(Ladson-Billings, 2009).

② 교사는 학업성취도나 학생 특성에 상관없이 모두에게 동일한 눈 맞춤(eye contact)을 한다. 교사는 학급에서 공정함을 전달하고 학생을 존중하고 있음을 보여 주기 위해 눈 맞춤과 같은 단순한 행동이 갖고 있는 힘이 얼마나 대단한지 이해할 필요가 있다. 이러한 행동은 놀랍게도 교사의 기대를 전달할 수 있다(Cooper, 1979).

③ 교사는 학생의 특성과 관계없이 모든 학생에게 근접성(proximity)을 갖는다. 자신도 모르게 교사는 인종, 가치관, 태도 등에서 자신과 유사하거나 선호하는 유형의 학생에게 더 많은 관심과 접촉을 하는 것으로 나타났다. 이것은 학급 내의 불공정을 낳을 수 있기 때문에 교사는 모든 학생에게서 공통적인 관심사를 찾기 위한 노력을 의식적으로 해야 한다. 이를 통해 모든 학생에게 동등한 관심과 접촉이 이루어져야 한다(Ladson-Billings, 2009).

④ 교사는 학생의 질문이나 의견이 중요하게 다뤄지고 있다는 메시지를 전달하기 위해 제스처나 구체적인 표현을 해야 한다. 교사의 비언어적 행동은 가장 즉각적으로 의사를 전달할 수 있는 체계일 뿐만 아니라 학생에게 미세하게 동기부여를 하거나 동기상실을 시킬 수 있다. 학생들은 놀랍도록 비언어적 행동을 잘 알아차리는데, 특히 자신이 아닌 다른 학생에게 교사의 비언어적 행동이 표현될 때 그렇다. 반면에 교사는 그것을 인식하지 못하는 경우가 많다(Marzano, 2007).

⑤ 토론이 가능하도록 학급 환경을 구성한다. 책상 배치나 공간을 마련하는 것을 통해 교사와 학생, 학생 간의 대인관계를 강화할 수 있다. 학생들은 급우들과 긍정적인 관계를 맺어 서로 소통하는 경험을 해야 하고, 이를 통해 상호 유대감과 협력을 증진할 수 있다(Shade, Oberg, & Kelly, 2004).

⑥ 교실에 있는 게시판, 전시, 기타 시각 자료가 학생의 특성이나 인종, 문화적 배경을 반영하는지 확인한다. 학생의 능력 수준, 관심사, 문화적인 관련성이 없다면 학습자에게 전혀 매력적이지 않은 환경이 된다. 그리고 학급의 물리적 환경이나 게시물은 학생의 능력에 대한 교사의 기대수준을 표현하는 수단이 되기 때문에 중요하게 검토되어야 한다(Nieto, 2000).

⑦ 학생의 학습과정을 지원하기 위해 수업에 다양한 도구와 자료를 사용한다. 특히 다문화 가정이나 특수한 문화를 가진 학생이 있을 경우, 그와 관련된 문화적 요소를 포함하는 그림, 상징, 기타의 표현을 통해 해당 학생이 공동체에 포함되었음을 인식시킬 수 있다. 다양한 학생을 학습과정에 참여시키기 위해서는 공간의 색상, 물리적 배치, 조명, 게시물 등에 먼저 신경을 써야 한다(Shade et al., 2004).

⑧ 학생의 고유한 언어로 학습하고 소통할 수 있는 게시물을 만든다. 학생이 가진 다양한 문화적 문해력을 인식하고 활용하는 것은 학습공동체를 구축하는 데 큰 도움이 된다. 개성 있는 표현을 허용하고 그것을 학급 전체와 공유하는 과정을 통해서 상호 간의 소통과 이해심을 높일 수 있다. 학생의 고유한 문화적 배경은 장애가 아닌 풍부한 자원으로 인식되어야 한다(Schwarzer, Haywood, & Lorenzen, 2003).

⑨ 그래픽 조직자(graphic organizer)를 활용하도록 한다. 그래픽 조직자를 사용하면 학습내용에 대한 학생의 통찰과 자신이 가지고 있는 지식을 통합할 수 있다. 일부 학생들은 음악이나 TV 이미지와 같은 사회적인 도상에 더 잘 반응한다. 이것은 특히 새로운 언어를 배우는 학생이나 시청각적 학습에 더 익숙한 학생들에게 해당된다. 이러한 그래픽 조직자를 활용하여 다양한 학생의 학습을 지원할 수 있다(Hill, 2003).

⑩ 팀 빌딩(team building)이나 학급 빌딩(class building) 활동을 통해 학습활동에서 학생 간의 상호작용 및 지원을 촉진한다. 주의할 점은 협동적인 학습을 시작하기 전에 학생의 사회적 결속력을 높일 수 있는 활동이 먼저 이루어져야 한다는 것이다. 집단 구성원 간의 연대감과 친밀감을 발전시켜서 긍정적인 사회적, 정서적 분위기를 만드는 것이 목표가 된다. 이러한 활동을 통해서 학생은 개인적인 관점을 표현하거나 다른 학생의 의견에 반대 생각을 표현할 수 있고,

이후의 협동적 학습활동에서 편안함을 느끼게 된다(Cuseo, 2000).

⑪ 임의응답전략(random response strategies)을 사용한다. 이것은 임의의 학생을 호출하여 활동이나 질문에 반응하도록 하는 것을 말한다. 이를 통해 모든 학생이 수업에 참여하도록 할 수 있다. 다양한 학생이 도전적인 개념, 문제를 의미 있게 직면하고 탐구할 수 있도록 임의응답전략을 사용하면 학생이 지적 위험을 감수하고 독립적 또는 협력적으로 학습활동에 참여하도록 유도할 수 있다(Trumball & Pachero, 2005). 주의할 것은 학생에게 어떤 내용에 대해 잘 알지 못해도 괜찮고, 잘못 대답한 것을 통해서도 배울 수 있다는 점을 강조해야 한다는 점이다. 이를 통해 학생의 성장 마인드를 촉진할 수 있다.

⑫ 협력할 수 있는 학습활동을 제시한다. 학생이 다양성을 극복하고 소통하도록 만들기 위해서 학습내용에 대한 정보를 제시하고 설명을 하는 형태로는 기대하는 효과를 얻을 수 없다. 학급의 구성원과 직접 접촉하고, 함께 활동하고, 개인적인 상호작용이 있을 때 학생은 서로의 다양성을 중요하게 생각하게 되고 창의적인 문제해결은 물론, 다양한 동료와 효과적으로 활동하는 능력을 개발할 수 있다(Johnson & Johnson, 2000).

⑬ 학습활동에서 이질적인 학생집단을 구성한다. 협동학습은 학생 간의 긍정적인 사회적 상호작용을 장려하기 때문에 우정을 형성하고 다양한 문화에 대한 고정관념, 편견을 줄일 수 있는 큰 잠재력을 가지고 있다. 자신과 다른 여러 특성을 지닌 학생이 서로 협동할 수 있는 기회를 가지면, 자신의 고정관념이 아닌 서로의 특성과 장점을 바탕으로 판단할 수 있는 기회를 갖게 된다(McLemore & Romo, 1998).

⑭ 학생들의 대답이나 반응에 대해 구체적으로 지원하는 정교화 전략을 활용한다. 교사는 학생의 인지적 수준을 반영하여 추가적인 질문을 하거나 질문을 수정하고, 단서를 제시하거나 사고 또는 반응의 절차를 제시하는 등의 다양한 정교화 전략을 활용해야 한다(Pierce & O'Malley, 1992).

⑮ 모든 학생의 의견, 질문, 기여를 차별 없이 인정하고 수용할 수 있어야 한다. 교사 스스로는 잘 인식하지 못하고 인정하지 않는 경향이 있지만, 가난하거나 소외된 문화를 가진 학생은 교사의 차별적 행동을 종종 경험한다. 심지어 노골적인 차별을 경험하기도 한다. 모든 학생에 대한 교사의 반응은 오직 긍정

하거나, 수정해 주거나, 정교화시키는 것이어야 한다(Shade et al., 2004).

⑯ 다양한 관점을 추구한다. 교사는 학생이 다양한 관점을 들을 수 있는 기회를 분명히 마련해야 한다. 다음과 같은 교사의 반응은 이러한 관점을 지원한다. "이건 하나의 아이디어입니다. 다른 생각을 가진 사람이 있나요?", "그것은 문제를 해결하는 한 가지 방법이 될 것 같아요. 누가 다른 방식으로 접근한 사람이 있나요?" 등이다(Wiggins & McTighe, 2005).

⑰ 수업, 학습의 진행방향 및 진행절차 등에 있어서 학생의 이해를 지속적으로 감독한다. 교사는 학생의 학습 스타일에 부합하는 형태로서 학습을 확인하고 평가하는 광범위한 레퍼토리를 갖도록 노력해야 한다. 또한 학생의 사고, 문제해결, 의사소통, 협동 등에 대해서도 확인하고 평가할 수 있는 다양한 방법이 요구된다(Saphier & Gower, 1997).

⑱ 수업을 시작하기 전에 학생의 현재 지식을 파악한다. 다양한 특성과 문화를 수용하는 학생중심교육과정은 학생의 경험, 환경, 관심사항을 고려하기 때문에 풍부해지고 의미 있게 전달된다. 모든 수업은 학생의 삶과 관련이 있어야 한다. 다양성을 고려하여 교육한다는 것의 핵심은 모든 학생이 나름의 기본적인 경험과 지식을 가지고 학교에 온다는 것을 믿는 것이다(Shade, Kelly, & Oberg, 1997).

⑲ 학생의 실제 삶의 경험을 학습에 연결한다. 학급에서 학생의 삶을 연결하는 주된 이유는 그들의 동기를 강화하기 때문이다. 모든 학습자는 개인적인 상황과 관련된 정보에 훨씬 더 관심이 많다. 교사는 학생으로 하여금 시, 체험글, 노래, 그림 등을 통해 자신의 삶을 표현하고 게시하도록 하여 교실 밖에서의 학생의 삶을 드러내고, 그들의 삶과 문화에 대한 존중감을 높여 줄 수 있다. 또한 학생의 삶과 환경에서 찾을 수 있는 주제를 바탕으로 프로젝트, 설문조사, 스토리텔링 등에 참여시켜 학교와 지역사회를 직접 연결할 수 있도록 기회를 제공한다(Landsman, 2006).

⑳ 학생이 질문에 답하기 전에 충분히 생각할 수 있는 대기 시간(wait time)을 활용한다. 교사의 질문에 이어서 잠깐의 침묵의 시간을 갖는 것은 수업 중간에 끊김이 발생하는 것이 아니라 학생에게 내용에 대해 생각하고 응답을 구상할 수 있는 시간을 제공하는 것이 된다. 그리고 학생이 대답한 것에 대해 교사가

긍정이나 수정 또는 정교화하기 전에 잠시 공백을 가지는 것도 다른 학생이 자신의 응답을 고민할 수 있는 시간이 된다(Stahl, 1994).

㉑ 학생에게 수업에 대한 피드백을 요청한다. 교사는 학생의 피드백을 바탕으로 교수법을 변경하고 개선해야 한다. 교사는 학생과의 개별적인 대화를 통해 수업자료를 조정하고, 수업활동 간의 순서를 변경하며, 학생에 대한 더 적절한 기대 수준을 마련할 수 있다. 이를 통해 학생의 요구에 부응하는 수업을 실천할 수 있다(Bellon, Bellon, & Blank, 1992).

㉒ 학생이 성공적으로 과업을 완료할 수 있도록 달성기준을 제시한다. 학습과정 및 결과에 대한 분명한 예시를 제공함으로써 학습목표를 성공적으로 달성하는 기준을 효과적으로 전달할 수 있다. 즉, 학생끼리 혹은 교사와 함께 성공적인 예시를 함께 탐색하면서 어떠한 형태가 요구되는 것인지 알게 되고 더불어 자신의 과업을 구성해 나갈 수 있다(Stiggins & Chappuis, 2005).

㉓ 학생의 향상을 유도하는 구체적인 구두 및 서면의 피드백을 제시한다. 모든 학습활동을 마친 후 이루어지는 피드백보다 학습과정에서의 즉각적인 피드백이 더 효과적이다. 즉각적인 피드백은 학생이 활동 과정 중에 스스로 관련된 질문을 하게 만들고 주체적인 결정과 평가를 유도한다. 교사는 학생이 과업을 수행하는 동안 개별적이거나 소집단의 형태로 학생과 협의할 수 있다. 이 과정에서 이루어지는 피드백은 학생이 과업을 수정하고 발전시킬 수 있는 기회를 제공한다(Cole, 1995).

㉔ 효과적인 피드백을 활용하여 학생이 자신의 과업에 대해 수정하고 다시 제출할 수 있는 추가적인 기회를 제공한다. 재시도 및 재평가의 과정은 학생의 노력과 끈기를 촉진하는 학습 환경을 만들어 준다. 학생에게 반복적으로 시도할 수 있는 기회나 숙달할 수 있는 기회를 꾸준히 제공하면 학습에서 성공하는 방법이나 귀인에 대한 학생의 생각을 바꿀 수 있다. 즉, 성공의 이유가 타고난 능력에 의존하는 것이 아니라 끈기와 노력에 의한 것으로 전환될 수 있다(Guthrie, 2008).

㉕ 학생에게 긍정적인 자기대화(self-talk)[1]를 설명하고 모델링한다. 교사가 학생에게 긍정적인 자기대화의 중요성을 설명하고, 이러한 자기대화가 어떻게 긍정적인 결과로 이어지는지에 대해 구체적인 예시를 제시한다. 이를 통해 자신

의 생각이나 마음가짐을 일종의 단련시킬 수 있는 근육으로 이해하게 된다. 또한 학생은 학업에서의 어려움이 자신의 제한된 능력 때문이라는 두려움을 줄일 수 있다(Aronson, 2004).

㉖ 성취수준이 높고 낮음에 상관없이 모든 학생에게 동등하게 질문을 제시한다. 학급에서 제시되는 질문의 형태는 평등한 학급환경을 만드는 데 매우 중요한 역할을 한다. 수업 중에 질문을 하는 것이 질문하지 않은 수업보다 높은 성취도를 얻는다는 연구 결과가 있다. 학생들은 질문으로 다뤄졌던 내용에 대해 확실히 더 높은 이해와 성취도를 보였다. 교사는 학생이 기억해야 하는 내용에 대해 서면으로 질문하는 것보다 구두로 질문하는 것이 더 효과적이다. 질문을 통해 수업의 핵심요소에 대한 학생들의 관심을 불러일으키게 되고 이것은 더 높은 이해로 이어진다(Cotton, 1998).

㉗ 성취도 수준에 따라 학생에게 개별적인 도움을 제공한다. 학생과 일대일로 면담하는 과정을 통해 그들의 자신감을 형성시켜 줄 수 있고, 학습전략을 효과적으로 구체화할 수 있다. 더불어 학생 각각에 대한 교사의 관심과 접근은 학생에게 자신의 학습과 향상에 대해 교사가 깊은 관심을 가지고 있다는 것을 전달해 준다.

3. 학생의 기초 평가와 개별지도

학급에서 학생의 다양한 요구와 능력 수준을 확인하기 위해 자체 평가, 학생 개개인에 대한 관찰, 이전 교사의 평가, 학생 작품, 표준화된 성취도 평가 등을 활용할 수 있다. 이때 하나의 정보만으로 학생의 능력을 성급히 평가하는 것을 주의해야 한

---

1) 같은 의미로 쓰이는 용어로는 자기독백, 자기언어화(self-verbalization)가 있다. 자기대화를 사용하는 목적은 자기진술을 통해 자신감을 계발함으로써 특정 목표를 달성하는 데 도움이 되도록 하는 것이다. 자기대화는 긍정적 대화와 부정적 대화로 나뉜다. 부정적인 사고가 떠오르는 경우 자기대화를 통해 사고와 신념을 바꾸는 것이 핵심이다. 예를 들어, 어떤 실패를 맛보았을 때 '난 역시 안 돼.'라는 생각보다, '괜찮아. 다음에는 더 잘할 수 있을 거야.'라고 스스로에게 말을 하는 것이다.

다. 일부분의 평가로 인해 교사가 학생에게 낮은 기대를 갖게 되면 학생이 가지고 있는 잠재력을 충분히 인식하지 못하게 될 수 있다.

초등학교에서는 기초교육을 강조하기 때문에 일반적으로 3R's를 중심으로 초기 평가가 이루어질 것이다. 학생을 평가할 때, 평가결과뿐만 아니라 교사의 지시사항을 따르고 과업에 집중하는 것과 같은 학습태도와 의사소통에 어려움이 없는지 주의를 기울여야 한다. 이때 과업의 수행 능력이 좋지 않거나 주의집중이 어렵고 의사소통에 어려움이 있는 학생의 경우는 자리 배치, 수업계획, 관리에 특별히 더 신경을 써야 한다.

전입생이나 정보가 충분하지 않은 학생, 기존의 정보들이 일관되지 않은 학생이 있을 때에도 교사는 주의를 기울여야 한다. 이러한 경우에는 학생의 상황에 맞게 개별적으로 평가가 이루어져야 한다. 예를 들면, 학생이 읽는 것을 들어 보거나, 글쓰기를 통해 어휘의 정확성이나 특성을 파악하고, 수리력에서 보이는 특성 및 오류를 직접 확인해야 한다.

학생이 과거부터 수행한 포트폴리오가 있다면 유용한 정보를 제공해 줄 수 있다. 그리고 수업이나 학급활동에서 과업을 수행하거나 참여하는 모습, 집단 내에서 상호작용하는 모습들을 주의 깊게 관찰하여 추가 정보를 수집할 수 있다. 이렇게 얻은 정보들을 통해 어떠한 추가 지원 및 강화가 필요한지를 확인해야 한다.

가능하다면 개학 후 며칠 동안은 학생의 개별적인 평가를 미루는 것이 좋다. 아직 낯설고 어색한 교실에서 평가를 직면하는 것이 학생에게 두려움으로 작용할 수 있고, 제대로 평가에 반응하지 못하는 학생이 있을 수도 있다. 평가를 잠시 미룸으로써, 교사는 학생의 생활과 의사소통의 특성을 우선 관찰할 수 있으며, 학생들 역시 교사에 대해 알게 되고 학급에 편안함을 느끼는 시간을 확보할 수 있게 될 것이다. 만약 학생 개인별 평가를 해야 한다면, 학생이 과업에 열중할 수 있는 상황을 충분한 배려해야 하고, 단번에 끝내는 것이 아니라 며칠에 걸쳐 평가가 이루어지는 것이 바람직하다.

학생에 대한 기초적인 정보가 수집되면 학년교육과정 내에서 개별 학생이 달성할 수 있는 수준을 결정해야 하는데, 이때 학생의 특성과 흥미도 고려되어야 한다. 학생의 능력 수준과 특성에 대한 정보들을 바탕으로 소집단 구성, 또래 교수(peer tutoring)를 위해 짝지어 주거나, 과업 및 프로젝트 활동을 위한 협업 집단을 조직할 수도 있다. 이러한 개인차를 지원하기 위한 구체적인 방법들을 예시하면 다음과 같다.

1) 팀티칭

다양한 특성을 지닌 학생을 지도하기 위해 동학년 교사가 모여 팀을 구성할 수 있다. 이를 통해 교사는 자신의 학급 학생들만을 대상으로 했을 때보다 상대적으로 더 비슷한 능력의 학생끼리 소집단을 구성할 수 있다. 예를 들어, 읽기 능력이 낮은 학생들을 수준이 비슷한 학생들과 한 그룹으로 묶고 수준이 높은 학생끼리 하나의 그룹을 만들어서 교사들이 각각의 그룹을 하나씩 맡아 학생들을 가르칠 수 있다. 팀티칭을 통해 학생의 능력 수준에 맞는 수업이 집중적으로 이루어질 수 있는 것이다. 그러나 특수한 목적이 아닌 경우에는 다양한 수준의 능력을 가진 학생들과 학습할 수 있도록 해야 한다. 주로 문해력과 수리력을 위한 수업에서 활용하는 것이 일반적이다.

능력별로 집단을 구성할 때 학생의 능력 수준이 천차만별이라 집단 수가 다양하게 나타날 수 있다. 그러나 집단의 수가 많아지면 교사들에게 부담이 되고 지도하는 시간이 줄어들 수 있다. 보통 두세 집단을 구성하는 경우가 많지만 학년 규모, 교사 수 등을 고려하여 조정할 수 있다. 집단을 구성하여 팀티칭을 할 때 다음의 사항을 고려해야 한다.

(1) 시간 조정

교사들이 팀티칭을 실행할 때 해당 과목에 대해 시간을 조정하여 전체 지도계획을 수립해야 한다. 만약 한 교사가 일정에 차질이 생기면 그 그룹의 학생들은 방치되는 상황이 생긴다.

(2) 학생 이동

학생들은 다른 교실이나 장소에서 수업을 해야 하기 때문에 이동하는 동안의 절차와 해야 할 일을 명확히 알아야 한다. 교사는 학생들이 이러한 과정들을 익힐 때까지 그들과 동행해야 하며, 이동이 잘 이루어졌는지 점검해야 한다.

(3) 학습자료

학생은 필요한 준비물이나 학습자료를 잊을 수 있다. 학생이 자료를 가져오지 않으면 다시 되돌아가거나 새로 준비해 주어야 하는데, 이로 인해 학습시간이 지체되고 다른 학생에게 방해가 될 수 있다. 학생에게 필요한 자료 목록을 교실에 게시해 놓거나 사전에 점검할 수 있는 간단한 절차를 마련하는 것이 효과적이다. 팀티칭을 하는 모든 교사는 학생이 언제 무엇이 필요한지 잘 알고 있어야 한다.

(4) 규칙

다른 학급으로 이동한 학생은 새로운 공간에서 지켜야 할 규칙이 무엇인지 궁금해하거나 모를 수 있다. 교실에서의 규칙과 모둠 및 개인 활동에서 지켜야 할 사항에 대해 학생들과 함께 정해야 한다. 함께 정한 규칙이 잘 정착되도록 학생들을 관찰해야 하고, 규칙의 내용이 잘 보이도록 게시하는 것도 효과적이다. 가능하면 팀티칭을 하는 다른 교사들과도 공통된 규칙을 계획하는 것이 좋다. 일관된 환경과 규칙이 마련된다면 학생이 적응하기 훨씬 수월해질 것이다.

(5) 과업에 대한 집중과 책임

학생이 자신의 과업에 집중하고 책임감을 가질 수 있도록 노력해야 한다. 팀티칭의 상황에서는 보상, 처벌, 학부모와의 연락 등에 있어 제약이 있기 때문에 학생에 대한 훈육에 어려움을 겪을 수 있다. 다음의 활동을 통해 학생들이 보다 과업에 집중하고 책임의식을 가지도록 도울 수 있다.

- 학생들과 헤어지기 전에 과업의 수행 정도를 점검하고, 과제를 성공적으로 마칠 수 있도록 매번 피드백을 제공한다.
- 과업에서 기대하는 내용, 채점 및 점검 기준을 명확히 알려 준다.
- 점검한 학습내용은 피드백과 함께 즉시 돌려준다. 적시의 피드백은 학업 성공의 가장 중요한 예측 요인이므로, 피드백해야 할 내용이 누적되지 않도록 해야 한다.
- 학생이 과업을 누락하는 경우가 생기면 학부모와 연계하여 지도하는 방안을 찾아야 한다. 담임교사가 학부모에게 연락해서 상황을 설명하기보다는 지도하

는 교사가 직접 하는 것이 바람직하다.

2) 전체 수업의 조정

일부 교과 수업(과학, 사회 등)에서는 소집단을 활용하는 것이 어렵거나 적절하지 않을 수 있다. 제한된 시간, 학생의 개인차 확인, 활동 안내 등의 문제로 인해 전체 수업(whole-class instruction)보다 소집단 수업이 더 비효율적일 수 있다. 이럴 때에는 전체 수업을 진행하면서 학생의 능력과 흥미에서의 차이를 수업에 반영하는 것이 바람직하다. 몇 가지 간단한 방법과 주의사항을 살펴보면 다음과 같다.

(1) 참여 확대

평소에 적극적으로 참여하는 학생뿐만 아니라 모든 학생이 발표나 토론에 참여할 수 있게 해야 한다. 임의응답전략을 활용하여 제비뽑기 방식으로 학생들을 무작위로 응답하게 하는 것도 수업에 대한 집중과 참여를 높일 수 있다. 읽기나 집중에 어려움이 있는 학생에게는 핵심 내용을 다시 말하게 하거나 다른 학생의 답변을 요약해 보도록 한다. 어떤 주제에 대해 특별한 관심과 능력을 보이는 학생이 있다면 별도의 프로젝트를 해 보도록 유도하거나 구두 발표를 통해 자신의 생각을 말해 보게 할 수 있다. 이러한 기회들을 통해 학생은 이해를 확장하고 각자에 대한 인정을 받을 수 있다.

(2) 학생 위치

보다 세심한 관찰이나 설명이 필요한 학생은 교실 앞쪽 또는 교사로부터 가까운 곳에 앉을 수 있게 해야 한다. 학생은 교사와 가까이 있을 때 수업에 보다 집중하고, 교사는 학생의 과업에 대한 이해와 활동 진행 상황 등을 보다 수월하게 확인할 수 있다.

(3) 안내

학습내용이나 규칙 등을 안내할 때에는 모든 학생의 주의를 모은 상태에서 이루어져야 하며, 가능하다면 말과 글 모두를 활용하여 안내가 이루어져야 한다. 일부 학생은 안내나 지시내용이 길어지면 이를 기억하고 따르는 데 어려움을 겪을 수 있기 때문에, 적당한 내용단위로 나누어서 제시하고 시각적 단서를 함께 활용하는 것이 좋다. 또 학생이 제대로 이해했는지 확인하기 위해 따라 말해 보라고 하거나 다시 말해 보라고 할 수 있다. 평소 산만한 학생이나 이해력이 부족한 학생은 추가로 확인하도록 한다. 이때 학생이 교사 가까이 있다면 보다 쉽게 도움을 줄 수 있을 것이다.

(4) 과제 및 활동

같은 과제 및 활동이 주어지더라도 어떤 학생에게는 쉽지만 다른 학생에게는 어려운 과업이 될 수 있다. 때문에 과제 및 활동을 제시할 때는 두 가지 형태가 포함되어야 하는데, 모든 학생이 할 수 있는 기본 형태와 도전적인 내용을 포함하는 심화 형태이다. 그리고 같은 과제나 활동이 주어지더라도 학생에 따라 다른 능력과 속도로 마치게 된다. 이때 학생 간의 경쟁을 유발하거나 과업의 결과 위주로 피드백을 주기보다는 개인의 발전 정도를 중점적으로 평가해야 한다. 과업을 일찍 끝마친 학생을 위한 심화 또는 추가적인 활동은 처음에 주어진 과업과 관련이 있어야 하고, 다른 학생의 주의를 흩트리는 것이 되어서는 안 된다. 기본 과업을 빨리 마친 학생에게 자유시간 등을 부여하여 속도가 느린 학생이 상대적 박탈감을 느끼게 하거나 과업을 서둘러 끝내도록 유도하는 것은 피해야 한다.

3) 개별화 수업

학생의 기초 평가와 관찰을 바탕으로 능력과 특성에 따라 다양한 수준 및 내용으로 수업이 이루어질 때 수업은 개별화되었다고 할 수 있다. 일부 학자들은 개별화 수업이 각 아동의 필요에 맞춘 교육을 제공하기 때문에 학생 개인차에 대처하는 최선의 방법이라고 주장하기도 한다. 그러나 개별화 수업을 실행하기는 매우 까다로운데 그 이유는, 첫째, 개인의 진행 상황에 대한 구체적이고 지속적인 평가가 이루어져야 하고, 둘째, 모든 학생이 교사와의 충분한 상호작용이 이루어지도록 시간이 확보되어야 하며, 셋째, 학생의 다양한 능력과 특성에 맞는 자료가 필요하고, 넷째, 교사들이 적절한 활동을 계획하고 개발할 수 있는 시간이 필요하기 때문이다. 이러한 요소가 충족되지 않으면 개별화 수업에는 한계가 있을 수밖에 없다. 따라서 개별화 수업은 충분한 시간을 바탕으로 필요한 내용을 개발하고 점진적으로 실행되어야 한다.

이와 같은 어려움 때문에 우리는 학생의 개인적 특성을 고려하여 팀티칭을 하거나 전체 수업을 조정하는 전략을 우선적으로 고려하게 된다. 그러나 이러한 실천에도 학생들의 요구에 부합하지 않는다면 개별화 교육을 해야만 한다.

개별화 수업에 대한 가장 많은 오해는 교사의 역할을 학생에 대한 수시 평가, 과제 부여, 기록, 점검 등으로만 생각하는 것이다. 교사가 이러한 역할에만 집중하게 되면 교사와 학생 간의 상호작용이 결핍되고 단지 학습지를 완성하는 것 이외에 실제로 지도할 수 있는 것이 많지 않다는 문제가 생기게 된다.

그리고 또 하나의 오해는 개별화 수업에서 교사가 한번에 한 명의 학생만 지도할 수 있다는 인식이다. 교사는 개별적인 지원이 필요한 학생을 지도하는 동시에 집단 수업을 통해 학생들에게 공통된 정보를 제공하면서 수업을 진행할 수 있다.

다음의 사항들은 개별화 수업을 진행할 때 발생할 수 있는 문제를 방지하고 효과성을 높이기 위해 고려해야 할 내용들이다.

(1) 전환

일반적으로 학생들이 모둠 활동을 할 때와 개별 활동을 할 때 그 활동 속도에 차이가 크게 나타난다. 그래서 수업 중에 활동이 전환(transitions)되어 개별적으로 어떤 활동을 해야 할 때 학생은 자신이 무엇부터 해야 할지 몰라 당황하고 활동이 늦어질 수 있다. 때문에 개별화 수업을 해야 할 학생이 과업을 잘 알 수 있도록 적어서 게시하고 구두로도 전달해야 한다. 그리고 학생에게 과업을 스스로 설명해 보게 하거나 실행 중인 과업을 중간에 점검함으로써 활동을 안내할 수 있다.

(2) 행동 모니터링

학생이 활동하는 속도가 다른 것뿐만 아니라 학생 각각에 대한 기대도 다르기 때문에, 개별화 수업에서 학생을 일일이 점검하기란 쉽지 않다. 그리고 교사는 개별화 수업에서 많은 일을 동시에 해야 하기 때문에 학생을 모니터링하는 것은 더욱 어려운 일이 될 수 있다. 이를 해결하려면 먼저 학생이 자신이 해야 할 과업이나 행동을 분명히 알도록 해야 하고, 교사의 지속적인 관찰이 이루어져야 한다. 구체적으로 다음의 내용들을 고려할 수 있다.

- 모든 학생이 주어진 시간에 무엇을 해야 하는지 명료하게 이해할 수 있도록 한다.
- 학생은 자신이 해야 할 일에 대한 이해와 더불어 어떤 행동이나 방법이 요구되는지도 알아야 한다.
- 학급 전체를 관찰하면서 활동에 어려움을 겪는 학생에게 도움을 제공한다. 다만, 학생이 과제를 그만두거나 혼란을 겪을 때까지 기다려서는 안 되고, 한두 명의 학생을 지도하는 데만 몰두해서도 안 된다.
- 학생 사이를 순회하면서 활동하는 과정을 반복적으로 살펴보아야 한다. 이 과정에서 과업을 어려워하거나 하지 않으려는 학생 등을 확인한다.
- 더 많은 관찰과 도움이 필요한 학생이 있다면 교사가 지원하기 쉬운 위치에 앉게 한다.

(3) 학생의 책임감 북돋우기

개별화 수업을 한다고 해서 모든 학생이 다 과업에 잘 참여하거나 마칠 수 있는 것은 아니다. 실제로 일부 학생은 과업에 대한 책임을 회피하고 최소한의 노력만 기울이며, 교사의 모니터링 능력의 한계를 이용하려고 한다. 이를 해결하기 위해서는 앞서 강조한 바와 같이, 과제나 활동이 명확하게 제시되어야 한다. 예를 들어, 칠판에 과업의 목록을 제시하고, 학생에게 수행할 과업 폴더를 제공하여 진행 과정을 점검해 나갈 수 있다. 그리고 과업에 대한 제한 시간을 정해 주면 학생의 집중력을 높일 수 있다.

또한 교사가 자신의 과업에 지속적인 관심을 가지고 있고 계속 확인한다는 사실을 학생이 잘 알게 해야 한다. 만일 학생이 과업을 수행한 후 피드백 없이 새로운 과업이 시작되면 오류가 지속되고 과업의 질이 낮아질 수 있다. 결과에 대한 피드백뿐만 아니라 주기적으로 확인하는 모니터링 과정을 마련해야 한다. 예를 들면, 주별 혹은 격주로 학생의 과업을 검토하고 개별 학생과 짧게 상담할 수 있다.

(4) 약속 정하기

약속 정하기를 통해 정해진 기간 내(하루 또는 일주일간) 학생이 해야 할 과제나 활동을 정한다. 여기에는 과업의 목적, 수업자료, 보상 등을 포함할 수 있고, 학생이 흥미로워할 수 있는 내용들도 포함할 수 있다. 학생이 직접 내용을 조정하고 자신의 서명을 남김으로써 과업에 대한 동기를 높일 수 있다.

4. 수업에서의 반영

학생의 다양한 특성과 문화를 반영하는 수업이란 그들이 가지고 있는 지식, 경험 등을 적극적으로 활용하여 학습을 보다 효과적으로 만드는 것이다. 학습내용을 학생의 생생한 경험 내에서 가르칠 때 높은 관심을 바탕으로 더 의미 있고 정확하게 학습시킬 수 있다(Gay, 2010).

교사는 학생들이 가진 강점을 파악하고 이를 육성하여 학습을 촉진하기 위해 그들의 경험과 문화를 활용해야 한다(Richards, Brown, & Forde, 2004). 학생들의 학업성취는 자신의 문화 및 경험적 필터를 통해 학습될 때 효과적으로 향상된다는 것이 많은 연구를 통해 확인되고 있다(Au & Kawakami, 1994; Foster, 1995; Gay, 2000, 2002; Hollins, 1996; Kleinfeld, 1975; Ladson-Billings, 1994, 1995). 이러한 교육을 실현하기 위해서는 교육과정에 다양성에 관한 내용을 추가해야 한다(Hollins, King, & Hayman, 1994; King, Hollins, & Hayman, 1997; Pai, 1990; Smith, 1998).

교사의 교수방법과 학생의 학습방법을 조화시키기 위해서는 학생들이 다양한 가치를 가지고 있다거나 다양한 방식으로 동일한 가치를 표현할 수 있다는 인식에서 한걸음 더 나아갈 수 있어야 한다. 즉, 학생의 다양성에 대한 교사의 실제적인 지식이 필요한 것이다.

교사는 자신이 가르치는 학생들의 다양한 특성에 대한 구체적인 정보를 획득해야 한다. 자신이 가르치는 교과(특히 수학, 과학)가 학생들의 다양성이나 문화와 관련이 없다거나 이러한 요소를 사용하면 교과의 특성을 유지하는 데 어려움이 있다고 생각하는 교사가 많지만 이것은 사실이 아니다. 학교에서 가르치는 모든 교과는 문화적 다양성을 활용할 수 있다(Ladson-Billings, 1995).

많은 교사 연구자는 교사가 다양한 학생의 요구를 인식하고 이에 대응할 수 있도록 여러 교과영역에서 교육을 실시하였고, 그들의 실천을 분석하였다. 그 결과, 가르치는 내용에 관계없이 문화적으로 반응하는 교수법을 사용하는 교사의 특성을 다음과 같이 확인하였다(Harlin & Souto-Manning, 2009; Hersi & Watkinson, 2012; Nieto, Bode, Kang, & Raible, 2008; Santamaria, 2009).

- 학생의 경험 및 언어적 특성을 소중히 여기고 이를 학습에 대한 장벽이 아닌 자원으로 여긴다.
- 학생의 학습과 발달을 촉진하는 기초로서 학생 개인의 경험과 관심사를 활용한다.
- 학생의 경험, 언어, 가정환경 등을 지원할 수 있는 상호작용 및 교수법을 적용한다.
- 학생과의 상호작용과 교수방법에 있어 구체적인 실제 사례와 결합한다.

연구자들은 공통적으로 이러한 특성을 지닌 교사들이 학생의 다양성과 문화적 특성을 학급운영과 수업에 적용하고 있음을 발견하였다.

수업에서 적용한 보다 구체적인 사례로서, 립카 등(Lipka et al., 1998)의 연구를 들 수 있는데, 알래스카의 에스키모 학생들에게 수학 및 과학을 가르치기 위해 원주민의 숫자, 측정 단위, 수렵 등을 내용으로 하여 수학과 과학의 내용 요소를 수업하였다. 이를 통해 학생의 환경과 일상의 경험이 학습의 기초로서 강력하게 작용할 수 있음을 확인하였다.

그리고 주제 체인 의사소통(topic-chaining communication)[2)]도 좋은 수업방법이 된다. 이것은 하나의 주제에 대한 생각이나 문장을 제시하면, 이어서 떠오르는 주제를 바탕으로 생각이나 문장이 오버랩되어 이어 가는 것이다. 때문에 의사소통 과정에서 여러 주제를 동시에 포함할 수 있고 학생 자신의 특성이나 환경을 반영한 주제를 제시할 수도 있다. 선형적인 의사소통 방식이 아니라 원형적 · 순환적인 방식으

2) 예를 들면, 한 학생이 "우리 가족은 개나 고양이 같은 동물을 좋아해."라는 표현을 하였다면, 이어서 다른 학생이 "우리 집 주변에서 흔히 볼 수 있는 동물은 멧돼지들이야."의 형태로 대화가 이어진다.

로서, 표면적으로는 의사소통이 분리되어 있고 초점이 맞지 않는 것처럼 보일 수 있고, 이전 주제가 정리되기 전에 새로운 주제로 넘어가기도 한다. 마치 스토리텔링을 하는 것처럼 보일 수도 있다. 주로 모둠활동을 통해서 학생 각각의 특성을 드러내게 할 수 있는 좋은 방법이 된다(Gay, 2000; Spring, 1995).

이 외에도 학생의 자전적 사례 발표, 짧은 소설 쓰기, 상황극 등은 지리적, 세대적, 시간적 경계를 넘어 학생의 정체성과 다양성의 문제를 수업에서 구체화할 수 있는 방법이 된다.

5. 문화적 다양성을 존중하는 교사

학생의 개별적인 특성과 문화가 수용되는 학급의 필수 요소는 모든 학생의 학습이 동등하게 지원되는 수업을 만드는 것이다. 이러한 수업을 구체화하고 실천하는 것은 다양성을 반영한 교육과정을 개발하는 것만큼 중요하다. 학생의 다양성을 존중하고 문화적으로 반응하는 수업은 소개된 여러 모범사례를 적용해 보는 단순한 기술적인 과정이 아니다. 교사는 다양한 학생이 자신의 문화와 경험을 활용하여 학업성취는 물론 인지적 지평을 확장시킬 수 있도록 문화적 비계를 사용하는 방법을 알아야 하고, 이러한 것들이 원활히 이루어질 수 있는 풍토를 조성해야 한다.

문화적으로 반응하는 학급을 위해서 교사는 교수학습 방법을 재구성해야 한다. 즉, 학생들끼리 혹은 교사와 학생이 동료로서 함께 협력하는 형태의 교수학습이 이루어져야 한다. 여러 학생의 다양성을 수용하고 이를 관리해야 하기 때문에 교사는 매우 부지런해야 하는데, 여기서 학생을 관리한다는 것의 의미는 원만히 성장하도록 지원하고 이타적인 배려를 하는 것과는 다른 것이다. 학생에게 원만한 성장과 이타적인 배려가 필요하다는 관점은 각각의 학생이 자신의 발달속도에 따라 성장하고 스스로 미래를 개척할 수 있다는 가치관을 바탕으로 하기 때문에 자칫 학생에 대한 방관으로 이어질 수 있다(Foster, 1997; Kleinfeld, 1975).

문화적으로 반응하는 학급에서 배려(caring)란 학생에 대해 높은 기대치를 보여주고 환경, 생활, 언어적으로 다양한 학생의 성공적인 학업을 보장하기 위해 풍부한 전략을 사용한다는 것이며 행동 지향적인 것이다. 학생의 다양성에 대한 배려는 교사의 도덕적 의무이자 사회적 책임이며 교육적 필요이다. 교사는 자신의 지식과 교수전략을 활용하여 다양성을 지닌 학생들의 최선의 성장을 위해 노력해야 한다(Webb, Wilson, Corbett, & Mordecai, 1993: 33-34). 진정으로 학습자의 특성과 문화를 존중하고 이를 교육과 연계시키기 위해서는 교사가 모든 학생의 지적 잠재력을 믿어야 하고, 학생의 문화적 정체성을 간과하거나 비하하지 않고 이를 적극적으로 교육에 반영해야 한다. 학생 각자가 가진 다양한 환경과 학습방식은 학급에서 갈등을 유발하고, 학업을 수행하는 과정과 결과에 악영향을 미칠 수 있다. 따라서 교사는 이러한 갈등을 불식시킬 수 있는 공동의 학습 환경을 구성해야 한다.

전통적인 수업에서는 문화 및 다양성에 대한 교육을 교과 교육이나 생활교육과 분리하여 가르쳤지만, 이를 통합적으로 다룰 필요가 있다. 예를 들어, 수학, 과학, 사회, 읽기 등을 학습할 때 교과에 대한 활동과 더불어 다양한 문화 및 특성을 포함해야 한다. 이를 통한 긍정적인 효과는 여러 연구에서 확인되고 있다(Escalanté & Dirmann, 1990; Foster, 1995; Krater, Zeni, & Cason, 1994; Ladson-Billings, 1994; Sheets, 1995; Tharp & Gallimore, 1988).

문화적, 환경적으로 다양한 학생이 무엇을 알고 할 수 있는지를 아는 것과 학생이 알아야 하고 해야 할 것을 결정하는 것은 교사가 학생과 얼마나 의사소통을 잘할 수 있는지에 달려 있다. 지적인 과정은 문화적으로 부호화되어 있다(Cazden, John, & Hymes, 1985). 이는 학생이 자신이 사회화된 문화에 강한 영향을 받아 자신을 표현한다는 것을 의미한다. 다양한 학생을 보다 효과적으로 가르치기 위해 교사는 학생의 상호작용을 바탕으로 의사소통 코드를 이해해야 한다. 다양성을 학급에 수용하는 교사는 학생의 언어 구조뿐만 아니라 상황적 요인, 문화적 뉘앙스, 어휘, 화자와 청취자의 역할 관계, 억양, 제스처 등을 이해한다. 반면, 학생에 대한 정보가 부족하고 문화에 대한 적극적인 인정을 하지 않는 교사는 일부 학생을 무례하거나 산만하다고 느끼고 이를 억누르기 위한 조치를 취할 것이다. 이러한 학생들은 결국 지적인 사고와 상호작용이 위축되고 학습에 대한 노력도 감소하게 된다.

교사는 편견을 제거하고 다양성과 문화를 존중하는 교실 분위기를 조성하기 위해 의도적인 노력을 해야 한다. 교사를 포함하여 우리 모두는 개인이나 구성원과의 관계에 있어서 다양한 편견을 가지고 있다. 모든 학생이 동등한 학습기회를 가지는 학급을 만들기 위해 교사는 구체적인 실천 전략을 고려해야 하는데, 다음의 내용을 실천함으로써 자신의 편견과 불평등한 행동을 이해할 수 있다(Morrison, Robbins, & Rose, 2008; New York University, 2008).

- 아동학대, 편견, 평등의 주제를 다루는 연수에 참여한다.
- 인종, 출신 국가, 성별, 장애, 성취도 등에 관계없이 다른 사람이나 학생을 동일한 행동과 태도로 대해 본다.
- 다른 사람의 의사소통 형태 및 내용에 주목하고, 자신이 이해한 정도를 확인한다. 그리고 이해에 차이가 있다면 어디에서 비롯되었는지 확인해 본다.
- 의사소통 형태의 차이는 오해로 이어질 수 있음을 되새긴다. 예를 들어, 일부 문화권에서는 '좋아요(thumb's up)' 표시가 모든 것이 정상임을 의미하지만 다른 문화권에서는 무례한 표시가 된다. 일부 문화권에서는 어린이가 성인과 직접 눈을 마주치는 것을 금지하지만, 다른 문화권에서는 무시하고 도전적인 의사를 표현하는 것이다.
- 다른 문화에 익숙하지 않은 경우 이를 솔직하게 인정한다.
- 다른 사람이나 학생이 자신의 행동과 말에 어떻게 반응하는지 주의를 기울인다. 예를 들어, 다른 사람들에게 자신의 행동이 무례하거나 무시하는 것으로 보이지는 않았는지 물어본다.
- 다른 사람이나 학생이 자신의 표현에 대해 특별한 반응이 없다고 해서 수용되는 것으로 가정해서는 안 된다. 특히 학생이 교사의 말이나 행동으로 인해 기분이 상했다고 말하는 경우는 극히 드물다.

교사는 이상과 같은 실천을 통해 자신에 대한 이해와 수용력을 높일 수 있다. 더불어 다음과 같은 학급활동을 실천함으로써 학생 간의 다양성에 대한 실제적인 이해와 소통 수준을 높일 수 있다.

- 학생이 자신의 정체성과 문화적 특성에 대해 조사하고 공유하는 활동
- 가족의 연혁에 대한 프로젝트 및 다양한 문화에 대한 독서 활동
- 가족이나 지역사회 구성원에게 방문하거나 학급에 초청하여 학생의 문화적 배경이나 특성을 소개
- 다른 문화 및 환경에 대해 토론하고 배울 수 있는 '가족의 날' 행사 개최

학교현장 이야기

새 학기가 시작되기 전에 민정이의 작년 담임선생님께서 우리 교실에 찾아오셨다. 선생님께 들은 이야기는 민정이는 3학년 내내 급식실 가기를 거부하고 점심시간에 혼자 교실에 남아 있었다고 했다. 그리고 종종 교실에서 사라져 반 친구들이 민정이를 찾기 위해 학교 주변을 찾아다녔으며, 특별히 학급 친구들과의 교류도 없이 대부분의 시간을 혼자 책상에 앉아 그림을 그렸다는 것이다.

개학 첫날 민정이는 1교시가 시작되어도 교실에 들어오지 않았다. 우리 반 학생들이 운동장에 서 있는 아이가 민정이라고 말해 주었다. 나는 운동장으로 나가 잠깐 민정이와 이야기를 나누었다. 당시 나는 2년의 육아휴직을 마치고 복직한 상황이었다. 신규교사 때와는 달리 복직은 설렘과 기대보다는 해내야 하는 많은 역할에 대한 부담감과 두려움이 컸다. 나는 운동장에 우두커니 서 있는 민정이에게 현재 나의 마음을 솔직히 들려주었다. 그리고 "너도 선생님과 같은 마음이겠지?"라는 말을 건넸다. 민정이는 아무 말 없이 내 손에 이끌려 교실에 들어왔다.

일단 나는 며칠 동안 민정이를 관찰하였다. 수업 시간 민정이는 수업에 참여할 마음이 없어 보였다. 해당 시간표에 따라 교과서를 펼치기는 했지만 교과서는 온통 낙서로 가득했다. 특히 민정이는 감각적으로 예민한 부분이 있었다. 예를 들어, 입으로 '똑똑' 같은 소리를 내면 민정이는 귀를 막고 그 소리보다 더 큰 목소리로 소리를 질러 나와 친구들을 놀라게 했다. 또한 교실에 오면 민정이는 양말을 벗었고 옷 역시 매일 같은 옷만 입고 등교하였다. 나는 피부가 예민해 옷이 몸에 닿는 촉감 때문에 그럴 것이라고 짐작했다.

3월 말 학부모 상담 시간이 찾아왔고 다행히 민정이 어머니가 상담을 신청하셨다. 학부모 상담에서 어머니는 그동안 민정이를 키우며 힘들었던 일들을 말씀하시며 내내 우셨다. 어린이집 복도에서 소리를 지르며 울었던 이야기부터 소아정신과 약을 복용했던 일까지 일련의 사건들을 들을 수 있었다.

타고난 기질이 예민하고 소아 우울증 증상이 있는 민정이가 나와 함께하는 4학년 학교생활 동안 조금 더 나아지면 좋겠다는 생각을 했다. 우선, 3월 몇 주간 나는 최대한 민정이의 의견을 수용해 주었다. 민정이가 교과 수업시간에 교과특별실에 가기 싫다고 하면 교실에서 데리고 있으면서 함께 이야기를 나누기도 했고, 때로는 빈

교실에서 남아서 하고 싶은 일을 하도록 허락하였다. 민정이와 친근감이 형성됐다는 생각이 들자 나는 민정이에게 부담 없이 실천할 수 있는 두 가지 약속을 제안했다. 첫째, 수업 시간에 민정이가 하고 싶은 활동을 해도 좋지만 절대 말없이 교실에서 사라지지 않을 것, 둘째, 점심시간에 점심을 먹지 않아도 되지만 급식실은 함께 가는 것이었다.

민정이의 또 다른 특징은 수업 시간에 끊임없이 웹툰을 그리는 것과 소설을 쓰는 것이다. 민정이의 일기장은 매일매일 새로운 소설이 쓰여 있었다. 수학이라면 질색하는 민정이었지만 글쓰기 솜씨는 제법이었다. 이러한 특징을 파악하고 나는 민정이와 함께할 수 있는 학급 활동으로 '학급 소식지 만들기'를 시작했다. 매달 학급 소식지를 발행하기로 한 것이다. 첫 학급 소식지 만들기에 민정이는 웹툰처럼 작은 그림을 그려 넣는 것으로 조금씩 참여를 유도했다. 그리고 다음 소식지부터는 민정이에게 글을 써 볼 것을 제안했다. 민정이는 꽤 조리 있게 기사를 작성했다. 민정이가 조금씩 의지를 가지고 학급 소식지 만들기에 참여할 즈음 나는 그림을 잘 그리는 친구들 몇 명과 민정이를 한 모둠으로 만들었다. 그리고 그 모둠에게 소식지에 들어갈 학습 만화를 그릴 것을 제안했다. 모둠 친구들의 의견에 따라 민정이도 소식지에 들어갈 학습 만화를 그리기 시작했다. 무엇보다 모둠 친구들이 그동안 민정이가 그린 웹툰을 돌려 읽기 시작하면서 민정이에게 관심을 기울이기 시작했다. 소식지 만들기 활동을 통해 친해진 아이들은 쉬는 시간에도 서로의 그림 스타일을 이야기하면서 다양한 남녀 캐릭터를 그리며 이야기 나눴다. 교실이라는 한 공간에서 자신만의 세계에 갇혀 있던 민정이가 친구들 사이에서 조금씩 자신의 역할을 찾아가는 듯했다.

나는 때때로 의식적으로 민정이의 글을 친구들에게 읽어 주곤 했다. 교사의 기준으로 볼 때 민정이는 우리 반에서 글을 가장 잘 쓰는 아이였다. 4학년이 시작할 때 친구들이 보는 민정이는 자기 마음대로 행동하는 아이, 건들면 안 되는 아이였다. 하지만 4학년이 끝나갈 즈음 민정이는 친구들 사이에서 웹툰을 잘 그리는 친구, 우리 반에서 글을 제일 잘 쓰는 친구로 기억되고 있었다. 학년을 마무리할 때 즈음 민정이를 이전 2년간 지켜보신 동 학년 선생님이 많이 놀라시며 민정이가 적응을 잘 하고 있는 것 같다는 말씀을 해 주셨다. 4학년을 잘 마무리한 민정이가 고마웠고, 학생의 적응이라는 말이 특별하게 다가온 시간이었다.

요약

- 모든 학생이 자신의 특성과 문화를 존중받고 이를 토대로 교육을 통해 자아를 원만히 성장시켜 나가는 것은 모든 학교의 책임이다. 학생의 다양성과 문화를 배려하는 교육은 모든 학생에게 교육적 수월성을 달성할 수 있는 기회를 제공한다. 교사는 각 학생에게 자신의 정체성을 바탕으로 잠재력을 성장시킬 수 있는 기회를 제공해야 하는 일차적인 책임을 가진다.
- 이를 위해서는 먼저, 교사가 학생들에게 긍정적으로 기대를 전달할 수 있는 구체적이고 관찰 가능한 행동을 인식하고 실천해야 한다.
- 학생의 다양한 요구와 능력 수준의 차이를 확인하기 위해 자체 평가, 학생 개개인에 대한 관찰, 이전 교사들의 평가 검토, 학생 작품 확인, 표준화된 성취도 평가 등을 실시한다. 이를 통해 학생의 개인적인 특성이 확인되면, 개인차를 지원하기 위한 방법으로 팀티칭, 전체 수업 조정, 개별화 수업 등을 실시한다.
- 학생이 가지고 있는 지식, 경험 등을 적극적으로 활용하여 학습을 보다 효과적으로 만들기 위해 학생의 다양한 특성과 문화를 반영하는 수업을 해야 한다. 학교에서 가르치는 모든 교과는 문화적 다양성을 활용할 수 있다.
- 학생의 개별적인 특성과 문화가 수용되는 학급의 핵심적인 요소는 모든 학생의 학습이 동등하게 지원되는 학습풍토를 만드는 것이다. 교사는 편견을 제거하고 다양성과 문화를 존중하는 교실 분위기를 조성하기 위해 의도적인 노력을 해야 한다.

토론주제

1. 김민지 선생님은 3학년을 5년간 가르쳐 온 능숙한 교사이다. 그러나 올해 새로 맡게 된 3학년은 가르치는 것이 특히 어렵다고 느껴진다. 21명의 학생 중에서 6명이 1학년 수준의 읽기 능력을 가지고 있고, 그중 4명은 수학에서도 1학년 수준을 보인다. 학급에서 3명은 4~5학년 수준의 높은 읽기 능력과 수학 능력을 가지고 있다. 김민지 선생님이 학생들의 필요를 충족시키기 위해 어떠한 방법을 활용해야 할지 고민해 보자.

2. 이사벨은 미국에서 부모를 따라 한국에 이사 온 흑인 여학생이다. K-팝과 한국을 좋아했던 이사벨은 미국에서도 한글을 공부해서 6세 수준의 대화는 가능하다. 그러나 올해 늘봄초등학교 5학년으로 전학을 오면서 학생들이 짝으로 앉기 싫어하고 거리를 두는 모습에 많이 위축되었다. 몇몇 짓궂은 남학생은 "아프리카, 아프리카~!!" 하며 놀리기까지 한다. 자신이 이 학급의 담임교사라고 가정하고 어떠한 학급활동 및 수업이 필요한지 토론해 보자.

3. 독도, 위안부 문제 등이 수업시간에 다뤄지면서 6학년 1반 학생들의 반일 감정이 심화되었다. 선생님은 학생들이 역사문제를 진지하게 받아들이는 것 같아서 대견하기도 하지만 한편으로는 일본에서 전학 온 여학생 자매가 걱정이다. 4학년, 6학년에 재학 중인 두 자매는 한국에 온 지는 5년이 넘었지만, 이러한 수업내용이 다뤄질 때마다 곤혹을 치른다. 학생들은 "야, 독도 누구 땅이야? 말해 봐!" 혹은 심한 욕설을 하기도 한다. 심지어 작년 담임선생님은 장난삼아 〈독도는 우리 땅〉 노래를 미치코에게 시키기도 하였다. 자신이 이 학급의 담임교사라고 가정하고 어떠한 학급활동 및 수업이 필요한지 토론해 보자.

참고문헌

Aronson, J. (2004). The threat of stereotype. *Educational Leadership, 62*(3), 14-19.

Au, K. H., & Kawakami, A. J. (1994). Cultural congruence in instruction. In E. R. Hollins, J. E. King, & W. C. Hayman (Eds.), *Teaching diverse populations: Formulating a knowledge base* (pp. 5-23). NY: State University of New York Press.

Bellon, J. J., Bellon, E. C., & Blank, M. A. (1992). *Teaching from a research knowledge base: A development and renewal process.* NY: Merrill.

Cazden, C. B., John, V. P., & Hymes, D. H. (Eds.). (1985). *Functions of language in the classroom.* IL: Waveland.

Cole, R. W. (1995). *Educating everybody's children: Diverse teaching strategies for diverse learners.* VA: Association for Supervision and Curriculum Development.

Cooper, H. M. (1979). Pygmalion grows up: A model for teacher expectation communication and performance influence. *Review of Educational Research, 49*(3), 389-410.

Cotton, K. (1998). *Classroom questioning* (SIRS CloseUP NO. 5). OR: Northwest Regional Educational Laboratory.

Cuseo, J. (2000). *Cooperative/collaborative structures explicitly designed to promote positive interdependence among group members.* IL: Illinois State University.

Escalanté, J., & Dirmann, J. (1990). The Jaime Escalanté math program. *Journal of Negro Education, 59*(3), 407-423.

Foster, M. (1995). African American teachers and culturally relevant pedagogy. In J. A. Banks & C. A. M. Banks (Eds.), *Handbook of research on multicultural education* (pp. 570-581). NY: Macmillan.

Foster, M. (1997). *Black teachers on teaching.* NY: New Press.

Gay, G. (2000). *Culturally responsive teaching: Theory, research, and practice.* NY: Teachers College Press.

Gay, G. (2002). Preparing for culturally responsive teaching. *Journal of Teacher Education, 53*(2), 106-116.

Gay, G. (2010). *Culturally responsive teaching: Theory, research, and practice* (2nd ed.). NY: Teachers College Press.

Guthrie, J. T. (Ed.). (2008). *Engaging adolescents in reading.* CA: Corwin Press.

Harlin, R., & Souto-Manning, M. (2009). Review of research: Educating Latino children: International perspectives and values in early education. *Childhood Education, 85*(3), 182-186.

Hersi, A. A., & Watkinson, J. S. (2012). Supporting immigrant students in a newcomer high school: A case study. *Bilingual Research Journal, 35*(1), 98-111.

Hill, C. (2003). Integrating digital tools into a culturally diverse curriculum: An assessment model for the pacesetter program. *Teachers College Record, 105*(2), 278-296.

Hollins, E. R. (1996). *Culture in school learning: Revealing the deep meaning.* NJ: Lawrence Erlbaum.

Hollins, E. R., King, J. E., & Hayman, W. C. (Eds.). (1994). *Teaching diverse populations: Formulating a knowledge base.* NY: State University of New York Press.

Johnson, D. W., & Johnson, R. T. (2000). Cooperative learning, values, and culturally plural classrooms. In M. Leicester, C. Modgil, & S. Modgil (Eds.), *Education, culture and values: Vol. 3. Classroom issues: Practice, pedagogy and curriculum* (pp. 18-36). NY: Falmer Press.

King, J. E., Hollins, E. R., & Hayman, W. C. (Eds.). (1997). *Preparing teachers for cultural diversity.* NY: Teachers College Press.

Kleinfeld, J. S. (1974). Effects of nonverbal warmth on the learning of Eskimo and White students. *Journal of Social Psychology, 92*(1), 3-9.

Kleinfeld, J. S. (1975). Effective teachers of Eskimo and Indian students. *School Review, 83*(2), 301-344.

Krater, J., Zeni, J., & Cason, N. D. (1994). *Mirror images: Teaching writing in Black and White.* NH: Heinemann.

Ladson-Billings, G. (1994). *The dreamkeepers: Successful teachers of African American children.* CA: Jossey-Bass.

Ladson-Billings, G. (1995). Toward a theory of culturally relevant pedagogy. *American Educational Research Journal, 32*(3), 465-491.

Ladson-Billings, G. (2009). *The dreamkeepers: Successful teachers of African American children* (2nd ed.). CA: Jossey-Bass.

Landsman, J. (2006). Bearers of hope: Helping struggling students. *Educational Leadership, 63*(5), 26-32.

Lipka, J. (with Mohatt, G. V.). (1998). *Transforming the culture of schools: Yup'ik Eskimo examples.* NJ: Lawrence Erlbaum.

Los Angeles County Office of Education (2002). *Teacher Expectations Student Achievement (TESA): A staff development program for all teachers, coordinators manual.* CA: Lost Angeles County Office of Education.

Marzano, R. J. (2007). *The art and science of teaching: A comprehensive framework for effective instruction.* VA: Association for Supervision and Curriculum Development.

McLemore, S. D., & Romo, H. (1998). *Racial and ethnic relations in America* (5th ed.). MA: Allyn and Bacon.

Montgomery County Public Schools (2010). Equitable classroom practices 2010. Retrieved from http://www.montgomeryschoolsmd.org/departments/development/resources/ecp/ECP%20-%2008-13-10.pdf

Morrison, K. A., Robbins, H. H., & Rose, D. G. (2008). Operationalizing culturally relevant pedagogy: A synthesis of classroom-based research. *Equity & Excellence in Education, 41*(4), 433-452.

New York University (2008). Culturally responsive classroom management strategies. Retrieved from http://steinhardt.nyu.edu/scmsAdmin/uploads/005/121/Culturally%20Responsive%20Classroom%20Mgmt%20Strat2.pdf

Nieto, S. (2000). *Affirming diversity: The sociopolitical context of multicultural education* (3rd ed.). NY: Addison Wesley Longman.

Nieto, S., Bode, P., Kang, E., & Raible, J. (2008). Identity, community, and diversity: Retheorizing multicultural curriculum for the postmodern era. In F. M. Connelly, M. F. He, & J. Phillion (Eds.), *The SAGE handbook of curriculum and instruction* (pp. 176-198). CA: SAGE.

Pai, Y. (1990). *Cultural foundations of education.* NY: Merrill/Macmillan.

Pierce, L. V., & O'Malley, J. M. (1992). Performance and portfolio assessment for language minority students (NCBE Program Information Guide Series No. 9). Retrieved from ERIC database. (ED346747)

Richards, H. V., Brown, A. F., & Forde, T. B. (2004). *Addressing diversity in schools: Culturally responsive pedagogy.* Denver: National Center for Culturally Responsive Educational Systems.

Santamaria, L. J. (2009). Culturally responsive differentiated instruction: Narrowing gaps between best pedagogical practices benefiting all learners. *Teachers College Record, 111*(1), 214-247.

Saphier, J., & Gower, R. R. (1997). *The skillful teacher: Building your teaching skills* (5th ed.). MA: Research for Better Teaching.

Schwarzer, D., Haywood, A., & Lorenzen, C. (2003). Fostering multiliteracy in a linguistically diverse classroom. *Language Arts, 80*(6), 453-460.

Shade, B. J., Kelly, C. A., & Oberg, M. (1997). *Creating culturally responsive classrooms.* Washington, DC: American Psychological Association.

Shade, B. J., Oberg, M., & Kelly, C. (2004). *Creating culturally responsive classrooms.* Washington, DC: American Psychological Association.

Sheets, R. H. (1995). From remedial to gifted: Effects of culturally centered pedagogy. *Theory Into Practice, 34*(3), 186-193.

Smith, G. P. (1998). *Common sense about uncommon knowledge: The knowledge bases for diversity.* Washington, DC: American Association of Colleges for Teacher Education.

Spring, J. (1995). *The intersection of cultures: Multicultural education in the United States.* NY: McGraw-Hill.

Stahl, R. J. (1994). Using "think-time" and "wait-time" skillfully in the classroom. Retrieved from ERIC database. (ED370885)

Stiggins, R., & Chappuis, J. (2005). Using studentinvolved classroom assessment to close the achievement gap. *Theory into Practice, 44*(1), 11-18.

Tharp, R. G., & Gallimore, R. (1988). *Rousing minds to life: Teaching, learning, and schooling in social context.* NY: Cambridge University Press.

Trumball, E., & Pachero, M. (2005). Leading with diversity: Cultural competencies for teacher preparation and professional development. Retrieved from ERIC database. (ED494221)

Villegas, A. M., & Lucas, T. (2002). Preparing culturally responsive teachers: Rethinking the curriculum. *Journal of Teacher Education, 53*(1), 20-32.

Webb, J., Wilson, B., Corbett, D., & Mordecai, R. (1993). Understanding caring in context: Negotiating borders and barriers. *Urban Review, 25*(1), 25-45.

Wiggins, G., & McTighe, J. (2005). *Understanding by design* (2nd ed.). VA: Association for Supervision and Curriculum Development.

제6장

학급에서의 의사결정

박상완(부산교육대학교)

1. 서론

학교에서 학급은 교수-학습이 이루어지는 공간이자 학생과 교사가 학교 일과시간 동안 함께 지내는 생활의 장이다. '학생과의 소통이 활발하게 이루어지는 행복한 학급'을 만들기 위해서는 학급 공간 속에서 이루어지는 모든 활동이 학생과 교사에게 의미 있고 이들의 성장에 기여할 수 있는 유익한 것이어야 할 것이다.

학급에서 이루어지는 가장 기본적이고 핵심적인 활동은 수업과 교육과정을 실행하는 일이지만 이 외에도 학급에서는 다양한 활동이 이루어진다. 이러한 활동은 학생과 교사, 학생과 학생 간 다양한 상호작용과 소통 속에서 이루어지며 이 과정에서 학생과 교사는 여러 가지 의사결정을 하게 된다. 특히 학생 개개인은 학급이라는 생활공간 속에서 학습뿐 아니라 소속감, 연대감과 자신의 존재감을 구현할 수 있으며 학급의 독특한 문화를 공유하게 된다(경기도교육청, 2014; 조윤정, 박미희, 박진아, 이지영, 2015). 동일한 학교 내에서 학년에 따라 학년 내에서 학급에 따라 학급 문화와 풍토가 다른 것은 학급 내에서 학생과 교사, 학생과 학생 간 상호작용과 학급 활동에 대한 의미 부여의 차이에 따른 것이라 할 수 있다.

그러면 학급에서 이루어지는 주요 활동은 무엇이며 이는 누가, 언제, 어떻게 결정하는가? 이 장은 이 질문에 대해 생각해 보고자 한다. 학급에서의 의사결정은 학급운영의 기초라 할 것이다. 조직에서나 개인 생활에 있어서 의사결정은 일상적으로 이루어진다. 인간이 하는 대부분의 활동에는 의사결정이 선행되며, 조직의 운명을 좌우할 중요한 문제도 의사결정을 통해 이루어진다. 조직이나 집단 속에서 한 개인이 선택한 결정은 그 개인의 행동에만 영향을 주는 것이 아니라 개인이 속해 있는 조직과 집단 전체에 영향을 주게 된다(윤홍주, 2007).

학급 역시 의사결정이 빈번하게 이루어지는 곳이다. 학급 의사결정의 핵심 주체는 학생과 교사이다. 학교의 교육목표와 운영방침에 따라 학급교육과정을 정하고 학급자치회 임원, 학급 모둠 구성, 급식 당번을 정하는 일까지 학급운영의 모든 일상이 크고 작은 의사결정과 관련되어 있다. 이러한 학급에서의 의사결정은 사안에 따라 다양한 방식으로 이루어질 수 있다.

최근 민주시민교육과 연계하여 학교에서 학생자치활동의 중요성이 강조되면서 학교 및 학급 의사결정에서 학생의 역할은 보다 확대될 것으로 전망된다. 교육부가 2018년 11월 발표한 「민주시민교육 활성화를 위한 종합계획」에서는 다양한 시민교육 내실화 방안을 제시하면서 학생자치 지원 및 학급자치활동 활성화를 중요한 전략으로 명시하고 있는 점은 이를 잘 보여 준다. 아울러, 학교 및 학급에서의 학생자치활동을 지원하기 위한 교사의 역할도 새롭게 강조되고 있다. 학생들과 소통하고 협력하는 가운데 학생자치의 지원자이자 조력자로서 교사, 학교 및 학급의 민주적인 의사결정 과정과 절차를 안내해 주는 교사의 역할이 새롭게 부각되고 있다(조윤정 외, 2015: 46).

그간 학교 의사결정에 관한 연구와 실천은 대체로 학교 경영에서 교사의 의사결정 참여를 주로 다루어 왔으며 학급에서의 의사결정과 이 과정에서 학생의 참여, 역할에 대한 논의는 부족하였다. 이러한 맥락에서 이 장에서는 학생과의 소통이 활발하게 이루어지는 행복한 학급을 만들기 위해 학급에서의 의사결정이 어떻게 이루어져야 할 것인가에 관한 다양한 이론과 실천적 과제를 제시하고자 한다. 구체적으로 이 장에서는 학급 의사결정 이해를 위해 의사결정의 개념과 유형, 의사결정을 보는 관점, 의사결정과정, 의사결정 참여의 효과와 과제 등 이론적 논의를 정리하고 학급 의사결정에 관한 실천적 사례를 검토하고자 한다.

2. 학급 의사결정 이해를 위한 이론적 기초

1) 의사결정의 개념

인간은 매 순간 선택 및 판단과 결정을 한다. 의사결정의 개념과 관련 연구의 발달은 인간의 선택과 판단의 기저에 있는 인지 과정을 파악하기 위한 노력과 연계되어 있다. 사이먼(Simon, 1965)은 제한된 합리성 개념을 통해 의사결정 연구에서 인간의 인지적 특성이 고려되어야 함을 처음 제안하였으며, 이후 조직이론, 행정이론 분야 연구자들에 의해 의사결정 이론은 크게 발달하였다.

의사결정의 개념은 1992년 발표된 임석재의 박사학위논문에 잘 정리되어 있다. 임석재(1992: 8-9)는 1950~1980년대 발표된 행정학, 교육학 분야의 주요 국내외 문헌을 토대로 의사결정의 개념을 열거하고 있는데, 이는 연구자에 따라 의사결정 개념에서 강조하는 초점의 차이를 확인하는 데 도움이 된다. 다양한 연구자가 제시한 의사결정의 개념을 제시해 보면 다음과 같다.

- 심사숙고한 후에 도달한 결론
- 행동의 결심을 강요받을 때 행동에 앞서 취해지는 행위
- 결정에 도달하는 과정이며 일반적 사건이 아닌 계속적이고 역동적인 과정
- 결정만을 의미할 뿐 아니라 그 결정을 실행하는 과정까지 포함
- 목표를 설정하고 정보를 수집해서 결정을 실행하고 평가하는 과정
- 목표에 도달하기 위해서 행정가가 임의로 가장 효과적인 수단으로서 선택한 행동의 진로
- 개인이 바라는 점과 그것을 성취하기 위한 방안을 선택하는 행위
- 상충하는 택일적 선택의 행동
- 행동에 선행되는 과정으로서 목표 수립, 수단의 선택 및 결과의 판정 등 합리적 행동의 여러 단계에 있어서 불가결한 요소
- 여러 가지 문제를 내포하고 있는 상황 속에서 스스로의 판단, 선택, 책임하에 취할 행동의 방향을 결정하는 일

- 미래의 행동방안을 선택 또는 결정하게 하는 행위
- 복수의 행동방안을 모색 · 판단하고 이 중에서 하나의 행동방안을 선택 또는 결정하게 하는 행위
- 결정을 의미할 뿐 아니라 결정을 실행하는 데 필요한 행위까지를 포함하며, 결정의 과정에는 여러 가지 택일적 방안 중에서 특별한 조치나 행동방향을 의식적 또는 무의식적으로 선택하는 것을 포함
- 두 개 이상의 가능한 행동방안 중 한 가지 행동방안을 의도적으로 선택하는 행위
- 목적을 달성하기 위한 여러 대안을 모색하고 그중에서 가장 효율적이고 실행 가능한 최선의 대안을 선택하는 행위
- 문제를 발견하고 해결 대안을 탐색하고 그 대안을 선택하여 문제를 생각하는 과정
- 일정한 목표를 달성하기 위하여 가능한 여러 대안을 일정한 방법에 따라 상호 비교 · 평가하여 선택 · 결정하는 인간 행동과정

이상 국내외 연구에서 제시하는 의사결정 개념을 종합하면, 의사결정이란 목표를 달성하기 위하여 문제를 인식 · 진단하고, 문제를 해결하기 위한 정보자료를 수집하고 분석하여 여러 가지 해결책을 탐구하며, 해결책들을 비교 · 평가하여 최적의 해결책을 선택하고 실행하며 평가하는 일련의 과정이다(임석재, 1992: 9).

2) 의사결정의 유형

의사결정이 이루어지는 상황, 대상, 주체 등에 따라 의사결정의 유형은 다양하게 구분해 볼 수 있다. 의사결정 유형을 구분하는 것은 의사결정의 성격을 보다 깊이 이해하는 데 도움이 된다. 의사결정의 유형을 분석한 연구들을 종합해 보면, 의사결정 유형은 정형적 결정과 비정형적 결정, 개인적 결정과 집단적 결정, 합리적 결정과 비합리적 결정, 적극적 결정과 소극적 결정으로 구분할 수 있다(임석재, 1992; 주삼환 외, 2005; 윤홍주, 2007).

(1) 정형적 결정과 비정형적 결정

정형적 결정(programmed decision)과 비정형적 결정(non-programmed decision)은 의사결정이 '선례'를 따라 이루어지는가를 기준으로 한 구분이다. 사이먼(Herbert A. Simon)은 정형적 결정과 비정형적 결정의 구분은 연속선상에서 상대적인 정도로 구분되는 것이라 보았다.

정형적 결정은 반복적이며 일상화된 결정으로 의사결정 절차가 마련되어 있어 상례적인 의사결정이 이루어지거나 과거 선례를 바탕으로 의사결정이 이루어지는 경우를 말한다. 의사결정이 기존의 법령, 선례, 절차에 따라 기계적으로 이루어지므로 의사결정 부담과 위험도는 적은 대신 의사결정자의 재량권은 많지 않다. 학교교육과정 계획, 학급 편성 등 학교에서 이루어지는 대부분의 결정은 기존의 절차와 선례에 따라 이루어지는 정형적 결정이라 할 수 있다. 학교에서 교사의 의사결정 재량권이 적은 것은 학교의 교육활동이 대체로 반복적이며 선례에 따라 이루어지는 경우가 많기 때문일 것이다.

비정형적 결정은 선례가 없는 새로운 상황, 위기상황 또는 불확실한 상황에서 의사결정이 이루어지는 것을 말한다. 일상적이지 않으며 문제의 성격이 명확하지 않고 구체적인 의사결정 절차, 방법, 선례가 명확하지 않은 상황에서 의사결정이 이루어지므로 대안의 탐색과 결과의 예측이 어렵고 위험 부담도 크다. 이러한 비정형적 결정에서는 의사결정자의 문제해결력과 판단력이 중요하며 구성원들의 합의를 도출하는 것이 주요 과제가 된다.

(2) 개인적 결정과 집단적 결정

의사결정이 개인 중심적인가 조직(집단) 중심적인가에 따라 의사결정은 개인적 결정(사적 결정)과 집단적 결정(조직적 결정)으로 구분된다. 개인적 결정(personal decision)은 조직의 최고 책임자 개인이 단독으로 행하는 결정으로 신속한 결정이 필요한 경우, 결정에 따른 이의나 논쟁이 없는 경우, 비밀을 요하는 경우, 의사결정자가 타인을 불신하는 경우, 결정에 소요되는 시간과 비용 절약을 요하는 경우에 이루어진다. 개인적 결정은 소규모 조직에서는 가능하지만 대규모 조직에서는 허용되기 어렵다고 할 수 있다.

반면, 집단적 결정(organizational decision)은 의사결정과 관련된 사람이나 전문가를 참여시켜 공동의 의견을 수렴하여 결정하는 방법으로 고도의 기술과 전문성이 요구되거나 구성원들의 참여의식을 높이고자 할 경우 사용된다. 집단적 결정은 개인적 결정보다 신속하지는 못하지만 다수의 사람이 참여하므로 오류 가능성이 낮으며 다른 사람에게 더 잘 수용될 수 있다.

그러나 하나의 결정이 조직 목표는 물론 개인의 목표 성취까지 촉진할 수도 있어 개인적 결정과 집단적 결정을 엄밀하게 구분하기 어려운 경우도 있다. 또한 개인적 결정과 집단적 결정이 상충되는 경우도 발생할 수 있다. 최근 의사결정은 최고 책임자가 단독으로 수행하기보다 구성원들의 참여와 협의하에 이루어진다는 점에서 개인적 결정은 제한적으로 이루어진다고 할 수 있다. 학교와 학급에서도 의사결정 사안에 따라 개인적 결정과 집단적 결정이 다양하게 나타날 수 있다.

(3) 합리적 결정과 비합리적 결정

의사결정 방법의 합리성 여부에 따라 의사결정은 합리적 결정(rational decision)과 비합리적 결정(nonrational decision)으로 구분할 수 있다. 합리적 결정은 의사결정의 목적, 절차, 방법, 결과, 효과 등을 오랫동안 심사숙고하고 다양한 대안을 고려한 다음 이루어지는 결정을 말한다. 비합리적 결정은 즉흥적이고 직관적으로 이루어지는 결정으로 의사결정자의 순간적인 판단에 의해 결정이 이루어지는 경우이다.

기본적으로 의사결정은 합리적으로 이루어지며 또 합리적으로 이루어져야 하는 것으로 가정하지만 현실에서 의사결정은 의사결정자의 직관력, 판단, 제한된 정보에 의존하여 비합리적으로 이루어지기도 한다. 의사결정자의 역량이 탁월하거나 집단적 의사결정이 이루어질 경우 합리적 결정의 가능성을 높일 수 있을 것이다.

(4) 적극적 결정과 소극적 결정

의사결정에 따른 행위가 수반되는가에 따라 의사결정은 적극적 결정(positive decision)과 소극적 결정(negative decision)으로 구분되기도 한다. 적극적 결정은 특정한 행동을 하거나 행동을 정지 또는 방지하는 결정으로 대부분의 의사결정은 이에 해당한다. 소극적 결정은 아무런 결정을 내리지 않는 것을 말한다. 이는 의사결정을 할 문제 또는 대상이 시기나 상황으로 보아 적절하지 않거나 효과적인 결정을 기대하기 어렵다고 판단할 경우 행해진다. 소극적 결정도 의사결정의 일종으로 볼 수 있는가가 논란이 되지만 아무런 결정을 하지 않는 것도 의사결정자의 선택과 판단이므로 이를 의사결정의 일종이라고 보기도 한다.

3) 의사결정을 보는 관점

의사결정은 본질적으로 선택의 행위이며 일상생활에서 행하는 크고 작은 선택도 언제나 쉽게 이루어지는 것은 아니다. 학교에서 학생을 위해 늘 올바른 선택을 해야 하는 교사의 어려움은 더 크다고 할 수 있다. 아울러 교사의 선택(결정) 행위는 교사가 의사결정을 이해하는 관점에 따라 달라질 수 있다. 즉, 교사가 어떤 의사결정 관점을 가지고 있는가에 따라 학급운영 과정에서 의사결정이 이루어지는 방식은 달라질 수 있다. 이 점에서 교사는 의사결정에 관한 다양한 이론을 이해하고 이를 적절하게 활용할 필요가 있을 것이다.

의사결정을 보는 이론적 관점으로 윤정일 등(2008: 215-218)은 합리적 관점, 참여적 관점, 정치적 관점, 우연적 관점 등 네 가지를 들고 있다. 이는 에스더(Esther, 1988)의 연구를 토대로 한 것으로 각 관점의 주요 특징은 다음과 같다.

(1) 합리적 관점

합리적 관점은 인간의 합리성에 대한 절대적인 믿음에 근거하여 의사결정을 이해하는 입장이다. 합리적 관점에서 선택과 결정은 목표를 달성하기 위한 합리적인 최선의 사고방식에 따라 이루어지는 것으로 이해된다. 모든 선택과 의사결정에는 가장 최적의 방식이 존재하며 의사결정은 많은 대안 중에서 목표 달성을 위한 최적의 대안을 선택하는 것이라 할 수 있다. 과학적이고 합리적인 의사결정 과정, 즉 목표 및 문제 확인, 대안 탐색 및 평가, 목표달성을 극대화하는 대안 선택 등을 거쳐 언제나 최선의 결정이 이루어질 수 있는 것으로 간주된다.

(2) 참여적 관점

참여적 관점은 합리적 관점과 유사하게 구체적인 목표가 있고 이를 달성하기 위한 최선의 선택이 이루어진다고 가정한다. 다만, 참여적 관점에서 의사결정은 합리적 과정을 거친 의사결정자의 합리적인 판단이라기보다 관련 당사자 간의 합의의 결과로 이해된다. 의사결정에서 구성원의 참여와 합의를 강조하는 참여적 관점은 대규모 조직보다는 소규모 조직, 전문가 집단의 의사결정을 이해하고 설명하는 데 적합하다고 할 수 있다.

(3) 정치적 관점

정치적 관점은 조직은 여러 가지 요인과 다양한 세력에 의해 운영되며 이러한 조직 내 의사결정은 이해집단 간의 타협이나 이해집단의 이익을 극대화하는 방식으로 이루어진다고 가정한다. 정치적 관점은 구성원들이 공유하는 공동 목표가 있는 것이 아니라 이질적인 목표들이 경쟁하고 타협하여 특정한 목표를 지향하게 된다는 점에서 합리적 관점이나 참여적 관점과 차이가 있다. 이 관점은 갈등이 항상 존재하고 협상이나 타협이 빈번하게 이루어지는 조직에서의 의사결정을 이해하는 데 적합하다.

(4) 우연적 관점

우연적 관점은 의사결정은 우연적 선택에 의해 이루어지는 것으로 가정한다. 즉, 의사결정은 합리적 사고, 구성원 간 합의나 타협의 결과라기보다 의도하지 않은 상황이나 사정에 의해 우연적으로 이루어진다. 우연적 관점에서 선택은 목표가 명확하지 않은 상황에서 선택의 시기, 관련 당사자, 제기된 문제, 해결 방안 등이 복잡하게 얽혀 있는 결과로 나타난 우연적인 현상이라 할 수 있다. 이 관점은 조직 목표가 명확하지 않고 목표 달성을 위한 방법과 당사자 참여 체제가 정비되어 있지 않은 조직의 의사결정을 이해하는 데 적합하다.

이상 의사결정에 관한 네 가지 관점의 주요 특징을 정리하면 다음과 같다.

표 6-1 의사결정을 보는 네 가지 관점 비교

구분	합리적 관점	참여적 관점	정치적 관점	우연적 관점
선택의 의미	목표 달성을 위한 합리적 최선의 사고방식	공동 목표를 달성하기 위한 당사자 간 합의의 결과	이해집단 간 타협 혹은 이해집단의 이익을 극대화하는 협상 결과	목표가 명확하지 않은 상황에서 나타난 우연적 현상
의사결정	합리적 판단으로서 의사결정	합의로서 의사결정	타협으로서의 의사결정	우연적 선택으로서 의사결정
중심 개념	목표 달성을 극대화하는 선택	합의에 의한 선택	협상에 의한 선택	선택은 우연적 결과
의사결정 목적	조직목표 달성	조직목표 달성	이해집단의 목표 달성	상징적 의미
적합한 조직 형태	관료제, 중앙집권적 조직	전문직 조직	대립된 이해가 존재하고 협상이 용이한 조직	달성할 목표가 분명하지 않은 조직
조직 환경	폐쇄체제	폐쇄체제	개방체제	개방체제
특징	규범적	규범적	기술적	기술적

주: 선택의 의미 외 의사결정 특징은 새로 추가한 것임.
출처: 윤정일 외(2008: 218).

3. 학급의 의사결정 영역 및 과정과 구성원의 참여

1) 학급의 의사결정 영역

초등학교에서 이루어지는 의사결정은 교육부와 시·도교육청의 위임에 따라 행해지며 그 영역은 다양하게 구분할 수 있다. 「초·중등교육법」 제32조는 학교운영위원회의 심의사항을 열거하고 있는데 이를 통해 학교의 주요 의사결정 영역을 도출해 볼 수 있다. 유평수(2004)는 초·중등학교의 의사결정 내용 분석 연구에서 초등학교의 의사결정 영역을 장학업무, 생활지도, 교수매체, 교직원 인사, 사무·시설관리, 학교예산, 학교와 지역사회 등 7가지 영역으로 구분하고 각 영역에서 주요 의사결정 내용을 40가지로 도출한 바 있다. 그러나 학교 의사결정 영역은 주로 학교장과 교사 간의 상대적인 자율성 측면에서 논의되어 왔으며(박상완, 2010) 학생의 의사결정 참여에 대한 인식과 이해는 부족하였다.

아울러 학급 의사결정 영역을 분석한 연구도 한정적이다. 다만, 최근 학생자치활동 관련 연구에서 학생자치활동을 학급자치활동, 학생자치회활동, 동아리활동, 학교행사 기획 · 운영, 학생 관련 주요 결정에의 참여, 학칙 등 학교 규정의 제 · 개정 참여 등으로 구분하고 있는 것에서(조윤정 외, 2015: 30) 학급 의사결정 영역을 도출해 볼 수 있다. 예를 들어, 김난영(2002)은 학생자치활동의 영역을 학급자치회가 중심이 된 학급자치활동(학급회의, 학급부서활동, 학급출판활동, 학급행사)과 학생자치회활동(학생총회, 대의원회, 운영위원회, 언론 · 출판활동)으로 구분하고, 학생자치활동의 영역과 그 세부 내용을 정리한 바 있다(〈표 6-2〉 참조).

표 6-2 **학급활동과 학생회활동의 세부 내용**

영역	활동 예	세부 내용
학급활동	학급회의	학급 전반에 필요한 사항 협의, 학급생활 규칙 결정, 반가 · 급훈 만들기, 학교 및 학생회 건의사항 발의 등
	학급부서활동	학급부서의 편성 및 조직, 부서별 활동과 활동평가 등
	학급출판활동	학급신문 발생, 학급문집 발행 등
	학급행사	체험학습, 체육대회, 생일잔치 등
학생회활동	학생총회	학생회 연간 사업계획 및 예산안 승인, 학생회 협의사항 의결, 학생회칙 개정에 관한 사항 의결, 학생회 선거에 관한 사항 의결 등
	대의원회	학급회의 의견 수렴, 학교 건의사항 수렴, 주생활목표 설정 및 실시, 중요 행사에 관한 의견수렴 등
	운영위원회	학생회 자치활동 기획 및 운영, 학생회 예산편성, 부서별 활동, 건의사항 처리, 학생회 업무집행 등
	언론 · 출판활동	학생회 신문 발행, 학생회지 발행

출처: 김난영(2002: 11).

조윤정 등(2015)은 학교에서 이루어지는 학생자치활동의 토대는 여러 형태의 학급자치활동이며 이 학급자치활동의 핵심을 '학급자치회를 통한 활동'으로 보고 학급자치회 주요 활동 영역을 구분하고 있다(〈표 6-3〉 참조). 이는 학급자치회에서 다룰 안건에 해당하는 것으로 학급에서의 의사결정 영역을 포괄한다고 보기는 어렵다. 그럼에도 학급자치회는 학급에서 학생을 중심으로 한 소통, 의사결정이 이루어지는 핵심 기제라는 점에서 학급자치회의 주요 활동 영역과 내용을 확인하는 것은 의미가 있다.

표 6-3 학급자치회 주요 활동 영역 및 내용

활동 영역	내용
정기적 학급회의 개최	월 2회 이상 학급자치회 시간 편성(교육과정 내 1회, 교육과정 외 1회) 및 운영
1인 1역 활동	개인의 소질과 역량을 발휘하고 사회 구성원으로서의 역할을 배움
학급별 테마가 있는 현장 체험학습	주제에 따른 계획을 세워 실천해 보는 가치 · 문화 · 체험활동의 장
학급규칙 제 · 개정	학급자치회 구성원 전체의 참여와 합의에 의한 학급규칙 제 · 개정

출처: 조윤정 외(2015: 33).

2) 의사결정의 과정

의사결정과정은 의사결정이 어떠한 단계와 절차를 거쳐 이루어지는가를 나타내는 것으로 연구자들에 따라 다양하게 제시되고 있다. 의사결정과정을 이해하는 것은 의사결정의 개념과 그 범위를 파악하는 데 도움이 된다. 임석재(1992)는 1940~1990년대 발표된 국내외 연구를 광범위하게 분석하여 의사결정과정을 문제해결 과정으로 이해하여 이를 문제의 확인, 해결책의 탐색, 선택, 실행, 평가 등 5단계의 순환 과정으로 정리하였다. 여기서 해결책 실행 이후의 평가 단계를 의사결정과정의 일부로 볼 것인가는 연구자에 따라 차이가 있다. 임석재(1992)는 평가 단계를 포함하여 전체 과정을 순환적 과정으로 본다는 점에서 다른 연구자들과 차이가 있다. 임석재(1992)의 의사결정과정 구분에 따라 국내외 연구자들이 제시한 의사결정과정을 정리하면 〈표 6-4〉와 같다.

표 6-4 의사결정과정

구분	문제 확인	해결책 탐색	해결책 선택	해결책 실행	평가
Dill (1964)	의제 작성	탐색	관여	수행(실행)	평가
Griffiths (1959)	문제의 인지 · 정의 문제 분석 · 평가	준거설정 자료수집	해결방안 선택	해결책 실행 (평가 포함)	
Hoy & Miskel (1978)	문제 인지 현존 상황 분석	준거설정	실행계획과 전략개발	활동계획 착수	
Katz & Kahn (1978)	문제해결 압력 문제 확인, 분석		해결방안 선택		시행결과 평가
Mintzberg (1976)	문제 제기 결정상황 판단	입안 선별	평가와 선정	승인	
Owens (1970)	문제 정의	대안 확인 대안 결과 수정	대안 선택		
Simon (1965)	정보(탐색)	설계(입안)	선택		재검토
Taylor (1965)	탐색 목표설정		대안 선택		결과평가
김명한 (1976)	문제 인지 및 목표설정 자료수집 및 평가	대안 작성 및 평가 대안의 비용효과 분석	각 안 비교 최적 대안 선정		
박동서 (1980)	문제 인지	정보수집 대안 작성	선택		
오석홍 (1981)	문제 인지와 발견 문제 진단과 분석	해결방안 탐색	해결방안의 평가와 선택		
김창걸 (1996)	문제 인식	자료수집과 분석 대안 작성 및 평가	대안 선택	대안 실행	
박성식 (1998)	문제 확인	대안 산출 대안 평가	대안 선택	결정 실행	결정의 평가
김은희 (2008)	문제 인식	정보수집 및 분석 대안 작성과 평가	대안 선택		

주: 1990년대 이후 국내 문서는 새로 추가한 것임.

출처: 임석재(1992: 191-121)의 〈표 8〉에서 발췌.

의사결정의 과정은 연구자에 따라 다소 차이는 있지만 임석재(1992)가 정리한 바와 같이 문제 확인에서 시작하여 문제해결을 위한 대안 또는 해결책의 탐색, 대안 선택, 대안 실행, 평가 등으로 구분할 수 있다. 의사결정과정은 의사결정이 이루어지는 전 과정, 각 단계에서 의사결정자들이 해야 할 일이 무엇인가를 잘 보여 준다. 의사결정과정을 종합하여 그림으로 정리해 보면 [그림 6-1]과 같다.

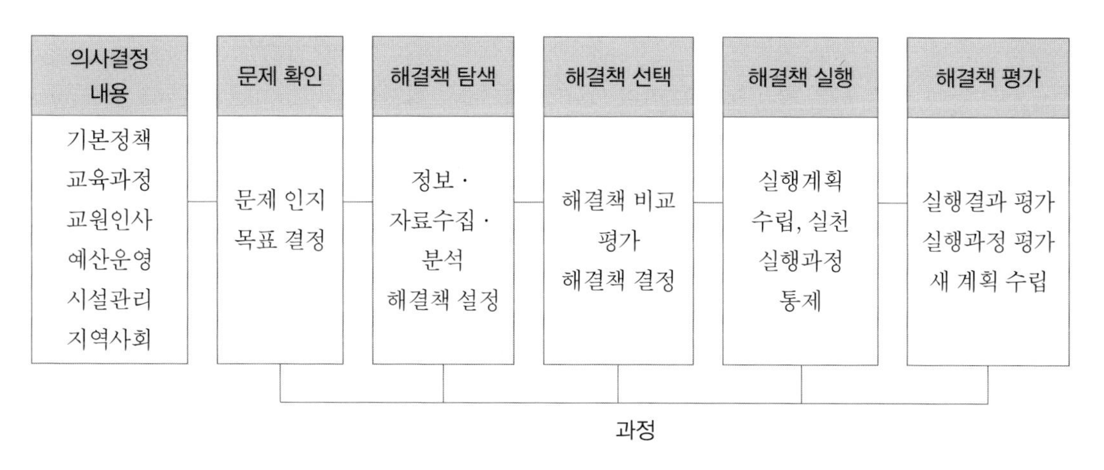

[그림 6-1] 의사결정과정 모형

출처: 임석재(1992: 126).

3) 의사결정과 구성원의 참여

의사결정에서 구성원의 참여는 주요 쟁점이 되고 있다. 의사결정이론 발달 초기에는 의사결정과정의 체계화, 의사결정자의 합리적 판단능력 제고 등이 중요한 이론적 · 실천적 쟁점이었다면 의사결정에서 조직 운영의 민주화와 참여적 관점의 발달 등으로 의사결정에서 구성원의 참여 범위와 방법 등이 주요 쟁점이 되고 있다. 일반적으로 구성원은 의사결정에 참여하기를 원하며 구성원의 참여하에 이루어진 결정에 대해서는 구성원의 지지를 얻기에 용이하며 의사결정에 대한 정당성을 확보하기도 쉽다.

그러나 조직 규모에 따라 의사결정과정에서 모든 구성원을 참여시키기 어려울 수 있으며 구성원의 연령과 전문성 등도 고려할 필요가 있다. 경우에 따라 구성원이 의사결정 참여를 원하지 않을 수도 있다. 구성원의 의사결정 참여가 효과적으로 이루어지기 위해서는 철저한 준비와 계획이 필요하다. 이는 의사결정에서 구성원의 참여에 관한 다양한 논의를 확인하는 데에서 시작해 볼 수 있다. 학급운영 과정에서 교사는 언제, 어떻게 학생의 의사결정 참여를 이끌어 낼 것인가에 대한 현명한 교육적 판단을 할 수 있어야 할 것이다. 이를 위해 의사결정과 참여에 관한 다양한 이론적 논의가 도움이 될 것이다.

(1) 의사결정 참여의 근거

의사결정에 구성원을 참여시켜야 한다는 논리는 연구자에 따라 다양하게 제시되어 왔다. 이러한 논리는 구성원의 의사결정 참여의 필요성과 장단점 등 참여의 의미를 확인하는 데 도움이 된다. 최근 의사결정이론에서 구성원의 참여는 더 이상 논란이 되지 않기에 1970년대 발표된 연구를 토대로 의사결정 참여 논리, 의미를 정리해 본다.

먼저, 그리피스(Griffiths, 1979)는 의사결정 참여의 이론적 기초를 윤리적 측면과 실제적 측면에서 네 가지로 제시한 바 있다.

- 모든 구성원은 자기 자신의 복지에 영향을 미치게 될 정책을 결정하는 데 발언권이 있어야 한다.
- 의사결정에 참여한 구성원이 개발한 정책은 수행하기가 용이하다.
- 구성원이 의사결정에 참여함으로써 보다 나은 결정을 할 수 있다.
- 구성원을 의사결정에 참여시킴으로써 그들의 사기를 높일 수 있다.

호이와 미스켈(Hoy & Miskel, 1987)은 교사의 의사결정 참여에 관한 문헌, 연구결과를 종합하여 의사결정 참여에 관한 논의를 다섯 가지로 정리하였다.

- 교사의 학교에 대한 열의와 사기진작에 중요한 요소가 된다.
- 교사는 의사결정에 참여시켜 주는 학교장을 좋아한다.
- 교사는 모든 결정에 참여하기를 기대하지 않는다. 지나친 참여는 부정적인 결과를 가져올 수 있다.

- 의사결정에 있어 교사와 행정가의 역할 및 기능은 문제의 성질에 따라 달라질 필요가 있다.

오웬스(Owens, 1970: 106)도 학교조직의 의사결정에 관한 구성원 참여의 일반 원칙을 제시한 바 있다.

- 의미 있는 의사결정에 교사의 효과적인 참여는 분명히 성과가 있다.
- 교사는 결정에 참여하기를 원치 않으며 그러기를 기대하지 않는다.
- 교장의 중요한 과업은 교사가 참여해야 할 결정과 그렇지 않은 결정을 구분하는 일이다.
- 의사결정에서 교사의 역할과 기능은 문제의 성격에 따라 달라질 수 있다.
- 의사결정 과정상 교사가 어느 시기에 참여할 것인가는 문제의 성격에 따라 달라질 수 있다.

이상 의사결정에서 구성원 참여와 관련된 논리와 의미를 종합해 보면, 의사결정 참여의 효과는 의사결정 문제의 성격, 참여 시기, 참여자의 역할 등에 따라 달라질 수 있으며 구성원이 모든 결정에 참여하기를 기대하지 않는다는 것이다. 이는 학급에서 학생의 의사결정 참여에도 적용된다. 즉, 학생이 학급 의사결정에 참여함으로써 보다 나은 결정을 할 수 있고 그들의 만족도와 사기를 높일 수 있지만, 학생이 의사결정 참여를 기대하지 않거나 원하지 않을 수도 있다. 이에 따라 교사의 중요한 과업은 학생이 참여해야 할 결정과 그렇지 않은 결정을 구분하고 문제의 성격에 따라 학생이 언제, 어떻게 참여할 것인가에 관한 판단과 원칙을 정하는 일이라 할 수 있다.

또한 구성원의 의사결정 참여가 효과적으로 이루어지기 위해서는 어떤 의사결정(내용)에 누가(참여자 범위), 어떠한 기준에 의해(참여 조건), 어느 단계(참여 정도)까지 어떻게 참여시킬 것인가(참여 방법) 등이 규명되어야 할 것이다(임석재, 1992: 40). 의사결정 참여와 관련된 주요 요인을 좀 더 자세히 검토하면 다음과 같다.

(2) 의사결정 참여 영역(내용): 무관심권과 수용권

구성원의 의사결정 참여 영역을 검토하는 데 있어 버나드(Barnard, 1968)의 무관심권과 사이먼(Simon, 1965)의 수용권 개념이 유용하다. 버나드는 상위자들의 결정이 하위자들에게 이의 없이 받아들여지는 영역을 무관심권(zone of indifference)으로 명명하였으며 사이먼은 이를 수용권(zone of acceptance) 개념으로 제시하였다. 여기서 수용권은 조직 구성원이 행정가의 지시에 대해 이의 없이 무조건 순응하고 행정가의 결정과 요구를 받아들이는 행동의 범위를 말한다. 무관심권과 수용권은 의미상 미묘한 차이는 있지만 구성원이 의사결정에 참여하지 않더라도 그에 대한 불만이 없는 의사결정 영역이라는 점에서는 동일하다.

이는 구성원이 의사결정 참여를 원하지 않는 영역이 있음을 시사한다. 즉, 구성원은 수용권이나 무관심권 영역에 속하는 의사결정에 참여하기를 원하지 않으며 상위자가 스스로 결정할 일이 있다고 생각한다. 수용권 내의 문제에 의사결정 참여를 요청할 경우 저항과 분노를 나타내는 반면, 수용권 밖에 속하는 의사결정에 구성원의 참여를 배제하면 의사결정은 정당성을 인정받기 어렵고 결정 집행과정에서도 구성원의 수용, 헌신, 집행의 효율성을 기대하기 어렵다. 교사는 의사결정 내용이 학생의 수용권 안에 있는가 밖에 있는가에 따라 학생의 참여를 유예 또는 촉진할 수 있을 것이다.

(3) 의사결정 참여 여부 판단을 위한 준거

구성원의 의사결정 참여 여부를 결정할 때 활용할 수 있는 판단 준거로 브리지스(Bridges, 1967)는 관련성 검증과 전문성 검증을, 오웬스(Owens, 1981)는 관할권 검증을 추가한 바 있다. 의사결정 내용이 수용권 밖에 있다고 하더라도 구성원의 의사결정 참여 여부 판단을 위해서는 의사결정 참여 준거를 고려할 필요가 있다.

관련성 검증(test of relevance)은 의사결정 내용에 대한 구성원의 관심 정도를 확인하는 것을 말한다. 구성원이 의사결정 내용에 관해 개인적 이해관계를 가지고 있다면 참여에 대한 관심은 높을 것이며 이해관계가 없다면 의사결정자의 결정을 이의 없이 받아들일 것이다.

전문성 검증(test of expertise)은 구성원이 문제의 확인 또는 해결에 유용한 공헌을 할 수 있는 능력이 어느 정도인가를 말한다. 즉, 구성원이 의사결정에 의미 있는 기여를 할 수 있는 능력과 전문적 지식의 소유 정도라 할 수 있다. 구성원의 의사결정 참여가 의미 있고 중요한 공헌이 되려면 구성원은 효과적으로 기여할 수 있는 능력이 있어야 하며 경험과 능력 범위 밖에 있는 의사결정에 구성원을 참여시키면 불필요한 좌절감을 초래할 수 있다.

관할권 검증(test of jurisdiction)은 구성원이 의사결정에 어느 정도의 권한을 가지고 있는가를 말한다. 구성원이 의사결정 내용에 이해관계를 가지고 있고 전문적 지식을 가지고 있을지라도 결정 권한이 없다면 의사결정에 참여하기는 어렵다. 구성원이 권한을 행사할 수 없는 의사결정에 참여를 허용하는 것은 참여를 허용하지 않는 것과 마찬가지로 해가 될 수 있다. 결정할 권한이 있는 사람이 의사결정에 참여해야 할 것이다.

4) 참여자의 범위에 따른 의사결정 방법

조직에서 의사결정 참여자의 범위는 조직의 계층적·수직적 구조, 의사결정 영역 등에 따라 달라진다. 학교에서 의사결정 참여자는 의사결정 영역에 따라 차이가 있지만 학교자율화와 학교자치가 강화되면서 학교장뿐 아니라 교사, 학부모, 학생, 학교운영위원회 등으로 다양화되고 있다. 학급과 같은 소규모 집단에서도 의사결정은 교사가 단독으로 행하기보다는 학급회 등을 통해 전체 학생이 참여하여 이루어지고 있다.

그러나 학급에서의 모든 의사결정에 전체 학생이 참여하는 것이 적절하다고 보기는 어렵다. 앞에서 제시한 의사결정 참여 준거에 비추어 볼 때, 학급 의사결정에서 교사와 학생의 적절한 역할분담, 학생의 의사결정 참여 범위와 의사결정 방법 등에 대한 검토가 필요하다. 관련하여 브룸과 예튼(Vroom & Yetton, 1973)이 제안한 의사결정 방법은 학급에서의 의사결정 방법을 결정하는 데 적용해 볼 수 있다. 이들은 의사결정 방법을 전제적 의사결정 방법(두 가지)과 자문적 의사결정 방법(두 가지), 집단적 의사결정 방법 등으로 구분하여 총 다섯 가지 방법을 제안하고 있다. 이를 정리하면 〈표 6-5〉와 같다.

표 6-5 구성원의 의사결정 참여 시 의사결정 방법

구분		세부 내용
단독 (alone)	A I	교사 단독으로 결정 의사결정자는 활용할 수 있는 정보를 이용하여 스스로 문제해결을 하거나 의사결정을 함
	A II	학생에게 정보를 구하지만 교사 단독으로 결정. 문제가 무엇인가에 대해 학생에게 알릴 수도 있고 알리지 않을 수도 있음 의사결정자는 구성원들로부터 정보를 획득한 다음 스스로 의사결정함 구성원은 정보제공 역할을 함
협의 (consultation)	C I	교사는 학생에게 문제를 이야기하고 교사에게 정보와 평가를 요청함 회의는 집단이 아니라 교사-학생 간 1:1로 이루어지며, 그 후 교사가 결정함 의사결정자는 구성원과 개별적으로 아이디어와 제안을 얻음. 의사결정 시 구성원(개별)의 의견을 반영할 수도 있고 반영하지 않을 수도 있음
	C II	교사와 학생이 문제를 협의하기 위해 집단적으로 회의하지만 결정은 교사가 함 의사결정자가 문제를 구성원 집단과 공유하며, 그들의 집합적인 아이디어와 제안을 얻음. 의사결정시 구성원(집단)의 영향력을 반영할 수도 있고 하지 않을 수도 있음
집단 (group)	G II	교사와 학생이 문제를 협의하기 위해 집단적으로 회의하고 집단이 결정함 문제를 구성원 집단과 함께 논의함. 구성원들과 함께 대안을 선택하고 평가하며, 해결책에 대해 의견 일치에 도달하도록 시도함. 의사결정자의 역할은 의장의 역할과 유사하여 집단이 그의 해결책을 받아들이도록 영향력을 행사하지 않음. 대신 전체 집단이 지지하는 해결책을 기꺼이 받아들이고 실행함

주: 학급운영에서 학생의 의사결정 참여를 가정하여 원문의 관리자는 교사로, 하급자는 학생으로 수정하여 정리함.
출처: 임석재(1992: 43).

교사는 의사결정 상황에 상응하는 적절한 의사결정 방법을 선택해야 할 것이다. 교사는 학급에서의 의사결정에 학생(집단)을 언제, 어떻게 참여시킬 것인가를 판단할 수 있어야 한다. 브룸과 예튼에 의하면, 전체 구성원의 완전한 참여가 필수적일 때에는 집단적 의사결정 방법인 GII를 사용하는 것이 바람직할 것이다. 그러나 이 방법은 시간과 노력이 많이 소요된다는 단점이 있다. 자문적 의사결정방법은 구성원의 지지를 필요로 할 때 유용한 방법이다. 교사는 학급운영에서 중요한 의사결정

권을 가지고 있다. 교사는 학급운영 과정에서 학생의 의사결정 참여를 촉진하고 통제함으로써 학급의 교육목표를 달성하고 학생들의 소속감, 책임감, 주인의식 등을 충족시켜야 할 것이다. 의사결정 과정에 학생의 참여를 유도하고 촉진, 지원함으로써 효과적으로 학급을 운영해야 할 것이다.

5) 의사결정 참여의 효과

의사결정에 구성원을 참여시키는 것이 언제나 바람직하고 효과적인 것은 아니다. 구성원의 의사결정 참여는 긍정적인 결과를 가져올 수도 있고 부정적 결과를 초래할 수도 있기 때문이다. 교사는 의사결정 참여의 긍정적 효과를 높이고 부정적 측면을 줄이기 위한 의사결정 참여 기술을 제고할 필요가 있다. 임석재(1992)는 국내외 선행연구를 토대로 구성원의 의사결정 참여로 얻을 수 있는 긍정적인 효과와 부정적인 결과를 다양하게 제시하고 있다. 이를 간략하게 정리해 보면 〈표 6-6〉과 같다.

표 6-6 의사결정 참여의 긍정적 효과와 부정적 결과

긍정적 효과	부정적 결과
• 자기결정을 통해 구성원의 만족감, 자존감을 높여 줌(참여의 심리적 효과) • 자신이 중요하고 우수하며 성공적이라고 느낌 • 자기 이익과 일치하도록 결정에 영향을 줄 수 있음(참여의 물질적, 실용적 효과) • 불만을 감소시키고 조직(집단)과의 일체감 증대시킴 • 과업에 대한 사명감과 책임감을 더 쉽게 느끼게 함 • 구성원과 감정과 아이디어를 교환하는 것을 격려함 • 자신의 학교, 학급에 대한 열성, 헌신 제고 • 상급자에 대한 긍정적 태도 • 강한 단합, 일체감, 사명감, 책임감 증대	• 의사결정자가 허용하는 것보다 더 광범위한 의사결정 영역에 참여하고자 할 경우 갈등 발생 • 자기 의견이 거부된 사람은 소외되기 쉬움 • 많은 시간이 들고 관련자를 좌절시킬 수 있음 • 시간 낭비, 위기 상황에 적합하지 않음 • 구성원의 전문지식이 결여되어 있거나 참여에 대해 냉담하거나 조직 목표와 양립할 수 없는 가치관을 가지고 있을 때 의사결정의 질 저하 우려 • 의사결정 책임 분산, 성공과 실패에 대한 의사결정의 책임을 할당하기 어려움 • 참여적 의사결정에 필요한 기술을 가지고 있지 못한 경우 구성원 참여는 비효과적

4. 학급에서의 의사결정에 관한 선행연구 분석

학급에서의 의사결정에 관한 선행연구는 수업에서 학생의 의사결정, 학교에서 학생의 의사결정 참여 등으로 그 범위가 다양하다. 학급에서의 의사결정에 초점을 둔 직접적인 선행연구는 없지만, 초등학교에서 학생의 의사결정을 다룬 주요 연구들을 정리해 보면 다음과 같다.

1) 의사결정 영역, 집단의 크기, 의사결정 문화의 중요성

초등학교에서 학생의 의사결정 사례를 체계적으로 분석한 연구로는 이주연(2019)의 「민주주의 실행하기: 감귤초등학교의 민주적 의사결정에 관한 사례연구」를 들 수 있다. 이 연구는 초등학교 내에서 학생들의 의사결정 참여 실태를 잘 보여 준다. 이 연구에서는 초등학교 3~6학년의 학급 대표 학생 6명(월별로 돌아가면서 대표가 됨에 따라 연구기간 중 월 대표였던 학생들임)과 학생 다모임에서 참여 정도가 다른 학생 6명(참여도 낮음, 보통, 높음의 3단계로 구분), 그리고 교사 10명을 대상으로 한 면담조사와 참여관찰을 실시하였다.

이주연(2019)의 연구에서 다룬 의사결정 주제는 교육과정에 계획된 운동회 운영을 위해 필요한 '학생 경기 정하기'와 '자율 주제' 두 가지였다. 감귤초등학교 학생들은 2016년부터 운동회의 학생 경기를 직접 결정해 왔으며, 사실 이는 학생들의 요구가 아니라 교사들의 고민과 노력에서 시작되었다. 교사들은 운동회 프로그램을 교사가 계획했던 관례에서 벗어나 학생들이 참여하기를 바랐기 때문이다. 학생은 교사가 바꾼 틀에 따라 학생 경기를 스스로 결정하기 시작했고 이러한 변화는 감귤초등학교 운동회의 전통이 되었다. 자율 주제는 학생이 학교생활과 관련하여 논의하고 싶은 내용을 스스로 정한 것이다. 예를 들어, '2층에 음수대가 설치되었으면 좋겠다', '학교 운동장에 동물의 배설물이 많아 사용이 불편하다'와 같이 학교생활의 편의를 위한 문제에서부터 '교실 밖에서 비속어를 사용하는 사람이 많다', '선후배 간 언어 예절이 지켜지지 않는다', '다모임 안건을 학생들이 제안하고 싶다' 등으로 다양하였다.

주요 연구 결과를 정리하면, 첫째, 학생의 참여는 의사결정의 종류에 따라 달랐다. 학생들은 학급 규모의 의사결정에는 적극적으로 참여하나 학교 규모의 의사결정에는 소극적으로 참여했다. 둘째, 교사와 학생이 의사결정 과정에서 갈등을 다루는 양상이 달랐다. 교사는 학생에게 갈등을 다루는 방법을 가르치나 자신의 문제에서는 잘 적용하지 못했다. 셋째, 자기표현이 어려워 의사결정 과정에 자기 의견을 투입시키지 못하는 학생은 다른 학생으로 하여금 의견을 대신하도록 하는 '대표하기', '대변하기'와 다른 구성원의 의견을 따르는 '합의하기'라는 방식으로 의사결정에 참여했다.

또한 이주연(2019)의 연구에서 전체 학생이 모두 모이는 다모임에서 낮은 수준의 참여를 보인 현수는 학급 다모임에서는 높은 수준의 참여도를 보였다. 이에 대해 이주연(2019: 29-30)은 학급 다모임이 현수의 성공 경험을 가능하게 하는 요소로 '공간의 크기, 친밀한 분위기, 의사소통 문화' 등 세 가지를 들었다. 첫째, 학급 다모임의 크기는 친밀하고 사적인 공간으로 비언어적 수단을 포함한 의사소통이 가능하였다. 둘째, 현수가 속한 6학년 학급은 11명으로 구성된 단일 학급으로 현수에게는 익숙한 공간이다. 학급 다모임은 공식적인 대화 상황이지만 현수에게 익숙한 관계를 기반으로 하며 낯선 관계에 대한 부담이 덜한 상황이기 때문에 현수가 쉽게 발언하는 것을 도왔다. 셋째, 6학년 학급의 의사결정 문화인 자기 의견 내기와 비판 없이 듣기로 인해 비난받지 않는 안전한 분위기를 조성하여 학생의 참여를 도왔다.

이주연(2019)의 연구는 학생이 학교, 학급의 모든 일에 의사결정자로 참여하는 것을 원하지 않는다는 점, 전체 학생이 모이는 다모임과 학급 다모임 등 집단의 규모에 따라 그리고 학급의 의사결정 문화에 따라 학생의 의사결정 참여의 정도와 효과는 달라질 수 있다는 점을 잘 보여 준다.

2) 수업과 연계한 학급에서의 의사결정 특성

특정한 수업 모형, 수업 주제와 연계하여 학생의 의사결정 과정을 분석한 연구로는 논쟁중심 협동학습모형을 적용하여 학생의 집단의사결정 과정을 고찰한 고흔석(2010)의 연구를 들 수 있다. 이 연구는 논쟁중심 협동학습모형이 학습집단 내에서 대립되는 논쟁학습과제(논쟁문제)를 놓고 다른 동료들과 함께 궁리하고 상호작용하는 과정을 통해서 서로가 수용 가능하고 공유할 수 있는 합리적인 의사결정을 내릴 수 있는 능력을 효과적으로 함양하는 데 도움이 된다고 가정한다.

이에 따라 논쟁중심 협동학습모형을 적용한 수업이 학생들의 집단의사결정과정에 어떻게 작용하는지 규명하기 위해 연구자가 14개의 논쟁적 주제 중심의 논쟁중심협동학습 교안을 개발하고 4명씩 8모둠으로 구성된 5학년 사회과 수업에 적용하였다. 2개 모둠을 집중적으로 관찰하여 도출한 주요 연구 결과는 다음과 같다.

첫째, 논쟁문제 학습 초기 단계에서 학생들은 찬성과 반대의 입장을 정하는 데 긴 시간이 들었으나 수업이 진행될수록 점차 입장 택하기 과정에 몰입하였다. 이 과정에서 의사결정 단계별 사고과정이 단순히 반복되기보다 초기 판단을 심화, 확대하는 확산적 사고과정을 거치는 것으로 나타났다. 둘째, 학생들은 자신의 사적 이익이나 배경에 입각하여 논쟁문제에 대한 최종 결론을 내리는 경우가 자주 나타났다. 셋째, 논쟁중심 협동학습을 진행하는 과정에서 일부 학생들은 학습과제를 충실히 수행하지 않아 논쟁주제를 충분히 이해하지 못하는 경우, 논쟁을 빨리 끝내려고 다수결의 방법을 사용하는 경우, 타인의 의견을 존중하지 않고 고집을 부리거나 윽박질러 모둠 의견을 정하는 경우 등이 나타났다.

이러한 분석 결과를 토대로 의사결정과 관련하여 학생들이 긴장된 역학관계에 의해 편의적이거나 대립적으로 의사결정을 내리는 것이 아니라 대화하고 합의하는 가운데 의사결정을 내릴 수 있도록 지속적인 학습훈련을 실시해야 함을 제언하였다.

이광원(2020)은 「집단적 의사결정 수업을 적용한 학급규칙 만들기 사례연구」에서 초등학교 4학년 학생 28명을 대상으로 한 참여관찰과 실행연구를 통해 학급 규칙 제정을 위한 학급협의 및 토의 과정과 일화를 활용한 구조화된 개인-집단 의사결정 수업에서의 학급규칙 만들기 과정을 분석하였다. 또한 학급자치활동을 통해 제정된 학급규칙을 적용하는 과정에서 발생하는 예상 밖의 문제점과 현실적 한계를 인식하고 수정하는 과정을 통해 자신들이 제정하고 적용하는 과정에서 드러나는 새로운 문제 상황을 직시하고, 그 해결을 위해 학급규칙을 수정하고 재적용하는 과정 등을 분석하였다.

이 연구의 결론은 명쾌하게 정리 · 제시되지는 않았으나 학급에서의 의사결정과 관련한 주요 시사점을 중심으로 연구 결과를 정리하면 다음과 같다. 첫째, 학생들이 규칙 만들기에 참여함으로써 자율적 제재, 규칙을 준수하고자 하는 노력을 보였으며, 규칙의 필요성에 공감하고 자신의 행동이 안전과 학급 문화에 직접적으로 연관되어 있음을 인식하게 되었다. 둘째, 스스로 세운 규칙을 지키고자 하는 노력과 그 의미를 이해하는 과정에서 규칙이 갖는 특성을 깊이 있게 고민하고 학생 간의 깊이 있는 대화와 토론을 통해 의사소통을 가능하게 하였다. 셋째, 규칙을 제정하는 과정에서 학급 문제해결을 위한 제재나 지원에 대한 학습자의 경험 부족으로 벌칙을 결정하는 과정에서 지나치거나 가혹한 처벌을 주장하는 경우가 많았고 설정된 학급 규칙도 객관적 기준 부족으로 학급의 혼란을 야기하는 경우도 발생하였다. 이러한 연구 결과를 토대로 학급 문제의 발생과 해결에 과정에서 처벌뿐 아니라 지지 및 지원을 위한 다양한 교사의 경험과 관련 연구가 필요함을 제언하였다.

3) 학급자치활동과 학급회(의)

초등학교에서 학급 의사결정은 학급자치활동, 학급회(의)를 중심으로 이루어지게 된다. 학급자치활동과 학급회(의)에 관한 선행연구는 1990년대부터 간헐적으로 발표되었으나 최근 학생자치활동이 강조되면서 근래 다수 연구가 발표되고 있다. 대표적인 연구로 박희진(2019)의 연구를 들 수 있다. 박희진(2019)은 「학급자치 활동이 시민의식에 미치는 영향」 연구에서 우리나라 초 · 중 · 고등학교에서 이루어지는 학급자치활동(학급회의, 학급행사, 학급규칙)의 실태를 분석하고 학급자치활동 경험이 개인의 배경에 따라 어떤 차이가 있는지, 학생의 학급자치활동 경험은 시민의식에 어떤 영향을 미치는지를 실증적으로 탐구하고자 하였다.

전국 초 · 중 · 고등학생 7,075명의 응답을 분석한 결과, 우리나라 대다수의 초 · 중 · 고등학교에서 학급회의와 학급행사를 개최하고, 학급규칙이 있는 것으로 나타났다. 초 · 중 · 고등학교에서 이루어지는 학급자치활동 실태는 학교급에 따라 차이가 있었는데 학급회의 참여 정도, 의결사항의 반영 여부, 중요성에 대한 인식 등 모든 측면에서 초등학교 학생들이 가장 높은 수준을 보였다. 또한 학생 자신이 생각하는 학생자치활동 참여 정도, 학급회의 의결 사항 반영 여부, 학급회의의 중요성에 대한 인식, 학급회의 교육의 필요성에 대한 인식 등은 시민의식에 유의미한 영향을 미치는 것으로 나타났다.

학급에서의 의사결정 측면에서 박희진(2019)의 연구가 주는 시사점으로는 학급회의, 학급행사, 규칙 제정 등 다양한 학급 자치활동 경험을 할 수 있도록 여건을 마련할 필요가 있으며, 시민의식 제고라는 시민교육의 목표를 달성하기 위해 실제 학생들의 학급자치활동 참여 정도와 태도 및 인식이 중요하다는 것이다. 이는 학급회의, 학급행사가 실시되는가, 학급규칙이 제정되어 있는가의 여부보다 실제 학생들이 학급회의, 학급행사 등의 참여하는가와 학급활동에 대한 학생의 태도, 인식이 중요하다는 것이다.

장기덕, 박재황(2011)은 「Glasser의 리드형 관리에 기초한 초등학교 학급회의 모형 개발」 연구를 수행하였다. 이 연구는 문헌 및 선행 연구 분석, 요구분석을 토대로 글래서의 리드형 관리(lead management)에 기초한 초등학교 학급회의 초안 모형을 구성하고, 초안 모형의 수정 보완을 거쳐 최종 모형을 확정하였다. 구체적으로, 이 연구에서는 전문가 자문회의를 통하여 1차 수정 학급회의 모형을 만들었으며, 1차 수정 학급회의 모형을 한 개 초등학교 한 개 학급에 실시한 후 문제점을 도출하여 2차 수정 학급회의 모형을 구성하였다. 2차 수정 학급회의를 다시 전문가 자문회의를 거쳐 최종 학급회의 모형을 개발하였다. 이렇게 개발된 학급회의 모형은 의제 설정, 행동/전략 탐색, 자기평가 촉진, 계획, 실행의 5단계로 구성되고 각 단계는 두세 개의 보다 세부적인 절차로 구성되었다.

이 연구에서 활용한 글래서의 리드형 관리는 비강압적인 환경하에서 교사는 학생과 좋은 인간관계를 회복하고, 학생들이 학급에서 주요 사안에 대해서 수행한 학습 및 생활에 대해서 토의하며 학생 스스로 그들이 한 수행 결과를 평가하도록 하여 보다 좋은 방향으로 나아가도록 하는 데 초점을 둔다. 이러한 리드형 관리는 학급 내 모든 학생이 소속감을 느끼고, 서로 지지하고 협력하며, 스스로 평가하고 개선하는 일을 지속적으로 하는 학급회의에 필요한 기초 이론이라 할 수 있다. 리드형 관리를 적용하여 운영되는 학교를 글래서는 좋은 학교(quality school)라고 하였다.

이 연구에서 개발한 학급회의 모형은 앞에서 제시한 의사결정과정과 유사한 단계로 구성되어 있다. 즉, 학급회의와 의사결정과정 모두 문제 확인(의제설정), 해결책 탐색(행동전략 탐색), 실행을 핵심 요소로 포함하고 있다.

최문경, 박재황(2013)은 「Glasser식 학급회의가 초등학생 문제행동의 감소에 미치는 효과」 연구에서 장기덕, 박재황(2011)과 같이 글래서 모델을 활용하여 학급회의가 초등학생의 문제행동의 감소에 미치는 효과를 검증하였다. 대구광역시 소재

S초등학교 3학년 1학급 31명을 대상으로 글래서식 학급회의는 1개월 동안 총 10회 실시하였다. 문제행동으로는 네 종류의 문제행동, 즉 지각, 신체적 폭력, 따돌림, 말싸움을 선정하였다. 글래서식 학급회의가 시작되기 전까지는 학생 기초선 측정을 하였으며 그 이후에는 처치 후 측정을 실시하였다. 모든 측정은 네 가지의 문제행동에 대해 아동 스스로 하교하기 전에 자기 평가 카드에 기록하도록 하였다. 글래서식 학급회의에 따른 학생의 문제행동 감소에 미치는 효과를 알아보기 위하여 빈도의 변화 추이를 분석한 결과, 글래서식 학급회의에 참여한 학생들의 문제행동, 즉 지각, 신체적 폭력, 따돌림, 말다툼의 빈도가 감소한 것으로 나타났다.

다음에서는 학급 의사결정에 관한 현장 사례를 네 가지 소개한다.

5. 현장 사례

학급 의사결정에 관한 현장 사례를 네 가지 소개한다. 사례 1과 사례 2는 감귤초등학교 학생 다모임 운영 방식과 담임교사의 학급운영 원칙을 보여 준다. 사례를 통해 학교와 학급 여건, 담임의 교육 원칙에 따라 학생 다모임 운영 방식은 달라질 수 있으며 학생 다모임에서 고려해야 할 원칙을 생각해 볼 수 있다. 사례 3은 학급회의 운영 결과를 평가할 수 있는 학생 의견조사 항목과 결과를 보여 준다. 사례 4는 학생자치활동 지원을 위한 교사의 역할을 생각해 보는 기회를 제공한다.

학교현장 이야기

▣ 사례 1

감귤초등학교는 학생들의 의사결정 기구로 학생 다모임을 운영하고 있다. 감귤초등학교 다모임의 의사결정 원리는 '모든 학생이 스스로 그리고 함께 공동의 문제를 해결한다'이다.

감귤초등학교에는 전교 어린이회와 학급임원 같이 나머지 학생을 대표하는 의사결정 기구가 없다. 대신 1학년부터 6학년까지 모든 학생이 다모임에서 의사결정을 포함한 자치활동을 한다. 다모임의 종류는 큰 다모임, 학급 다모임, 작은 다모임 세 가지이다. 큰 다모임에는 1학년부터 6학년까지 모든 학생이 참여하고 작은 다모임에는 각 학년 월 대표 학생이 참여한다. 학급 다모임에는 담임교사와 모든 학급 학생들이 참여한다. 월 대표는 학급 다모임에서 사회자 역할을 하고 작은 다모임에서 학급 대표자 역할을 한다. 월 대표는 각 학급에서 정한 순서에 따라 모든 학생이 돌아가며 맡는다.

큰 다모임, 작은 다모임, 학급 다모임이 유기적으로 연관되도록 운영한다. 큰 다모임에 모이기 전, 각 학년에서 논의 주제에 대한 학급의 의견을 정한다. 큰 다모임에서는 각 학년에서 나온 의견들을 전교생이 함께 검토하고 전체 논의 과정을 거친다. 큰 다모임에서 시간이 부족하거나 논의가 좁혀지지 않을 경우 각 학급으로 돌아가 학급 다모임을 진행하고 학급의 의견을 정리한다. 이후 다시 큰 다모임으로 모이거나 작은 다모임에서 논의하는 과정을 반복한다(이주연, 2019: 4, 8).

▣ 사례 2

다음은 감귤초등학교의 11명으로 구성된 6학년 학급담임의 면담사례이다. 학급 다모임을 운영하면서 의사결정을 어떻게 해 나가는지를 보여 준다.

연구자: 학급 다모임에서 학생들에게 강조하는 참여 태도가 있으신가요?

6교사: 두 가지예요. 하나는 반드시 자기 의견을 낼 것. 다른 하나는 상대방의 의견을 비판 없이 듣는 것이에요.

연구자: 선생님께서 두 가지를 강조하시는 이유를 자세히 설명해 주실 수 있으신가요?

6교사: 자기 의견을 무조건 내게 하는 이유는 앞 친구가 이야기한 내용과 같든 다르든 자기 언어로 표현할 수 있어야 하기 때문이에요. 국어과 학습과 연계하여 지도하고 있는 부분이고, 다른 하나는 아이들의 침묵은 동의에 대한 표현이 아니기 때문이에요. 침묵하지 않고 의사표현을 하여 자기 의견에 책임지는 태도를 강조하고 있어요.

연구자: 비판 없이 듣기를 강조하시는 까닭은요?

6교사: 아이들은 비판과 비난을 구분하는 것을 어려워해요. 또 어떤 이유로든 발언하는 중에 다른 사람이 끼어들면 주춤하게 돼요. 그런 경험이 쌓이면 발언하는 것이 두려운 것이 되겠죠.

6학년 교사는 학급 다모임에서 학생들이 자기 의견 내기와 비판 없이 듣기를 강조했다. 학급 다모임은 의견을 표현했을 때 비난받지 않는 안전한 분위기를 조성하여 현수의 참여를 도왔다(이주연, 2019: 31).

▣ 사례 3

세종시 초등학교 43개 중 총 10개교를 선정하여 4~6학년 학생 799명을 대상으로 설문조사를 실시하였다. 학급회의 안건 결정과 관련하여 '안건을 학생들이 정하여 회의를 진행하는 것'에 대해 약 82%의 학생들이 긍정적인 응답을 하였고, '학급회의에서 정해진 사항은 이후 학급운영에 적극적으로 반영된다'고 생각하는 학생

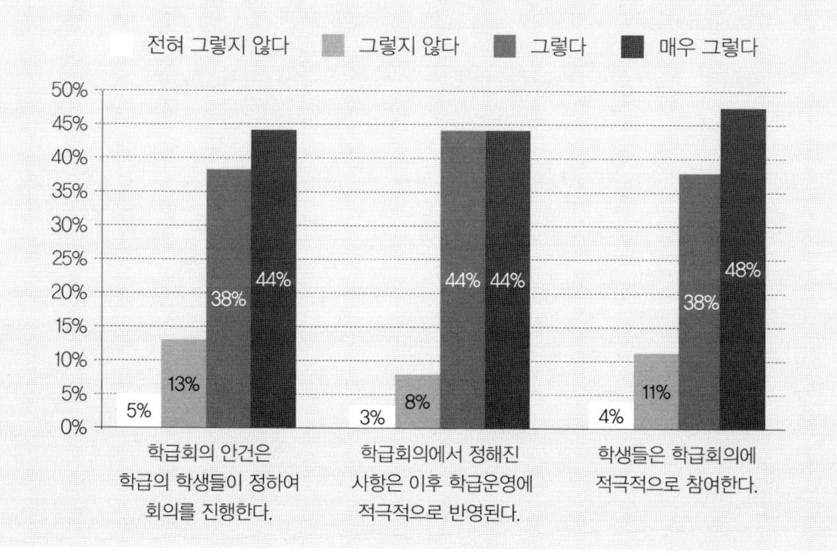

은 약 88%로 나타났다. 학급회의에서 약 86%의 학생들이 적극적으로 참여한다고 하였다. 대체로 세종시에서 초등학생들은 비교적 학급회의에 적극성을 발휘하여 안건을 정하고 결정된 사항은 선순환의 형태로 학급운영에 반영하고 있는 것으로 나타났다. 학생들이 스스로 필요하다고 느끼는 안건을 중심으로 학급회의가 진행되는 편이며, 학급회의에서 결정된 사항은 학급운영에 대체적으로 반영되고 있다(김수연 외, 2018: 27).

▣ 사례 4

2015년 수행된 「경기도 학생자치 실태 및 활성화를 위한 연구」에서는 학생자치 활동 지원을 위한 교사의 역할, 교사의 자치 의식 및 역량 제고를 제안하고 있다. 구체적인 내용을 살펴보면 다음과 같다(조윤정 외, 2015: 46-47).

- 교사는 더 이상 생활규율을 지도하는 통제와 관리 위주의 역할과 전문성을 가지고는 권위를 갖기 어려우며, 학생들과 소통하고 협력하는 가운데 학생자치의 지원자이자 조력자, 민주적인 의사결정 및 집행 과정과 절차를 안내해 주는 역할과 전문성이 요구됨
- 교사는 학생자치활동에 대한 학생들의 관심과 참여가 학생 자신과 학급과 학생자치활동 발전 모두에 의미 있는 과정임을 깨닫게 해 주고 민주적인 의사결정 및 집행절차를 안내해 줄 수 있어야 함
- 교사는 학생들이 민주적인 대화와 토론 방법 및 의사결정 방법 등을 충분히 몸에 익히고, 시간이 걸리더라도 토론을 위한 사전준비와 충분한 근거에 바탕을 두고 합리적인 결론을 도출할 수 있도록 도울 필요가 있음
- 교사는 학생들에게 일방적으로 지시를 한다든지 자신이 옳다고 믿는 바나 자신의 관점을 설득하거나 강요하는 방식에서 벗어나야 함
- 학생자치를 돕는 과정에서 중요시되는 교사의 역할은 학생들을 의도된 일정한 방향으로 유도하는 것이 아니라 학생들의 자치능력을 믿고 기다려 주는 것임
- 학생들의 생각과 자율성을 존중하는 가운데 학생들의 토론과 의사결정과정을 격려하고 필요한 부분에 대해 지원해 주는 것임

요약

- 학급에서 이루어지는 주요 활동은 무엇이며, 이는 누가, 언제, 어떻게 결정하는가? 이 장은 이 질문에 대해 생각해 본다. 학급에서의 의사결정은 학생과의 소통과 행복한 학급 만들기를 위한 학급운영의 기초이다. 학급 의사결정의 핵심 주체는 학생과 교사이다. 학교의 교육목표와 운영방침에 따라 학급교육과정을 정하고 학급자치회 임원, 학급 모둠 구성, 급식 당번 정하기 등 학급운영은 크고 작은 의사결정과 관련되어 있다.

- 의사결정이란 목표를 달성하기 위하여 문제를 인식 · 진단하고, 그 문제를 해결하기 위한 정보자료를 수집하고 분석하여 해결책을 탐구하며, 그 해결책들을 비교 · 평가하여 최적의 해결책을 선택하고 실행하며, 평가하는 일련의 과정이다. 의사결정이 이루어지는 상황, 대상, 주체 등에 따라 의사결정의 유형은 정형적-비정형적 결정, 개인적-집단적 결정, 합리적-비합리적 결정, 적극적-소극적 결정으로 구분할 수 있다.

- 교사의 선택(결정) 행위는 교사가 의사결정을 이해하는 관점에 따라 달라질 수 있다. 의사결정을 보는 관점은 합리적 관점(많은 대안 중에서 목표 달성을 위한 최적의 대안 선택), 참여적 관점(관련 당사자 간의 합의의 결과), 정치적 관점(이해집단 간의 타협이나 이해집단의 이익을 극대화한 것), 우연적 관점(우연적 선택에 의해 이루어지는 것) 등이 있다.

- 학급의 의사결정은 학급자치활동을 중심으로 이루어진다. 초등학생들은 학급회의에 참여하는 자치 경험을 통해 민주시민으로서 살아가는 데 필요한 민주적 의사결정 과정을 체득하고 학급 협의 시 자신의 의견을 준비하고 회의를 통해 의사결정하며, 결정된 내용을 실천으로 옮김으로써 주인의식을 기를 수 있다. 담임교사는 학급자치회를 통해 학생들이 학급 구성원의 소속감과 공동체 의식 함양을 도울 수 있어야 할 것이다.

- 의사결정의 과정은 문제 확인에서 시작하여 문제해결을 위한 대안 또는 해결책의 탐색, 대안 선택, 대안 실행, 평가 등으로 구분할 수 있다. 의사결정의 각 과정에서 구성원의 참여는 중요한 쟁점이 된다. 학급운영 과정에서 교사는 언제, 어떻게 학생의 의사결정 참여를 이끌어 낼 것인가에 대한 현명한 교육적 판단을 할 수 있어야 할 것이다. 이를 위해 의사결정과 참여에 관한 다양한 이론적 논의를 확인할 필요가 있다.

- 의사결정 참여의 효과는 의사결정 문제의 성격, 참여 시기, 참여자의 역할 등에 따라 달라질 수 있다. 학생이 학급 의사결정에 참여할 때 보다 나은 결정을 할 수 있고 학생의 만족, 사기를 높일 수 있지만, 학생이 의사결정 참여를 기대하지 않거나 원하지 않을 수도 있다.

- 구성원은 모든 결정에 참여하기를 기대하지 않으며, 수용권 영역과 무관심권 영역(의사결정에 참여하지 않더라도 그에 대한 불만이 없는 의사결정 영역)이 있음에 유의할 필요가 있다. 이에 따라 교사의 중요한 과업은 학생이 참여해야 할 결정과 그렇지 않은 결정을 구분하고 문제의 성격에 따라 학생이 언제, 어떻게 참여할 것인가에 관한 판단, 원칙을 정하는 일이다.
- 구성원의 의사결정 참여 여부를 결정할 때 활용할 수 있는 판단 준거로는 관련성(관련, 관심 있는 문제인가), 전문성(결정에 기여할 수 있는가), 관할권(권한이 있는가) 등을 들 수 있다. 브룸과 예튼(Vroom & Yetton)은 의사결정 방법으로 전제적 의사결정 방법, 자문적 의사결정 방법, 집단적 의사결정 방법 등 다섯 가지 유형으로 구분하고 있다. 각 방법의 장단점을 이해하고 의사결정 상황에 맞는 적절한 의사결정 방법을 활용할 필요가 있다.
- 의사결정에 구성원을 참여시키는 것이 언제나 바람직하고 효과적인 것은 아니다. 구성원의 의사결정 참여는 긍정적인 결과를 가져올 수도 있고 부정적 결과를 초래할 수도 있기 때문이다. 교사는 의사결정 참여의 긍정적 효과를 높이고 부정적 측면을 줄이기 위한 의사결정 참여 기술을 제고할 필요가 있다.

토론주제

1. 학급 의사결정에 학생들의 참여를 촉진하기 위해 감귤초등학교 A 교사는 두 가지 원칙을 정하고 있다(사례 2 참조). 이 두 가지 원칙은 적절한가를 토론하고 기타 추가되어야 할 원칙을 생각해 보자.

2. 학급에서의 의사결정에 학생 참여를 위해서 고려해야 할 요소로는 의사결정 영역의 수용권과 무관심권, 의사결정 판단 준거로서 관련성 검증, 전문성 검증, 관할권 검증이 있다. 학생이 의사결정에 참여한 사례를 한 가지 들고, 수용권-무관심권, 관련성 검증, 전문성 검증, 관할권 검증 면에서 의사결정 사례의 적정성을 설명해 보자.

3. 학급회의(학급 다모임)에서 감귤초등학교 6학년 교사는 학생 참여의 원칙, 태도로 '반드시 자기 의견을 낼 것'과 '상대방의 의견을 비판 없이 듣는 것'으로 정하고 있다. 학급에서 학생의 의사결정 참여를 높이기 위해 필요한 원칙과 그 이유를 제시해 보자.

참고문헌

경기도교육청(2014). 학생자치 활동 운영 사례집: 학생이 주체가 되어 만들어가는 학생자치 활동이야기. 경기도교육청 민주시민교육과.

고흔석(2010). 논쟁중심 협동학습 과정에 나타난논쟁중심 협동학습 과정에 나타난 초등학생들의 집단의사결정 과정 연구. 홍익대학교 대학원 박사학위논문.

김난영(2002). 학생자치 활동과 학생권리 실현. 가톨릭대학교 사회복지대학원 석사학위논문.

김수연, 김민경, 박윤경, 최윤정, 서종영, 강동수, 임현지, 최진경, 장현일, 구은영(2018). 초등학교 학생 자치활동 활성화 방안 탐색. 교육정책연구회 2018-05. 세종특별시교육청 교육정책연구소.

김은희(2008). 초등학교에서의 의사소통 및 의사결정의 질이 학교경영효과성에 미치는 영향. 경남대학교 대학원 박사학위논문.

박상완(2010). 초등학교의 학교 내 자율성 특성 분석. **교육행정학연구**, 28(1), 155-184.

박희진(2019). 학급자치 활동이 시민의식에 미치는 영향. **교육행정학연구**, 37(2), 89-118.

유평수(2004). 초 · 중등학교의 의사결정 내용 분석. **교육행정학연구**, 22(3), 159-178.

윤정일, 송기창, 조동섭, 김병주(2008). **교육행정학원론**. 서울: 학지사.
윤홍주(2007). 의사결정. 강원근, 고전, 김도기, 김용, 박남기, 박상완, 성병창, 유길한, 윤홍주, 정수현, 조동섭(2007). **초등교육행정론**(pp. 355-383). 경기: 교육과학사.
이광원(2020). 집단적 의사결정 수업을 적용한 학급 규칙 만들기 사례연구. **학습자중심교과교육연구**, 20(2), 423-453.
이주연(2019). 민주주의 실행하기: 감귤초등학교의 민주적 의사결정에 관한 사례연구. 제주대학교 교육대학원 석사학위논문.
임석재(1992). 학교조직에서의 의사결정에 관한 연구: 구조와 과정을 중심으로. 단국대학교 대학원 박사학위논문.
장기덕, 박재황(2011). Glasser의 리드형 관리에 기초한 초등학교 학급회의 모형 개발. **상담학연구**, 12(1), 177-189.
정태윤, 윤종필(2018). 민주주의 학급운영의 설계와 그 효과. **열린교육연구**, 26(2), 27-55.
조윤정, 박미희, 박진아, 이지영(2015). 경기도 학생자치 실태 및 활성화를 위한 연구. 기본연구 2015-02. 경기: 경기도교육연구원.
주삼환 외(2005). **교육행정 및 교육경영**. 서울: 학지사.
최문경, 박재황(2013). Glasser식 학급회의가 초등학생 문제행동의 감소에 미치는 효과. **현실치료연구**, 2(1), 47-57.

Barnard, C. I. (1968). *The functions of the executive*. Massachusetts: Harvard University. Press.
Bridges, E. M. (1967). A model for shared decision-making in the school principalship. Educational Administration Quarterly, March.
Esther, S. E. (1988). Decision making. In N. J. Boyan (Ed.), *Handbook of research on edicational administration* (pp. 305-319). New York & London: Longman.
Glasser, W. (2010). *The quality school: Managing students without coercion*. New York: HarperCollins.
Griffiths, F. (1979). *Administrative theory in education: Text and reading*. Midland, Michigan: Pendell Publishing Co.
Hoy, W. K. & Miskel, C. G. (1987). *Educational administration: Theory, research, and practice*. New York : McGraw-Hill.
Owens, R. G. (1970). *Organizational behavior in schools*. New Jersey: Prentice-Hall.
Owens, R. G. (1981). *Organizational behavior in education* (2nd ed.). Englewood Cliffs, NJ:

Prentice-Hall.

Simon, H. A. (1965). *Administrative behavior*. New York: Free Press.

Vroom, V. H., & Yetton, P. W. (1973). *Leadership and decision-making*. Pittsburg: University of Pittsburg Press.

제7장

문제행동과 소통전략

정상원(춘천교육대학교)

1. 문제행동에서 소통의 중요성

초등학교의 학급에는 다양한 학생이 공존하고 있다. 이러한 다양성은 학급을 생기 있고 역동적인 곳으로 만드는 요소이기도 하지만, 그로 인해 여러 가지 크고 작은 문제가 발생하는 경우도 많다. 특히 원활한 학급경영을 위협하는 문제행동은 교사의 정상적인 학급경영을 위협할 뿐만 아니라, 그러한 문제행동에 노출된 학생들에게 물리적, 정신적 피해를 가져온다는 측면에서 특히 신중하게 다루어져야 할 대상이라 할 수 있다.

그럼에도 그동안 문제행동과 이러한 문제행동을 빈번하게 일으키는 학생들은 주로 교정과 훈육의 대상으로 다루어져 왔다. 하지만 문제행동, 특히 문제행동을 빈번하게 일으키는 학생들의 경우, 그러한 행동이 일회성이기보다는 지속적으로 발생하며, 단순한 훈육이나 처벌로서는 그것의 근본 원인을 해결할 수 없다. 또한 그러한 행동을 빈번하게 일으키는 학생의 내면에서의 성장과 발달을 가져올 수도 없다. 결과적으로 그러한 접근은 즉각적인 문제행동의 억제와 같은 표면적인 효과만 거

둘 수 있다는 측면에서 한계를 가진다 할 수 있다.

따라서 문제행동과 그것을 빈번하게 일으키는 학생에 대해 소통에 기반한 접근의 필요성이 제기된다. 이러한 소통의 필요성은 크게 다음과 같다. 첫째, 문제행동은 학생으로부터 비롯된다는 점이다. 문제행동은 그러한 행동을 한 학생과 분리해서 생각할 수 없다. 그리고 문제행동의 시작점이라 할 수 있는 행위 주체인 학생으로의 접근이 그러한 문제행동을 근원적으로 조절하는 데 의미 있는 기여를 할 수 있다. 그러므로 인간의 내면에 접근할 수 있는 소통은 문제행동을 근원적으로 다룰 수 있는 주요한 방법이 될 수 있다. 둘째, 문제행동은 그것을 빈번하게 일으키는 특정 학생을 통해 빈번하게 이루어지는 경향이 있다는 점이다. 일반적으로 학급은 다양한 학생으로 구성되어 있고, 그러한 다양한 학생 중에는 특히 문제행동을 빈번하게 일으키는 학생이 있는 경우가 많다. 이러한 학생은 교사가 특별한 관심 속에서 보살펴야 할 필요가 있고, 그들을 얼마나 잘 지도하느냐는 그들의 긍정적인 미래를 실현할 수 있는 요소가 된다. 이에, 그러한 학생을 근본적으로 변화시키고 성장시키는 주요한 수단이 바로 그들과의 의미 있는 소통이라 할 수 있다.

따라서 이 장에서는 초등 학급경영에 있어 문제행동에 접근하는 주요한 방법으로서의 소통을 살펴보고자 한다. 이를 위해 먼저 문제행동의 학술적 측면을 살펴보고, 이후 초등 교육현장에서 마주하게 되는 문제행동과 그러한 문제행동을 관리할 수 있는 주요한 방법으로서 소통전략을 살펴보고자 한다. 더불어, 이 장에서는 문제행동과 소통전략이라는 주제를 좀 더 실천적인 측면에서 접근하고자 한다. 이를 위해 현장 교사들의 실천에 대한 탐구를 통해 문제행동과 소통전략을 살펴볼 것이다. 모두 12명의 초등학교 교사가 이 연구에 참여하였으며 그들의 경험을 공유해 주었다. 그렇다면 이제 초등학교 현장에서의 문제행동과 이를 관리할 수 있는 소통전략에 대해 살펴보도록 하자.

2. 문제행동의 의미와 범위

문제행동은 엄밀한 학술적인 개념이기보다는 일반적인 의미에서 주로 사용되며 통용된다. 이러한 문제행동에 정의는 크게 '상황에 부적합한 행동'(Charles, 1996),

'교수행위를 방해하거나 신체적으로 안전하지 않은 행동'(Shrigley, 1979), '학교의 기대를 위반하는 행동'(Filehusen, 1978) 등으로 논의하는데, 이러한 논의는 크게 다음과 같은 시사점을 제공하고 있다. 첫째, 문제행동은 정상적인 교육활동을 방해하는 행위이다. 즉, 수업, 학교활동, 교사의 정당한 교육행위 등을 방해하는 행위를 문제행동으로 간주할 수 있다는 점이다. 둘째, 특정한 기준에 위배되는 행위이다. 즉, 학생들에게 일반적으로 기대되는 행위가 있으며, 문제행동은 이러한 기대에 어긋나는 행위라는 점이다. 따라서 이러한 정의를 종합하면, 문제행동이란 학교에서 학생들에게 기대하는 행위에 어긋나고 또한 학교의 교육활동을 방해하는 행위라 종합해 볼 수 있다. 이러한 정의는 결국 문제행위를 판단하는 데 두 가지의 기준이 있으며, 이 두 가지의 기준에 부합할 경우 그것을 문제행동이라 볼 수 있는 점을 시사하고 있다.

이러한 문제행동의 유형은 다양하다. 이와 관련하여 박병량(2001)은 문제행동의 유형으로 수업을 방해하는 행동, 공격적인 행동, 권위에 도전하는 행동, 규칙과 절차를 어기는 행동, 질서를 지키지 않는 행동, 비도덕적 행동 등을 논의한 바 있으며, 이철웅(2011)은 부적응이라는 관점에서 일탈행동, 학교 공포증, 시험 불안 장애, 주의 산만 등을 논의한 바 있다. 또한 주철안 등(2013)은 학생의 학급 생활에서 일어날 수 있는 문제행동의 유형을 생활질서와 규칙을 지키지 않는 행동, 수업을 방해하는 행동, 공격적인 행동, 비도덕적 행동, 교사의 권위에 도전하는 행동으로 유형화한 바 있다. 넬슨(Nelson, 2006)은 학생들의 문제행동의 원인에 주목하며 관심 끌기 행동, 권력추구 행동, 복수를 위한 행동, 실패 회피 행동으로 제안한 바 있는데, 이러한 구분은 단순히 문제행동의 유형을 논의했다기보다 문제행동을 일으키는 원인을 구분하였다고 보아야 할 것이다. 이러한 문제행동의 유형에 대한 논의는 학급이나 학교에서 일어날 수 있는 학생의 문제행동과 그 원인의 다양함을 증명하는 것이라 할 수 있으며, 결과적으로 학생의 문제행동에 대한 분석적인 접근의 필요성을 강조한 논의들이라 할 수 있다.

하지만 이러한 논의들에는 우리가 또 하나 눈여겨보아야 할 시사점이 존재하는데, 그것은 학생의 문제행동과 그 유형이 다분히 주관적일 수 있다는 점이다. 즉, 교육활동의 방해 정도, 기준의 정도, 문제행동 유형의 판단과 같이 문제행동을 바라보는 관점에는 그것을 바라보고 판단하는 주체의 주관이 개입될 여지가 크다는 점이다. 동일한 행동에 대해서도 어떤 교사는 심각한 문제행위로 판단할 수 있으나 다른 교사는 큰 문제로 받아들이지 않을 수도 있다. 왜냐하면 문제행동의 판단에는 범위와 정도라는 개념이 포함되어 있으며, 이러한 범위와 정도는 교사들의 주관에 의해 판단될 수 있기 때문이다.

따라서 교사는 학생의 문제행동을 판단함에 있어서 스스로 자신의 판단이 보편적인 것인가에 대해 고민해 볼 필요가 있다. 즉, 자신의 기준이 다른 사람들이 보기에도 타당한 것인지에 대해 생각해 볼 필요가 있다. 이에, 이 글에서는 이 연구에 참여한 교사들이 판단하는 문제행동을 중심으로 그것의 유형과 소통전략에 접근해 보고자 한다. 한편, 이 유형에는 위법적 범주에 속하는 폭력 행동이나 따돌림 행동, 혹은 우울증이나 정서 장애와 같이 특별한 조치를 필요로 하는 문제행동 등은 포함되지 않는다. 왜냐하면 그러한 행동은 소통을 통해 관리해야 하기보다는 특별한 법적, 행정적, 의료적 조치를 필요로 하는 것이기 때문이다. 이에 여기서는 교사가 일상적으로 학교에서 마주하면서도 훈육의 범위에서 다루어야 하는 문제행동을 중심으로 논의를 진행하고자 한다.

3. 문제행동의 유형

초등학교 교사는 다양한 학생으로 구성된 학급을 운영하고 그들과 함께 생활한다. 학생은 때때로 빈번한 문제행동으로 교사의 학급경영을 어렵게 한다. 이에 초등교사들이 학급경영의 상황에서 일상적으로 만나게 되는 문제행동을 알아보고 이러한 문제행동이 학급경영에 어떻게 부정적인 영향을 미치고 있는지 살펴보고자 한다. 특히 여기서는 이러한 문제행동을 빈번하게 일으키는 학생들의 모습을 중심으로 살펴보고자 한다. 왜냐하면 행위는 그 주체와 분리될 수 없으며, 또한 그 행위의 원인은 행위자 삶의 배경으로부터 기인하기 때문이다. 또한 이 글을 통해 논의하고자 하는 소통은 특정한 행동을 대상으로 이루어지는 것이 아니라 그러한 행위의 주체와의 상호작용이기 때문이다. 따라서 이 연구에 참여한 교사들이 학교 현장에서 일상적으로 마주하고 있으며, 심각한 문제로 여겨지는 문제행동과 그 행동을 빈번하게 일으키는 학생을 종합하여 살펴보도록 하자. 다만, 다음에서 묘사되는 학

표 7-1 문제행동의 유형

문제행동	문제행동으로 인한 학급경영의 어려움
폭력적 행동	학생들과의 잦은 다툼, 다른 학생들에게 불안감을 야기
교사의 권위에 도전	학급 전체에 부정적인 분위기 형성, 다른 학생들의 동조
수업 방해	수업 시간 낭비, 수업 분위기 훼손

생의 모습과 행동은 특정한 학생과 행동을 기술한 것이기보다는 그러한 문제행동을 빈번히 일으키는 학생들의 모습을 종합한 가상의 학생임을 밝혀 둔다. 이러한 학생들과 관련한 문제행동을 종합하면 〈표 7-1〉과 같다.

1) 폭력적인 수영이

수영이의 문제는 폭력적인 행동이다. 수영이가 보이는 폭력적인 행동은 때와 장소를 가리지 않고 발생한다. 수업시간에 친구들에게 위협적인 말을 해서 다툼을 일으키는가 하면, 체육시간에 자신의 마음에 들지 않는다고 공격적인 말이나 행동을 해 친구들을 불안하게 한다. 이러한 행동은 교사의 앞에서도 빈번하게 일어나는데, 교사는 그때마다 수영이를 진정시키고 학생들을 관리하기 위해 노력해야 한다.

하지만 수영이가 늘 폭력적인 것만은 아니다. 문제행동만 보이지 않는다면 다른 아이들과도 잘 지내고, 친구들 사이에 신망도 있는 편이다. 성격도 명랑하고 장난도 좋아한다. 폭력적 행동만 제외한다면 소위 전형적인 밝은 아이이다. 다만, 감정이 폭발하면 그 순간을 참지 못하고 폭력적인 행동을 보인다.

이러한 수영이의 폭력 행동의 배경에는 가정적 환경이 영향을 미쳤다고 볼 수 있다. 수영이의 아버지는 매우 엄하신 분으로 자식들을 엄격하게 키워야 바르게 자란다고 생각하시는 분이다. 그러다 보니, 가정에서의 체벌이 매우 빈번하게 이루어지는 것으로 보이고, 그 강도 또한 이해할 수 있는 범위를 벗어난다. 그래서 주변에서는 수영이의 그러한 폭력적인 행동을 안타깝고 불쌍하게 보는 사람들도 많이 있다.

초기 수영이의 그런 행동을 억눌러서 관리하려던 교사도 수영이의 그런 배경을 알게 된 후부터는 좀 더 허용적인 방법으로 다가서려고 하고 있고 평소에 이야기를 많이 나누려고 노력하고 있다. 그럼에도 좀처럼 문제행동이 개선되는 모습은 보이지 않아 걱정이 많다.

2) 교사의 권위에 도전하는 수민이

수민이는 똑똑한 학생이다. 공부도 잘하는 편이고 자신의 주관이 분명하다. 그러다 보니 자신의 생각을 표현하는 데도 적극적이다. 하지만 문제는 그러한 태도가 종종 선을 넘어 교사의 권위에 대한 도전으로 이어진다는 점이다. 그것이 수민이와 교사 사이에만 한정된다면 이해하고 타이르며 넘어갈 수 있지만 최근에는 그러한 행동이 다른 학생들에게까지 영향을 미쳐 조금씩 그런 수민이의 행동에 동조하는 학생들이 생기고 있다.

수민이가 교사의 권위에 도전하는 행동은 다양한 형태로 나타난다. 교사의 요구에 무조건적인 의문을 제기하고 거부하는 것이 가장 대표적인 행태이다. 그리고 때로 교사가 그러한 행동을 지적하면 교사가 잘못이고 자기는 잘못한 것이 없다고 고집하기도 한다. 하지만 무엇보다 심각한 것은 그러한 말을 하는 태도라고 할 수 있다. 수민이는 예의없고 반항적인 태도로 교사에게 도전하는 행위를 종종 하였고 교사가 이에 대해 지적할 때마다 침묵과 무응대로 일관했다. 또한 반성이나 자신의 태도를 고치려는 모습을 보이지 않았다. 이에 대한 상담을 위해 교사는 학부모에게 연락을 취했으나, 돌아오는 응답은 요즘 같은 불합리한 세상에서 자신의 생각을 당당하게 말하는 것이 필요하고, 그렇지 않으면 손해를 본다는 식의 옹호였다.

수민이를 어떻게 지도해야 할지 고민이 많은 교사는 우선 수민이의 행동이 다른 학생들에게 영향을 미치지 않게 관리하면서 수민이와 소통하려 노력하고 있다.

3) 의도적으로 수업을 방해하는 시원이

시원이는 수업을 방해한다. 의도치 않게 방해하는 것이 아니고 지속적이고 끈질기게 수업을 방해한다. 수업을 방해하는 유형도 다양하다. 가장 빈번한 것은 수업과 관련 없는 이야기를 큰 소리로 하면서 교사의 수업 진행을 멈추게 만드는 것이다. 그럴 때마다 학생들은 큰 소리로 웃으며 시원이의 그러한 수업 방해 행위를 구경한다.

시원이가 수업을 방해하는 이유는 크게 두 가지로 추측된다. 첫째는 수업 시간의 지루함을 이기지 못해 수업을 방해하여 주제와 관련 없는 방향으로 수업을 이끌기 위함이다. 둘째는 일종의 영웅심으로 생각된다. 시원이는 수업 방해 행위를 할 때마다 다른 친구들의 주목을 받고 또한 친구들의 웃음이나 호응 등을 뿌듯한 눈으로 바라보기도 한다. 그때마다 교사는 시원이의 행동에 주의를 주면서 수업을 이어 가려고 노력하지만, 이로 인해 다른 학생들이 피해를 보고 있다는 것과 그러한 행동에 대한 허용적인 태도가 시원이의 문제행동을 방치하거나 조장하고 있는 것은 아닌지에 대한 고민을 하고 있다.

4. 문제행동과 소통전략

성공적인 학급경영을 위해서는 문제행동의 관리가 필수적이다. 그리고 일회적인 행동 제어가 아닌 지속적인 문제행동의 관리를 달성하기 위해서는 특별한 소통 전략을 사용할 필요가 있다. 왜냐하면 대부분의 경우 학급 내 문제행동은 그러한 행동을 빈번하기 일으키는 특정한 학생으로부터 비롯되는 경우가 많기 때문이다.

학생들이 일시적으로 발생시키는 문제행동은 일상적인 수준의 관리, 예를 들어 불러서 주의를 준다거나 가벼운 수준의 처벌(청소 등)을 하는 것으로 관리가 가능하다. 하지만 문제행동을 빈번하게 일으키는 학생들과 그들이 행하는 문제행동은 그것이 가진 지속성과 위험성으로 인해 특별한 관리가 필요하다. 왜냐하면 보통의 경우 그러한 학생들은 자기 제어 및 주변과의 관계형성에 있어 상대적으로 미숙한 경우가 많기 때문이다. 따라서 학생 내면으로부터의 변화를 가능하게 하는 소통은 이러한 문제행동을 근본적으로 조절할 수 있게 만들어 주는 주요한 방법이 될 수 있다. 이에 여기서는 문제행동 관리를 위한 교사들의 소통전략을 살펴보고자 한다.

이러한 소통전략들은 문제행동 발생 상황뿐만 아니라, 그 이전과 이후를 포함한 연속적이고 지속적인 과정을 통해 드러나고 있었는데, 이러한 소통전략을 표로 정리하면 〈표 7-2〉와 같다.

표 7-2 문제행동 관리를 위한 소통전략

문제행동 이전	문제행동 발생	문제행동 이후
1. 교사의 긍정적 이미지 형성하기 2. 학생을 이해 대상으로 바라보기	3. 문제행동과 관련된 소통을 위한 장소 준비하기 4. 학생들이 소통의 상황으로 인식하게 만들기	5. 주변과의 소통 관리하기

그렇다면 이러한 소통전략에 대해 구체적으로 살펴보도록 하자.

1) 교사의 긍정적 이미지 형성하기

교사는 문제행동 관리와 그러한 행위를 빈번하게 하는 학생들과의 의미 있는 소통을 위해 학생들에게 긍정적 이미지를 형성할 필요가 있다. 소통은 그것을 어떻게 바라보는가에 따라 그 시작 시점을 달리 볼 수 있다. 소통을 실제적인 담화 행위로 한정할 경우 그것의 시작은 구체적인 대화가 이루어지는 시기가 될 것이다. 하지만 소통을 인간과 인간의 상호작용으로 본다면, 서로의 존재에 대해 인식하고 그에 대한 이미지를 형성하는 시점을 소통을 시작으로 볼 수 있다. 따라서 교사는 문제행동의 발생 이전에 진정한 소통을 가능하게 할 수 있는 기반으로서 교사에 대한 긍정적인 이미지를 학생들이 형성할 수 있게끔 해 주어야 할 필요가 있다.

교사에 대한 긍정적 이미지는 학생들로 하여금 열린 태도로 소통에 참여할 수 있게 해 준다. 왜냐하면 소통에서는 무엇을, 어떻게 이야기하는 것만큼이나 누가 이야기하는가도 크게 영향을 끼치기 때문이다. 즉, 동일한 내용을 같은 방식으로 이야기하더라도 긍정적 이미지를 가진 교사가 시도하는 소통은 진심 어린 조언과 걱정으로, 부정적 이미지를 가진 교사가 시도하는 소통은 지나친 간섭이나 자신에 대한 공격으로 받아들일 수 있다.

특히 문제행동을 빈번하게 일으키는 학생과의 소통은 이러한 교사의 이미지에 더욱 크게 영향을 받는다. 왜냐하면 일반적으로 이러한 학생들의 경우 예전부터 지속적으로 관련 행동에 대하여 지적을 받거나 처벌을 받은 경험이 있는 경우가 많기 때문이다. 그리고 이러한 경우, 그들은 교사에 대한 부정적인 이미지를 형성하는 경우가 많고, 이로 인해 교사의 소통 시도를 자신에 대한 공격으로 받아들여 소통 자체에 대해 부정적이고 소극적인 태도를 가지기 쉽기 때문이다.

하지만 이러한 이미지를 형성하는 것은 쉬운 일이 아니다. 왜냐하면 특정한 이미지라는 것은 한두 번의 사건이 아닌 오랜 시간 지속적으로 이루어지는 행위의 일관성을 통해 형성되는 것이기 때문이다. 그렇다면 진심 어린 소통을 가능하게 하는 교사의 이미지들에 대해 좀 더 살펴보도록 하자.

(1) 공정한 교사

공정한 교사라는 이미지는 학생들이 교사의 행동을 중립적인 것으로 받아들일 수 있게 해 준다. 공정한 교사는 특정 학생에 대한 호불호를 가지지 않는, 편견이 없는 교사의 이미지를 말한다. 즉, 어떤 문제행동이 발생했을 때, 어떤 학생인가가 아닌 어떤 행동인가에 따라 그 사안을 다루는 교사라는 의미이다. 소위 '선생님은 왜 저한테만 뭐라 그러세요?'라는 항변을 듣지 않게 만들어 주는 이미지이다. 이러한 이미지를 심어 주기 위해서 교사는 모든 학생에 대해 일관성 있게 행동하는 것이 중요하다.

(2) 일관적인 교사

진정한 소통을 위해 교사는 학생들에게 일관성 있는 사람이라는 이미지를 심어 주어야 할 필요가 있다. 그렇지 못할 경우 학생들은 교사에 대하여 감정적 변화에 따라 행동하는 사람이라는 이미지를 형성하게 될 수 있으며, 교사의 소통이나 훈육 행위를 비이성적인 화풀이로 받아들이게 만들 수 있다. 이러한 일관성을 학생들에게 심어 주기 위한 효과적인 방법은 학생들에게 부정적인 감정을 드러내지 않는 것이다. 즉, 감정 자체를 드러내지 않는 것이 아니라 기쁨, 즐거움과 같은 감정은 자주 보여 주되, 분노와 같은 부정적인 감정은 드러내지 않는 것이다. 물론 학급을 경영하는 데 있어 이러한 부정적인 감정을 드러내는 것이 필요한 경우도 있다. 하지만 그러한 경우에도 부정적 감정의 표면화는 고도로 의도적이고 전략적인 형태로 조심스럽게 이루어져야 할 것이다.

(3) 헌신적인 교사

교사가 가진 헌신적인 이미지는 학생들로 하여금 교사에 대한 믿음을 이끌어 낸다. 일반적으로 우리는 자신에게 헌신적으로 대해 준다고 여기는 사람을 더욱 믿고 의지하는데, 학생에게도 마찬가지이다. 특히 문제행동을 빈번하게 일으키는 학생은 주변으로부터 자신에 대한 부정적인 태도를 종종 경험하는데, 이러한 학생들에게 교사의 헌신적인 이미지는 학생들이 그를 의지하고 믿을 수 있다는 생각을 가지게 만든다. 이를 위해 교사는 평소 그러한 학생들을 지속적으로 살피고 특히 그들의 어려움을 해결하려 노력하는 모습을 보여 주어야 한다.

(4) 민주적인 교사

민주적인 교사는 학생들의 말을 경청하고 받아들일 수 있는 교사를 의미한다. 학생들은 자신을 말을 들어 주고 받아들일 수 있다고 생각되는 교사에게 자신의 생각을 이야기한다. 교사가 민주적인 교사의 이미지를 학생들에게 심어 주지 못한다면, 학생은 자신의 진심을 털어놓기보다는 적당히 넘어가는 방법을 선택해 버리기 쉽다. 따라서 교사는 평소에 학생의 이야기를 경청하고 수용하는 모습을 보여 줌으로써 민주적인 교사라는 이미지를 심어 줄 필요가 있다.

2) 학생을 이해의 대상으로 바라보기

문제행동과 그러한 행위를 빈번하게 하는 학생과의 소통을 위해 교사는 학생을 처벌이나 교정의 대상이 아닌 이해의 대상으로 바라보고 이해하려는 노력을 해야 한다. 즉, 교사가 학생의 문제행동을 이해하기 위해 왜 그런 행동을 했고, 그러한 행동의 배경에는 어떠한 요소들이 존재하는지에 대해 이해하고자 하는 노력이 필요하다는 것이다.

문제행동은 그 행동을 한 학생과 분리해서 생각할 수 없다. 그리고 그러한 학생은 각자 자신의 배경을 가지고 그 속에서 정체성을 형성한다. 따라서 교사는 학생의 문제행동과 그러한 행동을 하는, 특히 빈번한 문제행동을 일으키는 학생들을 이해하려는 노력이 필요하다. 이러한 측면에서, 앞서 살펴본 교사의 이미지가 진정한 소통을 위해 학생들이 교사에 대해 가져야 하는 관점을 부각시키고 있다면, 학생을 이해의 대상으로 바라보는 것은 소통과 관련하여 교사가 학생을 바라보는 관점과 관련된 것이라 할 수 있다. 즉, 진정한 소통이 되기 위해서는 소통의 두 당사자가 서로를 소통의 대상, 혹은 소통이 가능하며 또한 소통이 필요한 대상으로 인식하는 것이 필요하다는 것이다.

교사가 문제행동을 빈번하게 일으키는 학생을 이해하기 위해서는 그들이 속한 가정환경이나 교우관계 그리고 그들의 과거 경험 등을 관심 있게 살펴보아야 한다. 가정환경은 학생의 행동에 가장 크게 영향을 미치는 배경으로서, 가정의 경제적 환경, 부모의 양육태도, 부모들이 가지고 있는 특별한 관점 등이 포함된다. 예를 들어, 폭력적인 행동을 자주 일으키는 학생의 경우, 폭력적인 모습에 자주 노출되거나 가정 폭력을 빈번하게 경험하는 학생인 경우가 많다. 문제행동을 빈번하게 일으키는 학생의 경우 주변의 친구들과 교우관계가 원만하지 못한 경우가 종종 있다. 친구들과 소원한 관계를 형성하거나 때에 따라서는 따돌림 수준의 대우를 받는 학생의 경우, 지나치게 소극적인 행동을 보이는 경우가 많다. 과거의 경험도 학생의 문제행동을 유발하는 배경이 된다. 과거에 경험한 매우 극렬한 부정적인 사건은 학생의 인식을 바꾸거나 학교생활에 대한 태도를 바꾸게 되고 이로 인해 이것이 문제행동으로 이어질 수 있다.

따라서 교사는 학생의 문제행동 그 자체에만 집중하기보다는 그러한 문제행동의 배경이 되는 학생의 생활을 알아보고, 이를 통해 학생의 행동을 이해하고자 노력해야 한다. 이러한 노력은 교사의 일상적인 학급경영을 통해 지속적으로 이루어질 필요가 있는데, 이러한 이해를 가능하게 하는 몇몇의 방법을 살펴보도록 하자.

(1) 자주 이야기 듣기

학생의 이야기를 평소에 많이 듣는 것은 그들의 배경을 이해할 수 있는 가장 강력한 수단이라 할 수 있다. 물론 초등학교 교사는 다양한 상담활동을 수행한다. 특히 학기 초가 되면 학생들의 기본적인 배경을 확인하기 위한 상담활동이 이어진다. 이와 더불어, 학기 초에 이루어지는 학부모 상담은 교사가 학생의 배경과 관련한 정보를 획득할 수 있는 하나의 계기가 된다. 하지만 이러한 상담활동은 몇몇의 단점을 가지는데, 첫째, 학생의 배경에 대해 충분한 이해가 기반되지 않아 이러한 상담이 교사의 질문과 학생의 대답으로 진행되는 경우가 많다는 점이다. 결국 교사는 학생을 이해할 수 있는 충분한 정보를 얻기보다는 학생의 애로사항과 건강상태 등에 대한 현상 확인에 머물 가능성이 높다. 둘째, 충분한 라포르가 형성되어 있지 않은 상태에서의 상담은 학생으로 하여금 진실된 응답을 이끌어 내지 못한다. 즉, 학생이 상담을 빨리 마치기 위해 다 괜찮고 문제없다는 식의 답변으로 그 상황을 모면하려 하는 것이다. 따라서 학생과의 소통은 문제행동의 발생 시점뿐만 아니라 일상적인 활동을 통해 지속적으로 이어 나갈 필요가 있으며, 특히 문제행동을 빈번하게 일으키는 학생과는 좀 더 자주 소통을 이어 나가야 한다.

이러한 일상적 소통을 원활히 하기 위해 사용할 수 있는 방법 중 하나는 점심 같이 먹기나 점심시간에 같이 산책하기 등을 통해 지속적으로 대화를 하는 것이다. 점심 같이 먹기는 출석번호나 다른 방법을 통해 순서를 정한 다음 이 순서에 맞추어서 교사와 함께 점심을 먹는 것이다. 점심을 함께 먹는다는 것은 별도의 장소에서 따로 먹는 것을 의미하진 않는다. 다만, 급식실에서 해당 학생과 마주앉아 점심을 먹으며 이야기하는 것이다. 산책하기도 이와 같이 순서를 정해 운동장이나 학교 안을 걸으면서 학생과 함께 이야기를 나누는 방법이다. 처음에는 학생들이 이러한 방식을 어색하게 느낄 수 있으나 몇 번의 자기 순서가 돌아오면 금방 익숙해져 이야기를 시작하게 된다.

(2) 일상의 소재로 이야기하기

학생과의 소통, 특히 문제행동을 빈번하게 일으키는 학생과의 소통에서는 학생이 교사의 물음에 대답하는 시간이 아닌 교사와 이야기를 나누는 시간으로 인식할 수 있도록 해야 한다. 그러기 위해서 교사는 이러한 소통의 순간에 있어 교훈이나 조언을 주려 하기보다는 자연스러운 대화를 이끌어 가는 것이 좋다.

이야기의 소재도 학생의 관심사, 일상, 놀이 생활과 같이 가볍게 참여할 수 있는 것들로 하는 것이 좋다. 연예인에 대한 이야기라든지 요즘 학생들이 즐겨 하는 게임에 대한 이야기 같은 것도 대화를 자연스럽게 이어 가는 좋은 소재가 된다. 그러한 측면에서 교사가 교육적인 목적에 너무 집착하지 않는 것이 좀 더 자연스러운 대화를 이끌어 나가는 데 도움을 줄 수 있다. 그리고 학생들은 이러한 자연스러운 대화 속에서 자신의 내면의 이야기를 조금씩 털어놓을 수 있다. '어제 뭐 했니?', '요즘 뭐 하고 노니?'와 같은 자연스러운 소재는 학생이 좀 더 가볍게 대화에 참여할 수 있게 만들어 준다.

만약 학생이 여전히 대화에 주저한다면, 교사 자신의 이야기를 하는 것도 좋다. '선생님은 요즘 무엇이 너무 재미있더라.' 혹은 '어제는 무슨 책을 읽었는데, 그 내용이 이런 것이었어.'와 같은 식은 이야기를 꺼낸다면 대화 참여에 대한 학생의 부담감을 다소 줄일 수 있다.

3) 문제행동과 관련된 소통을 위한 장소 준비하기

앞서 살펴본 전략들이 문제행동 발생 이전에 이루어질 수 있는 소통전략이라면 소통을 위한 장소를 준비하는 것은 문제행동 발생 이후 이를 직접적으로 관리하기 위한 소통전략이라 할 수 있다. 문제행동이 발생하면 교사는 이러한 문제행동과 관련된 소통을 위해 특별한 장소를 준비해야 할 필요가 있다. 이러한 장소는 문제행동이 일어난 공간적 · 시간적 장소와 구별되는 별도의 장소를 의미하는데, 그렇다면 이러한 장소 준비하기에 대해 좀 더 살펴보도록 하자.

(1) 소통을 위한 공간적 장소 준비하기

문제행동 이후 교사는 소통을 위해 문제행동이 발생한 장소가 아닌 별도의 공간을 마련하여 소통을 시도할 필요가 있다. 학생의 문제행동은 학교 곳곳에서 발생할 수 있다. 교실, 복도, 운동장 등과 같은 장소들이 대표적인 문제행동의 발생 공간이라 할 수 있으나 이러한 장소 외에도 학생이 접근 가능하며, 그들의 활동이 이루어지는 곳이라면 그 어느 장소에서든 문제행동이 발생할 수 있다.

하지만 교사는 이러한 문제행동이 발생한 공간에서 즉각적으로 소통을 시도하기보다 별도의 공간적 장소를 마련하는 것이 소통을 불러일으키는 데 좀 더 유리하다. 그 이유는, 첫째, 문제행동을 일으킨 학생과의 소통 모습이나 내용이 다른 사람에게 목격되거나 알려지는 것을 방지할 수 있다. 문제행동을 일으킨 학생과의 소통은 다른 사람들이 보거나 듣지 않는 곳에서 이루어지는 것이 좋다. 왜냐하면 문제행동을 일으킨 학생이 교사 외에 다른 사람들, 예를 들어 다른 학생이나 다른 교사가 자신의 말을 듣고 있다고 생각하면 소통을 하지 않으려 할 수 있기 때문이다. 더 나아가 사람들 앞에서 자신의 문제행동에 대한 소통을 하는 행위 자체가 그 학생에게는 굴

욕적이거나 공격적으로 받아들여질 수 있다. 둘째, 문제행동을 일으킨 학생을 다소 간 진정시킬 수 있다. 문제행동 직후의 학생은 감정적으로 동요하고 있는 경우가 많다. 따라서 교사는 문제행동을 일으킨 학생을 감정적으로 진정시킬 필요가 있는데, 학생을 문제행동이 이루어진 장소에서 멀어지게 하는 것은 그러한 감정적 안정을 가져오는 데 도움을 준다.

이러한 측면에서 문제행동 직후 마련되는 공간적인 장소를 선정하는 데는 다음과 같은 요소를 고려하는 것이 도움이 된다. 첫째, 교사와 학생이 일대일의 소통 상황을 만들어 줄 수 있는 공간이 좋다. 만약 수업 중 교실에서 문제행동이 일어났다면, 복도나 교사 연구실 같은 곳으로 학생을 불러내어 소통을 하는 것이 가능할 것이다. 둘째, 다소간 넓은 장소가 소통에 도움이 된다. 소통을 하기 위해 교사가 문제행동을 일으킨 학생과 마주했을 때, 그 물리적 거리가 어느 정도 확보되는 곳이 좋다. 만약, 그 거리가 너무 가까우면 학생은 그것에 대해 압박감을 가질 수 있고, 너무 멀어지면 소통의 과정에서 학생의 여러 가지 반응을 살펴보기 힘들어질 수 있다. 따라서 어느 정도 넓은 장소, 혹은 개방되어 있되 다른 학생이나 교사들과는 거리가 떨어져 있는 장소 등이 소통에 도움이 된다.

(2) 소통을 위한 시간적 장소 준비하기

소통을 위해서는 공간적인 장소뿐만 아니라 시간적인 장소도 마련되어야 한다. 이러한 시간적인 장소는 교사의 기다림을 통해 준비될 수 있다. 즉, 교사는 학생이 소통을 위한 준비가 어느 정도 될 때까지 학생에게 충분한 시간을 줄 필요가 있다. 이러한 시간적 여유는 문제행동을 일으킨 학생들을 정서적으로 안정되게 할 기회를 제공하고, 또한 소통을 위한 준비를 할 수 있게끔 돕는다.

문제행동은 그 문제행동의 대상뿐만 아니라 문제행동을 일으킨 학생의 정서적 불안정을 야기한다. 특히 폭력적 행동과 같은 문제행동은 상대적으로 더욱 극심한 감정적 동요를 유발한다. 따라서 교사가 즉각적으로 반응을 하거나, 학생에게 설명이나 반성을 요구할 경우, 학생의 그러한 감정적 동요는 더욱 심해질 수 있다. 이는 최악의 경우 연이은 문제행동으로 이어질 수 있다. 물론 문제행동이 발생했을 때는 즉각적으로 그러한 행동을 제거하거나 중지시켜야 하지만, 이러한 문제행동이 멈추고 나서는 시간적 여유를 학생에게 제공하는 것이 바람직하다.

이러한 소통을 위한 시간적 장소 준비는 교사의 기다림을 통해 마련된다. 다만, 이러한 기다림이 효과적으로 작동하기 위해서는 다음의 사항을 고려할 필요가 있다. 첫째, 교사가 기다림의 시간 동안 학생을 재촉하지 말아야 한다. 오히려 학생에 대한 반응을 삼가고 기다려 주는 것이 필요하다. 즉, 학생들이 쫓기는 느낌을 가지지 않고 차분히 소통을 준비할 수 있도록 하여야 한다. 둘째, 충분한 시간을 주되 이러한 시간이 소통을 위해 준비해야 하는 시간이고 교사가 그러한 소통을 기다리고 있다는 것은 학생들이 인지하도록 해야 한다. 즉, '네가 준비가 되면 선생님에게 알려다오.'와 같은 표현을 하여 학생에게 주어지는 시간이 소통을 위한 준비의 시간이고, 이후에 소통에 임해야 한다는 것을 주지시킨다.

4) 학생들이 소통의 상황으로 인식하게 만들기

문제행동을 일으킨 학생과의 소통을 위한 공간적 · 시간적 장소가 준비되면 교사는 이제 구체적인 대화를 통한 소통을 시작하여야 한다. 하지만 이때도 교사의 세심한 소통전략이 필요하다. 만약 구체적인 전략 없이 조급하게 학생에게 소통을 재촉한다면 학생들은 그 상황을 소통의 상황이라기보다는 꾸중이나 야단을 맞고 있다고 인식할 수 있기 때문이다. 만약에 학생이 그렇게 받아들여 버린다면 학생이 할 수 있는 것은 감정적 폭발로 인해 반항을 하거나 곤란한 순간을 모면하기 위해 변명하거나 침묵해 버릴 수도 있다. 따라서 교사는 학생들이 해당 상황을 소통의 상황으로 받아들일 수 있게 몇몇의 전략을 세심하게 사용할 필요가 있다.

(1) 학생을 소통의 대상으로 인정하기

소통이 필요한 상황이 되면 우선 교사는 학생을 소통의 대상으로 인정하려는 태도를 가져야 한다. 이는 매우 상식적인 것 같으면서도 또한 가장 실천하기 어려운 부분이기도 하다. 왜냐하면 보통의 경우 문제행동은 교정이나 처벌의 대상이지 이해나 소통의 소재로 생각하지 않는 경우가 많으며, 그러한 문제행동을 일으킨 학생 또한 꾸중이나 처벌의 대상으로 바라보기가 쉽기 때문이다.

하지만 교사가 문제행동을 발견하고 그러한 행동을 한 학생을 꾸중해야겠다고 생각하는 순간, 더 이상 상호작용적인 소통은 사라지고 교사로부터의 일방적인 질책이 이루어지게 된다. 여기서 가장 큰 문제는 이렇게 질책을 하는 교사가 그것을 소통이라고 착각해 버리는 경우가 종종 발생한다는 것이다. 교사와 학생 간의 발화 행위가 있었다 하여 그것을 모두 소통이라 할 수 없다. 만약 교사의 소통 시도가 이러한 형태의 대화로 이어진다면 학생들은 결국 자신의 생각이 거부당하고 야단을 맞고 있다고 생각하게 된다. 결국, '네 생각을 알겠어. 그런데…….'와 같은 전개는 결국 일방적인 꾸중으로 대화를 이끌게 한다.

교사가 어떠한 자세로 소통에 임하는가는 대화의 전체적인 분위기와 흐름을 좌우한다. 따라서 교사는 '잘못을 지적해야 되겠다'가 아니라 '왜 그랬을까? 이야기를 들어 봐야겠다'의 태도로 소통을 시작해야 할 필요가 있다.

(2) 자신의 입장과 생각을 먼저 표현하게 하기

소통의 시작은 학생이 자신의 입장을 먼저 이야기하게 하는 것으로 시작하는 것이 좋다. 문제행동을 일으킨 대부분의 학생은 자신의 행동이 정당한 행동이라 생각하거나 최소한 어쩔 수 없는 행동이라 생각한다. 그래서 자신이 왜 그럴 수밖에 없었는지를 설명하고 그것에 대한 인정을 받고자 한다. 따라서 학생이 자신의 입장을 충분히 이야기할 수 있는 기회를 먼저 제공하는 것이 소통을 이끌어 내고 그것을 유지하는 데 도움이 된다. 또한 학생은 자신의 입장을 먼저 이야기할 수 있음으로 인해 그 자리가 꾸중을 듣는 자리가 아닌 교사와 소통하는 대화의 장이라는 생각을 가질 수 있다.

이때 중요한 것은 교사가 학생의 말을 끊거나 끼어들지 않고 끝까지 들어주는 것이다. 학생은 자신의 입장을 이야기하면서 자신들의 문제행동에 정당성을 부여하려 시도하는 경우가 많다. 그렇다 보니 그러한 이야기 속에는 앞뒤가 맞지 않거나 독선적인 생각 등이 포함되어 있다. 하지만 교사가 이러한 오류나 도덕적 비타당성을 즉각 바로잡으려 한다면, 학생은 이러한 교사의 행위를 자신에 대한 적대적 행위로 받아들일 수 있다. 즉, 자기의 말은 듣지도 않고 무조건 자기가 잘못했다고 몰아붙인다고 생각하게 되는 것이다. 따라서 학생의 이러한 생각을 미연에 방지하기 위해서라도 학생의 이야기를 끝까지 듣고 교사의 이야기를 시작하여야 한다.

(3) 꾸중하지 않되 냉정하게 평가하기

학생이 문제행동에 대한 자신의 생각을 이야기하면 교사는 학생의 생각에 대한 교사의 판단을 제시해 주는 것이 좋다. 즉, 학생의 생각에 대한 지적이나 꾸중이 아닌 그러한 생각들에 대한 합리적인 평가를 제시해 줄 필요가 있다. 만약 그렇지 못하고 '네 생각은 알겠는데, 그건 잘못된 생각이다.'와 같은 반응을 학생에게 보여 주면, 학생은 '생각을 말하라고 하더니 결국은 야단치네.'와 같이 생각해 버릴 수도 있다. 그리고 이러한 생각이 들기 시작하면, 학생에게 그 순간은 더 이상 소통의 순간이 아니라 꾸중을 듣는 순간으로 변해 버린다. 따라서 교사는 학생이 그러한 생각을 가지지 않게 해야 하고, 그러기 위해서는 전체적으로 문제행동과 그것과 관련된 학생의 생각에 대한 평가의 어조를 보여 주는 것이 좋다. 이를 위해, 교사는 학생의 생각에 대한 전체적인 논평을 제시하기보다는 그 생각들을 부분으로 쪼개어 각 부분에 대한 평가를 내려 주는 것이 좋다. '네 생각 중 이런 부분은 인정할 수 있다. 하지만 저런 부분은 옳지 않다고 생각한다.'와 같이 교사의 평가를 제시하는 것이다.

이러한 분석적인 평가의 어조로 학생에게 반응하는 것은 다음과 같은 점에서 학생과의 소통을 원활하게 할 수 있다. 첫째, 학생의 생각에 대한 부분적인 인정은 학생에게 다소간의 만족감을 제시할 수 있다. 학생으로 하여금 자신의 생각이나 입장이 완전히 잘못된 것이 아니라는 평가는 학생이 받고자 했던 행동의 정당성 인정 욕구를 다소간 만족시킬 수 있다. 둘째, 분석적인 평가는 학생이 자신의 행동과 생각을 좀 더 떨어진 거리에서 보편적인 기준에 따라 판단해 볼 수 있는 기회를 제공한다. 보통의 경우, 학생은 자신의 행동에 대해 자신의 주관에 따라 판단한다. 따라서 그것에 대해 쉽게 정당성을 부여할 수 있게 된다. 이럴 때, 교사가 그러한 행동과 생각들에 대한 분석적 접근을 제시하면, 학생은 그것을 바라보는 다른 시각을 생각해 볼 수 있게 된다.

더불어, 실제 많은 문제행동과 그러한 행동이 일어나게 된 배경들은 나름의 타당함의 일부 포함하고 있는 경우가 대부분이다. 실제 학교 현장에서 특별한 경우를 제외하고, 절대적으로 불량한 학생이 완전히 잘못된 행동을 완전히 잘못된 생각을 가지고 하는 경우는 거의 없기 때문이다. 따라서 교사는 학생의 생각에 분석적으로 접근하여 그것 각각에 대한 평가를 제시해 준다면 학생이 좀 더 개방적으로 그러한 평가를 받아들일 수 있다.

5) 주변과의 소통 관리하기

문제행동과 관련한 소통에 있어 교사와 학생 간의 소통만큼이나 중요한 것이 학생과 다른 학생의 소통 그리고 교사와 학부모 간의 소통이다. 문제행동을 일으킨 학생과 다른 학생의 소통 관리는 문제행동을 일으킨 학생이 학급이나 학교생활에 잘 적응하는 데 도움을 주고, 교사와 학부모 사이의 소통 관리는 학생의 문제행동 관리와 개선에 도움을 줄 수 있다. 그렇다면 이러한 주변과의 소통에 대해서 좀 더 살펴보도록 하자.

(1) 다른 학생들과의 소통 관리하기

문제행동을 일으킨 학생과 다른 학생들 사이의 소통을 관리해서 그 학생이 교실생활에 원활히 적응할 수 있도록 도와야 한다. 왜냐하면 문제행동을 관리하고 이를 제거하기 위해서는 학급 일원인 다른 학생들의 정서적 지원이 필요하기 때문이다. 특히 문제행동을 빈번하게 일으키는 학생의 경우 다른 학생들의 정서적 지원이 필수적인 경우가 많다.

보통의 경우, 학생의 문제행동은 다른 학생들에게 좋지 않은 인상을 남긴다. 그리고 이러한 좋지 않은 인상은 학생들의 행동 변화를 가져오고, 이러한 행동 변화는 문제행동을 일으킨 학생을 정서적으로 압박하는 결과를 가져올 수 있다. 특히 문제행동을 빈번하게 일으키는 학생의 경우, 이러한 결과가 극명하게 나타나는 경우가 많다. 왜냐하면 학생들이 그러한 학생에 대해 일종의 선입견을 가지기 쉬우며, 이러한 선입견하에서 그 학생을 정서적으로 압박하고 몰아붙이는 경우가 발생하기 때문이다. '재는 원래 그래요.', '재가 전에도 그랬어요.'와 같은 반응이 바로 그러한 선입견을 드러내는 것이라 할 수 있다.

따라서 교사는 학생의 문제행동에 대한 교사의 의견이나 판단을 다른 학생들에게 드러내는 것을 삼가고, 대신 학생의 문제행동이 잘못되긴 했지만 있을 수 있는 일이라는 점, 이해가 필요한 사항이라는 점을 학생에게 전달해야 한다. 그리고 학급의 친구들이 그 학생에 대해 이해하려는 태도를 가지고 접근해야 그런 행동이 개선될 수 있다는 점을 지속적으로 알려 주어야 할 필요가 있다.

(2) 학부모와의 소통 관리하기

교사는 학생의 문제행동과 성향에 대해 학부모와 소통해야 한다. 특히 문제행동을 빈번하게 일으키는 학생의 경우, 이를 통해 교사는 문제행동을 관리하는 데 필요한 조력을 얻을 수 있거나, 학생의 학교생활을 학부모들이 알게 해 주어 교사에 대한 오해를 미연에 방지할 수 있다.

학부모와의 소통은 학부모의 성향에 따라 크게 두 가지 효과를 가져올 수 있다. 첫째로 학부모가 학교와 교사에게 긍정적인 자세를 가지고 있다면, 그들로부터 학생의 문제행동 교정에 필요한 조력을 얻을 수 있다. 학생은 하루의 대부분을 집과 학교에서 보낸다. 학생의 문제행동 개선을 위해 지속적인 관심과 지도가 필요함을 고려하면 학부모의 조력은 그러한 문제행동 개선과 학생의 변화에 큰 영향력을 발휘할 수 있다. 둘째로 학부모가 학교나 교사에 긍정적이지 못한, 더 나아가 부정적인 태도를 가지고 있을 경우에도 그들과의 소통이 필요하다. 왜냐하면 자녀의 학교생활에 대한 실상을 알게 해 주어 이후 다른 교사들의 생활지도에 대한 편견을 제거할 수 있기 때문이다.

학교에 대해 부정적인 태도를 보이는 학부모에게 학생의 문제행동을 알리는 것은 교사에게 부담스러운 일이다. 왜냐하면 그러한 시도 자체가 부모에게는 편견 있는 교사라는 이미지를 심어 줄 수 있기 때문이다. 이에 적지 않은 교사들이 그러한 문제행동을 학부모에게 알리기보다는 교실 내에서 자신이 관리하려 한다. 하지만 이러한 시도는 학부모로 하여금 자신의 자녀를 제대로 알지 못하게 하는 결과를 초래할 수 있다. 그리고 이러한 결과는 이후 다른 교사들의 소통 시도를 원천적으로 막아 버리는 결과로 이어질 수 있다. 따라서 비록 학부모가 교사의 그러한 소통 시도에 대해 부정적인 태도를 드러내더라도 지속적으로 소통을 진행하는 것이 필요하다.

5. 결론

앞서 우리는 초등학교에서의 문제행동과 그에 대한 소통전략에 대해 살펴보았다. 이러한 논의를 통해 우리는 다음과 같은 시사점을 도출해 볼 수 있다. 첫째, 문제행동과 그와 관련된 학생과의 소통은 문제행동의 발생 시기뿐만 아니라 그 전후에 걸쳐 지속적으로 관리되어야 한다. 소통이란 필요한 순간에 원하는 방식으로 일어날 수 있는 것이 아니다. 특히 문제행동과 같은 특별한 경우라면 더욱 그러하다. 따라서 교사는 학년 전반에 걸쳐 그러한 소통을 유지하고 관리하기 위한 전략을 실천하는 것이 필요하다. 둘째, 문제행동과 관련된 진정한 소통을 위해서는 교사와 학생 사이의 인간적 관계형성이 필요하다. 소통은 서로가 서로를 소통의 대상으로 인정할 수 있을 때 이루어진다. 따라서 교사는 스스로가 학생을 소통의 대상으로 인정하고, 또한 학생이 자신을 소통이 가능한 사람으로 인정할 수 있게 만들어 주어야 한다. 셋째, 문제행동을 일으킨 학생이 교사의 시도를 소통으로 인식할 수 있게 해야 한다. 문제행동을 일으킨 학생은 자신이 꾸중을 듣거나 야단을 맞을 것이라 생각한다. 그래서 교사의 소통 시도를 자신에 대한 꾸중으로 받아들이기 쉽다. 따라서 교사는 학생이 꾸중을 듣는 것이 아니라 소통을 하고 있다는 생각을 심어 주기 위해 노력해야 한다. 넷째, 소통은 적절한 환경 속에서 더욱 효과적으로 이루어질 수 있다. 문제행동을 빈번하게 일으키는 학생은 다른 학생들에 비해 상대적으로 불안정한 상황에 처해 있을 가능성이 있다. 따라서 교사는 소통 그 자체뿐만 아니라 소통이 이루어질 수 있는 환경 자체를 형성하는 데 노력을 기울일 필요가 있다.

문제행동의 개선과 그러한 문제행동을 빈번하게 일으키는 학생을 지도하는 것은 교사들에게 많은 노력과 인내심을 요구한다. 또한 많은 경우 교사의 그런 노력이 실질적인 성과로 드러나지 않는다. 하지만 교사는 학생이나 학생의 행동에서 단기적인 성과를 찾으려 노력하기보다는 자신의 소통 노력이 장기간에 걸쳐 축적되고 있으며, 미래의 어느 시점에는 결실로 이어질 것이라는 확신을 가지고 그들과의 소통에 임해야 한다. 어쩌면 문제행동과 그러한 행동을 빈번하게 일으키는 학생을 지도하기 위해 가장 필요한 것은 교사의 인내심과 끈기라 볼 수 있다.

김 교사가 근무하고 있는 학교는 읍내에 있는 작은 학교로 1학년부터 6학년까지 한 반씩 있는 소규모 학교이다. 이전에 4학년을 맡았던 김 교사는 새로이 6학년 담임을 맡게 되었다. 6학년 담임을 맡게 되면서 김 교사는 근심이 많아졌다. 왜냐하면 4학년 담임을 하면서 당시 5학년이던 학생들의 학교생활을 바로 옆에서 지켜보았기 때문이다.

새롭게 올라오는 6학년들은 5학년 시절에도 크고 작은 문제를 일으켰던 학생들이 몰려 있었다. 그리고 그러한 문제들은 대부분 몇몇 학생을 중심으로 벌어졌다. 읍 소재의 소규모 학교이고, 인근에 또 다른 초등학교가 있어, 김 교사가 근무하는 학교는 읍내에서 규모가 작은 편에 속하는 학교이다. 그래서 읍내에 있음에도 불구하고 한 학년 학생 수가 10명 내외이고, 새롭게 맡은 6학년은 그래도 학생이 좀 많은 편이라 17명의 학생들이 속해 있었다. 그리고 그중 문제행동을 빈번하게 일으키는 학생들은 3~4명 정도였다.

그 3~4명의 학생들이 몰려다니며 여러 크고 작은 소동이나 문제들을 일으켰고, 그러다 보니 학교에서도 6학년에 대한 걱정이 많았다. 그중에서도 김 교사에게 가장 큰 걱정으로 다가온 것은 6학년 남학생인 영진이였다. 영진이는 또래에 비해 덩치가 큰 편이면서 장난을 좋아하는 학생이었다. 하지만 문제는 수시로 폭력적인 행동을 한다는 것이었다. 심한 말이나 폭력 행위 등으로 친구들과 문제를 일으키는 경우가 빈번했고, 그 빈도도 매우 높아서 거의 이틀의 한 번 꼴로 크고 작은 문제를 일으켰다.

그나마 다행스러웠던 점은 작은 동네의 작은 학교다 보니 학부모끼리 사이가 좋은 편이었고, 특히 영진이의 어머니가 다른 어머니들과 사이가 좋아 부모들끼리 잘 이야기가 되어 영진이의 폭력 행동으로 인해 학교에 공식적으로 민원이 제기되는 일은 생기지 않았다.

이전의 담임 선생님들도 영진이의 그러한 폭력적 행동을 제어해 보려 노력하지 않았던 것은 아니나 영진이의 행동은 크게 달라지지 않았다. 그러다 보니 새로 올라오는 6학년 반은 당연히 어느 정도 학생들을 제어할 수 있다고 여겨지는 남교사 중 가장 젊었던 김 교사가 맡게 되었다.

학급담임이 정해지던 날, 5학년 담임을 맡았던 선생님이 김 교사에게 영신이에 대해서 조언을 해 주었다.

"영진이는 일단 눌러 줘야 합니다. 만약 그렇게 못하면 1년 동안 학급 관리가 힘들어집니다."

이러한 조언을 들은 김 교사는 새로운 학년이 시작되는 시기부터 영진이에게 엄격하게 대했다. 일단은 폭력적 행동을 억제해야 학급을 원활하게 운영할 수 있다고 생각했기 때문이다. 영진이가 크고 작은 문제를 일으킬 때마다 엄격하게 야단을 치고 벌을 주곤 했다. 그럼에도 그 순간만 잠시 잠잠해질 뿐, 뒤돌아서 곧 같은 행동을 반복하곤 했다. 그러한 훈육과 문제행동의 반복 속에서 김 교사도 서서히 지쳐 가기 시작했다.

그러던 중 그날의 문제가 터졌다. 그전까지만 해도, 교사 앞에서는 행동을 조심하는 듯했던 영진이가 김 교사의 앞에서, 그것도 수업 중에 다른 친구를 때린 것이다. 김 교사는 얼른 영진이에가 다가가 그 행동을 제지하였으며, 다른 학생들에게 맞은 친구를 밖으로 데리고 나가게 했다. 김 교사가 제지하고 있는 상황에서도 영진이는 흥분을 가라앉히지 못했다. 잠시의 시간이 흘러 영진이의 흥분이 좀 가라앉자 김 교사는 학생들에게 책을 읽고 있으라고 말하곤 영진이를 교사 연구실로 데리고 갔다.

교사 연구실에서 김 교사와 영진이는 한동안 말없이 마주앉아 있었다. 김 교사는 피로감을 느꼈다. 변화 없는 영진이의 행동에 지쳐 갔으며, 자신이 무엇을 더 할 수 있나 하는 자괴감까지 느껴졌다.

"영진아, 이거는 좀 너무하지 않니?"

김 교사가 던진 말은 분노도 아니고 꾸중도 아니었다. 너무나도 지친 상태에서 자신도 모르게 던진 말이었다. 김 교사는 단지 영진이가 자신의 행동에 대해 어떻게 생각하는지 정말 궁금했다. 하지만 그런 김 교사의 뉘앙스를 알아챈 것인지, 자신의 행동에 대해 자신의 입장을 이야기하기 시작했다. 보통의 경우, 영진이는 꾸지람에 별 반응을 하지 않았다. 그냥 자기가 잘못했다고 인정하곤 그 자리를 벗어나려 하기가 일쑤였다. 하지만 김 교사의 말이 자신을 꾸중하는 것이 아니라는 것을 느꼈는지 어떤지는 모르지만 조리 있게, 그리고 꽤 길게 자신의 행동과 생각에 대해 이야기를 했다. 그리고 김 교사는 그런 영진이의 이야기를 듣고 자신의 생각을 이야기했다. 꾸중을 하거나 훈육을 한다고 생각하기보다는 그냥 영진이와 이야기를 했다. 그렇게 영진이와의 대화가 마무리될 때 쯤에는 영진이가 많이 차분해져 있었고, 자신의 행동이 잘못된 것이라는 것에 대해 어느 정도 수긍하고 있었다. 김 교사는 영진이에게 맞은 친구를 불러와 영진이가 사과를 하게 하고 자리를 마무리 지었다.

그날의 경험은 김 교사로 하여금 많은 생각을 하게 만들었다. '과연 나는 영진이와 대화를 하려고 한 적이 이었는가?', '과연 내가 영진이에게 했던 그 많은 말은 대화였는가? 아니면, 대화를 가장한 훈육이었는가?', '과연 나는 영진이를 대화의 대상으로 바라보고 있었는가?' 김 교사는 그러한 고민들 속에서 자신의 이전 행동에 대해 반성해 보았다. 그리고 이제는 훈육이 아니라 정말 영진이하고 대화를 나누어야겠다는 생각을 하게 되었다.

이후로, 김 교사는 일주일에 두어 번씩 수업을 마치고 영진이를 따로 불러내었다. 영진이와 함께 학교 앞 편의점에서 가서 과자를 한 봉지 사서는 영진이가 그 과자를 다 먹을 동안 학교 주변을 돌며 이러저러한 이야기를 했다. 훈육이 아니었다. 그냥 이야기를 했다. 전날 친구들과 놀았던 이야기, 텔레비전에 나오는 연예인들의 이야기 등 잡다한 소재들로 이야기를 나누었다. 처음에는 어색해하고 말수가 없던 영진이도 시간이 지남에 따라서 이러저러한 이야기들을 하기 시작했다. 자신의 생각, 자기에게 있었던 일 등을 김 교사에게 털어놓기 시작했다. 그리고 김 교사는 그런 영진이의 이야기에 응답하며 자신의 생각을 이야기해 주었다.

그러한 과정 속에서 영진이의 행동이 변하기 시작했다. 물론 폭력적인 행동이 완전히 사라진 것은 아니지만 그 이전에 비해 훨씬 줄었으며, 또한 그런 행동 이후에도 김 교사와 이야기를 하며 자신의 잘못을 인정하고 또 사과했다.

김 교사는 생각했다. 어쩌면 영진이는 훈육이 아니라 대화가 필요한 것은 아니었을까? 그리고 자신이 이전에 시도했던 대화가 영진이에게는 훈육으로 느껴지지는 않았을까? 그러한 생각 속에서 김 교사는 무엇보다 자신이 진심으로 학생들을 대화의 대상으로 바라보고 있었는가에 대해 생각하기 시작했다.

요약

- 문제행동은 정상적인 교육활동을 방해하는 행위, 보편적인 기대에 어긋나는 행위라는 학술적 의미를 가진다.
- 문제행동은 폭력적 행동, 교사의 권위에 대한 도전, 수업 방해 행위 등이 있으며, 이러한 행동은 교사의 정상적인 교육활동 및 학급운영을 방해한다.
- 문제행동과 관련된 소통전략은 크게 문제행동 이전, 발생, 이후 등에 따라 분류해 볼 수 있으며, 문제행동 이전의 전략으로는 교사의 긍정적 이미지 형성하기, 학생을 이해 대상으로 바라보기 등이 있고, 문제행동 발생 시 소통전략으로는 소통의 장소 마련하기, 소통의 상황으로 인식하게 하기가 있다. 그리고 마지막으로 문제행동 이후 소통전략으로는 주변과의 소통 관리하기가 있다.
- 교사의 긍정적 이미지 형성하기는 학생들이 교사를 소통의 대상으로 인정할 수 있게 해 주는 것으로, 이와 관련한 이미지로는 공정한 교사, 일관적인 교사, 헌신적인 교사, 민주적인 교사가 있다.
- 학생을 이해의 대상으로 바라보기는 교사가 학생을 소통의 대상으로 인정하는 것이다. 관련된 하위 전략으로는 자주 이야기 듣기, 일상의 소재로 이야기 하기가 있다.
- 문제행동과 관련된 소통을 위한 장소 준비하기는 소통에 필요한 물리적, 심리적 공간을 마련하는 것으로, 소통을 위한 공간적 장소 준비하기, 소통을 위한 시간적 장소 준비하기 등이 여기에 포함된다.
- 학생들이 소통의 상황으로 인식하게 만들기는 교사의 소통 시도가 훈육이 아닌 소통으로 학생들이 받아들이게끔 만드는 전략으로서, 학생을 소통의 대상으로 인정하기, 자신의 입장과 생각을 먼저 표현하게 하기, 꾸중하지 않되 냉정하게 평가하기가 여기에 해당한다.
- 주변과의 소통 관리하기는 문제행동 이후의 소통 관리 전략으로서 다른 학생들과의 소통 관리하기, 학부모와의 소통 관리하기를 포함한다.

토론주제

1. 소통은 서로가 상대를 소통의 대상으로 인정할 때 비롯될 수 있다. 그렇다면 교사는 학생들을 소통 대상으로 인정하기 위해 학생들에 대한 어떠한 인식을 가져야 하며, 또한 학생들로부터 소통의 대상으로 인정받기 위해 평소 어떠한 행동을 보여 주려 노력해야 하는지 생각해 보자.

2. 문제행동은 일반적으로 그 행동을 빈번하게 일으키는 학생들에게 주로 발견되곤 한다. 그들의 경우, 그러한 행동을 유발하는 배경을 가지고 있는 경우가 많다. 그렇다면 어떠한 배경들이 문제행동의 배경이 될 수 있으며, 그것에 대해 교사가 어떻게 대처할 수 있을지 생각해 보자.

3. 문제행동은 그것이 발생한 순간뿐만 아니라 그 행동 이전과 이후, 그리고 더 나아가 평소 기간 동안에도 지속적으로 관리해야 할 필요가 있다. 그렇다면 평소 학생들의 문제행동 관리를 위한 소통 방법으로 교사가 시도할 수 있는 다양한 활동에 대해 생각해 보자.

참고문헌

박병량(2001). **훈육**. 서울: 학지사.

이철웅(2011). **교직실무 이론과 실제**. 서울: 서현사.

주철안, 오경희, 이상철, 이용철, 이지영, 한대동, 홍창남(2013). **교직실무**. 서울: 학지사.

Charles, C. M. (1996). *Building classroom discipline* (5th ed.). New York: Longman Publishers.

Filehusen, J. F. (1978). Behavior problems in secondary schools. *Journal of Research and Development in Education, 11*(4), 17-28.

Nelson, J. (2006). *Positive discipline*. New York: Ballantine Books.

Shrigley, R. L. (1979). Strategies in classroom management. *The National Association of Secondary School Principal Bulletin, 63*(482), 1-9.

제2부

행복한 학급 만들기의 실제

제8장 학생 인성 지도 프로그램

이재호(광주교육대학교)

1. 학생 인성 지도의 필요성 및 실태

1) 학생 인성 지도의 필요성

자라나는 어린 학생의 인성을 함양하는 일은 동서고금을 막론하고 중요하게 취급되어 온 교육의 대과업이다. 특히 우리 사회에서 인성의 이상 상태는 교육이 도달하고자 하는 종착점에 해당하는 것으로서 중요하게 취급되어 왔다. 그런데 주목할 것은 일체의 교육활동이 인성 함양을 염두에 두었던 과거의 분위기와는 달리, 현대사회로 올수록 어린 학생을 대상으로 하는 '별도의' 인성 지도의 필요성에 대한 목소리가 점점 강조되고 있다는 점이다. 사실, 예나 지금이나 우리 교육은 인간다운 인간, 달리 말하면 올바른 삶을 영위할 수 있는 참된 사람을 길러 내는 데 방점을 두어 왔다. 그런데 최근 학교에서 인성 지도의 필요성에 대한 강조는 인간다운 인간을 길러 내지 못한다는 안타까움이 아니라 인간으로서 갖추어야 할 최소한의 조건을 갖추지 못하고 있다는 안타까움에서 나온 것이라는 데 그 특징이 있다. 말하자면, 전자가 학생 인성 지도의 필요성 문제와 전혀 무관하다는 것이 아니라, 후자가 최근 학생 인성 지도의 필요성을 가속화하는 주된 요인에 해당한다는 것이다.

사실, 우리는 인성 상실의 시대 또는 인성 부재의 시대를 살아가고 있다는 우리 사회에 대한 세간의 비난을 종종 듣곤 한다. 그도 그럴 것이, 아침에 일어나서 뉴스를 접하는 순간 그 이전에는 감히 상상하기 어려운 일들이 왕왕 일어나며, 심지어는 부정적인 뉴스를 접할 때마다 마치 새로운 세상을 접하는 듯한 묘한 기분까지 들기도 한다. 우리 사회에서 인성에 대한 우려와 비판의 목소리는 인성 상실 또는 인성 부재를 목도하고 있다는 사회 현상이 투영된 판단의 결과이며, 이는 인성이 함양의 대상이기에 앞서 무엇보다 '회복'의 대상이라는 점을 강조하고 강화하는 방향으로 연결된다. 이를테면, 가정에서 인성 기능의 상실에 따른 인성 회복을 위한 학교 인성교육의 강화가 그러한 방향의 한 예이다. 최근 학교 인성 지도의 방향이 회복과 그에 따른 실제적 처방을 특징으로 하고 있다는 점은 주지의 사실이다.

그러나 앞서 언급한 학교 인성 지도 필요성의 주된 요인과 특징과는 별도로 염두에 두어야 할 점은 다음의 두 가지이다. 하나는 인성 지도의 활동 성격에 해당하는 문제로서, 인성은 회복의 대상으로서 사후적 처방의 대상일 뿐만 아니라 함양의 대상으로서 사전적 교육의 대상이라는 점이다. 다른 하나는 인성의 지도 범위에 해당하는 문제로서, 학생 인성 지도의 실천 사태에서는 인간다운 인간을 길러 내는 일—유가(儒家)의 도덕교육사상에 따르면, 이 일은 원칙상 성인(聖人), 현실적으로 군자(君子)에 이르기까지 함—과 최소한의 인간으로서의 조건을 갖추도록 하는 일—이를테면, 패례(悖禮)와 패덕(悖德)을 일삼지 않는 인간—이 동시에 고려되어야 한다는 점이다. 인성 지도는 이 양자가 미묘한 균형(subtle balance)을 이룰 때만이 그 교육적 효과를 기대할 수 있는 고유한 특성을 지니고 있기 때문이다.

한편, 인성 지도의 현실적 측면을 고려할 때 초등학교 인성교육은 학교폭력(school violence)의 문제와 관련하여 그 필요성에 대해 살펴보는 것이 도움된다. 교육부의 2019년 1차 학교폭력 실태조사 결과에 따르면, 초등학교 학생들의 피해 및 가해 응답률은 중고등학교 학생들에 그것에 비해 높게 나타났다. [그림 8-1]과 [그림 8-2]는 학교급별 피해응답률과 가해응답률을 알기 쉽게 표현한 것이다(교육부 보도자료, 2019. 8. 27.: 2, 4).

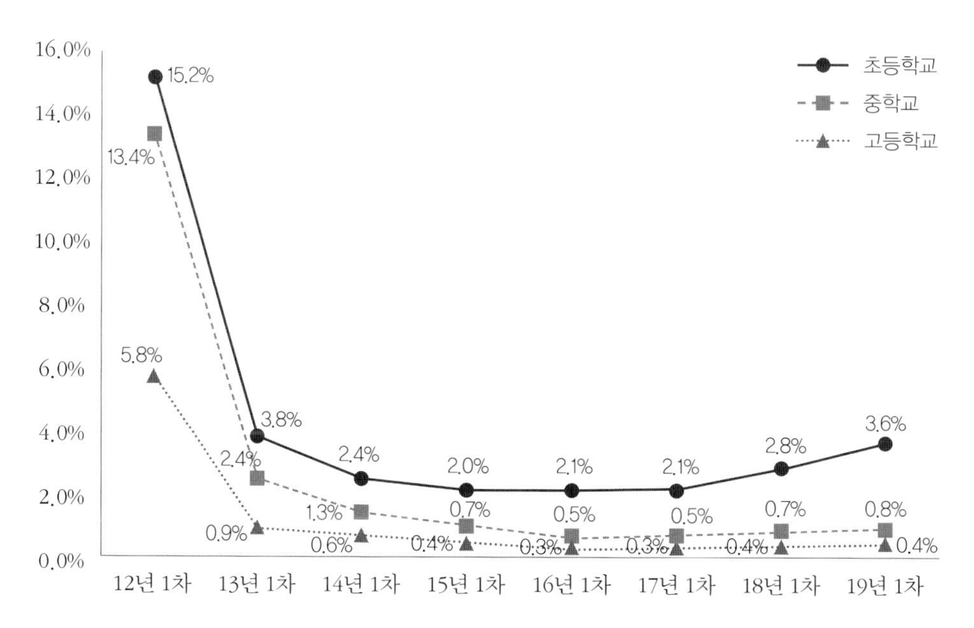

[그림 8-1] 학교급별 피해응답률

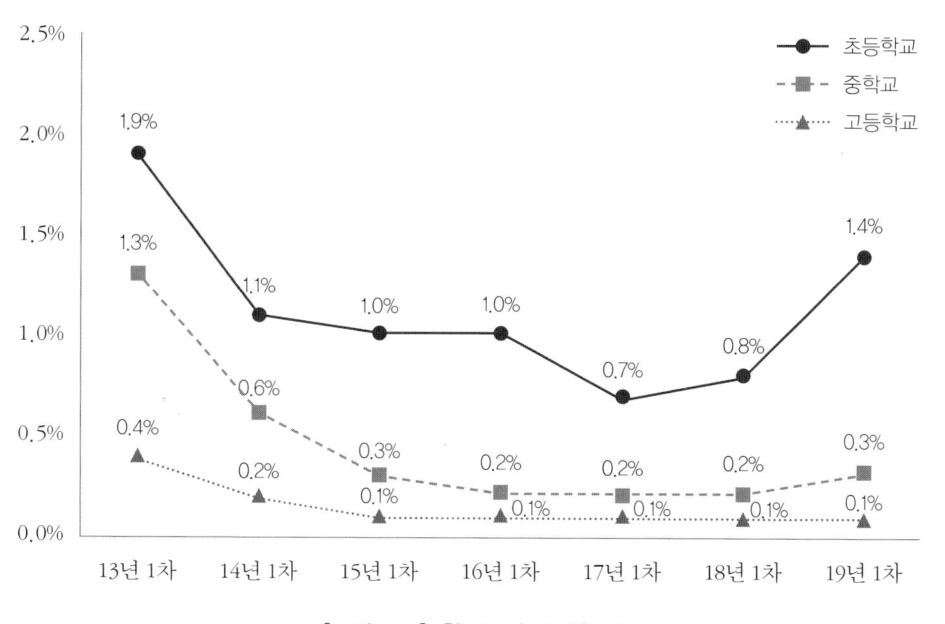

[그림 8-2] 학교급별 가해응답률

이에 따라, 최근 교육부에서는 학교폭력 저연령화 현상의 심각성을 인식하고, 초등학생을 위한 맞춤형 학교폭력 대책을 수립(2015. 8. 7.)하여 추진하고 있다. 뿐만 아니라, 교육부에서는 초등학생의 발달단계에 맞는 학교폭력 예방교육의 강화를 세부 추진과제로 발표하였다(2015. 8. 7.). 이는 초등학교 인성의 실태 및 현주소를 학교폭력과 관련하여 파악할 수 있는 중요한 지표를 보여 주는 것이다.

한편, 한국교육개발원에서 실시한 2019년 교육 여론조사 연구보고(임소현 외, 2019)에 따르면, '자녀가 다닐 학교를 마음대로 선택할 수 있다면 어떤 학교를 선택하겠는가'라는 질문에 대해 '인성교육을 중시하는 학교를 선택하겠다'고 가장 많이 응답하였다(27.3%). 또한 '학교에서 현재보다 더 강화되어야 할 교육내용이 무엇인가'라는 질문에 대해 학부모의 44%가 '인성교육'이라고 응답하였다. 이는 어린 학생들에게 무엇보다 필요한 것은 인성 함양이며, 학부모의 입장에서 보더라도 인성교육에 대한 요구가 다른 무엇보다도 높음을 확인할 수 있다.

2) 학교 인성 지도 프로그램의 실태

주지하고 있듯이, 최근 학교 현장에서 적용되고 있는 많은 인성교육 프로그램 및 실천 사례는 주로 인성교육 실천의 실질적 개선에 초점을 두고 있다. 1995년 이래 새롭게 강조되어 온 소위 '실천 중심 인성교육'은 종래의 지식 중심 인성교육을 비판의 대상으로 삼아 등장한 것이며, 현재의 학교 인성교육 프로그램 및 실천 사례가 인성의 실천에, 그리고 인성교육의 실제적 처방에 주된 초점을 두게 된 것은 전적으로 실천 중심 인성교육에 대한 기대와 바람이 여실하게 표현된 결과라고 볼 수 있다. 그런데 이러한 인성교육의 방향은 긍정적인 면과는 별도로 문제점을 안고 있다. 이하에서는 이 문제와 관련한 세 연구의 결과를 소개해 보겠다.

먼저, '실천중심 인성교육의 실태'에 관한 한 연구(이재호, 2011: 41-64)에 따르면, 학교에서의 인성 프로그램은 학생들이 실천할 만한 좋은 활동들이 보따리 식으로 진열되어 있다는 점, 가시적이고 즉각적인 효과를 부각시키려는 의도에서 클리닉 형태에 입각한 처방전의 활동 성격을 띠고 있다는 점, 그리고 특정 프로그램을 실시한 결과 도출된 직접적인 인성 함양의 효과라고 보기 어렵거나 그 효과를 확인하기 어려운, 말하자면 이현령비현령(耳懸鈴鼻懸鈴) 식이라는 점이다.

다음으로 한국교육개발원의 한 연구보고(임소현 외, 2019: 4-9)에서는 '학교 인성교육 실천상의 여러 문제점'을 지적하였는데, 그중에서 특징적인 면을 정리하여 살펴보면 다음과 같다. 즉, 많은 프로그램이 당장의 가시적 효과를 보기 위한 단기적

계획과 실행에 방점을 두고 있으며, 프로그램의 내용이 특정 가치 · 덕목의 강조에 편중되어 있어서 체계적이고 조직적이지 못하며, 학생들의 관심과 흥미를 반영하지 못하고 발달단계를 고려한 다양한 방법을 적용하지 못하고 있으며, 인성 개념이 정립되지 않음에 따른 용어 사용의 혼란 문제가 있으며, 마지막으로 프로그램의 효과성이 구체적이고 객관적으로 분석되지 못하고 있다.

또한 '학교 인성교육 실천 프로그램 설계 및 효과 검증'에 관한 최근의 한 연구에서도 우리나라에서 적용되고 있는 학교 인성교육 실천 프로그램의 현주소와 문제점을 지적하고 있다(정창우 외, 2013: 정창우, 2015: 357-358 재인용). 첫째, 학교 인성교육 실천 프로그램이 분명한 이론적 토대 설정, 요구 사정(needs assessment)의 결과를 반영한 목표 수립, 적용을 위한 교사교육 및 효과적 실행, 효과성 분석 결과를 반영한 인성교육 목표 재설정 등의 과정을 포함하는 조직적이고 체계적인 접근을 시도하지 않는 경우가 많다. 둘째, 인성교육 프로그램 참여 대상자의 문제 및 요구(needs)를 충분히 파악하고 중장기적 비전을 세우며 다양한 교육적 경로를 활용하여 이루어지는 것이 아니라, 단선적이고 편협한 목표를 세워 일차원적으로 수립 및 투입하는 형태의 일회적(disposable) 특성을 가지고 있다. 셋째, 평가 체계가 매우 단편적이고 평면적인 설문 조사 활용 및 분석 수준으로 제한되어 있으며 추후 프로그램을 위한 개발에 거의 활용되지 않는 실정이다.

학교 인성 프로그램의 실태 및 문제점에 관한 이상의 고찰은 학교 인성 지도 프로그램이 갖추어야 할 조건이 무엇이고, 그 실천을 위한 설계에서 실행과 평가에 이르는 일련의 과정이 어떠해야 하는가에 관한 중요한 메시지를 제공하고 있다. 다음 절에서는 이 두 가지를 중점적으로 다루어 보겠다.

2. 학생 인성 지도 프로그램의 조건 및 설계 방법

1) 학생 인성 지도 프로그램의 조건

학교 인성 지도 프로그램을 내실 있고 체계적이며 효과적으로 시행하기 위해서는 앞서 고찰한 연구 결과에서 공통적으로 지적하고 있는 문제점을 극복의 대상으로 삼아야 할 것이다. 이 점을 염두에 두고 학생 인성 지도 프로그램이 갖추어야 할 조건을 살펴보면 다음과 같다.

첫째로 학생 인성 지도 프로그램은 인성 및 인성교육에 대한 분명한 이론적 근거에 기반을 두어야 한다. 인성 및 인성교육에 관한 이론적 근거는 동서양의 많은 인성이론 및 인성교육이론에서 찾을 수 있으며, 특정 인성 지도 프로그램이 어떠한 이론적 근거 혹은 틀에 토대를 두고 있는지에 대한 분명한 인식이 필요하다.

둘째로 해당 인성 지도 프로그램은 학생의 인성 함양을 직접적으로 겨냥해야 한다. 이현령비현령 식의 프로그램은 수많은 독립 변인에 해당하는 내용이 어떻게 종속 변인에 해당하는 결과에 기여할 수 있는가에 대한 내적 관련성, 효과성, 객관적 결과를 드러내기 어렵다는 문제점을 안고 있다. 이는 학교 인성 지도 프로그램 및 실천 사례가 산더미처럼 많음에도 불구하고 그 프로그램의 내실 면에서 효과성을 기대하기 어려운 이유이기도 하다.

셋째로 특정 가치·덕목 또는 특정 활동에 한정하여 적용한 프로그램이 마치 인성 함양을 보장하는 만병통치약의 기능을 발휘하는 것으로 취급하는 태도와 관점을 지양해야 한다. 이러저러한 프로그램을 사용한 결과 이러저러한 효과가 발휘되었고 또한 이러저러한 결과를 입증하였다는 것은 어디까지나 그 프로그램을 적용한 구체적 상황과 특수한 조건에서 유의미하다는 점을 고려해야 한다.

넷째로 인성 지도 프로그램은 즉각적이고 가시적인 성과에 의존하는 것이 아닌 가능한 한 장기적이고 체계적인 계획과 실천, 그리고 평가라는 일련의 과정에 방점을 두어야 한다. 단선적이고 편협한 프로그램의 목표 설정은 일회적 특징을 지니기 때문에 이후의 과정에서 그와 관련한 프로그램을 보완하고 개발하며 시행하는 데 별다른 도움을 제공하지 못한다. 또한 그러한 프로그램이 지니는 효과성 역시 지극히 제한적이거나 낮을 수밖에 없다.

이상에서 살펴본 네 가지의 조건은 학교에서의 인성 지도 프로그램이 갖추어야 '최소 필수 조건'에 해당한다. 이 외에도 앞서 인성 지도 프로그램의 실태에 관한 앞선 연구 결과에서 지적하고 있는 여러 가지 문제를 충분히 고려할 필요가 있다. 다음에서는 학생 인성 지도 프로그램의 구체적인 설계 방법에 대해 살펴보겠다.

2) 학생 인성 지도 프로그램의 설계 방법

이 절에서는 학생 인성 지도 프로그램을 설계하는 방법을 상세히 살펴보겠다. 이와 관련하여, 최근 한 연구에서는 『효과적인 인성교육(Effective Character Education)』을 저술한 슈와츠(M. Schwartz), 그리고 그가 인성교육을 전공하는 일곱 명의 동료들과 함께 연구한 인성교육 실천을 위한 설계 방법의 틀(Schwartz et al., 2008: 142-146)을 국내에 소개하고 있다(정창우, 2015). 이 틀은 인성 지도 프로그램을 교사가 효과적으로 개발하고 시행할 수 있는 일련의 체계적 과정으로 구성되어 있다는 점에서 인성 지도 프로그램의 표준 모형이라고 말할 수 있다. 이하에서는 슈와츠와 일곱 명의 동료들이 함께 개발한 것을 소개한 최근의 한 연구의 도식화된 그림, 그리고 세부 단계 및 구성을 하나의 표로 나타낸 것을 직접 인용하여 제시해 보겠다(정창우, 2015: 359-364).

[그림 8-3] 인성교육 실천 프로그램 표준 모형의 절차

[그림 8-3]에 제시되어 있는 준비, 계획, 실행, 그리고 평가에 걸친 일련의 단계는 인성교육 실천 프로그램이 어떠한 절차에 의해 진행되어야 하는가를 가장 일반적인 차원에서 보여 주고 있다. 인성교육 실천 프로그램이 이와 같은 표준 모형의 절차에 의해 시행될 경우에는 교육 대상자의 문제 및 요구를 충분히 파악할 수 있는 준비의 과정, 편협한 목표와 일차원적으로 투입하여 산출하는 일회적 활동을 극복할 수 있는 체계적 계획의 과정, 준비와 계획에 의해 수립된 프로그램을 실제로 적용하는 실행의 과정, 그리고 프로그램의 실행 정도와 결과를 확인하는 평가의 과정이 체계적이고 내실 있게 이루어질 가능성이 높다. 특히 마지막 평가의 과정에서는 과정평가와 결과평가에 대한 고려가 필요한데, 이는 프로그램을 개발하는 단계에서 매우 핵심적인 고려 사항으로 작용되어야 한다. 이상의 표준 모형을 도식화한 그림으로 나타내면 [그림 8-4]와 같다(정창우, 2015: 365).

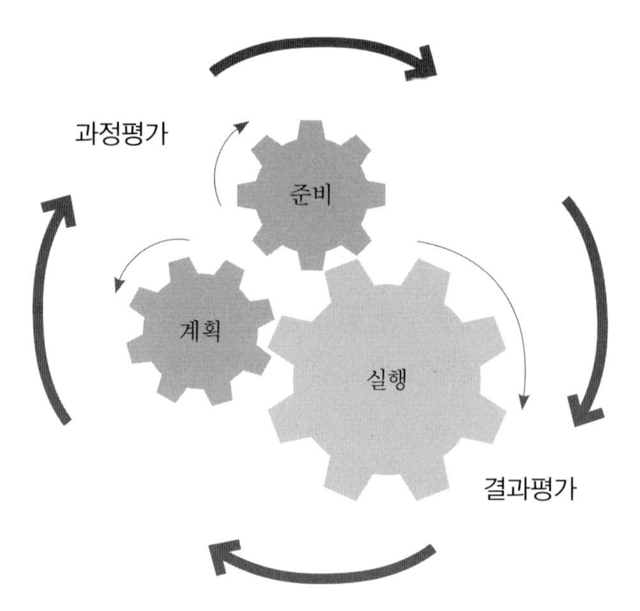

[그림 8-4] 인성교육 실천 프로그램 표준 모형

3. 학생 인성 지도 프로그램의 실천 사례 소개[1]

1) 교과 활동과 연계한 인성 지도 프로그램

(1) 어울림 프로그램

어울림 프로그램은 학생들의 사회 · 정서 역량에 기반을 둔 인성 함양, 학교폭력에 대한 인식 및 대응 역량을 제고하기 위해 개발된 국가수준 학교폭력 예방교육 프로그램이다. 이 프로그램은 역량 중심의 기본 프로그램과 문제유형 중심의 심층 프로그램으로 구성되어 있다. 구체적으로 살펴보면, 역량 중심은 '공감, 의사소통, 감정조절, 자기존중감, 갈등해결, 학교폭력 인식 및 대처' 등 여섯 개로 구성되어 있으며, 문제유형 중심은 '신체 · 물리, 언어폭력, 따돌림, 사이버폭력' 등 네 개로 구성되

1) 이 장은 '행복한 학급 만들기'를 위한 학교 인성 지도 프로그램의 실천 사례를 살펴보는 데 방점을 두고 있다. 이 장에서 소개하는 내용 중에는 우수 수상작을 비롯하여 학교 현장에서 공유되고 있는 프로그램 혹은 교육 활동이 포함되어 있음을 밝힌다. 그리고 구민 선생님(전남 무안 오룡초등학교 교사)은 이하에서 소개되어 있는 자료에 대한 지원 및 자문 활동을 수행하였음을 밝힌다.

어 있다. 역량 중심의 기본 프로그램과 문제유형 중심의 심층 프로그램은 모두 교사용 지도안과 수업용 프레젠테이션 파일, 학생용 활동 자료가 세부적으로 개발되어 있다. 따라서 교사는 교과 수업이나 창의적 체험활동에서 이 프로그램을 적용하여 시행할 수 있다. 이하에서는 풍천 풍서초등학교의 2019학년도 운영 사례를 정리하여 소개해 보겠다.[2)]

① 운영 단계

어울림 프로그램 개요 확인	관련 성취기준 분석 및 교육과정 편성	수업실행 및 피드백
• 어울림 프로그램별 영역/역량 파악 • 어울림 프로그램 수준별 활용방법 확인 • 학년별 중점 운영영역 설정	• 1~6학년 성취기준과 어울림 프로그램 관련성 분석 • 교과 연계방안 수립 • 어울림 프로그램 학교 기준 시수 설정 • 교수학습 내용 및 방법에 적합한 영역, 시간 운영, 시기 계획	• 학생들의 어울림 프로그램의 역량을 함양하는 수업 전개 • 평가결과를 수업으로 다시 전환될 수 있도록 연결

② 학년 실태 분석을 통한 어울림 프로그램 운영 영역 설정

- 학년 초 학년별 특성을 분석하고 운영이 필요한 중점 영역과 보조 영역을 선정한다.
- 학년별 영역 지정의 경우, 영역 중복 운영 방지와 다양한 역량 경험 기회를 제공한다.

2) 이 프로그램의 제목은 '인-기-짱 어울림 프로그램으로 학교폭력 없는 행복 풍풍 만들기'로서 2019년 어울림 프로그램 교육부장관상 수상작이다. 이 내용의 출처는 다음과 같다. 교육부, 한국청소년정책연구원(2020). **2019년 학교폭력 예방교육 어울림 프로그램 우수사례집**(pp. 15-41). 연구자료 20-S04. 세종: 경성문화사.

학년	학년 실태 분석	대책 및 중점 영역 선택
1	초등학교를 처음 맞이하는 학생들에게는 단체생활에서 맞게 되는 다양한 의사소통의 경험을 처음 접하게 되어 이에 대해 많은 어려움을 겪음	올바르고 효과적인 의사소통 방안 역량 강화
2	타인의 의견에 공감할 수 있는 능력이 사회성 발달에 큰 도움이 됨을 인지할 필요가 있음	공감능력 향상 활동을 통해 관련 역량 신장
3	수업시간, 평소 생활에서 다양한 갈등상황을 겪게 되며, 이에 적절한 대처 방법을 알아야 할 시기에 해당함	다양한 갈등상황에 알맞게 대처할 수 있는 갈등해결 영역 선택
4	여러 가지 상황을 통해 다양한 감정을 느끼고 그 차이점을 인지하게 되며, 그에 따른 감정 조절이 필요한 시기에 해당함	감정을 조절하는 여러 가지 방법을 실습할 수 있는 감정조절 영역 선택
5	사춘기가 시작됨에 따라 타인과 나를 비교하는 행동을 통해 스스로의 소중함과 자아존중감이 부족한 경우가 많음	자기존중감 활용 프로그램을 통해 나를 사랑하고 타인을 사랑할 수 있는 역량을 신장
6	학교폭력이 나쁜 것은 알고 있으나 폭력에 대한 경각심 부족과 그에 따른 적절한 대처 방법을 몰라 사건이 더 크게 되는 경우가 있음	학교폭력의 올바른 의미와 그에 따른 대처와 관련된 역량 지도
종합 분석	학년별 특성에 따라 중점 영역을 설정하였지만 학급별로 그 실태가 다르고 부족한 영역이 다를 수 있기 때문에 담임교사의 재량에 따라 지정 영역 외의 다른 영역을 운영할 수 있도록 함	

③ 교과 연계 내용(일부)

학년	중점 운영 어울림 역량	교과	관련 단원 및 성취 기준	어울림 프로그램 및 활동 내용
1	의사소통	국어	[2국01-01] 상황에 어울리는 인사말을 주고받는다.	[초저기본] 마음을 부드럽게 마음을 부드럽게 표현할 수 있는 말해 보기
		통합	봄-1. 학교에 가면	[초저기본] 이런 말들이? 친구를 아프게 하는 말을 사용하지 않기

2	공감	국어	[2국02-04] 글을 읽고 인물의 처지와 마음을 짐작한다.	[초저기본] 어, 나도 그래 인물의 마음을 공감하고 짐작하기
		국어	[2국05-02] 인물의 모습, 행동, 마음을 상상하며 그림책, 시나 노래, 이야기를 감상한다.	[초저기본] 말랑말랑 마음 만들기 인물의 마음에 공감하여 표현하기
		통합	[2바07-02] 다른 나라의 문화를 존중하고 공감하는 태도를 기른다.	[초저기본] 공감 교실 만들기 다른 문화에 대한 존중하는 마음 갖기
3	갈등해결	도덕	2. 너희가 있어 행복해	[초저기본] 갈등! 풀 수 있어요 친구 간의 다툼과 갈등에 대한 올바른 해결 방법
4	감정조절	도덕	5. 돌아보고 살펴보고	[초고기본] 우리는 감정 해결사 불편했던 감정을 해결할 수 있는 방법 생각하기
5	자기존중감	도덕	[6도04-01] 긍정적 태도의 의미와 중요성을 알고 긍정적 삶의 태도를 습관화한다.	[초고기본] 떠올려요 우리의 행복한 순간들! 내가 자랑스러웠던 순간 이야기하기
6	학교폭력 인식 및 대처	국어	[6국03-04] 적절한 근거와 알맞은 표현을 사용하여 주장하는 글을 쓴다.	[초고기본] 장난이라구? 장난과 폭력을 차이점을 설명하고 폭력을 하지 않도록 주장하는 글쓰기

④ 운영의 실제

• 학년 교육과정 분석(4학년)

과목	성취기준	주요 내용
도덕	[4도04-02] 참된 아름다움을 올바르게 이해하고 느껴 생활 속에서 이를 실천한다.	감정 표현 및 감정 조절과 관련된 나의 생활을 반성하고 문제점을 개선하기 위한 계획 세우기
국어	[4국03-04] 읽는 이를 고려하며 자신의 마음을 표현하는 글을 쓴다.	

• 4학년 감정조절 역량 차시별 재구성 사례

차시	프로그램	활동 내용 및 활동목표	관련 교과(단원)	시기
1–2	우리에게는 감정이 있어요	일상에서 감정이 생기고 서로 공유할 수 있다는 것을 이해하기	국어(3. 느낌을 살려 말해요), 창체(어울림 놀이)	4월 4주
3–4	감정이 달라졌어요	활동하기가 감정조절에 좋은 방법인 것을 알기		5월 1주
5	불편한 감정, 이렇게 조절해 봐요	감정이 바람에서 나온다는 것을 알고 다르게 생각하기 기법 알기	창체(어울림 놀이)	5월 2주
6	우리는 감정해결사	다양한 상황의 불편한 감정에 대처하는 법 알기	도덕(3. 아름다운 사람이 되는 길)	

• 수업 사례

<table>
<tr><td>차시</td><td colspan="3">초고 1차시–우리에게 감정이 있어요</td></tr>
<tr><td>목표</td><td colspan="3">• 자신의 일상에서 감정이 생긴다는 것을 안다.
• 감정은 서로 공유된다는 것을 안다.</td></tr>
<tr><td>관련교과</td><td>국어, 도덕, 창체</td><td>학년</td><td>4학년</td></tr>
<tr><td>단계</td><td colspan="3">활동 내용</td></tr>
<tr><td>도입</td><td colspan="3">• 감정 브레인스토밍 하기(최대한 많은 감정표현을 떠올리게 한다.)</td></tr>
<tr><td rowspan="5">전개</td><td colspan="3">• 듣고 싶어! 너의 감정
감정카드를 뽑고 관련 경험 이야기하기</td></tr>
<tr><td colspan="3">• 음악이 멈추면 감정카드를 뽑고 관련 경험 이야기하기</td></tr>
<tr><td colspan="3">• 각자 어제의 감정카드를 들어 이야기 나누기</td></tr>
<tr><td colspan="3">• 나도 그랬어! 너의 감정
감정카드를 한 장씩 뽑고 관련 경험을 말하면서 공통 경험 이야기하기</td></tr>
<tr><td colspan="3">• 한 걸음 더!
'감정 먼저 말하기 눈치게임'을 활용하여 카드 가져가기</td></tr>
<tr><td>정리</td><td colspan="3">• 감정은 아주 다양하고 함께 공유할 수 있는 것임을 안다.</td></tr>
</table>

(2)『도덕』 교과서를 통한 인성 지도

2015 개정 교육과정에 의거하여 개발된 초등학교 3~6학년『도덕』은 어린 학생의 지적 · 도덕적 발달 수준을 고려한 생활 밀착형 교과서이다. 따라서『도덕』교과서를 직접 사용하여 인성 지도를 체계적으로 실시할 경우 학급에서 별도의 프로그램을 개발하여 적용해야 하는 이중의 부담감을 덜 수 있다. 학생의 생활 세계에서 출발하여 도덕적 삶을 탐구하고 그 탐구 결과가 다시 학생의 생활 세계로 연계되는『도덕』교과서의 구성은 인성 함양을 위한 주요 가치 · 덕목의 의미가 무엇이고 그것이 생활 세계에서 어떻게 실천될 수 있는지의 문제를 체계적으로 지도할 수 있도록 이루어져 있다. 한 단원은 총 4차시 활동(기본학습, 발전학습 1, 2, 심화학습)으로 구성되어 있으며, 주 1회씩 총 4주에 걸쳐 지속적으로 지도하도록 되어 있다. 효과적인 인성 지도를 위해서는 그에 수반되는 방법상의 주요 원리에 대한 고려가 필요한데, 2015 개정 도덕과 교육과정에서의 내용 구성 체계 및 수업 운영 방식은 주요 가치 · 덕목을 반복성의 원리, 계속성의 원리, (생활 세계와의) 연계성의 원리에 입각하여 내실 있게 지도할 수 있는 장점을 지니고 있다.

한편, 한 단원이 총 4주, 대략 한 달 정도의 시간 배당에 의해 운영되기 때문에, 이러한 수업 운영 방식은 월별로 한두 개의 주요 가치 · 덕목을 학급에서 중점적으로 탐구, 실천하고 꾸준히 추구할 수 있는 여건을 제공한다. 이러한 여건은 행복한 학급을 만드는 데 있어 인성 지도가 실질적으로 영향을 발휘할 수 있는 가능성을 열어준다. 예를 들어, 3월에는 학년 초 학급 규율이나 질서 지키기, 친구와의 긍정적 관계 형성을 위해 '자주, 자율'과 같은 가치 · 덕목을 이달의 학급 인성 주제로 정한 다음, 한 달간 도덕과 수업과 더불어 다양한 관련 인성 함양 활동을 실시한다. 구체적으로는 '자주, 자율'과 관련된 학급 약속 정하기, 실천계획 세우기, 실천 점검하기, 이달의 자주 · 자율왕 뽑기 등 다양하고 내실 있는 활동을 운영하는 것이다. 이와 관련하여 학급에서 실천할 수 있는 사례(예시, 활동지)를 소개하면 다음과 같다.

① 6학년 1학기 인성 지도(예시)

월	가치·덕목	주별 도덕과 주요 교수·학습 활동	인성 지도 활동
3	자주, 자율	1주: 자주적인 생활과 의미와 중요성 알기 2주: 자주적인 생활을 위한 계획 세우기 3주: 자주적인 행동과 그렇지 않은 행동 찾기 4주: 자주적인 생활 실천 경험 나누기	• 자주적인 생활을 위한 우리 반 규칙 정하기 • 자주적인 생활을 위한 나의 실천 계획표 사물함에 부착 후 실천 및 점검하기 • 이달의 자주왕 뽑기
4	봉사	1주: 봉사의 의미와 중요성 알기 2주: 나눔과 봉사 실천하기 3주: 진정한 봉사란 무엇인지 판단하기 4주: 나눔과 봉사의 가치 인식하기	• 봉사가 필요한 곳 조사하기 • 모둠별, 학급별 봉사활동 계획 및 준비하기 • 봉사 실천하기 • 봉사활동 소감 및 인증샷 콘테스트 하기 • 이달의 봉사왕 뽑기
5	윤리적 성찰	1주: 올바른 삶과 도덕적 성찰의 의미와 중요성 알기 2주: 도덕적 성찰 방법 익히기 3주: 도덕적 성찰 실천하기 4주: 도덕적 성찰 다짐하기	• 우리 반 학급 문제 성찰하기 • 성찰 일기 쓰고 학급 게시판에 공유하기 • 성찰 릴레이하기 • 이달의 성찰왕 뽑기
6	자주, 자율, 봉사, 윤리적 성찰	1주: 재능 나눔 계획 세우기 2주: 재능을 찾아 꾸준히 연습하기 3주: 재능 나눔 실천하기 4주: 활동 결과 성찰하기	• 우리 반 친구들에게 내가 나눌 수 있는 재능을 기록해 학급 게시판에 공유하기 • 재능을 가꾸기 위한 실천 계획표 사물함에 부착 후 실천 및 점검하기 • 이달의 재능 나눔왕 뽑기

② 봉사 관련 활동지(예시)

작은 손길이 모여 따뜻해지는 세상	6학년 ○반	
	이름	

▶ 봉사가 필요한 곳과 봉사가 필요한 까닭을 써 봅시다.

▶ 일주일 동안 봉사를 꾸준히 실천하고, 실천 내용과 소감을 기록해 봅시다.

날짜	실천 내용 및 소감

▶ 학급 밴드에 봉사활동 인증 사진을 올려 주세요. '좋아요'를 가장 많이 받은 친구는 이달의 봉사왕입니다.

③ 도덕과 교육과정의 재구성을 통한 인성 지도[3)]

이 프로그램은 인성 함양을 위한 자존감 향상 프로젝트로서 2015 개정 도덕과 교육과정을 재구성하여 총 14차시의 프로젝트 기반 학습(PBL)을 운영한 실천 사례이다(김선임, 2020). 특징적인 면은 도덕과 본연의 내용 및 활동을 살리면서 이 프로그램이 추구하는 인성 함양의 전략 및 효과를 살리고 있다는 점과 2020년 COVID-19로 인해 수업 방법을 대면과 비대면을 병행하는 블렌디드 학습을 실시하고 있다는 점이다. 이 프로그램의 핵심 구성 내용 및 활동을 소개하면 다음과 같다(pp. 4-7).

영역	차시	성취기준 (핵심질문)	관련 단원	학습내용 및 활동	자존감 높이기 전략[4)]	수업 방법
자신과의 관계	1	[6도01-03] 정직의 의미와 정직하게 살아가는 것의 중요성을 탐구하고, 정직과 관련된 갈등 상황에서 정직하게 판단하고 실천하는 방법을 익힌다. (정직한 삶은 어떤 삶일까?)	도덕 첫시간	• 준비물 안내 • 배움 공책 사용법 안내 • 공부할 순서 안내 • 배움 공책 제시 -도덕이란 무엇일까? • '도덕이란 무엇인지' 영상 보기 • 율곡 이이의 가르침 의미 새기기 • 율곡 이이의 가르침 세 가지 찾기 • 2020년 나 세우기(목표, 습관, 실천 행동) • 배움 글쓰기 -나에게 도덕이란?	○ 1분 운동 ◓ 1분 명상 ● 자성예언 ☀ 율곡 이이의 가르침으로 도덕이 무엇인지 생각하기	온라인 수업

3) 이 프로그램의 제목은 'Love Myself, 자존감을 높여라'로서 2020년 국제뇌교육종합대학원대학교에서 주관한 제5회 현장중심 인성교육 우수사례 발표대회 학급 부문 최우수상 수상작(경남 창원 월영초등학교 김선임 수석교사)이다. 이하 소개하는 내용의 출처는 다음과 같다. 김선임(2020). Love Myself, 자존감을 높여라. **제5회 현장중심 인성교육 우수사례 발표집**. 국제뇌교육종합대학원대학교 부설 인성교육연구원.

4) 수업 전략의 내용에 표현된 특수 기호(○, ◓, ●, ☀)는 모든 차시에서 공통적으로 수행하는 활동 내용인 '1분 운동, 1분 명상, 자성예언, 구체적 활동 사항'을 구분하고 특징짓기 위해 이 프로그램의 개발자가 표현한 것으로 이해된다.

영역	차시	성취기준 (핵심질문)	관련 단원	학습내용 및 활동	자존감 높이기 전략	수업 방법
자신과의 관계	2	[6도01-03] 정직의 의미와 정직하게 살아가는 것의 중요성을 탐구하고, 정직과 관련된 갈등 상황에서 정직하게 판단하고 실천하는 방법을 익힌다. (정직한 삶은 어떤 삶일까?)	1. 바르고 떳떳하게	• 단어 연상하기 • 배움 주제 제시 –정직의 의미와 중요성 알기 • 교과서 살펴보기 –8쪽 '안중근 의사' 읽고 질문 만들기 • 정직의 의미 알기 –나에게 정직이란? –정직(正直): 한 길에서 멈추어 서서 열 개의 눈으로 바라보는 것 • 정직의 중요성 알기 –선택의 이유 영상 보기 • 생활 속 정직한 행동 –자신에 대한 정직, 다른 사람에 대한 정직 • 나의 정직함 점검하기 • 배움 글쓰기 –정직은 왜 중요할까?	○1분 운동 ◓1분 명상 ●자성예언 ☀낱말 연상하기로 배움 주제와 연결 ☀정직의 의미를 한자풀이로 알아보기 ☀정직 가치사전 만들기	온라인 수업
	3			• 배움 주제 제시 –정직하게 생활하려면 어떻게 해야 할까요? • 교과서 살펴보기 –교과서 12쪽 '너는 너 자신을 이긴 거야' –질문 만들기 • 영상 보기 –귤을 세는 아버지 • 정직 거울 그리기 • 배움 글쓰기 –정직하게 생활하려면 어떻게 해야 할까?	○1분 운동 ◓1분 명상 ●자성예언 ☀정직 거울 그리기	온라인 수업

영역	차시	성취기준 (핵심질문)	관련 단원	학습내용 및 활동	자존감 높이기 전략	수업 방법
자신과의 관계	4	[6도01-03] 정직의 의미와 정직하게 살아가는 것의 중요성을 탐구하고, 정직과 관련된 갈등 상황에서 정직하게 판단하고 실천하는 방법을 익힌다. (정직한 삶은 어떤 삶일까?)	1. 바르고 떳떳하게	• 정직 낱말 유추하기 –신문기사 제목에서 정직 낱말 찾아내기 • 배움 주제 제시 –정직과 관련된 갈등 상황에서 올바른 해결 방안을 찾아보기 • 정직과 관련된 갈등해결 방안 찾기 –'주은이의 고민'에서 주은이가 선택할 수 있는 행동 두 가지 –'나라면 어떻게 행동했을까요' 설명하기 • 정직 관련 갈등해결 방법 검토 기준 –양심에 비추어 보기, 주변 사람들의 입장에서 생각해 보기, 결과 예상해 보기 • 영상 보기 –배추장수의 양심, 생각하는 힘: 양심 • 배움 글쓰기 –나는 양심적인 사람인가? • 정직과 관련된 글과 그림으로 마무리하기	○ 1분 운동 ◓ 1분 명상 ● 자성예언 ☀ 신문기사 제목으로 정직 낱말 유추 ☀ '주은이의 고민' 갈등 상황 제시	온라인 수업
	5			• 먹물 컵 글과 그림으로 정직과 관련짓기 • 배움 주제 제시 –정직한 생활을 위한 정직 선언문을 적고 다짐하기 • '착하면 손해다?'로 질문 만들기 • '착하면 손해다?' 영상 보기 • 정직 선언문 작성하고 부모님께 공언하기 • 교과서 21쪽 배운 내용 정리하기 • 배움 글쓰기 –바르고 떳떳하게 생활하는 자신의 모습 그리기	○ 1분 운동 ◓ 1분 명상 ● 자성예언 ☀ '착하면 손해다?' 질문과 영상 보기 ☀ 정직 선언문 작성하기	온라인 수업

영역	차시	성취기준 (핵심질문)	관련 단원	학습내용 및 활동	자존감 높이기 전략	수업 방법
자신과의 관계	6	[6도01-01] 감정과 욕구를 조절하지 못해 나타날 수 있는 결과를 도덕적으로 상상해 보고, 올바르게 자신의 감정을 조절하고 표현할 수 있는 방법을 습관화한다. (어떻게 하면 감정을 잘 조절할 수 있을까?)	2. 내 안의 소중한 친구	• '내 안의 소중한 친구' 단원명으로 질문 만들기 • 배움 주제 제시 -내 안에는 어떤 친구가 들어 있을까? • '마음의 집' 영상 보기 • 내 안에 있는 마음 적기 -마음 언어 목록표를 보고 내 마음 알아보기 • 내 안에 있는 친구의 모습 그리고 이름 붙이기 • 배움 글쓰기	○ 1분 운동 ◓ 1분 명상 ● 자성예언 ☀ 단원명에서 질문 만들어 사고 확장하기 ☀ 마음 언어 목록표 ☀ 내 안에 있는 친구의 모습 그리고 이름 붙이기	온라인 수업
	7		등교개학 첫시간	• 배움 주제 제시 -내가 해야 할 일은? • 달라진 모습 찾기 -학교, 교실의 모습에서 달라진 모습 찾아 적기 • 코로나19로 질문 만들기 • 코로나19 발생원인 영상 보기 • 내가 할 수 있는 실천 찾기 • 배움 글쓰기	○ 1분 운동 ◓ 1분 명상 ● 자성예언 ☀ 코로나19 질문 만들기로 사고 확장하기 ☀ 내가 할 수 있는 실천 찾기	대면 수업

영역	차시	성취기준 (핵심질문)	관련 단원	학습내용 및 활동	자존감 높이기 전략	수업 방법
자신과의 관계	8	[6도01-01] 감정과 욕구를 조절하지 못해 나타날 수 있는 결과를 도덕적으로 상상해 보고, 올바르게 자신의 감정을 조절하고 표현할 수 있는 방법을 습관화한다. (어떻게 하면 감정을 잘 조절할 수 있을까?)	2. 내 안의 소중한 친구	• 전시학습 상기 –내 안에 있는 친구 이름 소개하기 • 1분 마음소리 듣기 • 내 마음의 감정을 얼굴 표정으로 그리기 • 바라는 것 세 가지 적고, 그때의 기분 적기 • 감정과 욕구의 의미 알기 • 배움 주제 제시 –욕구나 감정이 없다면? • 배움 글쓰기	○ 1분 운동 ◓ 1분 명상 ● 자성예언 ☀ 1분 마음소리 듣기 ☀ 바라는 것과 그 때의 기분을 감정과 욕구와 연결하기	온라인 수업
	9			• 배움 주제 제시 –감정을 어떻게 표현하면 좋을까? • 『화내지 말고 예쁘게 말해요』 그림책 읽어 주기 • '나 전달법'으로 욕구와 감정 표현하기 –난……좋겠어[난+사실+감정(느낌)+부탁] –예시 자료로 연습하기(수행평가) • 배움 글쓰기 –'감정을 어떻게 표현하면 좋을까'에 대한 자신의 생각 적기 [평가 내용] '나 전달법'으로 감정이나 욕구 표현하기	○ 1분 운동 ◓ 1분 명상 ● 자성예언 ☀ 『화내지 말고 예쁘게 말해요』 그림책 ☀ '나 전달법'으로 욕구와 감정 표현하기 ☀ 수행평가	대면 수업

영역	차시	성취기준 (핵심질문)	관련 단원	학습내용 및 활동	자존감 높이기 전략	수업 방법
자신과의 관계	10	[6도01-01] 감정과 욕구를 조절하지 못해 나타날 수 있는 결과를 도덕적으로 상상해 보고, 올바르게 자신의 감정을 조절하고 표현할 수 있는 방법을 습관화한다. (어떻게 하면 감정을 잘 조절할 수 있을까?)	2. 내 안의 소중한 친구	• 배움 주제 제시 -감정이나 욕구를 어떻게 표현하면 좋을까? • 1분 마음소리 듣기 • 내 마음의 감정을 얼굴 표정으로 그리기 • 욕구와 감정의 의미 다시 살펴보기 • '나 전달법'으로 욕구와 감정 표현하기 -예시 자료로 연습하기 • 나 전달법으로 가족과 대화하기 • 배움 글쓰기 -수업을 통해 배운 것 적기	○ 1분 운동 ◓ 1분 명상 ● 자성예언 ☀ '나 전달법'으로 욕구와 감정 표현하기 ☀ 감정이나 욕구를 어떻게 표현하면 좋을까	온라인 수업
자연 초월과의 관계	11	[6도04-01] 긍정적 태도의 의미와 중요성을 알고, 어려움을 극복하기 위한 긍정적 삶의 태도를 습관화한다. (어려움을 겪을 때 긍정적 태도가 왜 필요할까?)	3. 긍정적인 생활	• 뇌체조로 몸과 마음 열기 • 자성예언 • 긍정적인 생활에서 긍정하면 떠오르는 낱말 찾기 -웃음, 기쁨, 감사, 자신감 등 • 빙산의 일각 -의식(작은 나), 무의식(큰 나) • '마음 속 늑대' 읽기 -교과서 41쪽 • 검정 늑대(두려운 말)/흰 늑대(사랑의 말) 찾기 • 배움 주제 제시 -나는 어떤 늑대를 키울 것인가? • 배움 글쓰기 -'나는 어떤 늑대를 키울 것인가'로 내면화하기	○ 1분 운동 ◓ 1분 명상 ● 자성예언 ☀ 뇌체조, 자성예언 ☀ 빙산의 일각 ☀ '마음 속 늑대' ☀ 내가 할 수 있는 실천 찾기	대면 수업

영역	차시	성취기준 (핵심질문)	관련 단원	학습내용 및 활동	자존감 높이기 전략	수업 방법
자연 초월과의 관계	12	[6도04-01] 긍정적 태도의 의미와 중요성을 알고, 어려움을 극복하기 위한 긍정적 삶의 태도를 습관화한다. (어려움을 겪을 때 긍정적 태도가 왜 필요할까?)	3. 긍정적인 생활	• 전시학습 상기 –긍정하면 떠오르는 낱말 상기시키기 –마음속 늑대의 두려운 말, 사랑의 말 살펴보기 • 배움 주제 제시 –긍정적인 태도가 중요한 이유는? • 긍정과 관련되는 단어에서 감사 가져오기 • 감사 하면 떠오르는 낱말 서클 맵으로 나타내기 –친구, 부모님, 나 • 긍정적 태도의 의미와 중요성 알기 –'오프라 윈프리' 이야기 읽고 황금 글귀 찾기 • 나에 대한 감사 찾기 • 배움 글쓰기	○ 1분 운동 ◓ 1분 명상 ● 자성예언 ☀ 오프라 윈프리 이야기 ☀ 감사 찾기	온라인 수업
	13			• 배움 주제 제시 –긍정적인 생활을 하려면? • 자성예언 –'나는 내가 참 좋다' 신호등 카드로 표현하기 • 부정어와 긍정어에 해당되는 말 찾기 • 긍정적인 생활을 하기 위한 방법 찾기 • 칭찬 찾기 –나, 친구, 선생님, 부모님 등 [평가 내용] 나, 친구, 선생님, 부모님 등 칭찬 찾기 • 배움 글쓰기	○ 1분 운동 ◓ 1분 명상 ● 자성예언 ☀ 긍정적인 생활을 하기 위한 방법 찾기 ☀ 칭찬 찾기	대면 수업

영역	차시	성취기준 (핵심질문)	관련 단원	학습내용 및 활동	자존감 높이기 전략	수업 방법
자연 초월과의 관계	14	[6도04-01] 긍정적 태도의 의미와 중요성을 알고, 어려움을 극복하기 위한 긍정적 삶의 태도를 습관화한다. (어려움을 겪을 때 긍정적 태도가 왜 필요할까?)	3. 긍정적인 생활	• 배움 공책 살펴보기 –인상 깊은 수업 모으기 • PMI로 나타내기 –잘한 점, 부족한 점, 다짐 포스트잇에 적어 공유하기 • 쏠라리움 카드로 도덕과 연관 짓기 • 배움 글쓰기	○ 1분 운동 ◓ 1분 명상 ● 자성예언 ☀ PMI로 나타내기 ☀ 쏠라리움 카드	대면 수업

2) 교실 실천 인성 지도 프로그램

(1) '친구 사랑의 날' 운영을 통한 인성 지도[5)]

어린 학생들은 한편으로 친구 관계를 중요하게 생각하면서도 다른 한편으로 친구를 존중하고 이해하려는 노력이 부족한 실정이다. 이러한 특성으로 인해, 어린 학생들은 학급 생활에서 크고 작은 갈등을 겪게 된다. 물론 사람이 관계하는 생활 세계에서는 갈등이 생기기 마련이며, 어린 학생들이 학급 생활을 하면서 친구들과 다양한 갈등을 겪는 것은 자연스러운 일이다. 대개 이러한 갈등은 친구의 특성이나 입장을 이해하지 못하고 자기중심적으로 사고하고 의사를 표현했을 때 발생하는 경우가 많다. 이 점을 고려할 때, 친구에 대해 알고 친구의 입장에 대한 관점을 채택하는 여러 활동을 경험한다면, 친구 관계에서 발생할 수 있는 여러 갈등을 사전에 예방하고 또한 친구와 사이좋게 지낼 수 있을 것이다.

학급 활동(또는 학교 활동)의 일환으로 실시할 수 있는 '친구 사랑의 날'은 친구에 대해 알아보는 다양한 활동을 통해 친구를 더 깊이 이해하고, 여러 친구로부터 고마웠던 일을 떠올리며 친구라는 존재에 대해 소중함을 느낄 수 있는 기회를 제공한다.

5) 이 프로그램의 내용은 무안 오룡초등학교(2020)의 2020 오룡 친구의 날 운영 계획. 2020학년도 학교 교육과정 운영계획에 근거하고 있음을 밝힌다.

또한 소중한 친구에게 고마운 마음을 전하고 친구를 위해 실천할 일을 정해 꾸준히 실천하는 과정에서 긍정적인 교우관계를 유지할 수 있는 기회를 제공한다. '친구 사랑의 날'은 월 1회 또는 분기별 1회를 정해 시수를 확보하여 운영할 수 있다. 예를 들어, 창의적 체험활동의 자율 활동, 그중에서 자치 · 적응활동에서 시수를 확보하고 교육과정을 계획하여 운영할 수 있고, 『도덕』 교과나 『국어』 교과에서 관련 성취 기준을 찾아 교과 시수를 확보할 수도 있다. 오룡초등학교(2020)의 1학년 학급별 '친구 사랑의 날' 운영 사례를 소개하면 다음과 같다.

① 운영 일자

4월	5월	6월	9월	10월	11월	12월
4. 24. (금)	5. 22. (금)	6. 19. (금)	9. 25. (금)	10. 23. (금)	11. 27. (금)	12. 30. (수)

② 월별 활동 내용

월	활동명	내용
4	다양한 친구 찾아보기	조건에 알맞은 우리 반 친구 찾기
5	보물 미션	보물(친구의 장점) 쪽지를 찾아 친구에게 읽으며 돌려주기
6	친구를 위해 할 수 있는 일	친구를 위해 실천할 수 있는 일 정해 꾸준히 실천하기
9	친구 얼굴 그리기	친구의 얼굴을 관찰하여 그리고 긍정적인 말로 이미지 써 주기
10	함께하는 우리	10가지 활동을 친구들과 해 보기
11	우리 반 하이파이브!	친구와 손 그려 주고 하이파이브하기
12	우정은 롤링페이퍼를 타고	친구들에게 1년 동안 고마웠던 일, 아쉬웠던 일, 작별 인사 작성하기

③ 4월 활동지(예시)

다양한 친구 찾아보기	1학년 ○반	
	이름	

▶ 제시된 조건에 알맞은 우리 반 친구를 찾아봅시다.

	조건	이름
1	내 옆자리에 앉은 친구	
2	수업 시간에 발표를 잘하는 친구	
3	맡은 역할에 최선을 다하는 친구	
4	오늘 아침에 인사를 한 친구	
5	쉬는 시간에 나와 이야기를 나눈 친구	
6	고운 말을 쓰는 친구	
7	다른 친구를 잘 도와주는 친구	

▶ 찾은 친구들 중 나에게 가장 소중한 친구는 누구인지 이름과 그 이유를 말해 봅시다.

▶ 친구가 있어서 좋은 점은 무엇인지 이야기해 봅시다.

(2) 마니토 활동을 통한 인성 지도

마니토(manito)는 친구가 모르게 수호천사가 되는 존재, 즉 비밀 친구를 의미하는 스페인어에 어원을 둔 용어이다. 마니토 활동은 학생들에게 꾸준히 착한 일을 실천하도록 동기를 부여할 수 있고, 친구의 좋은 점을 찾을 수도 있게 해 준다. 또한 이 활동은 평소에 친한 친구와만 어울려 좁은 교우관계를 가지고 있는 학생들에게 다른 친구들과 친해질 수 있는 기회를 제공한다. 학생들이 마니토를 뽑을 때 교사도 함께 뽑을 수 있는데, 이 경우 학생들의 기대는 커지고, 그 활동에 참여하는 태도 또한 좋아질 수 있다. 만일 누군가 마니토 활동에 참여하지 않는 경우에는 다음 활동에서 제외하는 등 제한을 두는 것도 하나의 방법이 될 수 있다. 이 활동에서의 중요한 원칙 중 하나는 비밀 친구에게 해 주는 착한 일을 아무도 모르게 해야 한다는 것이다. 이 과정에서 학생들은 작지만 아름다운 선행을 통해 친구를 도울 수 있다는 것을 깨닫게 되는 인성 함양의 교육적 효과를 기대할 수 있다.

① 마니토 활동 방법

친구 이름이 적힌 쪽지 뽑기	➡	정해진 기간 동안 비밀 선행하기	➡	마니토 정체 밝히기
친구 이름이 적힌 쪽지를 상자에서 골라 한 장씩 뽑기	➡	쪽지에 적힌 친구의 마니토가 되어, 그 친구를 위해 할 수 있는 착한 일을 친구가 모르게, 꾸준히 실천하기	➡	마니토가 누구였는지 예상해 보고, 실제로 누가 마니토였는지 밝히기. 마니토를 위해 어떤 일들을 몰래 했는지 밝히기

② 원격 수업 상황에서의 마니토 활동 방법

한편, COVID-19의 확산으로 인해 등교 수업의 기회가 적어진 상황에서 친구와의 관계형성에 많은 어려움이 발생하고 있다. 만약, 학급 학생들이 스마트폰이나 태블릿을 보유해 SNS 활용이 모두 가능한 상황일 경우에는 등교 수업과 원격 수업을 병행하는 블렌디드 학습 상황에서도 이 활동을 효과적으로 적용할 수 있다.

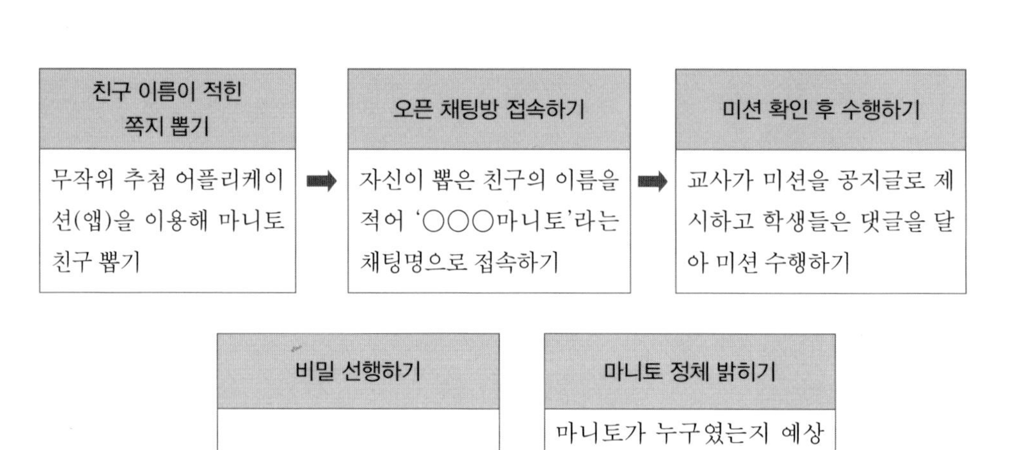

③ 비대면 상황에서의 마니토 미션(예시)

마니토 댓글 미션
1. 마니토에게 나를 소개하는 말과 인사말 남기기(마니토가 자신을 궁금해할 수 있도록 적어 주세요.) 2. 마니토에게 나에 대한 힌트를 주기 위해 다음 사항을 댓글로 적어 주세요. –좋아하는 음식 –좋아하는 인물(연예인, 유명인 등) –TMI(나와 관련된 세부 정보) 3. 등교 후 마니토를 관찰한 결과 찾은 특징과 마니토에 대한 칭찬을 적어 주세요. 4. 마니토 공개 전에 마지막으로 마니토에게 하고 싶은 말을 적어 주세요. 추측할 수 있는 힌트도 좋아요.

(3) 감정카드를 활용한 인성 지도[6)]

어린 학생 중에는 자신의 감정을 표출하는 데 있어서 어려움을 겪는 경우가 있다. 그중에서 부정적 감정이 발생할 수 있는 사태에서는 타자 앞에서 화를 내거나 눈물을 흘리는 것 외의 구체적인 표현을 잘하지 못한다. 가령, 친구가 나를 넘어뜨렸을 때의 기분을 묻는다면, "화가 나요.", "짜증이 나요." 정도의 단순한 말 수준에서 자신의 감정을 표현하는 경우가 대부분이다. 이러한 상황에서는 가령 "친구가 나를 갑자기 넘어뜨려서 당황스러워요.", "친구와의 다툼이 커질 수 있다는 것에 두려운 마음이 들어요.", "친구가 나를 존중하지 않는 것 같아 마음이 우울해요." 등의 구체적인 감정 표현이 가능하고 또한 필요하다. 긍정적인 감정이 발생하는 사태에서도 사정은 구체적 표현을 잘하지 못하는 부정적인 감정의 경우와 마찬가지이다. "좋아요.", "기뻐요." 정도의 말로 자신의 기분을 표현하면서 서둘러 자신의 감정 표현을 마무리한다.

그런데 중요한 점은 부정적인 사태이든 긍정적인 사태이든 감정 표현 과정에서 발생하는 문제는 상대방과의 소통에 큰 도움이 되지 않는다는 것이다. 학급 생활에서 친구와의 소통에 어려움을 겪게 될 경우에는 그 소통의 어려움으로 인해 오해를

6) 이 프로그램의 내용은 한국콘텐츠미디어[부설 한국진로교육센터](2018)에서 제작한 '공감 훈련 향상을 위한 인성교육 프로그램 감정표현 놀이 감정카드'에 근거하고 있음을 밝힌다.

발생시키고 그 오해는 결국 교우관계에 있어 새로운 문제를 야기한다. 그런데 자신의 감정을 솔직하게 그리고 구체적으로 표현하는 것은 긍정적인 교우관계 형성, 나아가 건전한 인성 발달에 중요한 영향을 제공한다. 따라서 감정카드를 활용한 인성 지도의 과정에서는 자신의 감정 상태, 이를테면 기분을 구체적으로 표현할 수 있는 충분한 연습의 기회가 필요하다. 이에 도움이 제공하는 활동 자료가 바로 '감정카드'인데, 이 활동 자료는 감정을 구체적으로 나타내는 어휘와 그 감정을 표현하는 그림 자료로 구성되어 있다는 데 특징이 있다.

① 감정카드의 활용 방법

아침에 등교하면 그날 아침의 기분 또는 전날 하루 동안의 주된 기분을 나타내는 카드를 골라 친구들에게 구체적으로 설명하고, 그 설명을 접한 친구들은 그 친구가 느낀 기분에 대해 공감의 표현을 한다. 공감은 상대방에게 위로의 표현이 될 수 있고, 축하의 표현이 될 수도 있으며, 친구의 말을 들어 준 그 자체만으로도 의미를 가진다.

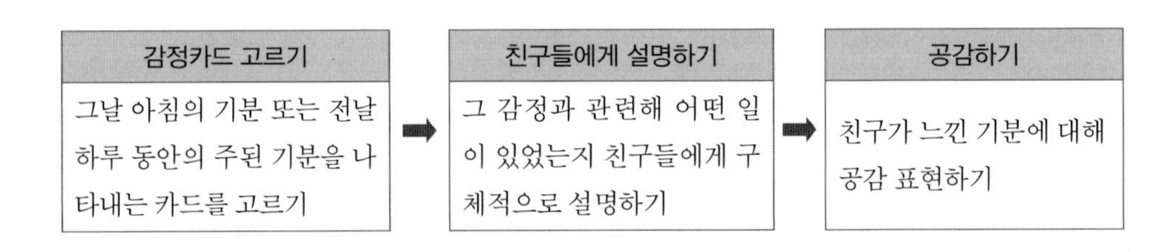

② 감정카드의 구성(예시)

기쁨과 관련된 감정카드	두려움과 관련된 감정카드	불쾌와 관련된 감정카드
감동적인 감사한 기대되는 기쁜 놀라운 든든한 만족스러운 사랑스러운 신나는 열중한 자랑스러운 자신 있는 재미있는 편안한 평화로운 홀가분한	걱정스러운 긴장한 깜짝 놀란 당황한 두려운 무서운 불안한 혼란스러운	귀찮은 무관심한 부끄러운 부러운 싸늘한 지루한 피곤한
	분노와 관련된 감정카드	**슬픔과 관련된 감정카드**
	답답한 미운 분한 억울한 짜증나는	괴로운 그리운 막막한 미안한 서운한 슬픈 실망스러운 안타까운 외로운 후회스러운

(4) SNS를 활용한 인성 지도[7]

최근 가정에서의 인성교육의 기능과 역할이 많이 축소된 것이 사실이다. 그런데 중요한 것은 학교가 가정의 기능과 역할을 완전히 대신할 수는 없다는 점이다. 다만, 학교 인성교육은 축소된 가정의 교육적 기능과 역할을 회복할 수 있도록 돕는 역할을 한다. 어린 학생에게 적합한 인성교육을 실시하기 위해서는 최근의 스마트 환경을 적극 활용하여 가정과 학교와의 소통 공간을 마련할 필요가 있다. SNS를 활용한 인성 지도 활동은 학부모, 학생 그리고 교사가 함께 소통할 수 있는 공간 마련 그리고 그 공간 안에서 인성 지도의 교육적 효과가 있다는 데 의의가 있다.

7) 이 내용은 집필자가 공동연구원으로 참여하여 집필한 내용에 기반을 두고 있다. 박병기 외(2013). 스마트 교육 환경에서의 인성교육 방안 연구. 교육부 정책연구위탁보고서. 한국교원대학교 교육연구원.

① 활동 방법

학부모와 담임 간에 학생의 학교 생활 모습과 가정 생활 모습을 서로 공유하고 상담한다. 또한 학생 인성교육을 위한 프로그램이나 과제를 제시하고 공유한다. 다만, 부모와 학생이 함께할 수 있고 또한 누구나 쉽게 할 수 있는 수준을 고려하여 활동 내용을 제시한다.

② 세부 활동안(예시)

<table>
<tr><th colspan="2">활동 절차</th><th>학습 내용</th><th>교수 · 학습 활동</th><th>자료 및 유의점</th></tr>
<tr><td colspan="2" rowspan="2">도덕적 문제의 제시</td><td>동기 유발</td><td>• 클래스팅(classting)에서 ○○가 시험기간에 열심히 공부하는 사진과 함께 쓴 글귀에 대해 이야기 나누기
• 노력하는 삶과 그렇지 않은 삶 이해하기
• 자신의 삶에 대해 고민하기</td><td rowspan="2">• 클래스팅을 교사가 미리 확인하여 성실한 삶과 관련하여 유의미한 내용을 선정함</td></tr>
<tr><td>학습문제 제시</td><td>• 성실한 사람들의 모습을 본받아 자신을 가꾸며 성실한 사람이 되기 위하여 노력한다.</td></tr>
<tr><td rowspan="3">가치규범의 추구 및 심화</td><td>모범 행동의 탐구</td><td>모범 행동의 탐색</td><td>• 성실한 사람들의 삶의 모습을 탐구하여 본받을 점 찾기
• 주변에서 볼 수 있는 성실한 사람 찾기
(원격채팅 이용하여 인터뷰하기: 빵집 아저씨)
• 사회적으로 유명하고 성실한 사람 찾기
(원격채팅 이용하여 인터뷰하기: 김○○ 선수)
• 이들에게서 본받을 수 있는 점 찾아보기
• 교사가 제시한 사람을 제외한 학생이 알고 있는 성실한 사람의 사례를 일상생활 사태에서 찾고 발표하기</td><td rowspan="3">• 주변의 이웃 사례를 보여 주면서 성실한 삶을 유명한 사람만이 실천하는 것이 아니라 누구나 할 수 있다는 것을 보여 줌
• 원격 채팅을 위해 인터뷰 대상을 미리 섭외함

• 동영상 자료</td></tr>
<tr><td>자기 성찰</td><td>생활반성</td><td>• 그동안의 나의 모습 되돌아보기</td></tr>
<tr><td>모범 행동의 실천</td><td>실천계획 세우기</td><td>• '매니페스토' 동영상을 함께 시청하고 모둠별로 토의하기
• '나와의 약속' 발표 및 실천 계획을 세우기
• 목표를 구체적으로 정하기
• 구체적으로 실천 가능한 계획 세우기</td></tr>
</table>

도덕적 정서 및 의지의 강화	실천 의지 다지기	• 자신이 세운 목표와 계획을 공유하기 • 친구들 앞에서 공언하기(prizing) • 친구들의 목표 및 계획 듣고 소감 이야기하기 • 실천 후 기대되는 점 '미래일기'로 작성하기	• 공언 활동을 통해 자의식과 권위를 불어넣어 줌
생활 정리 및 실천화	학습정리	• 배운 것을 정리해 본다. • 마음에 새겨 두기 활동을 한다. • '나와의 약속'을 실천하는 다짐하기 • 일정 기간마다 계획 점검하고 반성하기	• 클래스팅에 실천 현황을 수시로 업데이트하게 하고 교사가 관찰하면서 댓글로 격려함
	차시 예고	• 차시 활동 예고하기	

4. 학생 인성 지도 프로그램의 평가

행복한 교실 문화를 조성하기 위한 학생 인성 지도 프로그램을 평가하는 과정에서는 앞서 제시하고 있듯이 프로그램이 갖추어야 할 조건 및 설계 방법이 얼마나 체계적이고 내실 있게 운영되었는가에 근거하여 이루어져야 한다. 먼저, 해당 인성 지도 프로그램이 다음의 조건을 갖추고 있는지를 평가하는 것은 중요한 일이다. 이 조건을 질문의 형태로 제시하면 다음과 같다.

- 해당 프로그램은 인성 및 인성교육에 대한 분명한 이론적 근거에 기반을 두고 있는가?
- 해당 프로그램은 인성 함양을 직접적으로 겨냥하고 있는가?
- 해당 프로그램은 독립 변인과 종속 변인 간의 내적 관련성 또는 내적 연계성을 고려하고 있는가?
- 해당 프로그램은 장기적이고 체계적인 계획과 실천 그리고 평가라는 일련의 과정을 고려하고 있는가?

또한 학생 인성 지도 프로그램은 앞서 제시한 [그림 8-3]과 [그림 8-4]에 소개되어 있는 과정평가(process evaluations)와 결과평가(outcome evaluations)를 고려할 필요가 있다(정창우, 2015: 372). 이를테면, 과정평가에서 고려할 세부 내용은 ① 무엇을 핵심 요소로 하고 있는지, ② 어떠한 자료를 가지고 어떠한 과정으로 프로그램을 진행하고 있는지, ③ 해당하는 활동의 실행 정도와 수준은 어떠한지, ④ 계획 단계에서의 의도와 실행 및 평가 단계에서의 결과가 내적 연결성 및 연계성을 지니고 있는지 등이 이에 해당한다. 다음으로, 결과평가에서 고려할 세부 내용은 ① 해당 프로그램의 세부 목표가 무엇인지, ② 그 세부 목표는 어느 정도의 효과성을 보이고 있는지, ③ 프로그램의 실행 결과가 본래의 세부 목표를 만족시키고 있는지 등이 이에 해당한다. 이렇듯 프로그램을 평가하는 일은 차후 인성 지도 프로그램의 내용 및 방법의 개발, 적용 그리고 평가에도 중요한 관련을 맺는다. 따라서 무엇보다 체계적이고 내실 있는 평가 활동이 필요하다.

▣ 사례 1

"잘 알고 있다시피, 학교에서의 인성 프로그램은 실천 중심, 체험 중심에 초점을 두어 운영되고 있습니다. 그리고 그 프로그램의 내용은 행동하고 실천하면서 배우는 활동 성격을 지니는 다양한 소재를 내용으로 하고 있습니다. 숲 체험, 텃밭 가꾸기, 꽃꽂이 등을 비롯하여 다양한 봉사활동 및 체험활동이 그 예에 해당합니다. 그런데 이 모든 활동은 한결같이 인성 함양을 종속 변인으로 하고 있는데, 문제는 그 구체적인 활동들이 학생의 인성, 달리 말하여 도덕적인 마음 및 행동을 직접적으로 겨냥하고 있는지, 또는 염두에 두고 있는지에 대한 근본적 차원의 질문이 요청됩니다. 도덕적인 마음과 행동과의 관련 속에서 인성 지도 프로그램을 점검하고 시행하는 노력이 필요하다고 봅니다. 중요한 것은 프로그램의 질이기 때문입니다."(○○초 교사 박△△)

▣ 사례 2

"인성 지도가 아무리 프로그램의 성격을 띠고 있다고 하더라도, 그 프로그램은 분명한 이론적 근거에 기반을 두어야 합니다. 그리고 학교 인성 지도 프로그램의 사례는 매우 많은 것이 사실이지만, 프로그램의 내실 면에서 볼 때 인성 함양의 효과성을 기대하기 어려운 것도 있다는 점을 고려하여 지도상 신중한 접근이 필요합니다. 마지막으로, 인성 지도를 일회성 활동의 일환으로 운영하려는 방식을 지양해야 합니다. 장기적이고 체계적인 지도 방법을 고려하려는 교사의 고민이 무엇보다 절실히 요청됩니다." (□□초 교사 구◈)

요약

◎ 학생 인성 지도 프로그램이 갖추어야 할 조건

1. 인성 및 인성교육에 대한 분명한 이론적 근거에 기반을 두어야 한다.
2. 학생의 인성 함양을 직접적으로 겨냥하고 있는 것이어야 한다.
3. 특정 가치 · 덕목 또는 특정 활동에 한정하여 적용한 프로그램이 마치 인성 함양을 보장하는 만병통치약의 기능을 발휘하는 것으로 취급하는 태도와 관점을 지양해야 한다.
4. 즉각적이고 가시적인 성과에 의존하는 프로그램이 아니라 가능한 한 장기적이고 체계적인 계획과 실천, 그리고 평가라는 일련의 과정에 방점을 두어야 한다.

◎ 인성 지도 프로그램의 설계 방법

슈와츠(M. Schwartz)와 일곱 명의 동료가 『효과적인 인성교육(Effective Character Education)』에서 도식화한 그림, 세부 단계 및 구성을 하나의 표로 나타낸 것을 인용하여 제시하면 다음과 같다(정창우, 2015: 359-364).

[인성교육 실천 프로그램 표준 모형의 절차]

토론주제

1. 행복한 학급을 만드는 일과 학생의 인성을 함양하는 일은 서로 어떤 관련을 맺고 있는지에 대해 이야기해 보자.
2. 학생의 인성을 지도해야 하는 이유를 내재적 측면과 외재적 측면에 입각하여 논의해 보자.
3. 오늘날 학교 인성교육의 정책 방향 및 운영 실태 전반에 대한 자신의 입장을 근거에 기반을 두어 제시해 보자.
4. 학교 인성 지도 프로그램이 갖추어야 할 조건이 무엇인지를 제시하고, 인성 지도 프로그램을 설계하는 방법을 이야기해 보자.
5. 교실 공동체에서 효과적이고 내실 있는 인성교육이 이루어지기 위해서는 교사가 무엇을 우선적으로 고려해야 하는지에 대해 논의해 보자.

참고문헌

교육부(2019. 8. 27.). 2019년 1차 학교폭력 실태조사 결과 발표 자료. 보도자료.

교육부, 한국청소년정책연구원(2020). **2019년 학교폭력 예방교육 어울림 프로그램 우수사례집**(pp. 15-41). 연구자료 20-S04. 세종: 경성문화사.

구민, 이재호(2017). 프로젝트 학습을 통한 도덕적 문제해결력 신장. **초등교과교육연구, 4**(2), 21-46.

김선임(2020). Love Myself, 자존감을 높여라. **제5회 현장중심 인성교육 우수사례 발표 자료집.** 국제뇌교육종합대학원대학교 부설 인성교육연구원.

무안 오룡초등학교(2020). 2020학년도 학교 교육과정 운영계획. 미발간 자료집.

박병기 외(2013). 스마트 교육 환경에서의 인성교육 방안 연구. 교육부 정책연구위탁보고서. 한국교원대학교 교육연구원.

이재호(2011). 실천중심 인성교육의 실태와 도덕과 교육. 박병기 외(편). **도덕수업을 활용하여 초등학교 인성교육 살리기**(pp. 41-66). 경기: 인간사랑.

이재호(2014). 인성의 의미와 인성교육의 방향에 대한 소고. **열린교육연구, 22**(1), 375-390.

이재호(2020). 다문화사회에서의 초등 인성교육 방안. **학습자중심교과교육연구, 20**(24), 1021-

1038.

임소현 외(2019). 한국교육개발원 교육여론조사 KEDI POLL 2019. 연구보고 RR 2019-27. 충북: 한국교육개발원.

정창우(2015). **인성교육의 이해와 실천**. 경기: 교육과학사.

풍천 풍서초등학교(2019). 인-기-짱 어울림 프로그램으로 학교폭력 없는 행복 풍풍 만들기. **2019년 학교폭력 예방교육 어울림 프로그램 우수사례집**. 연구자료 20-S04, 세종: 한국청소년정책연구원 학교폭력예방교육지원센터.

한국진로교육센터(2018). 공감 훈련 향상을 위한 인성교육 프로그램 감정표현 놀이 감정카드. 서울: 한국콘텐츠미디어.

Schwartz, M., Nucci, L., Watson, M., Benson, K., Mowry, S., Norris, J., Lerman, B., & Brown, P. (2008). *Effective character education: A guidebook for future educators*. New York: McGraw Hill.

제9장

학급차원의 긍정적 행동지원

김민조(청주교육대학교)

1. 서론

학급차원의 긍정적 행동지원은 긍정적 행동지원을 학급차원에서 적용한 것이다. 긍정적 행동지원은 원래 특수아동을 대상으로 출발하였으나 최근에는 일반학생의 문제행동을 미연에 방지하는 데 적용되고 있으며 학생에 대한 개별 지원을 넘어 학교차원뿐만 아니라 학년, 학급차원의 모든 학생을 대상으로 하는 보편적 지원으로 확장되고 있다(이선아, 이효신, 2015: 63). 특히 학급차원의 긍정적 행동지원은 학생의 문제행동을 예방하고 바람직한 행동으로 이끌기 위하여 문제행동의 원인을 파악하고 기대행동을 하도록 학급차원에서 이루어지는 교사의 중재 및 지원을 의미한다. 이 장에서는 긍정적 행동지원에 대한 이론적 논의와 실제 학급차원의 긍정적 행동지원(classwide positive behavior support) 적용 사례를 통해 학급담임교사로서 긍정적 행동지원을 실천할 수 있는 토대를 제공하고자 한다.

초등학교 교사는 교과전담과목 시간을 제외하고 학교에 있는 대부분의 시간을 교실에서 학생들과 함께 지낸다. 그 과정에서 교사들은 학생들의 크고 작은 문제행동을 접하게 된다. 학생들이 교실에서 보이는 문제행동은 작게는 수업시간에 옆 친구와 수업과 무관한 이야기를 나누는 것에서부터 일부 학생이지만 심각하게는 집단적, 물리적 폭력을 행사하는 등 그 형태의 양상과 정도가 매우 다양하게 나타난다(최진오, 2010: 312). 사실 특정 유형의 장애가 아니더라도 학생들의 10~20%는 일반적인 발달 과정에서 문제행동을 보이는데, 이러한 문제행동은 자연스럽게 나타났다가 사라지기도 한다(장미순, 김진호, 2014: 436). 그러나 교사가 학생의 문제행동에 대해 적절하게 개입하여 대처하고 바람직한 행동으로 이어지도록 지도하지 않는다면 그 상황이 더욱 악화되어 아주 심각한 결과를 초래할 수도 있다. 따라서 담임교사는 학생의 문제행동을 이해하고 문제행동을 적절하게 중재하고 지원할 수 있는 역량을 갖추는 것이 필요하다.

최근 급변하는 교육환경 속에서 교사들은 대체로 생활지도와 관련하여 어려움을 겪으면서 이를 해결하기 위한 다양한 방법을 모색하고 있다. 특히 초임교사는 학교현장에서 시행착오를 겪으며 실천적 지식을 체화해 나가고, 문제행동을 하는 학생을 접하면서 많은 스트레스를 받는 한편 생활지도와 관련한 자신의 한계를 느끼고 새로운 돌파구를 찾으려 노력하는 것으로 나타났다(김재춘, 박정순, 2010: 115). 또한 학교별로 전문상담교사와 전문상담사가 배치되어 학생의 문제행동을 관리하고 지원하고 있다. 그러나 문제행동에 대한 개별 교사 차원의 접근과 현재 시행되고 있는 전문상담 인력의 배치로는 학생들의 문제행동을 변화시키고 바람직한 행동으로 이끌기에 역부족이고 지속적인 교실 밖 외부 지원에 의존하기도 한계가 있는 상황이다.

한편, 전통적인 문제행동 접근에 대한 비판이 제기되고 있다. 전통적으로 학생의 문제행동에 대한 접근은 대응적, 제한적, 처벌적, 단기간적 접근방법을 취해 왔는데, 이러한 방법은 오히려 문제행동을 감소시키기보다는 더욱 심화시키거나 지속시키고 있다는 것이다(김현욱, 2017: 96). 특히 급변하는 학교환경으로 학생 문제행동에 대한 사후 중재 또는 처벌 방식의 훈육에 근본적인 의문이 제기되고 있다(최하영, 2017: 24). 이러한 맥락 속에서 하나의 대안으로 최근에 주목받고 있는 것이 긍정적 행동지원(positive behavior support)이다.

긍정적 행동지원은 인간중심의 가치에 초점을 두고 개인의 삶의 질을 향상시키는 것을 중요하게 여기고 있다(김현욱, 2017: 97). 우선, 쇼이에르만과 홀(Scheuermann &

Hall, 2011)의 논의를 바탕으로 김현욱(2017)은 긍정적 행동지원의 특징을 전통적 훈육방법과 비교하여 다음 〈표 9-1〉과 같이 제시하고 있다.

표 9-1 전통적 훈육방법과 긍정적 행동지원의 비교

전통적 훈육방법	긍정적 행동지원
문제행동을 규칙, 처벌 등을 통해 예방	긍정적 행동을 지원하여 문제행동을 예방
신속하고 용이한 적용	장기간의 노력과 계획이 필요
실천적 근거가 없음	많은 실천적 근거에 기반을 둠
데이터는 중요하지 않음	데이터 기반 의사결정
행동의 기능성 중요하지 않음	행동의 기능성 중요함
문제행동에 초점을 둠	긍정적 행동에 초점을 둠
문제행동이 발생한 후에 중재됨	부적합한 행동의 예방에 초점을 둠
팀에 기반하지 않음	팀에 기반함
학교시스템 변화에 주목하지 않음	학교시스템의 변화에 주목

출처: 김현욱(2017: 102).

긍정적 행동지원은 기존의 일반적인 훈육 방법과 달리 보다 과학적인 접근 방법으로, 예방적 접근, 데이터 기반 의사결정, 행동의 기능성, 팀 기반, 긍정적 행동에 초점, 부적합한 행동의 예방 등을 주요 특징으로 한다. 즉, 문제행동의 원인을 탐색하고 행동의 대안을 아동에게 제공하는 등 바람직한 행동을 지원하는 방식을 취한다(김미경, 2019: 33).

문제행동을 지원하기 위한 중재 방안 관련 연구들은 학생이 속한 환경에 학생이 영향을 받는다는 생태학적 관점을 견지하면서, 학생 개인의 문제행동을 중재하기 위한 개별차원의 접근뿐만 아니라 학생이 속한 집단차원의 문제행동지원을 강조하고 있다(최하영, 2017: 24). 또한 전체 학교차원에서 체계적이고 포괄적으로 학생의 행동을 관리하려는 노력이 시작되었는데, 이것은 문제행동에 대한 사후 처방적 접근보다는 예방적 접근을 적용하는 것이 학생에게 학습기회를 제공하고 긍정적인 사회적 관계를 개발하여 장기적 성과를 높이는 데 보다 유용하다는 인식이 작용한 결과로 판단된다(Turnbull et al., 2002: 최하영, 2017: 24에서 재인용).

학교차원의 긍정적 행동지원은 학생의 학업성과 향상과 사회 및 행동 능력 향상으로 이끄는 것으로 설명된다(김진호 외 공역, 2017: 69). 국내에서 수행된 학급차원의 긍정적 행동지원 관련 선행연구들 역시 학급차원에 적용된 보편적 차원의 긍정적 행동지원이 학급 전체 문제행동 감소, 학교분위기 개선, 학교생활 만족도 향상, 사회적 능력 향상, 수업참여 행동 증가 등에 기여하는 것으로 보고하였다(김미선, 송준만, 2006; 강삼성, 이효신, 2012; 이선아, 이효신, 2015; 문병훈, 이영철, 2016; 김보경, 박지연, 2017).

이 장에서는 긍정적 행동지원, 학교차원의 긍정적 행동지원, 학급차원의 긍정적 행동지원과 국내 관련 연구 등 이론적 기초를 정리하고, 실제 초등 담임교사가 적용해 볼 수 있도록 국내에서 적용된 학급차원의 긍정적 행동지원 사례를 살펴보고자 한다.

2. 긍정적 행동지원에 대한 이해

1) 등장 배경과 개념

긍정적 행동지원(Positive Behavior Support)은 특수학교나 시설 등에서 사용하기 시작한 용어로서, 긍정적 행동중재 및 지원(Positive Behavior Interventions and Supports: PBIS)이라는 용어도 사용되고 있다. 또한 학교차원과 학급차원 등 일반학교의 모든 학생을 대상으로 적용되면서 학교차원의 긍정적 행동지원(Schoolwide Positive Behavior Support: SWPBS), 학교차원의 긍정적 행동중재 및 지원(Schoolwide Positive Behavior Interventions and Supports: SWPBIS), 학급차원의 긍정적 행동지원(CWPBS) 등의 용어가 사용되고 있다(이승희, 2011: 110).

긍정적 행동지원은 1997년 개정된 「미국 장애인교육법(Individuals with Disabilities Education Act: IDEA, P.L. 105-17)」에서 처음 언급되었는데, 이 법에서 문제행동의 중재를 위해 특수교육 대상 학생뿐만 아니라 일반학생을 대상으로 행동기능 평가, 긍정적 행동지원 및 전략을 적용하도록 규정되었다(이선아, 이효신, 2015: 62; 최하영, 2017: 24). 긍정적 행동지원은 응용행동분석의 내용에 행동의 기능 분석과 문제행동 예방의 원리가 더해진 개념이다(김미경, 2019: 30). 응용행동분석은 행동을 변화시키는 데 있어서 이전에 사용되던 행동수정보다 훨씬 과학적인 접근으로 베어(Baer), 울프(Wolf), 그리고 리슬리(Risley)(1968)에 의해 처음 정의되었다(김진호 외 공역, 2017: 45). 일부 학자들은 긍정적 행동지원이 정상화와 통합운동, 인간중심의 가치에 그 근거를 두고 있다는 점을 들어 응용행동분석과 분리된 하나의 새로운 과학 또는 학문분야로 간주해야 한다고 주장하기도 한다. 이와 관련하여 이승희(2011)는 응용행동분석과 긍정적 행동지원의 차이를 다음과 같이 설명하고 있다.

> 응용행동분석이 인간행동에 대한 연구기반의 과학(research-based science)이라면 긍정적 행동지원은 응용행동분석이 제공하는 이론적 틀에 근거한 가치기반의 중재모델(value-based intervention model)이라고 할 수 있다.
>
> 즉, 응용행동분석은 인간행동에 대한 과학적 연구이며 인간의 행동을 변화시키기 위한 이론적 틀(인간의 행동과 학습을 이해할 수 있는 개념적 틀, 행동수정 기법, 기능평가와 기능분석 등)을 제공한다. 이에 비해 긍정적 행동지원은 인간행동에 대한 하나의 중재모델이며 기존의 모델, 즉 반응적이고 결과중심적이며 단기적(즉, 문제행동을 신속하게 감소시키는)인 전통적 행동중재 접근과는 달리 문제행동에 대해 비혐오적인 방법을 사용하며 문제행동의 감소를 넘어서 예방적 차원에서 새로운 기술을 가르치고 장기적으로 삶의 질을 향상시켜야 한다는 철학적인 가치기반의 접근이다(이승희, 2011: 122).

그럼에도 학자들은 긍정적 행동지원이 응용행동분석에 그 이론적 토대를 두고 있다는 점에 대체로 동의하는 상황이다(Johnston et al., 2006: 51). 응용행동분석은 긍정적 행동지원에 두 가지 주요한 기여를 하였는데, 하나는 행동 변화와 관련한 개념적 틀의 요소를 제공하였고, 다양한 행동 평가기능(assessment)과 중재 전략을 제공하였다는 점이다(Carr et al., 2002: 5).

긍정적 행동지원의 개념은 학자들에 따라 조금씩 차이를 보이고 점점 발전하고 있다. 수가이와 호너(Sugai & Horner, 1999: 6-7)는 "긍정적 행동지원이란 사회적으로 의미 있는 행동 변화를 성취하기 위하여 긍정적인 행동중재 프로그램과 시스템을 적용하는 일반적인 용어로서, 행동에 기반을 둔 체계적인 접근방법을 적용"(장은진, 2017: 176에서 재인용)하는 것이라고 하였다. 카 등(Carr et al., 1999)은 "결합된 환경적 요소들 혹은 부적절한 행동을 변화시키는 중재기법들을 통해 긍정적 행동을 증가시키고 삶의 방식을 개선하고 문제행동을 감소시키는 접근법"(Johnston et al., 2006: 53)이라고 본다. 이후 카 등(Carr et al., 2002: 4)은 "삶의 질을 향상시키고 문제행동을 최소화하기 위해 교육적, 시스템적 변화 방법을 사용하는 응용과학"이라고 설명한다. 밤바라(Bambara, 2005: 3)는 "문제행동의 이유를 이해하고 문제행동의 발생에 대한 가설 및 개인 고유의 사회적·환경적·문화적 배경에 적합한 종합적인 중재를 고안하고자 하는 문제해결 접근"(이승희, 2011: 110에서 재인용)이라고 정의한다. 턴불 등(Turnbull et al., 2002: 377)은 "문제행동을 예방하면서 중요한 사회적 차원과 학습차원의 성과를 성취하기 위한 포괄적인 체계적이고 개별화된 전략"이라고 설명한다.

2) 절차

긍정적 행동지원은 긍정적 행동지원팀 기반의 협력을 바탕으로 이루어지는 행동중재 방법으로 학생들의 행동과 관련된 환경을 효과적으로 조절하는 데 초점을 둔다(이선아, 이효신, 2015: 62). 긍정적 행동지원의 목적은 두 가지 차원에서 설명되는데, 교사, 고용자, 학부모 등이 학생의 삶의 방식을 변화시키도록 돕고 사회적으로 수용할 수 있는 방식으로 학생이 목적을 성취하도록 돕는 것이다(Carr et al., 2002: 5). 이처럼 긍정적 행동지원은 구성원의 삶의 질 제고, 사회적으로 수용할 수 있는 바람직한 행동, 인간중심 가치, 예방적 접근, 행동기능 분석 등을 핵심적인 주제어로 한다.

긍정적 행동지원의 절차는 [그림 9-1]과 같이 문제행동의 식별 및 정의, 문제행동 기능 진단, 가설 수립, 행동지원 계획 수립, 집행-평가-수정 등 5단계로 정리할 수 있다(김미경, 2019: 36-45).

우선, 1단계는 무엇이 문제행동인지를 식별하고 정의하는 문제행동의 식별 및 정의 단계이다. 2단계는 문제행동에 대한 중재를 실시하기 전에 문제행동의 발생 원인을 분석하는 문제행동의 기능 진단(평가) 단계이다. 예를 들어, 관심 끌기, 과제나 자극회피하기, 원하는 물건 및 활동 얻기, 자기조절, 놀이 또는 오락 등 문제행동에 숨겨진 기능을 분석하고 설명하는 것이다(김미경, 2019: 39). 이때 면접, 질문지 등과

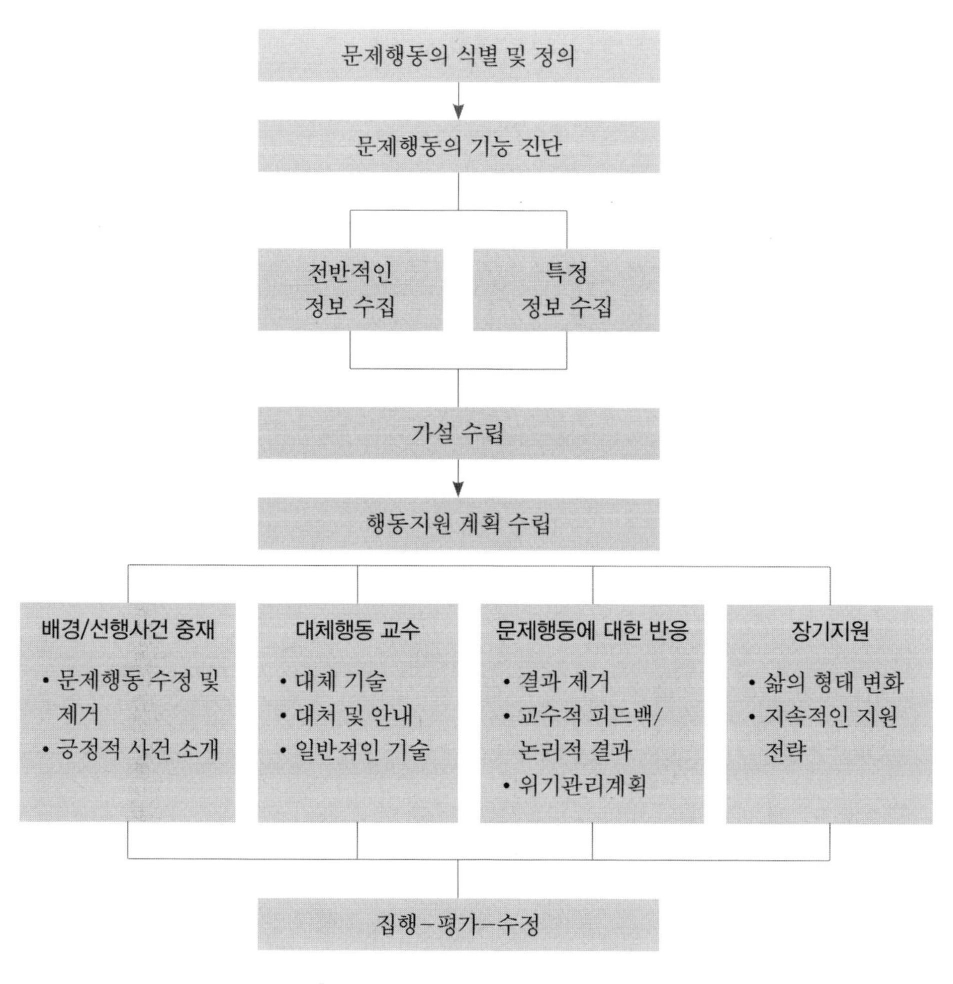

[그림 9-1] 긍정적 행동지원 절차

출처: 김미경(2019: 37).

같은 간접관찰법과 직접관찰법을 활용하여 학생에 대한 전반적인 정보와 문제행동에 대한 보다 상세한 정보를 수집하게 된다. 3단계는 문제행동의 발생 원인과 기능에 대한 가설 수립 단계로서, 일반적으로 특정 선행사건이나 배경사건을 제시하고 문제행동과 그 문제행동의 기능을 설명하는 방식으로 가설이 진술된다. 4단계는 배경/선행사건 중재, 대체행동 교수, 문제행동에 대한 반응, 장기지원 등 다양한 방식의 중재와 지원전략을 사용하는 종합적인 행동지원 수립 단계이다. 이들 중재 전략에 대해 살펴보면 〈표 9-2〉와 같다.

표 9-2 긍정적 행동지원 중재 전략

중재 전략	전략 설명
선행사건/ 배경사건 중재	문제행동을 일으키는 사건을 변화시키기 위한 전략임. 문제가 되는 선행사건이나 배경사건을 수정하거나 제거하는 것을 의미함
대체행동 교수	문제행동의 기능을 대체할 수 있는 바람직한 행동을 교수하기 위한 전략임. 문제행동과 동일한 기능을 가진 바람직한 기술을 가르치거나, 전반적인 능력이 향상될 수 있도록 일반적인 기술을 가르치는 등의 전략이 포함됨
문제행동에 대한 반응	문제행동에 대한 다른 사람들의 반응을 효과적이고 교육적인 방향으로 전환시키기 위한 전략임. 문제행동으로 인해 얻을 수 있는 이득을 감소시키고, 행동에 대한 교수적 피드백이나 논리적인 결과를 가르치며, 위기관리 계획을 수립하는 것임
장기지원	삶의 형태를 변화시키고 지속적인 지원을 위한 전략의 실행을 포함함. 선택의 기회, 학교 및 지역사회 통합, 다른 사람들과의 관계, 가치 있는 역할의 수행, 전반적인 건강과 안녕/학생지원-교사 및 또래를 포함하는 주변인들에 대한 지원, 환경수정이 포함됨

출처: 김미경(2019: 38).

마지막 5단계는 행동지원 계획이 달성하려고 한 목표가 달성되었는지, 학생에게서 원하는 변화가 나타나고 있는지, 행동지원이 보다 효과적이기 위해서는 어떤 수정이 이루어져야 하는지 등을 결정하는 계획의 집행-평가-수정 단계이다.

3. 학교차원 긍정적 행동지원에 대한 이해

1) 개념

학교차원의 긍정적 행동지원(Schoolwide Positive Behavior Support: SWPBS)은 긍정적 행동지원을 개인차원에서 학교차원으로 확대하여 종합적으로 적용한 것이라고 할 수 있다(김현욱, 2017: 99). 최근에 학교차원에서 이루어지는 배타적이고 처벌적인 형태의 훈육에 대한 대안으로서 등장하였는데, 증거기반 실천과 긍정적이고 친사회적인 행동을 가르치는 데 초점을 두고 바람직하지 않은 문제행동은 예방하고 긍정적인 행동은 촉진하는 접근법이다(Solomon et al., 2012: 105). SWPBS는 사후처방적 접근이 아닌 문제행동이 발생하기 이전에 조치를 취하는 예방적인 성격을 지닌다.

학교차원의 긍정적 행동지원은 전체 학생에 대한 보편적 지원에서부터 소집단과 개별학생에 이르기까지 다층지원체제로 이루어진다. 즉, 문제행동을 하는 일부 학생에만 초점을 두는 것이 아니라 보편적 지원에 대한 요구를 가진 학생부터 지속적인 문제행동으로 인해 보다 집중적인 행동지원이 필요한 학생에 이르기까지 학교 내 모든 학생에게 도움이 되는 학교차원의 연속적 지원을 강조한다. 모든 학생의 학업과 사회적 성공을 위해 필요한 사회적 문화뿐만 아니라 집중적이고 개인적 차원의 행동지원을 위한 일련의 중재와 조직체제이다(Horner, Sugai, & Anderson, 2010: 4).

쇼이에르만과 홀(Scheuermann & Hall, 2016)은 학교차원 긍정적 행동지원의 핵심적 특성을 아홉 가지로 제시하였다. 구체적으로 학교 내의 모든 체계 강조, 3단계 예방 모델을 통한 모든 학생의 요구에 관심, 학교차원 긍정적 행동지원 활동 참여 및 지원에 대한 학교구성원의 동의, 개별 학교의 독특한 요구에 부응하기 위해 고안된 중재 전략, 팀 중심 계획과 의사결정, 훈육과 행동 관리를 위한 교수적 접근의 강조, 데이터 기반 의사결정, 체제 변화와 학교차원 긍정적 행동지원의 장기적 실행, 학교차원 긍정적 행동지원 중재에 대한 지속적인 평가와 수정 등 9가지를 제시하였다(김진호 외 공역, 2017: 70).

2) 3단계 예방 모델

학교차원에서 긍정적 행동지원을 실행하기 위해서는 모든 아동에게 기대하는 바람직한 행동을 가르치고, 위험요인이 있는 아동의 경우 멘토링, 사회적 기술 훈련 등을 통해 문제행동을 하지 않도록 집중적으로 지원하며, 심각한 문제행동을 하는 아동에게는 보다 전문적이고 지속적인 중재를 개별적이고 계획적으로 지원하는 것이 필요하다(김미경, 2019: 33).

학교차원 긍정적 행동지원은 학교의 모든 학생을 대상으로 시작하고 대상 집단을 초점화하면서 예방과 중재를 동시에 실시하는 3단계 예방 모델을 제시한다. 이때 대상 학생의 범위는 전체 학생에서 시작하여 점점 만성적 문제행동을 보이는 학생으로, 집중적이고 개별화되고 장기적인 중재가 필요한 개별 학생으로 좁혀 가는 한편 학생에 대한 지원의 강도는 보편적인 지원에서 점점 집중적인 지원으로 강도를 높여 간다(Turnbull et al., 2002: 378). 이에 3단계 예방 모델은 모든 학생을 위한 보편적 지원 단계인 1단계, 표집집단 중재인 2단계, 보다 집중적인 지원인 3단계로 이루어지는데, 각 단계별로 실행을 위한 세부적인 절차와 체제를 가진다(Horner et al., 2010: 5; Sugai & Horner, 2006: 247).

우선, 1단계는 보편적 지원에 초점을 두고 학교의 전체 학생을 대상으로 학업과 행동을 지원하거나 가르치는 데 초점을 둔다는 점에서, 보편적 중재라고도 한다. 이를 위해 교사는 학교환경을 구조화하고 적절한 행동을 학생들이 성취하도록 가르친다. 학생의 행동을 인정하며 부적절한 행동에 대해서는 교육적 차원에서 교정하거나 바람직한 행동을 가르치는 등 학생들이 적절하고 긍정적인 기대 행동을 성취하도록 이끄는 데 노력을 기울인다. 보편적 중재는 다음과 같은 요소를 포함한다(김진호 외 공역, 2017: 71).

- 학교 전체 차원에서 적용할 수 있는 학교차원의 규칙 설정
- 모든 학생이 학교 내 모든 영역에서 지켜야 하는 규칙과 규칙 수행 방법에 관한 가르침
- 문제행동과 연계된 선행 자극 요인의 판별과 수정: 소란과 혼잡을 줄이기 위해 물리적 환경을 바꾸는 것, 바람직한 행동을 촉구하기 위해 시각 단서(예: 규칙을 상기시키는 표시, 분명하게 표시된 경계선, 그림 단서)를 사용하는 것
- 적절한 행동이 부적절한 행동보다 더 주목받는다는 점을 보여 주는 하나 이상의 강화체계 사용
- 모든 교사가 질 높은 교재 및 교수방법을 사용한다는 확신
- 수용할 수 없는 행동에 대한 지속적이고 일관된 후속결과의 제공
- SWPBIS 체계 요구를 판별하고 실행을 점검하기 위한 다양한 형태의 자료 수집

그다음으로 2단계는 보편적 지원 단계에도 불구하고 일부 바람직하지 않은 행동을 하는 학생들을 대상으로 교사가 개입하는 단계로, 표적집단 중재라고도 한다. 사실 모든 학생이 바람직한 행동을 한다고 기대하기 어려우며, 일부 학생들의 경우 바

람직하지 않은 행동이 여전히 나타날 수 있다. 일부 부적절한 행동을 하는 학생을 대상으로 교사는 자기관리 전략, 소집단 사회성 기술 교육, 분노관리 기술, 구조화된 멘토링 등의 접근법을 활용한다(박계신, 2020: 33). 집중적이며 정확한 중재는 다음의 요소를 포함한다(김진호 외 공역, 2017: 71-72).

- 대상 학생과 정기적으로 만남을 갖는 멘토링
- 기대되는 행동에 대한 지속적 상기와 피드백: 교사는 학교차원의 기대에 근거한 점수 체계를 사용하여 학생의 규칙 준수 행동을 일일 행동기록카드에 평가한다. 행동평정카드에 기록된 점수에 따라 학생들에 대한 강화체계를 개발한다.
- 개별학생과의 행동 계약
- 사회적 기술, 자기조절 기술, 분노관리 기술에 관한 소집단 교수
- 학업 기술 부족을 중재하기 위한 소집단 교수
- 중재효과를 평가하기 위한 학생의 행동 변화에 대한 밀착 점검: 표적집단 중재에서 학생의 변화는 훈육실 의뢰(Office Disciplinary Referrals: ODRs), 출석, 행동평정카드에 기록된 점수, 교사에 의한 행동평정척도 또는 점검표를 통해 추적될 수 있다.

마지막으로 3단계는 앞선 2단계에도 불구하고 문제행동이 지속적으로 나타나는 소수의 학생을 대상으로 학생에 대해 개별적으로 지원하는 단계로서, 전문가와의 연계를 통해 문제행동의 기능평가를 실시하여 체계적이고 전문적으로 문제행동을 중재하고 지원한다. 이는 다음의 요소를 포함한다(김진호 외 공역, 2017: 72).

- 문제행동에 대한 행동기능평가, 행동기능분석, 구조분석
- 개별화된 행동중재와 지원 계획의 개발
- 중재 효과를 평가하고 문제를 해결할 표적행동에 대한 밀착 점검
- 중재 개발과 문제해결을 위한 팀 접근
- 학생과 가족을 위한 포괄적 서비스 또는 접근의 편이성

이상과 같은 3단계 예방 모델을 도식화하여 제시하면 [그림 9-2]와 같다.

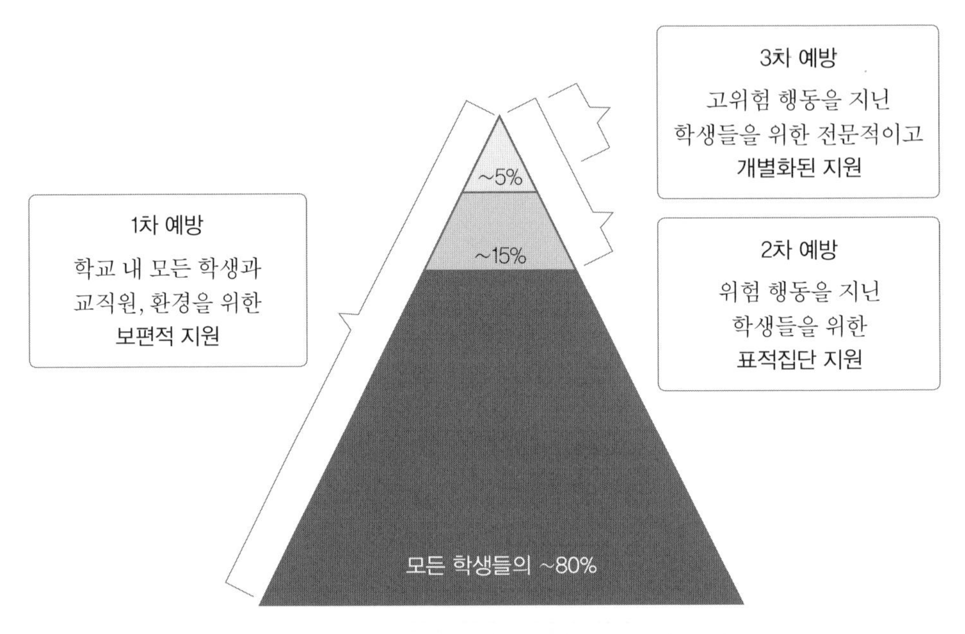

[그림 9-2] 긍정적 행동지원의 3단계 예방을 위한 연속체

출처: Sugai & Horner (2006: 247).

이처럼 학교차원 긍정적 행동지원은 다층적이고 복합체제적 관점을 채택하고 각 단계별로 대상학생과 초점을 달리한다. 보편적 중재 단계에서는 학교기반의 프로그램의 필요성을 확인하기 위해, 표적집단 중재에서는 사회적 · 학업적 중재의 효과를 점점하기 위해, 개별차원의 중재 단계에서는 행동기능평가에 기반한 개별 행동중재의 효과를 점검하기 위해서 자료를 수집하고 수집된 자료에 근거하여 중재의 수정이나 중단을 결정한다(박계신, 2020: 41). 여기서는 1단계, 즉 보편적 차원의 학생 중재 단계를 중심으로 좀 더 살펴보고자 한다.

모든 학생을 대상으로 제공되는 보편적 차원의 긍정적 행동지원은 학교 학생의 다양성을 인정하고 모든 학생의 성장을 위한 학교문화를 만든다는 철학에 기반을 두고 교사들이 통합적 학교문화를 만들어 가도록 학교 체제의 변화를 이끄는 방안을 모색하는 것이기도 하다(Freeman et al., 2006: 최하영, 2017: 25에서 재인용). 긍정적 행동지원을 채택한 학교들은 복합체제의 관점을 채택하는데 학교차원, 교실차원, 교실 밖의 환경차원, 개별차원의 체제를 포함하여 각 체제를 위기 예방 및 지원을 위한 환경으로 구성하고 기능평가에 기반한 다요소중재를 활용하여 문제에 접근한다(박계신, 2020: 34).

SWPBS 실행을 위한 단계별로 학생에 초점을 맞춘 절차와 교직원에 초점을 둔 시스템을 살펴보면 다음 〈표 9-3〉과 같다.

표 9-3 SWPBS 실행을 위한 예방 단계별 절차 및 시스템

실행 단계	절차: 학생에 초점을 둔 과업	시스템: 교직원에 초점을 둔 과업
1단계	• 학교차원 실행 • 학교 전체적으로 규정되고 가르친 기대 행동 • 적절한 행동에 대한 보상 • 문제행동을 위한 결과처리의 지속성 • 학급경영 • 가족 참여 • 학생초점 중재에 대한 의사결정을 위한 자료의 수집과 활용	• 팀기반 실행 • 행정적 헌신 • 학생의 사회적 행동에 초점을 둔 명확한 정책 • SWPBS에 대한 직원 교육 • 행동지원을 위한 보편적 검사 • 실행과 지속적 활용을 안내하기 위한 충실한 자료의 활용 • SWPBS에 대한 지역의 헌신
2단계	• 일과, 사회적 상호작용, 학업성취와 관련한 기술에 대한 직접 교수 • 증가된 구조 • 성인 피드백의 증가된 빈도와 정확성 • 학업과 문제행동과 결합된 사정과 중재 • 감소된 문제행동에 대한 보상 • 가정-학교 의사소통과 협력 확대	• 학생의 조기 진단과 지원 • 변화 모니터링과 보고 • 실행과 중재를 위한 정기적 팀 미팅 • 중재 실행을 조정하기 위한 역할 배분 • 2차 예방적 중재를 위한 행정적 과정 • 실행과 지속적 적용을 안내하기 위한 충실한 자료 활용
3단계	• 강점 기반 평가 • 기능적 행동 평가 • 응용행동분석 • 집중 교수 • 자기관리	• 행동지원 팀 • 변화 모니터링 시스템 • 중재 충실도 • 중재 영향력 • 가족, 학생, 직원, 행정을 위한 보고 • 행동 전문가와 연계 • 실행과 지속적 적용을 안내하기 위한 충실한 자료 활용

출처: Horner et al. (2010: 6).

학교차원의 보편적 긍정적 행동지원체제는 크게 여섯 가지로 설명된다(김진호 외 공역, 2017: 78). 첫째, 학교차원의 규칙을 3~5개 정도 개발하고 학생들이 이러한 규칙을 계속 기억하고 실천할 수 있도록 표식(예: 규칙 안내 게시물, 공고, 포스터 등)을 학교 전체에 게시한다. 둘째, 학교차원의 활동과 학교 내 모든 영역에서 적용되는 규칙별로 기대되는 행동을 정의한 규칙 매트릭스를 개발한다. 셋째, 학교규칙을 학생들에게 지도하고 필요한 경우 재지도하는 등 학교 내 모든 학생에게 체계적이고 계획된 가르침을 제공한다. 넷째, 인정 체계를 통해 학생들의 규칙 준수 행동에 대한 피드백과 강화를 제공한다. 다섯째, 교사에 의해 학급차원에서 관리되어야 하는 위반 행동과 공식적 관리, 즉 행정적 중재가 필요한 위반 행동인지를 구분하여 규정한다. 여섯째, 문제행동 수정을 위해 후속결과를 사전에 결정하는 등 일관된 후속결과 체계를 개발한다.

교사는 학교의 모든 학생을 대상으로 하는 보편적 단계에 초점을 둔 학교차원의 긍정적 행동지원을 크게 7단계로 진행할 수 있다(김현욱, 2017: 104-107). 우선, 학교는 교직원의 공통된 이해와 학생 행동 및 훈육에 대한 방향을 제시하는 구체적인 목적을 설정해야 한다. 그다음으로 긍정적 행동지원의 핵심인 긍정적 행동지원팀을 구성하는 것이다. 팀 구성은 일반적으로 학교장 혹은 교감, 담임교사, 특수교사, 교과전담교사, 학생상담전문가, 또는 학부모를 포함할 수 있다. 또한 학교환경 조성에 중점을 두고 긍정적인 학교 풍토 조성, 공통된 언어와 비전 공유, 학교규칙 등을 마련하는 것이 필요하다. 이를 통해 학생에게 기대하는 행동을 개발하였다면 이들 행동을 직접적으로 교육하는 것이 필요하다. 교직원은 기대하는 행동을 학생이 했을 때 적절한 보상이나 인정체계를 마련하는 한편, 문제행동에 대해서는 처벌 또한 마땅히 이루어져야 한다. 학생들의 행동에 대해 지속적인 데이터를 수집하고 이를 기반으로 긍정적 행동지원을 실행하는 것이 필요하다. 마지막으로, 긍정적 행동지원의 보편적 단계가 모든 교직원에 의해 실천될 수 있도록 모든 교직원을 대상으로 교육과 안내가 지속적으로 이루어져야 한다.

4. 학급차원 긍정적 행동지원에 대한 이해

1) 개념

학급차원의 긍정적 행동지원(Classwide Positive Behavior Support: CWPBS)은 긍정적 행동지원을 학급차원에 적용하는 것을 말한다. 학급차원의 긍정적 행동지원은 학생들의 문제행동을 미연에 방지하기 위하여 학급의 물리적 환경을 조성하고 교수-학습환경을 재구성하는 등의 방법을 사용하는 중재방법이다(이선아, 이효신, 2015: 63). 학급 학생들의 문제행동에 예방적 접근을 강조하고 사회적 효능감을 개발하도록 학급 분위기를 조성하며 학습에 도움이 되는 환경을 조성하는 등 보편적 지원을 실행하는 것과 상황에 따라 소집단 또는 일부 개별학생에 대해 지원하는 방법을 모두 포함한다(심은정, 박지연, 2019: 2). 학교차원의 긍정적 행동지원에 비해 학급 담임교사의 부담이 늘어난다는 제한점이 있지만 신속하게 진행할 수 있다는 점에서 장점을 가진다(장은진, 2017: 178).

쇼이에르만과 홀(Scheuermann & Hall, 2016)은 학급차원의 보편적 긍정적 행동지원을 시행하기 위해 교사는 분명한 교실 규칙과 절차 개발, 하루 일과, 분위기, 교실 구조화 등을 실행하고 이를 통해 학생들의 문제행동을 미리 예방할 수 있다고 설명한다(김진호 외 공역, 2017). 시몬슨과 마이어스(Simonsen & Myers, 2015)는 학급 구조화, 수업에 학생 적극적으로 참여시키기, 긍정적으로 진술된 학급기대 수립 및 가르침, 적절한 행동강화 전략 실행, 부적절한 행동에 대한 대응 전략과 같은 요소들이 포함되어야 한다고 언급하였다(심은정, 2018: 16에서 재인용). 각 요소별로 살펴보면 다음과 같다.

첫째, 학급의 구조화는 학급 일과와 교실의 물리적 환경의 구조화를 모두 포괄하는 개념이다. 등교 후 교실에 들어오면 해야 할 일, 숙제를 제출하는 방법, 필요한 자료에 접근하는 방법, 교사나 친구들에게 도움을 요청하는 방법, 개인적인 요구를 처리하는 방법, 협동학습에 참여하는 방법 등 학생이 등교해서 하교할 때까지 학급에서 경험할 수 있는 모든 일과를 구조화하여 학생에게 안내하는 것이다(심은정, 2018: 16). 한편, 물리적 환경의 구조화는 학생들이 수업활동에 집중하도록 좌석 배치, 게시판, 여러 가지 교실 내 가구 등 물리적 환경이 어떻게 방해를 덜하고 혼란을 최소화할 것인지에 초점을 두고 구조화하는 것이 필요하다.

둘째, 학생들을 수업에 적극적으로 참여시키는 것이다. 이것은 학급을 효과적으로 운영하기 위해 반드시 고려되어야 할 사항이다. 즉, 학생의 효과적인 학습을 위해 교사가 교수활동을 적절하게 수행하고 학생의 응답 기회를 높이거나 다양한 유형의 응답 기회를 제공하는 등과 같은 방법을 통해 모든 학생이 수업에 적극적으로 참여하도록 지원하는 것이 필요하다(심은정, 2018: 17).

셋째, 학급차원에서 기대되는 행동을 설정하고 가르치는 것이다. ① 학급의 학생들에게 기대되는 올바른 행동을 설정하고 정의하는 것이 필요하다. 학급차원의 기대 행동은 학생들이 잘 상기하고 실천할 수 있도록 3~5개 정도가 좋으며, 바람직한 행동 진술을 담은 긍정문으로 진술하고 학급기대와 학교차원의 기대가 관련성을 갖는 것이 좋다. ② 행동기대 매트릭스를 사용하여 행동과 발생하는 상황을 연계하여 정의하는 것이 필요하다. 예를 들어, 학급기대를 '팀워크 발휘하기'라고 수립하였다면, 적극적으로 경청하기, 참여순서 지키기, 과제 완성에 기여하기 등 협동학습이 일어나는 일련의 순서에 따라 다르게 규정될 수 있다(Simonsen & Myers, 2015: 심은정, 2018: 20에서 재인용). ③ 완성된 매트릭스를 바탕으로 학급기대를 가르치기 위한 초기 계획을 수립하고, 사회적 기술을 명확하게 가르칠 수 있는 수업을 개발하여 실행하는 것이다. ④ 교사가 가르친 사회적 기술을 유지하고 내면화할 수 있도록 관리하는 것이다.

넷째, 적절한 행동을 강화시킬 수 있는 전략을 실행하는 것이다. 이때 자주 사용되는 대표적인 전략은 학생이 기대하는 행동을 보였을 때 즉시 그 행동을 설명해 주는 구체적이고 유관적인 칭찬, 학급에서 강화시스템을 통해 개별학생 혹은 모든 학생이 적절한 행동에 대해 보상받는 집단강화 전략이 있다(심은정, 2018: 20).

다섯째, 부적절한 행동에 대응한 전략을 실행하는 것이다. 이때 관련성이 있는 오류 수정, 차별강화, 반응대가 등이 자주 사용된다(심은정, 2018: 21). 구체적이고 유관적인 오류 수정은 학생이 부적절한 행동을 나타낼 때 그 행동을 그만두고 적절한 행동을 할 수 있도록 체계적인 반응을 보이는 것이고, 차별강화는 대체행동을 강화하여 부적절한 행동을 감소시키는 방법이며, 반응대가는 부적절한 행동이 발생했을 때 강화를 제거하는 것이다.

2) 국내 실험 연구

한국에서는 2000년대 초반 긍정적 행동지원이 소개되면서 그 효과성을 입증하려는 다수의 실험연구가 수행되었고, 이 연구들은 매년 꾸준히 증가하고 있다(최하영, 2017: 25; 김예리, 2017: 20). 2000년부터 2010년까지의 국내외 긍정적 행동지원에 관한 실험연구를 고찰한 김성숙과 김진호(2012) 연구에 따르면, 국외 연구는 학교 및 학급에서 실행되는 보편적 차원의 긍정적 행동지원 연구가 많은 데 반해 국내 연구는 문제행동을 보이는 개별학생 차원의 지원을 실행한 연구가 많은 것으로 나타났다. 최근에는 학년 혹은 학급을 실행단위로 한 긍정적 행동지원 관련 연구들이 계속 보고되고 있으며, 특수학교뿐만 아니라 일반학교로의 적용이 확대되고 있다. 또한 학교차원의 긍정적 행동지원의 3차원 모형과 관련하여 많은 연구가 대체로 보편적 차원의 긍정적 행동지원에 주목하고 있다.

여기서는 특수학교와 일반학교 구분 없이 보편적 차원의 긍정적 행동지원 관련 실험 연구를 대상으로 보편적 차원의 긍정적 실행 단계의 구체적인 내용을 살펴보고자 한다. 최하영(2017)은 보편적 차원의 긍정적 행동지원 실행 단계를 긍정적 행동지원 협력팀 구성, 자료기반 실행 계획 개발, 충실도 높은 계획 전략, 자료 점검, 중재충실도 확인 등 5단계로 구분하고 선행연구를 분석한 결과, 모두 긍정적 행동지원 협력팀을 구성한 것으로 나타났다고 보고하였다. 이들 연구 중 이선아와 이효신(2015) 연구는 협력팀을 구성하였다는 언급은 있으나 참여한 구성원을 구체적으로 밝히고 있지 않았다. 이들 선행연구들에서 밝히고 있는 보편적 차원의 긍정적 행동지원 실행 단계를 제시하면 〈표 9-4〉와 같다.

표 9-4 선행연구에서 제시된 보편적 차원의 긍정적 행동지원 실행 단계

연구	긍정적 행동지원 협력팀		자료기반 실행 계획 개발	충실도 높은 계획 전략	자료 점검	중재 충실도
	구성원	협의회 일정				
김미선, 박지연 (2005)	담임교사, 특수교사, 연구자	담임교사 (주 1회), 전체 팀 (월 1회)	교실환경 점검, 교사의 학습운영기술 확인, (기술평가)	실행팀 교사교육(4회기), 연구개시 1개월은 담임교사, 특수교사, 연구자 2~3회 협의, 실행팀 정기적 협의회	사전 사후	×
강삼성, 이효진 (2012)	담임교사, 특수교사, 교장, 교감, 동 학년 교사, 보건교사, 영양교사, 실무원, 교육실습생, 연구자	×	훈육지도 기록 검토, 학부모 상담자료 검토, 학급일지 검토, 담임교사, 보조교사, 학부모, 학급 내 모든 학생 면담(기능평가)	실행팀 교사교육 6회기	사전 사후	○
차재경, 김진호 (2014)	담임교사, 도덕, 체육교과 담당교사, 특수교사, 연구자	전체 팀 (주 1회)	직접관찰 및 면담 (기능평가)	실행팀 교사교육 8회기, 실행팀 정기적 협의회, 연구자는 주 1회 지도 교수를 통해 전반적인 중재에 대한 연구자 교육 받음	사전 사후	○
이선아, 이효신 (2015)	협력팀을 구성하였다고 하였으나 구성원은 밝히지 않음	×	직접관찰, 개별학생 및 학부모 면담(기능평가)	실행팀 교사교육(회기에 대한 구체적 언급 없음)	기초선 중재 유지	○

출처: 최하영(2017: 32)에 제시된 내용 중 학급차원 긍정적 행동지원 관련 연구를 중심으로 정리함.

이들 선행연구에서 활용하고 있는 보편적 차원의 행동지원 중재 전략을 살펴보면, 대체로 환경구조화, 기대행동 정하기 및 사전 교수, 집중구호, 사회성 기술 교수, 자기점검 및 평가, 강화 등의 행동지원 중재 전략을 활용하였다. 〈표 9-5〉는 선행연구에서 활용한 보편적 차원의 긍정적 행동지원 중재 전략이다.

표 9-5 보편적 차원의 긍정적 행동지원 중재 전략

연구	환경 구조화	기대행동 정하기 및 사전 교수	집중 구호	사회성 기술 교수	자기 점검 및 평가	강화	기타
김미선, 박지연 (2001)	환경구성 (책상, 탁자 등 재배치) 개선	명상 3분, 교실에서 지켜야 할 기본 규칙 안내서 확인	중재 개시 1주일 동안 매일 아침 3회 연습	10회기 (20분/회기)	학생 스스로 평가표 작성	자유시간 실시, 토큰 강화 실시 후 우수 그룹과 개인 시상	×
강삼성, 이효진 (2012)	학생 자리 재배치, 학급규칙 게시	학급규칙, 매트릭스 개발, 기대행동 정하기, 학급규칙 교수	중재 개시 1주일 전부터 집중 구호 익히기	×	학생 스스로 평가표 작성	자유시간 실시, 학급파티(전체), 우리반 칭찬왕 시상, 반응대가(개별)	학급질서 도우미제, 학급 홈페이지의 비밀 글쓰기방을 활용한 학생 문제행동에 대한 피드백 제공
차재경, 김진호 (2014)	하루일과 제시, 학급 규칙 게시, 자리 재배치	학급규칙 제정, 기대행동 교수	×	○	나의 점검표 작성	자유시간 실시(집단), 토론강화(개별), 반응대가	장애인식 개선 교육, 학급도우미제
이선아, 이효신 (2015)	좌석 재배치, 시종, 일과표 제시, 규칙 게시	학급규칙 매트릭스 개발, 기대행동과 위반 행동 교수	집중 구호 익히기	×	학생 스스로 생활 점검표 작성	토큰 강화	×

출처: 최하영(2017: 35)에 제시된 내용 중 학급차원 긍정적 행동지원 관련 연구를 중심으로 정리함.

3) 적용 사례

학급차원의 긍정적 행동지원을 학교현장에서 적용한 사례를 살펴보고자 한다. 우선, 이선아와 이효신(2015)은 일반학급 일반학생을 대상으로 학급차원의 긍정적 행동지원 모형을 개발하였는데, 학교장과 보호자의 동의, 협력팀 구성, 문제행동 선정, 기능평가, 학급 전반 지원과 소그룹 지원에 관한 계획을 수립하고 이를 바탕으

표 9-6 학급 전반 지원 중재 프로그램의 내용

<table>
<tr><th>요소</th><th colspan="2">내용</th></tr>
<tr><td>1. 학급규칙
매트릭스</td><td colspan="2">• 학급규칙을 3~5가지로 선정하여 교실 전면에 게시함
• 수업시작 전 낭송하고 하루 일과를 시작함
• 학급규칙 준수 행동과 위반 행동에 대해서 직접 교수함</td></tr>
<tr><td rowspan="2">2. 소리나눔 및
손유희</td><td colspan="2">• 교사-학생의 소리나눔
-수업 중 집중이 낮아졌을 때 교사의 앞구호에 맞춰 학생들이 뒷구호를 함
• 학생-학생의 소리나눔</td></tr>
<tr><td colspan="2">• 재미있는 손유희
-수업의 집중도가 낮아졌을 때 손유희로 분위기 전환시킴</td></tr>
<tr><td rowspan="7">3. 교수-학습
환경의
재구조화</td><td>• 좌석 재배치</td><td>• 학생의 성적, 특성, 교우관계, 문제행동의 발생 예측 가능성을 고려하여 좌석을 배치함</td></tr>
<tr><td>• 시종</td><td>• 플래시 동요로 시종을 알려 줌</td></tr>
<tr><td>• 일과표</td><td>• 아침자습 시간에 일과표 제시
-수업에 필요한 교과서와 준비물을 미리 준비함</td></tr>
<tr><td>• 시각적 교수기기의 활용</td><td>• 실물 화상기-컴퓨터-프로젝션TV 연동
-실물 화상기에 교과서를 놓고 수업을 진행하여 학생들이 수업의 진행상황을 파악할 수 있도록 함
-낱말 쓰기에 어려움을 겪는 학생들을 위하여 교사가 직접 써서 보여 줌</td></tr>
<tr><td>• 자기점검 좌석 번호표</td><td>• 자기점검 좌석 번호표 활용
-학생 스스로 과제 진행 상황을 좌석 번호로 표시함
-교사가 학생의 활동 상황을 파악할 수 있음</td></tr>
<tr><td>• 스톱워치와 타이머</td><td>• 애니메이션 스톱워치와 타이머 활용
-학생들이 속도를 조절해 가면서 과제를 함</td></tr>
<tr><td>• 선택활동</td><td>• 과제 수행 속도가 빠른 학생에게 독서, 학습지, 조작 놀이 활동을 제공함</td></tr>
<tr><td>4. 나의 하루
생활 점검표</td><td colspan="2">• 나의 하루 생활 점검표 작성
-자신의 학습활동과 문제행동을 스스로 점검함
-학교와 가정의 연계</td></tr>
<tr><td>5. 강화물</td><td colspan="2">• 언어적 칭찬 및 스티커(5개 단위로 강화)</td></tr>
</table>

출처: 이선아, 이효신(2015: 68).

로 학급차원의 긍정적 행동지원을 실행하고 그 결과를 보고하고 있다. 구체적으로 학급 전체 학생들을 대상으로 한 학급 전반에 대한 지원과 학급 전반에 대한 지원에도 불구하고 문제행동 발생률이 높은 학생들을 대상으로 소그룹 지원의 2차적 중재를 실시한다(이선아, 이효신, 2015: 63). 학급의 모든 학생을 대상으로 시행되는 보편적인 긍정적 행동지원의 중재 프로그램으로 학급규칙 매트릭스, 소리나눔 및 손유희, 교수-학습환경의 재구조화, 나의 하루 생활 점검표, 강화물 등 다섯 가지로 구성하였다. 이때 학급규칙 매트릭스는 학급규칙을 3~5가지로 선정하여 교실 전면에 게시하고 학급규칙 준수 행동과 위반 행동을 직접 가르쳤다. 교수-학습환경의 재구조화는 좌석 재배치, 시종, 일과표, 시각적 교수기기의 활용, 자기점검 좌석 번호표, 스톱워치와 타이머, 선택활동으로 구성하였다. 이를 정리하여 제시하면 〈표 9-6〉과 같다.

소그룹 지원은 기초전(5회기), 중재(15회기), 유지(5회기)기간으로 실시하였다. 소그룹 지원은 모든 학생 대상 학급 전반 지원에도 전체 문제행동의 발생률이 평균 40%인 학생들을 대상으로 하였다(이선아, 이효신, 2015: 68-69). 이를 위하여 교수-학습환경의 재구조화, 행동 계약서, CICO 점검, 집단상담, 또래 도우미 제도, 강화체제 변경 등으로 구성하였다. 이러한 소그룹 지원 중재 프로그램의 내용을 정리하여 제시하면 〈표 9-7〉과 같다.

표 9-7 소그룹 지원 중재 프로그램의 내용

요소	내용
교수-학습환경의 재구조화	• 주의 집중을 방해하는 요소를 제거하고 교사와의 거리를 가깝게 하여 수업에 집중할 수 있도록 앞자리에 배치함 • 모범적이고 학습 태도가 좋은 학생을 짝으로 선정하여 학생이 즐거운 분위기에서 짝의 도움을 받으며 공부할 수 있도록 함
행동 계약서	• 행동 계약을 통하여 교사와 상호약속을 함 • 행동 계약에 기초한 토론 강화와 반응대가를 약속함
CICO 점검 (Check-In Check-Out)	• 나의 하루 생활 점검표를 보다 강화된 내용으로 구성함 • 문제행동별로 점수화시켜 하루 동안의 자신의 점수를 확인함 • 방과후 교사와 대화 시간을 가지면서 자신의 행동을 반성함 • 교사의 피드백과 가정에서의 피드백을 동시에 하며 연계지도함

집단상담	• 미술치료 형식의 집단상담 프로그램을 8회기 실시함 • 주의집중, 바른 자세, 올바른 말하기 주제가 포함된 미술 작품 만들기
또래 도우미 제도	• 자발적 동의에 의한 도우미 선정 • 도우미 활동에 대한 일일 칭찬 스티커를 제공함 • 학생 한 명당 세 명의 또래 도우미를 선정함 • 학습태도 모델링, 행동 촉구, 주변 관리를 할 수 있도록 함
강화체제 변경	• 일일강화로 변경 • 영어달러, 비타민, 학용품 등의 강화물 제공 • 반응대가 적용(스티커 제거, 편식하지 않고 식사하기)

출처: 이선아, 이효신(2015: 69).

나현정 등(2018)은 학급차원의 보편적 긍정적 행동지원에 초점을 두고 준비단계와 실행단계로 나누어 모형을 제시하고 있다(나현정, 장은진, 한미령, 조광순, 2018: 98-99). 준비단계는 학급차원의 긍정적 행동지원 팀 구성과 교사교육, 가정과 학교 협력 요청 단계로 구성되고, 보편적 중재단계는 기대 행동 선정, 강화물 선정, 사회적 기술 가르치기 등으로 제시하였다. 첫째, 학급차원의 보편적 긍정적 행동지원을 위한 팀을 구성하고 정기적인 모임을 통해 긍정적 행동지원 관련 책자 및 관련 논문 연구 등에 대해 같이 학습하는 과정을 거쳤다. 둘째, 학급차원의 긍정적 행동지원 시스템을 시행하기 위해 가정에 통신문을 발송하여 안내하고 사전 동의와 적극적인 협조를 구하였다. 이와 더불어 학급차원의 긍정적 행동지원은 학교차원의 적극적인 지원과 협력이 뒷받침되어야 한다는 점에서 학교장과 교감에게 긍정적 행동지원에 대해 설명하고 동의를 구하는 것이 필요하다. 셋째, 학생들의 바람직하지 않은 행동은 감소시키고 바람직한 행동을 강화하기 위해 학급 환경을 조성하는 데 초점을 두었다. 이때 교사는 학생들의 행동을 일정 기간 관찰하고 이를 바탕으로 학생들에 대한 기대행동을 선정하며 이와 동시에 구체적인 행동 목록을 명확히 제시하였다. 교사는 기대행동이 적힌 배너 또는 액자 설치, 기대행동과 관련된 미술작품 게시 등을 통해 학생들에게 기대행동을 상기시키려고 하였다. 넷째, 기대행동을 강화하는 데 적합한 강화물을 선정하였다. 교사는 기대행동을 증가시켜 주는 정적강화를 사용하였는데, 수업시간 또는 일과시간에 학생들이 기대행동을 나타낼 때 즉각적으로 언어적 피드백을 제공하거나 칭찬을 하였다. 그 외에 5분, 10분 간격으로

표 9-8 학급차원의 보편적 긍정적 행동지원

보편적 긍정적 행동지원 요소	세부 내용
협력팀 구성 및 교사 교육	• PBS 협력팀 구성 및 매주 정기적 모임 실시 • 2~3월 중 PBS 책자 및 관련 논문 연구
부모협력 및 학교협력	• PBS에 관한 가정 통신문 배부 및 동의 • 학교관리자에게 PBS에 대한 설명 및 동의
학급환경 조성	• 3월 교실 관찰을 통하여 학생들에게 요구되는 기대행동 설정 • 기대행동이 적힌 배너 설치 • 기대행동과 관련된 게시물 부착 • 기대행동과 관련된 미술 작품 게시
기대행동 강화	• 기대행동이 나타날 때 즉각적인 언어 피드백과 함께 강화물 제시 • 개인별 강화와 전체강화 동시에 적용
사회적 기술 교수	• 기대행동과 관련된 사회적 기술 교수안 계획 • 기대행동 이외에 학생들에게 필요한 사회적 기술을 교수함 • 창의적 체험활동(화요일 1교시) 시간을 이용하여 학습

출처: 나현정 외(2018: 98)에 제시된 내용을 수정하여 제시함.

기대행동이 나타나는 경우 학생들을 훑어보고 기대행동을 보이는 학생에 대해 강화물을 적용하였다. 다섯째, 기대행동과 관련한 사회적 기술을 가르치기 위해 교수안을 작성하고 학생들에게 가르치는 시간을 가졌다. 이를 위해 교사는 매주 화요일 1교시 창의적 체험활동 시간을 활용하였다. 학급차원의 보편적 긍정적 행동지원의 요소별 세부 내용을 정리하면 〈표 9-8〉과 같다.

장은진(2017)은 초등학교 학급차원의 보편적 긍정적 행동지원 모형을 개발하였는데, 다섯 가지 준비단계와 다섯 가지 실행단계로 제시하였다(장은진, 2017: 181-186). 우선, 준비단계는 긍정적 행동지원팀 구성 및 지원, 학부모와의 협력, 기대행동 선정, 강화계획 수립, 긍정적 행동지원 환경 조성이다. 실행단계는 문제행동을 대체할 수 있는 행동의 교수를 위한 사회적 기술 교수 실시, 올바른 행동의 교육을 위한 적절한 강화, 문제행동에 대한 일관된 지도, 지속적인 학생 모니터링과 문제행동의 적절한 수정, 효과평가 단계 등이 있다.

학교현장 이야기

학교 또는 학급차원의 긍정적 행동지원을 실행하기 위해서는 가장 우선적으로 긍정적 행동지원협력팀을 구성하고 이를 중심으로 교사 간의 학습 과정을 거치는 것이 필수적이다. 여기서는 최근 학교와 학급차원의 긍정적 행동지원을 실천하기 위한 긍정적 행동지원 협력팀으로서 협력적 상담공동체를 구성·운영한 사례를 소개하고자 한다.

◎ 학교차원 긍정적 행동지원 협력팀 운영 사례: 충북지역 A초등학교[1)]

충북지역 소재 A초등학교는 생활지도에 대한 책임이 개별 교사에 온전히 맡겨지는 시스템이 아니라 학교구성원이 함께 책임지는 협력적 생활지도 시스템을 구현하는 데 많은 노력을 기울이고 있는 학교이다. 이러한 문제의식에 기반하여 A초등학교는 학교차원의 긍정적 행동지원을 실천하기 위한 긍정적 행동지원 협력팀으로서 협력적 상담공동체를 2020학년도 2학기에 구성·운영하였다. 협력적 상담공동체는 총 10회에 걸쳐 진행되었으며, 교육상담전공 교수, 학교전문상담교사, 성장공동체형(치유형) 공립 대안학교 상담부장 교사 등 외부 전문가와 A초등학교 교사 10명으로 구성·운영되었다. 협력적 상담공동체는 〈표 9-9〉와 같은 프로그램으로 운영되었으며 이 과정은 배움–사례나눔–성찰이라는 순환과정으로 이루어졌다.

표 9-9 협력적 상담공동체 프로그램 개요

회기	주제	내용
1회기	사전모임	1) 협력적 상담공동체(C3) 운영 방향 협의 2) 연구진 및 참여교사의 요구 수렴
2회기	행동문제 이해하기	1) 전체 작업: 협력적 상담공동체의 이해 '아이들은 왜 그릇된 행동을 하는가?' 2) 그룹 작업: 학생상담 및 상담기법(A그룹), 집단상담 및 학부모상담 및 상담실무(B그룹), 위기상담 및 상담시스템(C그룹)

1) 이 내용은 이재용, 김현아, 황정희(2020). 학교차원의 긍정적 행동지원 시스템 '협력적 상담공동체 운영' 연구보고서의 내용을 연구진의 허락을 구하고 수록함.

3회기	협력적 상담공동체 사례 나눔(1)	1) 학급차원의 사례 나눔 2) 학년 및 학교차원의 사례 나눔
4회기	행동문제 대처하기	1) 전체 작업: 협력적 상담공동체의 운영 '교사는 아이들은 어떻게 격려할 것인가?' 2) 그룹 작업: 학생상담 및 상담기법(B그룹), 집단상담 및 학부모상담 및 상담실무(C그룹), 위기상담 및 상담시스템(A그룹)
5회기	협력적 상담공동체 사례 나눔(2)	1) 학급차원의 사례 나눔 2) 학년 및 학교차원의 사례 나눔
6회기	긍정적 행동지원 시스템 구축을 위한 교사의 협력방안 탐색하기	1) 전체 작업: 협력적 상담공동체의 실천 '우리는 무엇을 협력해야 하는가?' 2) 그룹 작업: 학생상담 및 상담기법(C그룹), 집단상담 및 학부모상담 및 상담실무(A그룹), 위기상담 및 상담시스템(B그룹)
7회기	협력적 상담공동체 사례 나눔(3)	1) 학급차원의 사례 나눔 2) 학년 및 학교차원의 사례 나눔
8회기	긍정적 행동지원 시스템 구축을 위한 교사의 협력방안 실천하기	1) 전체 작업: 협력적 상담공동체의 성찰 '우리는 어떻게 협력해야 하는가?' 2) 그룹 작업: 성화초 학급, 학년, 학교차원의 긍정적 행동지원시스템 구안 실습 및 토의
9회기	협력적 상담공동체 사례 나눔(4)	1) 성장공동체의 의미 및 역할: 은여울 공동체가 말하는 '성장공동체' 2) 성장공동체의 실제적인 도구 이해하기: 아침모임, 성장단계, 참만남, 경험학습, 참도움 등 3) 성장공동체 도구에 대한 의미 및 운영 방법: 도구 경험하기(영상 및 체험 등)
10회기	사후모임	1) 협력적 상담공동체 참여 소감 나누기 2) 협력적 상담공동체의 지속적 발전 방안 협의

요약

- 문제행동에 대한 전통적 접근은 문제행동이 발생한 사후 처방에 초점을 두는 데 반해 긍정적인 행동지원은 문제행동에 대한 예방적 접근을 적용하고 이를 통해 학생의 학업참여 기회를 제공하고 긍정적 사회적 관계를 개발하고 장기적인 성과를 제고하는 데 유용하다.

- 긍정적 행동지원은 응용행동분석의 내용에 행동의 기능 분석과 문제행동 예방의 원리가 더해진 개념이다(김미경, 2019: 30). 여러 학자의 개념 정의를 살펴보면 다음과 같다.
  - 수가이와 호너(Sugai & Horner, 1999: 6-7)는 "긍정적 행동지원이란 사회적으로 의미 있는 행동 변화를 성취하기 위하여 긍정적인 행동중재 프로그램과 시스템을 적용하는 일반적인 용어로서, 행동에 기반을 둔 체계적인 접근방법을 적용"(장은진, 2017: 176에서 재인용)하는 것이라고 하였다.
  - 카 등(Carr et al., 1999)은 "결합된 환경적 요소들 혹은 부적절한 행동을 변화시키는 중재기법들을 통해 긍정적 행동을 증가시키고 삶의 방식을 개선하고 문제행동을 감소시키는 접근법"(Johnston et al., 2006: 53)이라고 본다.
  - 카 등(Carr et al., 2002: 4)은 "삶의 질을 향상시키고 문제행동을 최소화하기 위해 교육적, 시스템적 변화 방법을 사용하는 응용과학"이라고 설명한다.
  - 밤바라(Bambara, 2005: 3)는 "문제행동의 이유를 이해하고 문제행동의 발생에 대한 가설 및 개인 고유의 사회적 · 환경적 · 문화적 배경에 적합한 종합적인 중재를 고안하고자 하는 문제해결 접근"(이승희, 2011: 110에서 재인용)이라고 정의한다.
  - 턴불 등(Turnbull et al., 2002: 377)은 "문제행동을 예방하면서 중요한 사회적 차원과 학습 차원의 성과를 성취하기 위한 포괄적인 체계적이고 개별화된 전략"이라고 본다.

- 긍정적 행동지원의 일반적인 절차는 문제행동의 식별 및 정의, 문제행동 기능 진단, 가설 수립, 행동지원 계획 수립, 집행-평가-수정 등 5단계로 정리할 수 있다(김미경, 2019: 36-37).

- 학교차원의 긍정적 행동지원은 긍정적 행동지원을 학교차원에 적용한 것으로, 학교의 모든 학생을 대상으로 시작하고 대상 집단을 초점화하면서 예방과 중재를 동시에 실시하는 3단계 예방 모델을 제시한다. 모든 학생을 위한 보편적 지원 단계인 1단계, 표집집단 중재인 2단계, 보다 집중적인 지원이 이루어지는 3단계로 구성되는데, 각 단계별로 실행을 위한 세부적인 절차와 체제를 가진다(Horne et al., 2010: 5; Sugai & Horner, 2006: 247).

- 학급차원의 긍정적 행동지원은 학생들의 문제행동을 미연에 방지하기 위하여 학급의 물리적 환경을 조성하고 교수–학습환경을 재구성하는 등의 방법을 사용하는 중재방법이다(이선아, 이효신, 2015: 63).

- 학급차원의 긍정적 행동지원의 국내 적용 사례를 살펴보면, 다음과 같다.
  - 이선아와 이효신(2015)은 일반학급 일반학생을 대상으로 학급차원의 긍정적 행동지원을 적용하였는데, 학급차원의 보편적 긍정적 행동지원은 학교장과 보호자의 동의, 협력팀 구성, 문제행동 선정, 기능평가, 학급 전반 지원과 소그룹 지원에 관한 계획을 수립하고 이를 바탕으로 학급차원의 긍정적 행동지원을 실행하고 그 결과를 보고하고 있다.
  - 나현정 등(2018)은 학급차원의 보편적 긍정적 행동지원에 초점을 두고 준비단계와 실행단계로 나누어 적용 사례를 제시하고 있다(나현정 외, 2018: 98–99). 준비단계는 학급차원의 긍정적 행동지원 팀 구성과 교사교육, 가정과 학교 협력 요청 단계로 구성되고, 보편적 중재단계는 기대 행동 선정, 강화물 선정, 사회적 기술 가르치기 등으로 제시하였다.
  - 장은진(2017)은 초등학교 학급차원의 보편적 긍정적 행동지원 모형을 개발하였는데, 다섯 가지 준비단계와 다섯 가지 실행단계로 제시하였다(장은진, 2017: 181–186). 우선, 준비단계는 긍정적 행동지원팀 구성 및 지원, 학부모와의 협력, 기대행동 선정, 강화계획 수립, 긍정적 행동지원 환경 조성이다. 실행단계는 문제행동을 대체할 수 있는 행동의 교수를 위한 사회적 기술 교수 실시, 올바른 행동의 교육을 위한 적절한 강화, 문제행동에 대한 일관된 지도, 지속적인 학생모니터링과 문제행동의 적절한 수정, 효과평가 단계 등이 있다.

토론주제

1. 긍정적 행동지원 접근의 필요성과 의의를 행동문제에 대한 전통적 접근과 최근 학교현장의 상황에 비추어 토의해 보자.
2. 교육실습 기간 동안 학생의 행동을 관찰하여 수업시간에서 두드러지게 나타나는 학생의 문제행동을 선별하고, 학급의 기대행동(학급규칙) 매트릭스를 개발해 보자.
3. 선행연구에서 제시된 학급차원의 긍정적 행동지원 적용 사례 중 하나를 선택하여 실제 담당하게 될 학급차원의 긍정적 행동지원 실행단계와 구체적인 중재 전략을 설계해 보자.

참고문헌

강삼성, 이효신(2012). 학급수준의 긍정적 행동지원이 통합학급 초등학생의 문제행동과 학교생활 만족도에 미치는 영향. **정서 · 행동장애연구, 28**(3), 1-35.

김미경(2019). **행동수정 및 긍정적 행동지원의 이해**. 서울: 박영story.

김미선, 박지연(2005). 학급차원의 긍정적인 행동지원이 문제행동을 보이는 초등학교 장애학생과 그 또래의 문제행동에 미치는 영향. **특수교육학연구, 40**(2), 355-376.

김미선, 송준만(2006). 학교차원의 긍정적 행동지원이 초등학교 학생들의 문제행동과 학교 분위기에 미치는 영향. **특수교육학연구, 41**(3), 207-227.

김보경, 박지연(2017). 학년 단위의 긍정적 행동지원을 통해 실시된 보편적 지원이 통합학급 초등학생의 사회적 능력, 수업참여행동 및 학교분위기에 대한 인식에 미치는 영향. **정서 · 행동장애연구, 33**(1), 85-105.

김성숙, 김진호(2012). 긍정적 행동지원(PBS)에 관한 국내 외 실험연구 고찰. **지적장애연구, 14**(3), 133-156.

김예리(2017). 학년차원의 긍정적 행동지원을 통해 실시된 표적집단 중재 실행 연구. 이화여자대학교 대학원 박사학위논문.

김재춘, 박정순(2010). 초등학교 초임교사의 생활지도 경험에 대한 내러티브적 탐구. **한국교원교육연구, 27**(1), 95-120.

김현욱(2017). 초등학교 경영을 위한 긍정적 행동지원(PBS) 방법 연구. **학습자중심교과교육연구, 17**(8), 95-115.

나현정, 장은진, 한미령, 조광순(2018). 학급차원의 보편적 긍정적 행동지원이 초등학생들의 문제행동 감소와 학업수행 증진에 미치는 영향. 한국심리학회지: 학교, 15(1), 91-109.

문병훈, 이영철(2016). 학교차원의 긍정적 행동지원이 초등 지적장애학생과 비장애학생의 문제행동 및 학교생활 만족도에 미치는 영향. 특수교육학연구, 51(2), 71-92.

박계신(2020). 학교차원 긍정적 행동지원 적용을 통한 위기학생 예방 및 지원 방안 모색. 행동분석 · 지원연구, 7(1), 23-50.

심은정(2018). 액션러닝 기반 학급차원 긍정적 행동지원 연수가 고등학교 특수학급 교사의 학급관리실행, 행동문제해결력, 대인관계효능감 및 교사의 인식과 수행에 미치는 영향. 이화여자대학교 대학원 박사학위논문.

심은정, 박지연(2019). 액션러닝 기반 학급차원 긍정적 행동지원 연수가 고등학교 특수학급 교사의 학급관리실행, 행동문제해결력, 대인관계효능감에 미치는 영향. 정서 · 행동장애연구, 35(1), 71-97.

이선아, 이효신(2015). 초등학교 학생의 수업 중 문제행동 개선을 위한 학급차원의 긍정적 행동지원의 적용. 정서 · 행동장애연구, 31(2), 61-84.

이승희(2011). 응용행동분석, 특수교육, 정서 · 행동장애에 대한 긍정적 행동지원의 관계 고찰. 특수교육학연구, 46(2), 107-132.

이재용, 김현아, 황정희(2020). 학교차원의 긍정적 행동지원 시스템 '협력적 상담 공동체 운영' 연구보고서. 청주교육대학교 산학협력단.

장미순, 김진호(2014). 초등학교 학생 문제행동에 대한 교사 인식 연구. 정서 · 행동장애연구, 30(2), 436-458.

장은진(2017). 초등학교 학급차원의 보편적 긍정적 행동지원 모형개발. 사회과학연구, 28(1), 175-191.

차재경, 김진호(2014). 학급단위의 보편적 차원 긍정적 행동지원이 통합학급 학생들의 수업 참여행동과 방해행동에 미치는 영향. 지적장애연구, 16(4), 85-109.

최진오(2010). 학년 단위 긍정적 행동지원 모형 개발. 특수교육 저널: 이론과 실천, 11(2), 311-332.

최하영(2017). 일반 초 · 중 · 고등학교에서 보편적 차원의 긍정적 행동지원을 적용한 국내 실험연구 분석. 행동분석 · 지원연구, 4(2), 23-43.

Carr, E. G., Dunlap, G., Horner, R. H., Koegel, R. L., Turnbull, A. P., Sailor, W., Anderson, J. L., Albin, R. W., Koegel, L. K., & Fox, L. (2002). Positive behavior support: Evolution of an applied science. *Journal of Positive Behavior Interventions, 4*(1), 4-16.

Horner, R. H., Sugai, G., & Anderson, C. M. (2010). Examining the evidence base for school-wide positive behavior support. *Focus on Exceptional Children, 42*(8), 1-14.

Johnston, J. M., Foxx, R. M., Jacobson, J. W., Green, G., & Mulick, J. A. (2006). Positive behavior support and applied behavior analysis. *The Behavior Analyst, 29*(1), 51-74.

Scheuermann, B. K., & Hall, J. A. (2016). *Positive behavioral supports for the classroom.* Boston: Pearson Education, Inc. 김진호, 김미선, 김은경, 박지연 공역(2017). **긍정적 행동 중재와 지원**(3판). 서울: 시그마프레스.

Solomon, B. G., Klein, S. A., Hintze, J. M., Cressey, J. M., & Peller, S. L. (2012). A meta-analysis of school-wide positive behavior support: An exploratory study using single-case synthesis. *Psychology in the Schools, 49*(2), 105-121.

Sugai, G., & Horner, R. R. (2006). A promising approach for expanding and sustaining school-wide positive behavior support. *School Psychology Review, 35*(2), 245-259.

Turnbull, A., Edmonson, H., Griggs, P., Wickham, D., Sailor, W., Freeman, R., Guess, D., Lassen, S., McCart, A., Park, J., & Riffel, L. (2002). A blueprint for schoolwide positive behavior support: Implementation of three components. *Exceptional Children, 68*(3), 377-402.

제10장

학부모와 함께하는 학급 만들기

정바울(서울교육대학교)

1. 서론

교사는 교육과정 및 수업운영자이기도 하지만 동시에 학급의 경영자이기도 하다. 학급경영자로서의 교사는 수업 기술 및 학생들의 생활지도 기술과 역량만으로는 학급을 성공적으로 운영할 수 없다(박남기, 2003: 81). 박남기는 "학급경영의 성공, 나아가 교육의 성공은 외부 집단, 특히 학부모와의 성공적인 관계 정립에 달려 있다. 즉, 어떻게 하면 학부모를 적극적인 교육동반자로 유도할 수 있는 것인가 하는 것이 교육의 성패"(박남기, 2003: 81)와 직결된다고 주장하였다. 한편, 교사들은 학부모의 참여에 상반되는 인식을 가지고 있기도 한다. 일부 극성스럽고 과도한 학부모의 비교육적 참여로 인한 부정적인 인식 때문에 학부모의 참여에 대해 주저하는 가운데 다른 한편으로는 교육에 대해 무관심한 학부모에 대한 비난이나 불만도 증가한다(박남기, 2003: 82). 이러한 까닭에 교사들은 막상 학부모를 적극적인 교육의 파트너로서 교수-학습 과정이나 학급운영에 동참시키고자 하여도 정작 제대로 된 가이드라인이 없어 어려움을 갖게 되기도 한다(박남기, 2003: 82). 이러한 까닭에 학급경영에 있어서 교사에게 도전적이고 어려운 과제 중의 하나는(저경력교사에게 특별히 더 어려운) 학부모와의 관계라고 할 수 있다. 최근 예비교사들과 현장교사들을 대상으로 한 설문조사에서 현장교사가 되었을 때 역량에 대한 교사양성 수업 전반에 대한에 만족도가 5점 만점에 2.2점, 현장 교사는 1.8점을 보였다. 교사들은 특히 현장 연계성의 강화, 실습의 내실화가 필요하다고 주장하였다. 현장에서 요구되는 것과 관련하여 학생들은 현장에서 가장 고민되는 부분들로, 학급운영, 학부모 상담 등을 들었고, 교육 관련 법률과 정책에 대한 역량을 제대로 길러 주지 못한다고 주장하였다. 특히 학부모와의 소통의 어려움을 호소하는 데 비해, 이에 대한 교육과정이 미흡하다고 주장하였다(에듀인뉴스, 2019. 7. 11.).

이 장에서는 학급 담임교사가 학부모의 교육적인 방안을 모색하기 위해, 우선 교사와 학부모의 의사소통 및 관계에 대한 국내외 선행 연구를 살펴본다. 국내 연구로는 박남기(2003)의 연구를 중심으로 최근의 학교 자치의 관점에서 학부모의 참여를 재조명한 연구들을 연구들을 살펴보았다(성열관 외, 2020). 해외 연구로는 학부모와 교사 관계의 계층 간 차이에 주목하여 양육방식에 착안해 살펴본 라로(Lareau, 2012)의 연구, 라로의 연구를 보다 교사와 학생 간의 교실 장면에 착안하여 발전시킨 칼라코(Calarco)의 연구 등을 중심으로 살펴보았다. 그리고 교사와 학부모와의 의사소통 및 관계의 개선 방안과 관련하여서는 자이크너(Zeichner)가 제시한 민주적 전문성 주의에 입각하여 살펴보고 구체적인 지도방안에 대해서도 제시하였다.

2. 학부모 학교 참여의 유형

학부모의 학교 참여는 다양하게 규정된다. 임연기(2002: 261)는 “학교와의 의사소통 및 의사결정 참여, 학교행사 참여, 학교에 대한 물질적 지원, 교육적, 교육외적 노력과 봉사”로 규정하였고, 박상완(2019: 191)은 “학생교육을 지원하기 위한 학부모의 학교, 가정, 지역 수준에서의 의사결정, 학습지원 등에서의 소극적, 적극적인 모든 행위”로 정의하였다. 엡스타인(Epstein, 1995: 박남기, 2003: 83 재인용)은 학교와 가정 사이의 협력 관계 방식의 차원에서 다음의 여섯 가지로 유형화하였다. ① 아동의 학교 학습에 대한 지원과 관여, ② 가정과 학교 사이의 의사소통, ③ 가정의 학교교육 참여, ④ 가정에서의 학교 학습 활동에 대한 부모 지원, ⑤ 의사결정, 학교운영, 여타 위원회 활동에 대한 학부모 참여, ⑥ 부모, 학교, 기업 그리고 다른 지역사회 조직과의 파트너십 등이다. 번스(Burns, 1982)는 학부모의 참여 유형을 역할에 따라 ① 자원봉사자, ② 학교 관련 정보수신자, ③ 학교의 정책결정자(학교운영위원회 구성원으로 참여), ④ 가정에서의 자녀 공부 지도자로 나누었다(박남기, 2003: 84). 박남기는 이 구분을 응용하여 학부모의 학급경영 과정의 참여 수준을 수동성/능동성, 소극성/적극성에 기반하여 참여 유형의 스펙트럼을 〈표 10-1〉과 같은 9가지 유형으로 구분하였다(박남기, 2003: 85). 이 구분을 통해 박남기는 학급경영이라는 관점에 착안하여, 학부모가 어떠한 역할에 참여하는지가 아니라, 학급경영의 과정에서 학부모에게 어떠한 역할을 부여하고, 어떠한 형태와 방법으로 참여시키고자 할지 분석할 필요가 있다고 주장하였다. 박남기의 이 분석틀에 따라 우리나라 학부모의 참여는 주로 '수동적, 소극적, 그리고 비난적 참여의 특성을 띠고, 이러한 특성은 재원 제공자, 행사 참여자, 자원 봉사자의 역할을 반강제적으로 맡길 경우 더욱 악화" (박남기, 2003: 85)되는 경향이 있다고 분석하였다. 이러한 분석을 통해 박남기는 학부모의 참여가 능동적, 적극적, 지원적인 유형이 되도록 하는 교사의 이해 및 역량 제고가 필요하다고 보았다.

표 10-1 학부모의 역할에 따른 학급경영 참여 유형

역할	예시
피동적 출석자	자녀 문제행동 시 담임 호출에 응함
정보 수신자	가정통신문, 기타 서신 수신 및 답신
가정에서의 학교학습 지원자	숙제 지원, 가정학습 지도
재원 제공자	학급에 필요한 각종 비품 및 재정 지원
행사 참여자	교사 학부모 행사가 있을 때만 참여
자발적 방문자	필요를 느껴 교사를 자발적으로 방문
자원봉사자	수업 및 각종 학급활동에 자원봉사 제공
자문 위원	학급경영 및 교수학습 과정에 의견 개진
의사결정자	학급경영에 적극적 의사결정자로 참여

출처: 박남기(2003: 85)의 표를 활용하여 일부 수정, 보완하여 제시.

3. 교사와 학부모의 상호작용: 계층에 따른 차이

모든 학부모에게 있어 자녀교육은 주요 관심사이다. 자신의 자녀가 학교에서 공부 잘하고, 학교 생활을 잘하며, 교우관계 및 교사와의 관계에서 잘 적응하기를 바란다. 이는 어느 계층의 학부모나 마찬가지일 것이다. 그런데 미국 펜실베이니아 대학교의 라로(Lareau, 2012)에 따르면 학교교육과 관련하여 부모가 자녀를 양육하고 교사와 상호작용하는 방식에는 계층 간(중산층과 노동자 및 빈곤층)에 차이가 있다고 보았다.

우선, 라로(Lareau, 2012: 150) 교수는 민족지적 연구를 통해 중산층 학부모와 노동자 및 빈곤층 학부모의 상이한 양육방식을 집중양육방식과 자연적 성장을 통한 성취로 개념화하였다. 집중양육방식은 중산층 학부모가 자녀들이 다양한 학습 및 과외활동을 할 수 있도록 빽빽한 일정을 만들고 이를 관리해 주는 방식을 통해 자녀들에게 풍부한 학습 경험을 제공하는 한편, 훗날 활동의 우선순위를 결정하는 법, 일정을 관리하는 법, 조직적인 규칙에 따라 행동하고, 누군가(성인이나 전문가, 특히 교사)에게도 자신이 원하는 바를 직접적으로 요구하는 것에 익숙하도록 하는 양육방식을 말한다. 이러한 양육방식은 우리나라에서도 발견되는데 논란이 되었던 드라마 〈스카이캐슬〉 속 학부모들의 모습이 과장적이지만 이런 특성을 잘 보여 주고 있다.

한편, 자연적 성장을 통한 성취로 대표되는 노동자 및 빈곤층 학부모의 양육방식은 집중양육방식과는 사뭇 대조적으로 자녀의 페이스에 맞추는 정형화되지 않은 양육방식, 느슨하고 자유롭게 흘러가는 일과와 시간, 어른이나 전문가(교사)의 말에 순응적이 되도록 교육하는 방식을 말한다. 이러한 양육방식은 의도적인 선택이라기보다는 직장과 일에 매여 있는 피곤하고 시간이 없는 부모들의 상황으로 인한 결과이기도 하다. 이 때문에 부모들은 아이들의 활동에 관심을 가지고 또 무엇인가를 시키기보다는 아이들이 자신들이 결정에 따라 자유롭게 시간을 보내도록 내버려 두는 것이라고 할 수 있다(Lareau, 2012: 140).

표 10-2 중산층과 노동자 및 빈곤층 학부모의 양육 유형 분류

	중산층의 집중양육방식	노동자 및 빈곤층의 자연적 성장 성취 방식
주요 특징	자녀의 재능, 의견, 능력을 평가, 지원하려는 부모의 능동적 지원	자녀의 성장에 관심을 갖고 노력을 기울이나 정형화되지 않고 느슨함
일과 구성	부모가 아이의 일정을 촘촘히 관리	자유롭게 흘러가는 아이들의 자연스러운 놀이와 시간
언어 활용	설득과 지시를 병행하며 아이들과 부모의 의견 조율	어른의 지시 위주, 어른의 지시에 순응
학교교육 참여	아이의 상황 대변	의존적 태도, 불만과 무기력, 가정과 학교에서 이루어지는 아동 양육방식의 차이에서 비롯된 갈등
결론	아동의 권리 의식 (sense of entitlement) 향상	제약과 한계에 대한 의식이 발달

출처: Lareau(2012: 66) 아동 양육의 유형 분류표를 기초로 수정, 보완.

다음으로, 학부모와 교사의 상호작용과 관계에도 계층 간의 상이한 특성이 있다고 보았다. 그녀에 따르면 중산층 학부모는 교사의 교육활동에 다양한 형태로 능동적으로 참여하고 적극적으로 의견을 개진하며 또 요구를 관철시키려는 경향이 있다. 반면, 노동자 계층 학부모는 중산층 학부모들과는 달리, 교사의 전문적인 지식을 수동적인 태도로 수용하고, 학교측이나 교사에게 무엇인가 요구하기보다는 학교의 방침을 수용하려는 태도를 보였으며, 교사에게 자신의 자녀교육과 관련된 내용을 제안하는 경우는 드문 특성을 보인다(Lareau, 2012: 347). 교사를 대하는 이러한 노동자 계층과 빈곤층 학부모의 수동적 태도의 이면에는 교사는 공정하지 못하고 신뢰할 수 없는 사람이라는 교사들에 대한 반발심이 내재하고 있기도 하다. 또한 이러한 감정은 학교교육에 대한 저항과 적대감으로 발전하기도 하는데, 이러한 태도의 배경으로는 미국 사회에서 빈곤층과 노동자 계층 부모들이 가지고 있는 학교 관계자들이 (「아동학대법」 등의 이유로) '집 안으로 쳐들어와 (자신들의) 아이들을 빼앗아갈'지도 모른다는 걱정이 자리하고 있기 때문이라고 라로(Lareau, 2012: 349)는 분석하였다. 그래서 이 부모들은 교육당국이나 학교, 교사의 요구에 순응하는 것만이 교육기관이나 사회복지 기관의 개입을 막을 수 있는 방법이라고 생각한다. 그런데 역설적이게도 교사들은 이러한 노동자 계층 및 빈곤층 학부모의 양육방식은 학교

나 교사들이 원하는 집중양육방식과는 거리가 있고, 보다 더 적극적인 개입과 참여가 필요하다고 인식하게 한다(Lareau, 2012: 349).

한편, 교사들은 학부모에 대해 자녀들의 학교생활에 적극적으로 참여하고, 자녀의 숙제를 도와주고 검사해 주며, 학습장, 알림장을 체크하여 학습 준비물을 잘 챙겨 주기를 원하는 경향이 있다(Lareau, 2012: 59). 교사들은 학부모가 자신에게 예의 바르고 협조적인 태도를 보여 주기 바란다. 부모가 교사에게 협조하지 않고 딴죽을 걸기 시작하면 아이들이 이 태도를 금세 보고 배워 교사에게 이와 똑같은 태도를 취하곤 한다고 인식한다. 이러한 교사들의 학부모의 태도에 대한 선호로 인해 부지불식간에 중산층 학부모의 집중양육방식이 노동자 계층 및 빈곤층 학부모의 자연적 성장을 통한 성취 방식보다 더 유리하게 작용하는 경향이 발생하곤 한다(Lareau, 2012: 61).

한편, 미국 인디애나 대학교의 제시카 칼라코(Jessica Calarco, 2020)는 학부모와 교사의 관계와 소통 방식은 교사와 학부모의 자녀인 학생과의 관계에도 그대로 투영된다고 주장하였다. 중산층 학부모는 자녀에게 교사에게 적극적으로 질문하고 요청해야 한다고 가르치고, 노동자 계층 학부모는 교사에게 도움을 청하는 것은 무례한 것으로 보고 자녀 스스로 문제를 해결하라고 가르친다고 주장하였다. 즉, 학부모와 교사의 관계와 상호작용 양상은 학생이 교사와 상호작용하는 방법에 차이를 만든다고 보았다. 이런 측면에서 교수-학습과정과 결과의 차이는 상당 부분 학부모의 교육 참여와 교사와의 상호작용에 달려 있다고 해도 과언이 아니라고 주장하기도 하였다.

칼라코(Calarco, 2020)는 그녀의 최근 논문에서 미국의 헬리콥터 부모에 대한 연구를 통해, 교사와 중산층 학부모 사이의 관계 및 상호작용 방식에 대한 연구를 숙제(가정학습) 수행방식에 착안하여 실시하였다. 그녀에 따르면 숙제는 개념상 학생이 스스로 독립적으로 해결해야 하는 것임에도 소위 헬리콥터 부모는 학생의 숙제를 밀착 지도해 주거나 때로 대신 수행해 주기도 하는 경향이 있다고 하였다. 한편, 빈곤층 및 노동자 계층 학부모는 분주한 일상과 피곤한 몸으로 인해 숙제를 제대로 관리해 주지 못하거나 심지어 무관심할 때도 많다고 보았다. 그런데 교사는 부모가 학생의 과제를 검사해 주고 도와주는 것을 책임 있는 학부모라고 여기고 또 부모가 학교교육에 더 높은 관심을 보이는 것으로 인식하면서 정당화하는 경향이 있었다. 그리고 더 나아가 이런 고정관념으로 인해 간혹 중산층 학생들이 숙제를 깜빡하고 집에 두고 온다거나 빼먹을 때도 보다 관대하게 이해하고 넘어가 주는 경향이 있었고, 빈곤층 및 노동자 계층 학생들이 숙제를 집에 두고 온다거나 제출하지 않을 때에는 더 엄격하게 대해서 중간 놀이 시간에 교실에 남게 하거나 감점을 부과하는 경향이 많았다고 분석하였다. 이 과정에서 의도하지 않지만 교사-학부모 사이의 관계와 인식으로 인해 학생의 교육 불평등이 재생산될 수 있다고 지적하였다. 이러한 현상의 이면에는 교사가 중산층 계층에 의존할 수밖에 없는 구조적 문제가 있다고 보았다. 미국의 학교구는 학부모가 내는 재산세에 따라 교육비가 책정되고 이로 인해 교육여건이 달라지는 구조에 의존하는 거시적 문제가 있다. 또한 학교의 소풍, 체험학습, 각종 행사에 와서 적극적으로 도와주는 학부모는 언제나 중산층의 학부모이기 때문에 교사는 자신에게 물적, 심리적으로 지원을 해 주는 중산층 학부모에게 더 친화적인 태도를 보이고 이러한 태도는 학생들에 대한 상호작용에도 투영되는 경향이 있다고 지적하였다. 이러한 측면에서 칼라코(Calarco, 2020)는 교사와 학부모의 관계나 상호작용의 불평등한 문제와 장애물을 개선하기 위해서는 단순히 개인적 차원의 교사, 학부모의 노력 외에도 이러한 구조적·문화적 불평등을 개선할 필요가 있다고 보았다. 특히 미국 사회의 불평등을 초래하는 지역에 종속된 교육재정 구조의 개선과 과제 부여 방식을 개선(과제 수행 방식의 개선 또는 과제 부여 자체를 감소하는 방식으로의 근본적 재고)할 필요가 있다고 주장하였다.

4. 교사와 학부모의 새로운 관계 구축: 민주적 전문성 주의에 의한 개선 방안

미국 스탠퍼드 대학교의 쿠반(Cuban, 1969) 교수는 이러한 측면에서 이미 오래전부터 "교사들이 그들만의 성에서 나와 가정, 이웃, 마을로 들어가야 함"을 역설하였다(Zeichner, 2017 재인용). 사실, 교사와 학부모 사이에는 만성적인 거리감과 긴장이 존재해 왔다고 할 수 있다. 이런 측면에서 하그리브스(Hargreaves, 1994)는 교사와 학부모 사이의 관계를 '천적(natural enemy)'과도 같은 관계라는 메타포어로 묘사하기도 하였다. 교사는 모든 학생을 다 지도해야 하지만, 교사가 자신의 가장 소중한 재산목록 1호인 자기 자녀에게만 주목해 주기를 바라는 학부모 사이에서 갈등은 필연적으로 발생할 수밖에 없다고 보았다. 미국 워싱턴 주립 대학교의 자이크너(Zeichner, 2017)는 이제 이러한 긴장을 효과적으로 해소하고 공교육의 민주적 가능성을 실현할 필요가 있다고 보았고, 교사의 전문성과 역할이 민주적 가치를 증진하고, 공익을 중심에 두는 민주적 전문성 주의에 입각하여 재편될 필요가 있다고 보았다. 그는 민주적 전문성 주의를 실천한다고 할 때 이는 학부모와의 관계와 괴리되어 실현할 수는 없는 것이라고 주장하였다. 이를 위해 자이크너(Zeichner, 2017)는 특히 교사교육과 연수의 중심이 이제는 대학에서 나와 마을로, 지역사회로, 가정과의 관계로 중심축이 이동해야 한다고 주장하였다. 특히 학부모와 교사와의 협업, 관계개선, 의사소통에 대한 교사들의 인식 변화가 수반되어야 한다고 하였다. 자이크너는 이러한 접근을 교사교육 3.0 접근이라고 규정하고, 이를 위해서는 학부모, 지역사회와 교사 사이에 새로운 형태의 더 민주적이고, 평등한 형태의 관계와 협업을 강조하는 접근이 필요하다고 강조하였다. 이와 관련하여 하그리브스와 셜리(Hargreaves & Shirley, 2009)가 주창한 제4의 길의 학교혁신 전략에서 다음과 같이 연계성을 밝히기도 하였다.

> "제4의 길은 교사들에게 과거와 다른 새로운 균형점을 찾도록 한다. 교사들은 정부의 강력한 통제로부터 어느 정도 자유로워진다. 대신 **학부모**, 지역사회, 대중으로부터의 자율성은 제한된다. **학부모는 자녀의 학교에 대해 더 참여하게 되고**, 학교 내에서 지역사회 구성원의 존재감과 목소리가 높아지며, 일반 대중은 전달된 교육 서비스를 단순히 소비하기보다는 교육의 목표를 논의하는 의사결정에 함께 참여하게 된다. 한편, 린다 달링 해먼드는 제4의 길에서 변화의 동력은 관료주의와 시장이 아니라 민주주의와 전문성이라고 하였다(p. 174)."

교사와 학부모 사이의 신뢰를 개선하고 효과적인 의사소통을 위한 개선 방안에 대해 성열관 등(2020: 64-66)은 다음과 같이 제안하였다.

> 첫째, 가장 시급한 것이 학부모와 (교사 간의) 신뢰 관계를 형성하는 것이다. 학부모 불신의 가장 큰 이유 중 하나가 학부모가 아이의 학교생활을 직접, 매일 볼 수 없

다는 점이다. 학교는 베일에 싸여 있다. (중략) 교사가 교육의 전문가라 할지라도 학부모에게 정기적인 의사 표현의 기회를 제공히야 하며, 학부모의 의견을 소중히 해야 한다. 다양한 매체의 장단점을 고려하여 선정하고 이곳에 알림장이나 학급 활동 내용을 지속적으로 게시하며 댓글이나 쪽지 등을 통해 쌍방향적 소통을 형성해 나가는 것도 좋은 방법이다. 그 외 학급소식지, 학급문집, 문자, 이메일 등 다양한 방법을 적용해 본다.

둘째, 교사의 전문성과 철학에 대해 알리고 소통해야 한다. 교사가 추구하는 교육철학에 대한 전반적인 안내가 필요하다. 아동관, 교육관, 학습관 등 교사가 추구하고 있는 교육의 방향에 대해 설명하고 이를 실현하기 위한 1년간의 체계적인 학습계획, 학급경영계획, 생활지도 방법, 다양한 학교생활에 대한 안내를 하며, 동의를 구하고 추가적인 의견을 교환하는 만남이 반드시 필요하다.

셋째, 학부모 상담, 공개수업, 평가결과 통지 등을 활용해서 소통해야 한다. 교사는 학부모의 입장을 최대한 배려하여 상담 기간에는 저녁 시간, 주말을 활용해서라도 모두 만나도록 노력해야 한다. (중략) 평가결과는 학생의 이해 정도를 객관적으로 그리고 즉각적으로 학부모에게 공지하며 이해하지 못한 부분이 어디이고 보충이 필요한 단원은 무엇인지 피드백에 초점을 맞춘 통지를 한다.

넷째, 학부모와는 자녀에 대한 좋은 이야기만 나누는 것으로 그치면 안 된다. 교사는 학생의 성취나 잘한 것을 나누는 것에는 적극적이나 학생 지도의 어려운 점, 학생에게서 관찰된 반복된 문제행동 등에 대해 학부모에게 이야기하는 것은 피하고 싶어 하거나 두려워하기도 한다. 그래서 이러한 부분에 대한 학부모와의 소통은 매우 어렵게 되고, 학급의 또는 학생들의 문제들을 덮어 두며 1년만 무사히 지나가기를 바라게 된다. 이렇게 시한폭탄 돌리기를 하다가 어느 시점에, 어느 학년에서 터질지는 아무도 모른다. (중략) 아무리 힘들고 불편하고 어려워도 학생의 미래를 생각한다면 이것을 극복해야 한다. 교사는 학부모에게 학생에 대한 학교 생활 정보를 꼼꼼히 제공하고 교육 방향을 함께 나눠야 한다. 이런 상황에서의 소통은 더욱 철저한 준비가 필요하다. 학생에 대해 세심하게 관찰한 누적된 기록을 근거로 학생의 현재 상태에 대해 학부모가 납득할 수 있도록 설명하는 것이 중요하다. 그리고 그동안의 지도 내용과 경과에 대해서도 설명한다. 이에 대한 학부모의 생각과 감정을 이해하고 학부모가 원하는 지도방향에 대해서도 묻고 대화한다.

교사들은 이제 학부모와 성을 쌓을 것이 아니라, 새로운 인식 변화를 가져와야 한다. 이러한 측면에서 홍(Hong, 2020)은 『Natural allies: Hope and possibility in teacher-family partnerships(타고난 동맹: 교사-학부모 동반자 관계의 새로운 가능성과 희망)』라는 신간에서 이제 교사와 학부모의 관계가 앞서 지적한 천적과도 같은 관계에서 호혜적이고 신뢰에 기반한 동반자, 동맹 관계로 재편되어야 할 필요가 있다고 주장하였다. 이를 위해서는 교사의 주도권과 헌신이 필요하다고 보았다. 최근 학령인구의 감소, 학생-학부모의 문화적 다양성과 이질성 증가라는 새롭고 긴박한 요구와 상황에 직면했음을 고려할 때 교사와 학부모 사이의 새로운 관계 재편을 위한 긴급한 노력이 없다면 불신과 오해의 고리가 고착화되고 더 악화될 수 있다고 하였다.

학교현장 이야기

A초등학교는 저소득층이 밀집되어 거주하고 있는 광역시의 학교로 2016학년도에 교육청으로부터 교육복지우선투자 사업 대상 학교로 지정되었다. 이로 인해 2억 원의 사업비와 함께 예산 범위 내에서 전일제 교육복지사와 상담교사가 학교에 배치되었다. 또 학교에서는 인근의 B교대, C사범대와도 업무 협약을 체결하여 희망하는 교대생들을 학급별 1명씩 배치하여 학급 담임교사를 도와 저소득층 학습 부진아 지도를 담당할 수 있도록 하였다. 이번 학기에 10명의 대학생이 일주일에 2일씩 지정된 학급에서 저소득층의 학습 부진아 지도를 담당하고 있다. 대학생들에게 이 제도는 교육 실습을 대체할 수 있다는 장점이 있다.

김 교사는 A초등학교의 6학년 담임교사이다. 학급에 가정 형편이 어려운 학생이 여러 명 있지만, 김 교사는 특히 현아(가명)의 학습 부진이 심각하다고 판단하여, 학급에 들어온 교대생 A군에게 가급적 현아를 잘 지도해 달라고 사전에 부탁을 해 두었다. 현아는 아빠와 할머니와 살고 있다. 엄마는 4세 때 가출하였고, 건설 노동을 하는 아빠는 사고로 인해 1년째 무직 상태이다. 생계는 할머니가 반찬과 나물 장사로 근근이 유지되는 형편이다. 현아는 수업 시간에 거의 수업에 집중하지 않는다. 6학년이지만 학습 부진이 심해 3학년 수준에도 못 미친다. 또한 현아는 급우들과 다툼이 잦아서 김 교사가 학급경영 및 훈육에 많은 어려움을 겪게 한다. 현아는 다른 반 교사나 복지사 등 어른들을 경계하는 경향이 있지만 유독 담임에게는 애착을 보인다. 김 교사가 현아 문제를 상의하기 위해 현아 아빠에게 연락을 하지만 좀처럼 통화하기가 어렵다. 노령의 현아 할머니와 현아 문제를 함께 이야기하는 것도 쉽지가 않다. 김 교사는 현아가 애처롭다는 생각에 관심을 더 기울이기도 하지만, 학급 전체를 관리해야 하기 때문에 현아를 돌보기가 벅차기도 하고, 현아와 같은 아이의 문제를 해결하는 데 있어서 전문적 지식과 경험을 갖고 있는 전문가의 도움이 필요하다고 생각한다. 한편, 김 교사의 학급에 배치된 교대생 D군은 교실 뒷자리에 앉아 있다가 김 교사와 함께 학생들을 순회지도하거나, 자신에게 찾아와 질문하는 아이들을 지도해 준다. D군은 현아를 위해 배치되었다고 해도 과언이 아닌데, 현아는 D군에게 단 한번도 질문하거나 도움을 요청하지 않았다. 역설적이게도 오히려 중산층의 학습 능력이 우수한 아이들이 더 많이 질문하고, 도움을 받았다. 김 교사와의 협의회에서 D군도 도움을 요청하지 않는 현아에게 선뜻 다가가기가 부담스러운 측면이 있다고 하였다.

요약

- 교사는 교육과정 및 수업운영자이기도 하지만 동시에 학급의 경영자이기도 하다. 학급경영자로서의 교사는 수업 기술 및 학생들의 생활지도 기술과 역량만으로는 학급을 성공적으로 운영할 수 없다. 학급경영의 성공, 나아가 교육의 성공은 외부 집단, 특히 학부모와의 성공적인 관계 정립에 달려 있다고 해도 과언이 아니다.
- 교사들은 학부모의 참여에 상반되는 인식을 갖는다. 일부 극성스럽고 과도한 학부모의 비교육적 참여로 인한 부정적인 인식 때문에 학부모의 참여에 대해 방어적이거나 주저하는 한편, 교육에 대해 무관심한 학부모에 대한 더 많고 적극적인 참여를 기대한다.
- 학부모 참여의 의미는 학생교육을 지원하기 위한 학부모의 학교, 가정, 지역 수준에서의 의사결정, 학습지원 등에서의 소극적, 적극적인 모든 행위로 정의될 수 있다.
- 학부모의 참여 유형은 역할에 따라 ① 자원봉사자, ② 학교 관련 정보수신자, ③ 학교의 정책결정자(학교운영위원회 구성원으로 참여), ④ 가정에서의 자녀 공부 지도자로 나누어 볼 수 있다.
- 학교교육과 관련하여 부모가 자녀를 양육하고 교사와 상호작용하는 방식에는 계층 간(중산층과 노동자 및 빈곤층)에 차이가 있다.
- 최근 학령인구의 감소, 학생-학부모의 문화적 다양성과 이질성 증가라는 새롭고 긴박한 요구와 상황을 고려할 때 교사와 학부모 사이의 새로운 관계 재편을 위한 긴급한 노력이 없다면 불신과 오해의 고리가 고착화되고 더 악화될 수 있다.
- 교사들은 이제 학부모와 성을 쌓을 것이 아니라, 새로운 인식 변화를 가져와야 한다. 이제 교사와 학부모의 관계가 '천적'과도 같은 관계에서 호혜적이고 신뢰에 기반한 '타고난 동반자' 관계로 재편되어야 할 필요가 있다. 이를 위해서는 교사의 주도권과 헌신이 필요하다.

토론주제

1. 학급에서 숙제를 부여할 때 부모가 지원할 수 있는 범위를 어디까지로 설정할 것인지, 그리고 어떻게 평가할 것인지, 이러한 기준과 원칙을 학부모의 사회경제적 지위와 상황(중산층 학부모, 맞벌이 학부모, 편부편모, 조모 양육 가정 등)을 고려하여 어떻게 지도할 것인지를 생각해 보자.

2. 최근 팬데믹 상황으로 인해 대면수업이 원격수업으로 대체되고 있다. 원격수업과 관련하여 많은 문제가 제기되곤 한다. 교사 입장에서는 마치 매일 학부모 대상 공개수업을 하는 것 같다는 부담감을 느끼는 한편, 학부모는 가정에서 아이들 학습 준비를 시키고, 과제 수행을 독려하는 데 있어 전쟁을 치르고 있다고 어려움을 호소하기도 한다. 대면수업 상황이 아닌 원격수업 상황에서 교사와 학부모 사이의 관계를 어떻게 가져가야 할지 생각해 보자.

3. 앞에서 살펴본 노동자 계층 및 빈곤층과 중산층 학부모의 상이한 양육방식을 고려할 때 담임으로서의 차별화된 선택적 교사-학부모 의사소통 방식에 대해서 이야기해 보자. 교사 자신이 학부모라면 본인은 어떤 양육방식을 펴고 있는지 성찰해 보고 교사와 어떻게 상호작용할 것인지도 생각해 보자.

참고문헌

박남기(2003). **교육전쟁론**. 서울: 장미출판사.

박상완(2019). 학부모 참여에 관한 국내 연구 동향 분석. **교육문화연구**, 25(4), 189-211.

성열관, 장영주, 한혜영, 임미자, 조민정, 손현정, 이유미, 조윤정, 김수연, 윤은진, 김서정, 반수정, 김인철, 노선용, 황수현, 송재영, 김명희, 이정선(2020). **학교를 민주주의의 정원으로 가꿀 수 있을까?** 서울: 살림터.

에듀인뉴스(2018. 7. 11.). "교 · 사대생 아이들 만날 기회가 없다. 교원양성 과정 개편해야. www.eduinnews.co.kr/news/articleView.html?idxno=16977에서 인출.

임연기(2002). 학부모의 학교운영 참여 논리 탐구. **교육행정학연구**, 20(1), 257-280.

Calarco, J. M. (2020). Avoiding us versus them: How schools' dependence on privileged "Helicopter" parents influences enforcement of rules. *American Sociological Review, 85*(2), 223-246.

Hargreaves, A. (1994). *Changing teachers, changing times: Teachers' work and culture in the postmodern age.* New York: Teachers College Press.

Hargreaves, A., & Shirley, D. (2009). *Fourth way: The inspiring future for educational change.* Thousand Oaks, CA: Corwin Press. 이찬승, 김은영 공역(2017). **학교교육 제4의 길.** 서울: 21세기교육연구소.

Hong, S. (2020). *Natural allies: Hope and possibility in teacher-family partnerships.* New York: Harvard Education Press.

Lareau, A. (2003). *Unequal childhoods: Class, race, and family life.* Berkeley, CA: University of California Press. 박상은 역(2012). **불평등한 어린시절.** 경기: 에코리브르.

Zeichner, K. M. (2017). *The struggle for the soul of teacher education.* London: Routledge.

제11장

민주시민교육 실천하기

정성수(대구교육대학교)

1. 민주시민교육 개관: 이론적 검토

1) 민주시민교육의 개념

해방 이후 우리나라는 괄목할 만한 경제성장과 정치민주화를 이룩하였으며 사회의 전 영역에 걸쳐 급격한 변화를 경험하고 있다. 하지만 민주주의의 심화단계에서 한국 민주주의는 여러 가지 점에서 문제점도 나타나고 있다(신두철, 허영식, 2007: 7-8). 여전히 잔존하는 권위주의적 정치문화, 고도의 압축 성장과 발전을 거치면서 상대적으로 무시되어 온 국민 개개인의 민주시민의식, 집단 간 갈등과 이해관계의 대립 등과 같은 복합적인 갈등사회를 극복하고 21세기 지식기반사회, 4차 산업혁명 시대, 인공지능 등으로 대변되는 미래사회에 대비하기 위해서, 그리고 미래사회에 잘 적응할 수 있는 역량을 갖춘 인재를 길러 내기 위해서 그 어느 때보다 민주시민교육이 요구되고 있다.

일반적으로 민주주의 사회의 구성원들에게 요구되는 지식, 기능(능력), 태도를 가리켜 민주시민성(democratic citizenship)이라고 한다. 즉, 민주사회에서 요구되는 지식, 기능, 가치태도를 기반으로 합리적인 의사결정을 할 수 있는 능력을 민주시민성 혹은 민주시민적 자질이라 하는데 이를 함양하여 행동(실천)으로 이어지도록 하는 활동이 바로 민주시민교육이다(유명철, 2007: 17-18). 따라서 민주시민교육이란 비판적 사고력을 가진 주체적인 시민이 민주주의의 가치를 존중하고 서로 상생할 수 있도록 민주시민으로서의 역량을 향상시키는 교육(교육부, 2018. 12. 13.: 8), 혹은 사회 · 정치적 질서의 구성원인 모든 사람에게 여러 다른 집단 · 조직 · 제도 및 매체를 통해 정치적으로 영향을 주는 모든 과정을 포괄하는 집합개념(신두철, 허영식, 2007: 22)이라고 정의 내릴 수 있다. 이렇듯 민주시민교육의 개념 정의는 민주시민교육의 내용을 무엇으로 보느냐, 민주시민교육의 내용 중 어떤 측면을 더 강조하느냐, 민주시민교육의 주체가 누구이냐, 넓은 의미로 볼 것이냐, 좁은 의미로 볼 것이냐 등에 따라 다양한 정의가 내려지고 있는 것도 사실이다.

민주시민교육의 개념을 좀 더 정확하게 이해하기 위해서는 최근에 많이 사용되고 있는 관련 용어인 민주주의 교육, 시민교육 등의 개념을 살펴봄으로써 이들 용어 간에 어떠한 차이가 있는지를 이해하고 이를 바탕으로 민주시민교육의 개념에 대한 보다 분명한 이해가 이루어질 수 있을 것이다.

먼저, 민주주의 교육은 교육의 목표, 내용, 방법 등 교육과정적인 측면에서뿐만 아니라 교육정책, 교육제도 등 교육활동 전반에 있어서 민주주의 실현을 최고 목표로 정하고, 그 과정이 또한 민주적이어야 할 것을 지향하는 교육 전반을 가리킨다. 이에 비하여 민주시민교육은 민주시민성 함양을 목표로 추구하는 교육을 가리킨다. 이러한 점에서 민주시민교육은 민주주의 교육의 핵심을 이루면서 민주주의 교육의 한 부분을 이룬다고 볼 수 있다(한국교육개발원, 1994: 20-21: 유명철, 2007: 19에서 재인용).

이에 반해 시민교육은 좁은 의미로 보면, 민주 국가의 주권자인 시민들에게 정치를 올바르게 이해하고 참여할 수 있는 지식, 기능, 가치 등을 체계적으로 함양시키는 것을 의미하는 반면 넓은 의미로 보면, 자신이 속해 있는 사회 공동체의 활동 공간인 직장, 지역사회, 국가, 지구촌 전체의 시민으로서 정치, 사회, 문화, 생태 등의 영역에서 각자의 역할을 다하고, 그때그때 해야 하는 의사결정에 참여할 수 있도록 필요한 자질을 길러 주는 것까지 확장된다(네이버 지식백과).

한편, 인권, 평등, 평화, 환경, 미디어 리터러시 등 다양한 주제가 민주시민교육의 내용이 될 수 있으나, 시민교육은 이러한 주제별 교육의 지식을 습득하는 데 그치는 것이 아니라 시민적 가치와 태도, 역량을 높이고 참여와 실천으로 확장하는 포괄적인 교육을 의미한다(교육부, 2018. 12. 13.: 9).

2) 민주시민교육의 필요성 및 중요성

민주국가와 그것을 지탱하고 있는 민주사회가 유지・발전되기 위해서는 민주적 정치문화가 필요하고, 민주적인 정치문화는 또한 민주적 자질을 갖춘 시민과 그 시민의 참여를 요구한다. 민주시민교육은 바로 이러한 민주적 자질을 갖춘 시민을 기르는 데 주된 목적을 둔다(허영식, 2003: 3).

민주주의는 시민의 참여와 노력에 의해 유지・발전된다는 점에서 민주사회를 살아가는 데 필요한 시민으로서의 역량을 기르는 민주시민교육의 중요성은 점점 커지고 있으며, 특히 학교교육이 지식 전달 중심에서 학습자 중심의 삶과 연계된 교육, 이를 위한 토론, 문제해결, 프로젝트 학습 중심으로 교육방법이 변화해야 한다는 주장, 역량중심 교육과정 논의를 주도하고 있는 'OECD 교육 2030' 프로젝트에서 학생의 사회 참여와 시민적 역량의 강조 등은 향후 학교 민주시민교육의 중요성이 커질 것임을 시사한다(이쌍철 외, 2019: 4).

민주주의 사회가 올바르게 유지, 발전되도록 하기 위해서는 그 사회를 구성하고 있는 개인의 민주시민적 자질이 높은 수준에 있어야 한다. 이렇게 볼 때, 민주시민교육은 민주주의의 유지와 발전을 위해 필수불가결한 조건이라고 할 수 있다. 이것은 일반 시민에게만 필요한 것이 아니라 지도층에게도 마찬가지로 필요하다. 지도층의 민주시민성은 민주주의적인 제도를 마련하고 운영하는 데 필수적이며, 일반 시민의 민주시민성은 지도층을 선출하거나 민주적인 제도를 마련하는 데 영향을 미치고 나아가 그 제도에 적합한 행동을 할 수 있게 한다(유명철, 2007: 17). 그러므로 이들에게 민주시민에게 요구되는 지식, 능력, 태도인 민주시민성을 함양시키는 일은 매우 중요하며, 이 민주시민성이 일상생활을 지배할 수 있도록 해야 한다(전득주 외, 1992: 13). 즉, 민주시민성이 생활화되어야 한다.

민주시민은 숙련되고 책임감 있는 의사결정자이어야만 한다. 민주사회의 장점은 어떤 지위, 신분을 가지고 있든지 간에 시민들이 사회문제에 광범위하고 지적으로 참여한다. 독재사회와는 대조적으로 민주사회에서의 참여는 권력에 대한 복종이나 국가에 대한 맹목적인 충성이 아니라 기꺼이 국가에 대한 책임감을 가지고 어떤 위치에서도 결정을 내릴 수 있어야 함을 의미한다. 즉, 지적이고 책임 있는 의사결정 능력이 민주시민성의 핵심인 것이다. 학생들이 의사결정 능력 함양을 통하여 민주적 생활을 위한 준비가 진행되지 않을 경우 시민들이 수동적이고 복종적이며 자치 과정에서의 도전을 극복하기 어렵게 될 것이다. 따라서 학생들을 문제해결에 직접 참여시켜 의사결정에 대한 집중적이고도 강렬한 경험을 가지도록 해야 할 것이다. 민주시민을 위한 교육과정의 핵심은 학생들에게 생각할 수 있게 하고 신중한 의사결정을 할 수 있도록 해 주는 것이다(Engle & Ochoa, 1988: 127: 유명철, 2007: 35 재인용). 학생들에게 합리적인 의사결정 능력을 갖게 함으로써 시민적 자질을 함양하도록 하는 민주시민교육이 반드시 필요한 이유이다.

3) 민주시민교육의 방법 및 유형

수많은 학자가 민주시민성 함양을 위한 민주시민교육의 접근방법을 제안하였다 (Gross & Dymmeson, 1991; Meyer, 1979). 여기서는 공통적으로 제시되고 있는 방법 아홉 가지를 제시하고자 한다.

표 11-1 민주시민교육의 접근방법

접근방법	개념 및 내용
학문적 훈련	사회탐구방법에 따라 객관적이고 과학적으로 탐구하는 능력과 이에 따른 지식의 습득을 통하여 지적인 판단 능력 향상
법 교육	법의 필요성을 인식하고 일상생활에서 경험하는 주요 법의 개념과 원리를 이해시킴으로써 준법정신과 법적 사고력 향상
비판적 사고	민주시민은 비판적인 시민이므로 다양한 유형의 사회적 논쟁점 내지 문제들을 변별적으로 파악할 수 있는 능력, 문제들을 평가하고 검증하여 논리적이고 합리적으로 추리하여 올바르게 판단할 수 있는 능력 함양

시민참여 혹은 시민행위	민주시민은 사회의 문제에 직접적으로 폭넓게 참여하여 의사결정의 결과에 영향을 미칠 수 있어야 하므로 선거뿐만 아니라 여러 가지 형태로 의사결정자에게 압력을 행사하며 집회 등의 직접적인 방법으로 법률 및 규칙의 제정에 영향을 미칠 수 있는 능력 함양
사회문제	시민사회에서 책임 있고 합리적인 판단과 행동을 할 수 있기 위해 필요한 능력(사회문제를 알고 그 문제들의 해결방안을 모색 등) 함양
도덕성 발달	도덕적 딜레마 사태를 해결할 수 있도록 도움으로써 낮은 도덕적 단계로부터 높은 도덕적 단계로의 발달 촉진(도덕성 발달 촉진)
가치명료화	당면하는 가치문제를 스스로의 노력으로 명확히 확인할 수 있도록 돕고 나아가 가치관의 갈등으로 야기되고 있는 개인문제나 사회문제를 해결할 수 있는 능력 함양
친사회적 행동	사회집단의 목표를 공유케 하고 이에 기여할 수 있는 기회를 부여하는 데 필요한 친사회적 행동의 개발(협동, 타협, 위로, 도움, 기부, 나눔 등)
지구촌 상호의존	상호의존적인 지구촌 사회에서 살아갈 세계시민으로서 필요한 지식과 기능, 태도, 즉 세계시민성 함양

출처: 유명철(2007: 20-31) 민주시민교육의 접근방법을 요약하여 표로 제시함.

이와 같은 민주시민교육의 접근방법에 따른 민주시민교육의 유형을 주체(국가 혹은 민간)와 대상(학생 혹은 성인)에 따라 구분하면 다음과 같다.

표 11-2 민주시민교육의 유형: 주체와 대상에 따른 구분

주체 / 대상	국가	민간
학생	I**유형** 공교육 제도 속에서 이루어지는 민주시민교육	II**유형** 시민단체, 경제단체, 언론단체 등이 실시하는 민주시민교육
성인	III**유형** 중앙 및 지방정부, 국가 기관 등을 통해 이루어지는 민주시민교육	IV**유형** 시민단체, 지역사회 기관 등이 실시하는 민주시민교육

출처: 정문성 외(2018: 22).

4) 민주시민교육의 현황과 문제점

최근 민주시민교육이 강조되면서 지금까지 이루어진 민주시민교육의 현황에 비추어 문제점이 무엇인지에 대해서도 많은 논의가 이루어지고 있다. 다음에서는 학자들에 의해 이루어지고 있는 일반적인 민주시민교육의 현황과 문제점을 먼저 제시하고자 한다. 한편, 교육부에서 제시하고 있는 학교 민주시민교육의 현황과 문제점은 이 장의 2절에서 다시 논의하고자 한다.

먼저, 학자들이 제시하고 있는 일반적인 민주시민교육의 현황과 문제점을 살펴보면, 허영식(2003)은 우리나라 민주시민교육의 전개과정에 대한 고찰을 토대로 민주시민교육의 문제점을 크게 불일치, 도구화, 무관심, 제도적 미비, 인식의 결여 등 크게 다섯 가지로 제시하고 있으며 이를 위한 과제와 해결방안까지 제시하고 있다.

표 11-3 민주시민교육의 문제점과 과제

문제점	과제와 발전방향
• 불일치(inconsistency) –이론과 실천, 인지적 측면(지식, 기능)과 정의적 측면(가치, 태도) 사이의 불일치 혹은 괴리 –내면화와 실천적 생활화의 부족	–학습참여자의 능동적인 경험과 체험, 실천적 활동을 고무시키는 학습기회를 마련 –체험학습, 활동지향학습, 자기주도적 학습, 참여자 지향의 학습원리 강조 –지 · 덕 · 체를 조화롭게 갖춘 인간, 총체적인 이성을 갖춘 인간의 양성 기대
• 도구화(instrumentalization) –민주시민교육의 정치적 종속성 –민주시민교육의 교육논리에 대한 정치논리의 지배 –교육이 정치의 도구로 이용될 위험성	–교육 담당기관의 다원성 · 비당파성 · 독립성 지향 –교육주체의 자율화 · 다양화 · 특성화 장려 –교육의 내재적 논리 인정 및 존중, 교육의 자율성 보장
• 무관심(indifference) –권위(주의)적인 정치문화 –민주시민교육에 대한 정치지도자의 무관심	–권위적인 정치문화의 극복 –민주시민교육에 대한 정치지도자들의 관심과 책임의식, 지원의지 촉구 –시민사회와 공론장(公論場)의 활성화

• 제도적 미비(institutional deficit) –학교교육과 사회교육, 가정 · 학교 · 사회수준에서 행해지는 민주시민교육의 유기적인 연계성 확보를 위한 제도적 조건의 불충분	–국민 전체를 대상으로 한 민주시민교육의 실현을 위한 전담기구 설치 –기존 교육기관과 단체의 활동 지원을 위한 법적 · 제도적 조건 마련
• 인식의 결여(incognizance) –복합적 위험사회의 특징을 극복하고, 세계화 · 정보화 · 다원화 사회로의 변동과정에 능동적으로 대처하기 위한 방안으로서의 민주시민교육에 대한 인식과 의식의 부족	–사회변동에 적응하고 미래사회에 대비하기 위한 민주시민교육의 중요성과 필요성에 대한 계몽활동 전개 –적합한 홍보와 확산전략 강구 및 실천

출처: 허영식(2003: 21).

2. 민주시민교육의 실제: 실천하기

1) 학교에서의 민주시민교육

민주시민에게 요구되는 자질과 능력은 저절로 갖추어지는 것이 아니라 학습과정을 통해 획득되어야 한다. 따라서 가정 · 학교 · 사회는 아동과 청소년, 성인, 즉 사회의 모든 구성원에게 그러한 학습과정을 가능케 해야 한다(허영식, 2003: 3-4).

넓은 의미의 민주시민교육은 사회 · 정치적 질서의 구성원인 모든 사람에게 여러 다른 집단 · 조직 · 제도 및 매체를 통해 정치적으로 영향을 주는 모든 과정을 포괄하는 집합개념이지만 좁은 의미의 민주시민교육은 학교에서 특정한 교과(예: 도덕, 윤리, 사회 등)의 수업을 통해서 또는 여러 교과에 두루 걸치는 수업원리로서 행해지거나 아니면 학교 밖의 제도를 통해 행해진다(허영식, 2003: 5). 즉, 모든 교육이 그렇듯이 민주시민교육도 태도나 행동상의 단기적인 변화를 기대하기보다는 장기적인 안목에서 평생교육 또는 평생학습의 요소로 간주되어 학교교육뿐만 아니라 직업교육, 성인교육, 학교 밖의 청소년교육 등을 통해 이루어져야 하지만 이 중에서도 학교교육이 가장 중요하다고 할 수 있다.

이를 토대로 학교 민주시민교육의 개념을 살펴보면, 민주적인 학교문화 속에서 민주주의의 이념과 가치, 기능을 배우고, 그것을 자신의 삶과 사회에 적용하는 주권자로서 성장하도록 지원하는 교육(이쌍철 외, 2019: 22) 혹은 학교라는 공식적인 공간에서 교육과정이라는 제도적인 장치를 통해 이루어지는 민주시민교육(정문성 외, 2018: 2) 등으로 제시되고 있다.

한편, 교육부(2018. 12. 13.: 8)는 비판적 사고력을 가진 주체적인 시민이 민주주의의 가치를 존중하고 서로 상생할 수 있도록 민주시민으로서의 역량을 향상시키는 교육을 민주시민교육의 개념으로 제시하고 있다. 나아가 민주시민의 역량을 〈표 11-4〉와 같이 크게 여섯 가지로 제시하고 있으며 이 역량을 토대로 민주시민교육의 구성요소의 예시를 제시하고 있다(〈표 11-5〉 참조).

표 11-4 민주시민의 역량

- 민주주의의 기본원리와 핵심가치에 대한 지식과 이해
- 타인의 권리와 존엄성을 존중하고 다원성을 인정하는 시민적 관용
- 공공생활에 적극적으로 참여하고 실천하는 시민적 효능감
- 사회 · 정치적 문제를 객관적으로 파악하는 비판적 사고력
- 대화와 토론으로 문제를 해결할 수 있는 능력과 기술
- 약자를 보호하고 정의와 상생의 원칙에 따른 협력과 연대

출처: 교육부(2018. 12. 13.: 8).

표 11-5 민주시민교육의 구성요소(예시)

주요 내용	민주주의와 전제주의, 협력과 갈등, 평등과 다양성, 공정, 정의, 법의 지배, 인권, 자유와 질서, 개인과 사회, 권리와 책임 등
가치와 태도	인간의 존엄과 평등에 대한 신념, 분쟁해결 의지, 협력과 나눔의 정신, 관용, 도덕적 기준에 따른 판단과 행동, 인권 · 양성평등 · 환경 등에 대한 관심, 예의와 법 존중, 자원봉사 등
기술과 능력	논리적 주장을 펼 수 있는 능력, 다른 사람과 협력해서 효율적으로 일처리를 할 수 있는 능력, 타인의 생각과 경험을 경청하고 적절하게 평가할 수 있는 능력, 다른 의견에 대한 관용 등
지식과 이해	민주사회의 성격 · 기능 · 변천, 다양성 · 불일치 · 사회적 갈등의 양태, 개인과 사회가 직면한 사회적 · 도덕적 · 정치적 문제, 정치제도와 법, 경제, 인권헌장, 지속가능개발과 환경문제 등

출처: 영국의 크릭보고서(1997) 내용의 일부를 발췌한 교육부(2018. 12. 13.: 8-9)의 내용을 표로 제시함.

그간 학교교육의 궁극적 목표가 민주시민으로서 필요한 자질과 역량을 기르는 것이라는 점은 「교육기본법」과 교육과정 문서를 통해 줄곧 제시되어 왔으며(교육부, 2015a: 1), 학교 민주시민교육의 역사도 짧지 않다. 학교 민주시민교육은 해방 이후 교수요목기부터 시작되었다고 할 수 있는데, 우리나라에서 민주시민교육이라는 명칭에 부합하는 교육내용과 방법에 대한 고민이 시작된 것은 사회가 민주화된 이후인 1990년대 중반 이후부터이다(강영혜 외, 2011: 51). 시민교육, 국민정신교육, 국민으로서의 자질 등으로 혼용되어 사용된 관련 개념들은 6차 교육과정(1992년)부터 민주시민으로 통일되었으며, 7차 교육과정(1997년)부터 민주시민교육이 범교과 학습주제로 포함되기 시작하였다. 2015 개정 교육과정에서도 10개의 범교과 학습 주제 중 하나로 민주시민교육이 제시되고 있다.

2015 개정 교육과정의 '범교과 학습'

「2015 개정 교육과정 총론 해설서」 中

II. 학교 급별 교육과정 편성·운영의 기준

1. 기본 사항

아. 범교과 학습 주제는 교과와 창의적 체험활동 등 교육 활동 전반에 걸쳐 통합적으로 다루도록 하고, 지역사회 및 가정과 연계하여 지도한다.

안전 · 건강 교육, 인성 교육, 진로 교육, **민주시민교육**, 인권 교육, 다문화 교육, 통일 교육, 독도 교육, 경제 · 금융 교육, 환경 · 지속가능발전 교육

이에 따라, 최근에는 교육부 및 시도교육청이 민주시민교육 관련 업무를 전담하는 부서를 신설하거나(서울, 충북, 전북, 경기 등), 학교 민주시민교육 진흥 조례를 제정(경기, 충북, 전북, 전남 등)하는 등 민주시민교육 활성화를 위한 정책집행 체계와 제도적 기반을 마련하고 있다. 특히 교육부는 2018년에 민주시민교육 활성화를 위한 종합계획 발표를 통해 학교 민주시민교육 정책 방향을 제시하는 등(교육부, 2018. 12. 13.) 정부 및 교육현장에서 민주시민교육을 활성화하기 위한 노력이 확대되고 있다(이쌍철 외, 2019: 5-6).

민주주의는 한국 사회의 정체성을 드러내는 핵심적인 특징 중 하나라는 점에서

교육 영역에서도 민주시민교육이라는 표현은 생소하지 않다. 「교육기본법」에서도 민주시민의 자질을 갖추도록 하는 것이 교육의 목적임을 명시하고 있다는 점에서 알 수 있듯 민주시민교육은 학교교육의 목표로 늘 표방되어 왔다. 하지만 여전히 우리 사회에서는 민주주의의 의미와 범위에 대한 혼란이 존재하며, 학교 민주시민교육의 의미 역시 혼란스럽기만 하다. 민주시민교육이라는 용어를 동일하게 사용하면서도 사람마다 서로 다른 것을 가리키기도 하고, 서로 다른 교육을 의도하면서도 동일하게 민주시민교육이라는 표현을 사용하기도 한다(이쌍철 외, 2019: 19). 또한 민주시민교육과 관련한 이론적 논의와 그것을 구현하는 현장의 실천 영역 간의 괴리도 존재한다. 이러한 현상이 발생하는 주된 원인 중 한 가지는 민주시민교육이 고정불변의 개념이라기보다 개별 국가가 가진 정치체제, 역사적 전통, 지정학적 위치, 사회·정치적 구조, 경제구조에 따라 그 의미와 내용을 달리하고 있기 때문이다(Kerr, 1999: 8: 이쌍철 외, 2019: 19 재인용).

2) 학교 민주시민교육의 범주

민주시민교육에 대한 개념적 정의에도 불구하고 민주시민교육에 대한 이해가 상이한 이유 중 한 가지는 동일한 용어를 사용하면서도 그 의미와 범주(범위)를 달리 이해하고 있다는 점이다.

김성수 등(2015: 8-9)은 민주시민교육의 범주를 크게 세 가지로 제시하였는데, 첫째, 정치체제와 정치질서의 안정 유지를 위해 국민으로부터 지지를 형성하는 교육, 둘째, 정치에 관한 연구 및 정치과정 참여에 요구되는 지식과 기능, 태도를 획득하는 교육, 셋째, 국가의 주권자로서 국민이 국가 및 지역사회의 정치 현상에 관한 객관적 지식, 정치적 상황에 대한 올바른 판단, 비판의식을 갖추고, 실제 정치과정에 참여함으로써 권리와 의무를 적극적으로 실천할 수 있도록 가정, 학교, 사회에서 이루어지는 모든 교육이 그것이다.

이처럼 민주시민교육의 범주는 매우 넓고 광범위하여 민주시민교육은 가정, 학교, 사회를 막론하고 실생활 거의 모든 분야에서 이루어질 수 있을 것이다. 하지만 민주시민교육이 가장 체계적으로 이루어질 수 있는 곳은 학교라는 점에서 학교 민주시민교육의 중요성은 더할 나위 없이 크다고 할 수 있으며, 앞에서 제시한 민주시

표 11-6 학교 민주시민교육의 내용과 방법의 범위

최소	최대
배타적(특권층)	포용적
공민교육(Civics education)	시민교육(Citizenship education)
전형적인(공식적인)	참여적인
내용 중심	과정 중심
지식 중심	가치 중심
교훈적 전수	상호적 이해
측정하기 쉬움	측정하기 어려움

출처: Kerr(1999: 12)가 제시한 내용을 이쌍철 외(2019: 24)에서 재인용.

민교육의 세 가지 범주 중 어떤 관점을 가지느냐에 따라 민주시민교육의 범위가 달라질 수 있을 것이다. 우리나라의 경우 지금까지 이루어진 민주시민교육의 변천과정을 고려할 때, 학교 민주시민교육은 대체로 첫 번째 범주 중심에서 세 번째 범주를 지향하는 방향으로 나아가고 있다고 할 수 있다.

학교 민주시민교육의 궁극적 목표는 학생이 시민으로서의 역량을 갖출 수 있도록 하는 데 있으며 구체적인 민주시민의 모습은 교육법 및 교육과정 관련 문서에 제시되고 있다. 〈표 11-7〉에서 보듯이 우리나라 교육관련 문서에 나타난 민주시민의

표 11-7 교육 관련 문서 속에 나타난 민주시민의 모습

문서	민주시민의 특징, 자질	종합
교육기본법	• 인간다운 삶 향유 • 민주국가의 발전과 인류공영에 기여	• 민주주의에 대한 신념 • 타인과 공동체에 대한 관심과 책임 • 사회현상 파악과 관련 문제해결
2015 개정 교육과정 총론	• 공동체 의식 소유 • 세계와 소통 • 배려와 나눔 실천	
2015 개정 사회과 교육과정	• 사회현상과 사회생활에 관한 지식 습득 • 민주적 가치와 태도(인권, 관용, 타협, 사회정의, 공동체 의식, 참여, 책임) 함양 • 합리적 문제해결 능력 발휘 • 개인과 사회, 국가, 인류발전에 기여	

출처: 이쌍철 외(2019: 26).

모습은 교육기본법, 2015 개정 교육과정 등에 제시되어 있으며, 실제 교과 교육과정으로 갈수록 더욱 구체화되어 있다.

3) 2015 개정 교육과정에 나타난 민주시민교육

다음에서는 2015 개정 교육과정에 나타난 민주시민교육에 대해 살펴보고자 하며, 특히 초등학교의 사회과, 도덕과 등 교과서에 제시된 민주시민교육에 대해서 구체적으로 제시하고자 한다.

표 11-8 2015 개정 교육과정에 제시된 민주시민의 자질과 관련 교과 기능

<table>
<tr><th colspan="2">사회과의 성격에 제시된 민주시민의 자질</th><th>민주시민의 자질 함양에 필요한 교과 기능</th></tr>
<tr><td>내용
측면의
자질</td><td>• 민주적 가치와 태도(인권 존중, 관용과 타협, 사회정의 실현, 공동체 의식, 참여와 책임 의식)
• 개인, 사회, 국가, 인류의 발전에 기여</td><td rowspan="2">• 창의적 사고력: 새롭고 가치 있는 아이디어를 생성하는 능력
• 비판적 사고력: 사태를 분석적으로 평가하는 능력
• 문제해결력 및 의사결정력: 다양한 사회적 문제를 해결하기 위해 합리적으로 결정하는 능력
• 의사소통 및 협업 능력: 자신의 견해를 분명하게 표현하고 타인과 효과적으로 상호작용하는 능력</td></tr>
<tr><td rowspan="2">형식
측면의
자질</td><td>• 개인적, 사회적 문제를 합리적으로 해결하는 능력</td></tr>
<tr><td>• 사회현상 이해
• 사회생활 영위에 필요한 지식 습득</td><td>• 정보활용 능력: 다양한 자료와 테크놀로지를 활용하여 정보를 수집, 해석, 활용, 창조할 수 있는 능력</td></tr>
</table>

출처: 설규주(2019: 114)를 재구성한 이쌍철 외(2019: 27).

(1) 사회과

2015 개정 교육과정을 토대로 초등학교 사회과에 제시된 민주시민교육의 내용체계를 살펴보면 〈표 11-9〉와 같다.

표 11-9 초등학교 사회과의 민주시민교육 내용체계 표

<table>
<tr><th rowspan="2">영역</th><th rowspan="2">핵심 개념</th><th rowspan="2">일반화된 지식</th><th colspan="2">내용 요소</th><th rowspan="2">기능</th></tr>
<tr><th>3~4학년</th><th>5~6학년</th></tr>
<tr><td rowspan="3">정치</td><td>민주주의와 국가</td><td>현대 민주국가에서 민주주의는 헌법을 통해 실현되며, 우리 헌법은 국가기관의 구성 및 역할을 규율한다.</td><td rowspan="2">민주주의,
지역사회,
공공기관,
주민참여,
지역문제 해결</td><td>민주주의,
국가기관,
시민참여</td><td rowspan="3">조사하기
분석하기
참여하기
토론하기
비평하기
의사결정하기</td></tr>
<tr><td>정치 과정과 제도</td><td>현대 민주국가는 정치과정을 통해 시민의 정치참여가 실현되며, 시민은 정치참여를 통해 다양한 정치활동을 한다.</td><td>생활 속의 민주주의,
민주 정치 제도</td></tr>
<tr><td>국제 정치</td><td>오늘날 세계화로 인해 다양한 국제기구가 활동하고 있으며, 한반도의 국제질서도 복잡해지고 있다.</td><td>–</td><td>지구촌 평화,
국가 간 협력,
국제기구,
남북통일</td></tr>
</table>

출처: 교육부(2015b: 274)의 자료에서 초등학교 내용만 발췌하여 제시함.

(2) 도덕과

2015 개정 교육과정을 토대로 초등학교 도덕과에 제시된 민주시민교육의 내용체계를 살펴보면 〈표 11-10〉과 같다.

표 11-10 초등학교 도덕과의 민주시민교육 내용체계 표

영역	핵심 가치	일반화된 지식	내용 요소		기능
			3~4학년군	5~6학년군	
사회·공동체와의 관계	정의	공정한 사회를 만들기 위해 법을 지키고 인권을 존중하며, 바람직한 통일관과 인류애를 지닌다.	• 나는 공공장소에서 어떻게 해야 할까?(공익, 준법) • 나와 다르다고 차별해도 될까?(공정성, 존중) • 통일은 왜 필요할까?(통일의지, 애국심)	• 우리는 서로의 권리를 왜 존중해야 할까?(인권존중) • 공정한 사회를 위해 무엇을 해야 할까?(공정성) • 통일로 가는 바람직한 길은 무엇일까?(통일의지) • 전 세계 사람들과 어떻게 살아갈까?(존중, 인류애)	• 공동체 의식(관점 채택하기, 공익에 기여하기, 봉사하기) • 도덕적 판단 능력(도덕적 가치·덕목 이해하기, 올바른 의사 결정하기, 행위 결과 도덕적으로 상상하기)

출처: 교육부(2015b: 274)의 자료에서 초등학교 내용만 발췌하여 제시함.

이와 같은 초등학교 도덕과의 내용체계 표 중에서 한 예시로 초등학교 3학년 도덕 교과서의 사회·공동체와의 관계 영역 부분만 별도로 제시하면 다음과 같다.

표 11-11 초등학교 3학년 도덕 교과서(사회·공동체와의 관계 영역) 내용 개관

교육과정 내용 요소	단원명 및 주요 내용
나는 공공장소에서 어떻게 해야 할까?(공익, 준법)	**5단원 함께 지키는 행복한 세상** **1. 함께 지켜서 행복해요** 〈공공장소에서 지켜야 할 규칙들과 그것을 지키는 일의 중요성을 알고 이를 실천하려는 마음을 기를 수 있다.〉 • 규칙을 지켜야 하는 공공장소 찾아보기 • 공공장소에서 지켜야 할 규칙 찾아보기 • 공공장소에서 규칙을 지키기 위한 실천 다짐하기
	2. 공공장소에서 바르게 행동해요 〈공공장소에서 규칙을 잘 지키고 책임감 있게 행동하는 방법을 익혀 실천할 수 있다.〉 • 공공장소에서의 나의 생활 점검하기 • 공공장소에서 지켜야 할 규칙 찾아보기

	3. 우리 모두를 위한 일, 지혜롭게 생각해요 〈다른 사람들과 더불어 생활하기 위해 공익과 사익이 부딪치는 상황에서 바르게 판단하고 행동하는 힘을 기를 수 있다.〉 • 공익과 사익 간에 일어나는 문제해결 방법 탐색하기 • 공익과 사익 추구 간의 올바른 가치를 생활 속에서 실천하기
	4. 함께 지키는 아름다운 마음을 길러요 〈공익을 위한 일을 실천하기 위해 생활 속에서 꾸준히 노력하는 마음을 기를 수 있다.〉 • 공익 실천 체험 실행하기 • 공익 광고 캠페인 활동하기 • 공익을 위한 일을 실천하는 생활 습관 되돌아보기

4) 민주시민교육의 실제 수업 사례

살펴본 바와 같이 초등학교 현장에서의 민주시민교육은 주로 사회과와 도덕과를 중심으로 이루어지고 있다. 이하에서는 초등학교에서 이루어지고 있는 민주시민교육의 실제 수업자료를 제시함으로써 민주시민교육의 실제에 대한 이해를 높이고자 한다. 다음에 제시된 수업자료는 6학년 도덕과의 단원(4. 공정한 생활)에 활용되고 있는 교사의 실제 수업지도안 자료이다(2020. 12. 15. ○○광역시 ○○초등학교 신○○ 교사 제공).

(1) 수업준비

이 단원은 '사회 · 공동체와의 관계' 영역의 '공정한 사회를 위해 무엇을 해야 할까?'라는 주제를 다루고 있다. 인간 공동체에서 정의를 실현하고 조화를 이루어 가는 데 필요한 공정한 삶의 자세를 기르기 위한 취지에서 설정된 것이다. 학생들이 공정의 의미와 중요성을 인식하고 공정하게 행동하는 태도를 기르도록 하는 데 지도의 핵심이 있다. 공정은 '각자에게 그의 몫을'이라는 원리로 표현되기도 하며 이는 사회의 공동선 창출과 분배 및 사회적 협동 체제의 구축과 운영에 있어 그 합리성을 확보하는 데 필수적으로 요청되는 것이다. 공정을 사회적 삶 속에서 구현하려면 타자를 존중하고 합당하게 대우하는 자세를 기르는 일이 중요하다. 따라서 도덕

심리학적 측면에서는 학생에게 가역적 사고와 상호성의 관점과 이에 기반한 역할 채택의 능력을 발달시키기 위한 학습 경험을 제공하는 일을 강조하고 있다.

이러한 관점에 따라 이 차시에서는 공정함이라는 가치를 좋아하고 일상 속에서 공정함을 실천하려는 열정과 의지를 기르는 데 목적이 있으므로 실물 자료, 영상과 사진 자료 등을 적극적으로 활용한다. 학생들에게 익숙한 초콜릿과 사탕에 대한 '공정무역' 이야기를 시작으로 공정한 세상을 만들어 가려면 어떤 것이 필요한지 자연스럽게 이야기를 이어 가도록 한다. 또한 공정한 사회를 만들기 위해 어떤 도덕적 정서와 의지를 지녀야 하는지를 배우고 공정한 사회를 만들기 위해 자신이 할 수 있는 약속을 선언하면서 실천을 다짐하도록 한다.

(2) 학습자 실태 분석

가. 일반적인 실태

- 학습자 구성 인원: 27명(남 14명, 여 13명)
- 학습적인 측면: 대체로 학습 의욕이 높고 수업 활동에 적극적으로 참여한다. 활동적이고 역동적인 수업 활동을 선호하고 전담 교과 과목보다는 담임교사 수업을 선호한다.
- 생활적인 측면: 학급 생활 및 수업 활동 속에서 각자 자신이 맡은 역할을 성실하고 책임 있게 수행하려고 노력하고 있다. 학급 생활 속에서 학생들의 생각이나 느낌을 자유롭게 이야기하는 학급 분위기를 형성하고 있다.

나. 본시 학습 관련 실태

- 질문 내용: 내가 생각하는 공정한 세상은 어떤 세상인가요?

> • 차별 없는 세상
> • 똑같이 누릴 수 있는 세상
> • 정의로운 세상
> • 착한 사람이 복 받는 세상 등

- 공정한 세상에 대한 의견을 묻는 질문에서 학생들은 차별하지 않는 세상이라

고 대부분 대답하였다. 그러나 차별과 차이가 무엇이 어떻게 다른지에 대해 명확하게 설명하지 못하였다. 따라서 본 수업에서는 차별과 차이에 대한 정의를 예를 들어 설명하고 어떤 세상이 공정한 세상인지에 대해 설명할 수 있도록 지도하는 것이 필요하다.

• 질문 내용: 나는 공정한 세상을 만들기 위해 노력하고 있나요?

학생들의 생각	그렇다	아니다	잘 모르겠다 (관심 없다)	계
학생 수(명)	19	5	3	27
비율(%)	70.37	18.52	11.11	100

* 비율은 소수 셋째자리에서 반올림.

• 학생들 스스로 공정한 세상을 만들기 위해 노력하고 있다는 긍정적인 답을 대다수가 해 주었다. 공정한 세상을 만들기 위해 어떤 마음으로 어떻게 노력해야 할지 다시 한번 언급함으로써 공정한 삶을 살아가기 위한 마음을 다지며 약속하는 기회를 제공하여 학생들의 실천 의지를 확고히 한다.

(3) 본 수업 지도 계획

단원 (차시)	4. 공정한 생활(4/4)	학습모형	가치 심화 중심 모형
학습주제	공정한 세상을 만들기 위해 필요한 노력을 알고, 이를 생활 속에서 실천하려는 마음 다지기	성취기준	[6도03-01] 공정함의 의미와 공정한 사회의 필요성을 이해하고, 일상생활에서 공정하게 생활하려는 실천 의지를 기른다.
학습목표	공정한 세상을 만들기 위해 어떤 노력이 필요한지 알아보고, 이를 생활 속에서 실천하려는 마음을 기를 수 있다.		

학습단계 (분)	학습 요항 (학습 형태)	주요 교수학습 내용	자료(□), 평가(?), 유의점(※)
학습 문제 인식 및 동기 유발 (6)	동기 유발 및 학습 문제 정하기 전체	▶ **동기 유발하기** • [1]과 [2]의 초콜릿과 사탕의 차이점 찾기 –공정무역 마크 찾기 • 공정무역에 대해 알아보기 –[3]을 통해 공정무역의 정의 정리하기 • 공정한 세상을 만들기 위해 필요한 것 알아보기 –개인과 사회가 함께 노력, 누구나 제 몫을 받을 수 있는 규칙이나 제도를 만들어야 함 ▶ **학습 문제 정하기** ♣ 공정한 세상을 만들기 위해 어떤 노력이 필요한지 알아보고 이를 생활 속에서 실천하려는 마음을 길러 보자. ▶ **학습 활동 안내하기** 〈생각 키우기〉 공정한 세상을 만들기 위한 노력 〈생각 나누기〉 공정한 세상을 만드는 데 필요한 마음과 행동 〈생각 펼치기〉 공정한 세상을 만들기 위한 나의 실천	[1] 초콜릿과 사탕 [2] 초콜릿과 사탕 ppt [3] 공정무역 정의 ppt [4] 공정한 세상을 만들려면 무엇이 필요할까 ppt
가치 사례의 제시 및 성찰 (8)	사례 제시 전체 ↓ 개인 ↓ 전체	〈생각 키우기〉 공정한 생활을 만들기 위한 노력 ▶ **공정하지 못한 학급규칙 바꾸어 보기** • 학급규칙 살펴보고 문제점을 찾고 바꾸어 보기 –합리적이지 못한 학급규칙을 찾아 문제점을 바로 잡아 본다. ▶ **공정하지 못한 생활 모습 바꾸어 보기** • 일상생활 속에서 문제점을 찾고 바꾸어 보기 –생활 속에서 합리적이지 못한 것을 찾아 바꾸어 본다. • 사회 약자를 위해 개인과 사회가 어떤 노력을 해야 하는지 알아보기	[5] 공정한 세상을 만들기 위한 노력 ppt ※ 교실이나 일상생활 속에서 볼 수 있는 다양한 사례를 자유롭게 제시하도록 한다.

가치 규범의 추구 및 심화 (12)	가치 규범의 추구 개인 ↓ 전체	〈생각 나누기〉 공정한 세상을 만드는 데 필요한 마음과 행동 ▶ **마음 스스로 다스리기** • 공정한 세상을 만드는 데 필요한 마음과 행동 알아보기 –존중하는 마음으로 어떤 사람이든지 차별하지 않고 공평하게 대한다. –정의로운 마음으로 사회적 약자를 보호한다. –사랑하는 마음으로 주위의 어려운 이웃을 위해 봉사한다 등 ▶ **차별과 차이 구별하기** • 일상생활 속에서 문제점을 찾고 바꾸어 보기 –차이는 성별이나 종교, 재능, 신체적 차이 등 서로 구별할 수 있는 특성 –차별은 합당한 이유 없이 차이를 근거로 불이익을 주는 것	6 공정한 세상을 만드는 데 필요한 마음과 행동 ppt ㉠ 관찰, 자기 평가 ※ 학생은 친구들과의 의견 교환 활동을 통해 자신을 되돌아보고 평가한다.
도덕적 정서 및 의지의 강화 (10)	의지 강화 개인 ↓ 전체 ↓ 개인	〈생각 펼치기〉 공정한 세상을 만들기 위한 나의 실천 ▶ **공정한 세상을 만들기 위해 내가 실천할 수 있는 일 찾기** • 공정한 세상을 만들기 위해 자신이 실천할 수 있는 일을 생각해 보고 다짐한다. –자신이 실천할 수 있는 일을 활동지에 적고 지킬 것을 다짐한다. ▶ **친구들 앞에서 발표하기** –자신의 다짐을 발표한다. –활동 후 느낀 점을 발표한다.	7 활동지 ㉠ 관찰, 동료평가, 자기 평가 ※ 학생은 친구들의 발표를 통해 동료 평가를 하고, 스스로를 되돌아보며 자신을 평가한다.
정리 및 확대 적용과 실천 생활화 (4)	실천 생활화 전체	▶ **실생활 적용하기** –오늘 배운 것을 바탕으로 앞으로 어떻게 할지 말해 본다. –자신의 다짐을 생활 속에서 실천할 것을 선서한다. ▶ **스스로 되돌아봅시다 활동하기** –단원 마무리 활동으로 배운 내용을 정리해 본다. –스스로 얼마나 자랐는지 살펴보고 더 잘하려고 노력할 것을 다짐한다.	※ 선서 활동을 통해 다시 한번 실천을 생활화할 것을 다짐한다.

평가목표	공정한 세상을 만들기 위해 어떤 노력이 필요한지 알아보고, 이를 생활 속에서 실천하려는 마음을 기를 수 있다.	평가 시기	평가 방법
평가내용	공정한 세상을 만들기 위해 어떤 노력이 필요한지 말할 수 있는가? 공정한 세상을 만들기 위해 생활 속에서 실천하는 마음을 기를 수 있는가?	생각 나누기, 생각 펼치기	관찰, 동료, 자기 평가

수업자 소감	학생들이 평소 쉽게 볼 수 있었으나 크게 관심이 없었던 초콜릿과 사탕이 어떤 차이를 가지고 있는지 찾는 과정을 통해 공정무역 마크를 처음 알게 되었다. 이를 통해 공정무역이 무엇인지도 이해하게 되었고 이어 공정한 세상이 왜 필요한지 이를 위해 어떤 노력을 해야 할지에 대한 설명도 자연스럽게 이어질 수 있었다. 학생들이 전반적으로 관심을 가지고 수업 활동에 적극적으로 참여하여 생활 속에서 실천하려는 마음 또한 길러졌을 것이라 기대된다. 동기유발에 관심이 많이 쏠려 수업 활동 중 동기유발 부분이 가장 기억에 남은 학생도 소수 보였다. 동기유발의 역할은 수업에 관심을 갖게 하는 것이므로, 그 역할을 다할 수 있도록 적절하게 조절하여 수업 계획을 세워야 하겠고, 수업 활동 중에는 수업목표에 관심을 증폭시켜 집중할 수 있는 활동 또한 계획 수립 때 염두에 두어야 하겠다.

(4) 활동지(샘플)

○○초등학교	도덕 4. 공정한 생활	6학년 반 번 이름:

☞ 오늘 무엇을 알게 되었나요?

____

____

☞ 오늘 배운 내용과 관련하여 내가 실천할 수 있는 일을 생각해 보고, 노력할 것을 다짐해 봅시다.

나는 공정한 세상을 만들기 위해

....

하겠습니다.

☞ 오늘 수업 소감을 자유롭게 써 주세요.

5) 학교 민주시민교육의 문제점

지금까지 민주시민교육의 이론적 검토와 함께 학교에서 이루어지는 민주시민교육의 실제에 대해서 살펴보았다. 이를 토대로 학교에서 이루어지는 민주시민교육의 문제점을 제시하면 다음과 같다.

먼저, 학교민주시민교육의 현주소를 토대로, 학교에서 이루어지고 있는 민주시민교육의 문제점을 크게 민주시민교육의 목표(개념, 내용 범위), 학교 교육과정 내 민주시민교육 반영 형태, 교수-학습 방법 및 풍토, 학생의 학교운영 참여, 정책적 지원 등 다섯 가지 차원에서 제시하면 다음과 같다(이쌍철 외, 2019: 215-227).

첫째, 학교교육에서 민주시민교육을 실천하고자 할 때 그 출발점은 민주시민교육이 무엇이며, 어떤 목적을 가지고, 무엇을 가르칠 것인가를 규정하고 이를 교사 간에 공유하는 것이 되어야 한다. 하지만 학교현장에서 민주시민교육에 대한 이해와 공유 수준이 매우 상이하다. 교육법과 교육과정 총론에는 민주시민으로서의 자질 함양이 학교교육의 주요한 목표임을 표방해 왔지만, 실제로는 명목상 목표로만 존재해 왔다. 이러한 현상은 그동안 민주시민교육의 의미, 목표, 내용에 대한 정립이 부재하였다는 것을 반증한다. 민주시민교육과 관련한 정부 정책 문서에도 구체적인 지향점을 제시한 경우는 찾아보기 힘들다. 2010년 발표된 민주시민교육 활성화 방안(교육과학기술부, 2010), 2018년 발표된 민주시민교육 활성화를 위한 종합계획(교육부, 2018. 12. 13.)에서도 일반적 포괄적 목표와 덕목들을 예시적 성격으로 제시하고 있을 뿐 민주시민교육의 목표와 가르쳐야 할 내용(지식, 가치, 태도, 기능 등), 성취기준을 제시한 논의는 부재하다. 이러한 환경에서 이루어지는 학교 민주시민교육의 내용과 의미는 단위학교별, 교사별로 그 의미가 달리 해석될 수밖에 없다.

한편, 인성교육과 민주시민교육에 대한 개념적 혼란은 더 크다. 인성교육과 민주시민교육이 각각 독립된 개념으로 표현되기도 하고, 인성교육이 민주시민교육을 포괄하거나, 민주시민교육이 인성교육을 포괄하는 개념으로 사용되기도 한다. 이러한 개념적 혼용은 내용 범위에 대한 학교현장의 상이한 이해와 혼란 및 현상을 바라보는 인식의 차이를 가져온다.

표 11-12 국가수준 문서에 나타난 민주시민교육의 성격

구분	주요 내용
교육과정총론 (교육부, 2015a)	• 공동체 의식을 가지고 세계와 소통하는 민주시민으로서 배려와 나눔을 실천하는 더불어 사는 사람
사회과 교육과정 (교육부, 2015c)	• 인권존중, 관용과 타협의 정신, 사회 정의의 실현, 공동체 의식, 참여와 책임의식 등의 민주적 가치와 태도를 함양 • 개인적, 사회적 문제를 합리적으로 해결하는 능력 함양
범교과 학습주제 (교육부, 2016)	• 건전한 사회를 위해 청렴 · 반부패 문화를 형성하고, 헌법의 정신 및 법질서를 존중하도록 하며, 생산활동에 참여하고 있는 근로자의 권리와 의무 등에 대한 교육에 중점을 둠

출처: 이쌍철 외(2019: 218).

둘째, 교육과정 접근방식의 측면에서 볼 때, 우리나라는 중핵교과(사회/도덕과)를 통한 민주시민교육, 범교과 학습주제로서의 민주시민교육, 창의적 체험활동(학생자치 등)을 통한 민주시민교육이 이루어지고 있다고 볼 수 있다. 하지만 각각의 접근 방법이 민주시민교육의 목표, 내용, 범위를 공유하여 유기적으로 통합되어 있다기보다 각기 다른 분절적 활동으로 이해, 실천되고 있다. 한편, 교과의 교육과정 측면에서뿐만 아니라 교육정책 측면에서의 분절성 역시 민주시민교육의 위상과 실천성을 저해하는 요인이 되고 있다. 인성교육, 민주시민교육, 세계시민교육, 통일교육, 인권교육, 다문화교육 등 민주시민교육과 밀접한 연관을 맺고 있는 다양한 정책이 각기 다른 법률, 다른 부서, 다른 정책계획에 기반하여 추진되고 있다. 이로 인해 일관성 없이 학교에 내려오는 유사한 교육내용으로 인해 학교현장의 혼란과 피로도가 증가하고 있으며, 학교현장에서의 민주시민교육은 학교교육을 통해 추구해야 할 궁극적인 목표가 아닌 교육청과 정부에서 하달하는 여러 업무 중 하나로 인식되고 있다. 즉, 명시적으로 민주시민교육은 교과목, 교과서, 교육과정 내 시간이 부재하거나 정해져 있지 않으며, 민주시민교육은 누가 해도 상관없고, 누구나 할 수 있는, 그러나 아무도 안 해도 되는 교육 정도로 간주되고 있다.

셋째, 우리나라는 민주시민교육의 수업방법에 있어서 여전히 강의식 수업, 지식 전달 중심의 수업방법이 유지되고 있다. 특히 학생이 토론주제로 현재의 정치적 쟁점을 제안하거나 교사가 쟁점의 다양한 측면을 안내하는 정도가 낮다. 교실에서 실

생활과 관련한 사회적 쟁점이 다루어지지 못하는 주된 이유 중 하나는 교원의 정치적 중립성과 관련이 깊다. 교원의 정치적 중립에 대한 해석은 그 해석과 적용에 있어서 다양한 관점과 쟁점이 제기되고 있음에도 불구하고, 교사들은 '나의 수업이 사회적으로 문제되지 않을까'라는 자기검열을 하게 되고 결과적으로 쟁점과 논쟁이 되는 수업을 시도하지 않거나 토론에서 교사의 역할을 최소화하는 것이 현실이다. 이러한 현실에서 이루어지는 민주시민교육은 삶과 분리된 교과지식으로서의 교육에 머무를 수밖에 없다.

넷째, 한국사회에서 민주주의가 진전되고 인권에 대한 의식이 변화되고 있듯이 학교 내 학생을 바라보는 관점과 학생의 학교운영 참여 범위는 점차 확대되고 있다. 박희진 등(2018: 23)의 연구에 의하면, 대부분의 학교에서 학급회의를 운영하고 있으며(초등학교 92.5%, 중학교 79.3%, 고등학교 85.2%), 학생대표, 학생회 임원 선출 투표에 참여 경험, 학교운영에 관한 안건 의결 참여 경험 등 학생의 학교운영 참여 경험도 매우 높은 수준이다. 하지만 우리나라 학생들의 학교 참여 범위와 참여 방식은 매우 제한적인 수준에 그치고 있다. 학교생활 전반에 걸쳐 참여하고 있는 선진국의 학생들과 달리 우리나라 학생들은 주로 학생회 주관의 행사활동 정도에 그치고 있으며, 참여 방식도 주로 건의 중심의 참여에 그치고 있다. 또한 학교운영 과정에서 학생의 의견이 가지는 법적 지위 역시 부재하다. 요컨대, 우리나라 학생의 학교운영 참여는 과거보다 참여 기회가 대폭 확대되었음에도 불구하고 제한된 범위, 제한된 권한을 가지고 있으며, 의사결정 과정에 학생의 목소리가 미치는 영향력은 미비하다. 주로 절차적 기회를 제공하는 수준에서 참여가 이루어지고 있을 뿐이다.

다섯째, 교원양성 단계에서의 교원 전문성 개발 지원 취약, 교수-학습자료 지원 부족, 지역 간 혹은 학교 내 학생 간 시민의식의 차이 등 학교 민주시민교육 활성화를 위한 정책적 지원이 미흡하다. 교사양성 단계에서 민주시민교육과 관련된 연수를 받은 교사의 비율이 매우 낮고, 교사들은 민주시민교육의 주요 주제를 가르칠 준비가 미흡한 점 등 교원의 전문성 개발 지원이 취약하며, 민주시민교육과 관련된 양질의 자료 제공이 부족하여 교수-학습자료의 활용 비율이 낮은 편이다. 나아가 민주시민교육의 중요성을 강조하는 교육청의 경우 교육감 인정교과서 제작, 조직개편을 통한 민주시민교육과 신설, 민주시민교육 진흥 조례 제정 등 다양한 노력을 기울이는 반면, 그렇지 않은 교육청의 경우 무관심하거나 부정적인 인식을 보이기도 한다. 또한 학생 간에도 가정의 사회경제적 배경이나 부모와의 상호작용 특성 등에 따라 민주시민 관련 의식의 편차가 큰 것으로 나타났는데 이는 학교교육이 제 기능을 못하고 있음을 보여 주는 예시라고 할 수 있다.

지금까지 논의한 학교민주시민교육의 문제점을 교육부는 다음과 같이 제시하고 있으며, 문제점을 해결하기 위한 방안도 함께 제시하고 있다.

표 11-13 학교 민주시민교육의 문제점과 과제

문제점	과제와 발전방향
• 민주시민교육에 대한 사회적 합의 부족 –민주시민양성은 우리교육의 주된 이념임에도, 과거 반공 · 준법의식만을 강조한 국가주의적 교육으로 민주시민교육에 대한 무관심과 오해 상존 –민주시민교육의 목표, 기본원칙, 내용 요소 등에 대한 학문적 · 사회적 논의와 공론화를 통해 민주시민교육의 공통기준 마련 필요	–민주시민교육은 수동적으로 복종하는 국민이 아니라 주체적이고 능동적인 시민성을 키우는 교육이 되어야 하며, 시민교육의 목표와 기본원칙 등에 대한 사회적인 공론화와 합의과정 선행 필요
• 초중고 민주시민교육의 한계 –2015 개정 교육과정 총론에 민주시민의 자질 함양 관련 내용 명시 –사회 · 도덕과 등 민주시민 관련 교과에서 민주시민 관련 내용을 제시하고 있으나 분과학문 중심의 교과 운영의 한계, 일방적 지식전달 위주 교육방식 등으로 실천적 참여를 통한 민주적 생활방식을 체화하는 데 한계 노정 –범교과 학습주제 중 하나로 교과 및 창의적 체험활동 등 교육 활동 전반에서 실시하도록 교육과정에 명시되어 있으나 타 범교과 학습주제 및 법정 의무교육 시수 등으로 시수 확보에 한계가 있으며, 다양한 운영 모델 부족	–안정적이고 체계적인 민주시민교육을 위하여 교육과정을 통한 민주시민교육 내실화방안 모색 필요
• 교수학습방법과 평가의 문제 –지식전달 위주의 주입식 교수학습으로는 학생의 자율적인 참여와 비판적 사고를 증진하고자 하는 민주시민교육의 목적 달성 어려움 –수업은 협력적으로 진행하였으나, 평가는 경쟁적인 방식을 고수하여 교수학습과 평가를 분리시킬 경우 협력수업의 효과는 반감	–학생들이 의견을 주체적으로 표현하고 서로 협력하여 문제를 해결하는 수업으로 혁신이 필요하며, 경쟁과 서열화 중심의 평가에서 학생의 성장과 발달을 돕는 평가로 변화 필요

• 교원의 전문성 신장 및 수업 등 교육활동에 대한 지원 부족 –일부 시·도교육청에서 민주시민교육을 위한 교원 연수를 운영하고 있으나, 강사진 부족과 제한된 연수 인원으로 희망하는 모든 교원에게 충분한 연수 기회를 제공하기에는 한계 –참여형·협력형 수업을 위한 교수·학습·평가 자료와 체험·참여, 학생자치를 지원할 다양한 형식의 콘텐츠 부족	–민주시민교육은 교원으로부터 시작되며, 모든 교원에게 충분한 연수기회와 다양한 교육 콘텐츠를 제공할 수 있도록 지원 확대
• 민주적인 학교환경 조성 미흡 –학교운영에 대한 의사결정과정에 각 교육 주체의 역할이 제한적·형식적이며, 실질적 의사결정 권한이 없는 경우가 많음 –학생·교직원·학부모 등 교육 주체의 민주시민으로서의 역량을 강화할 수 있는 지원 불충분	–학교 내 민주적 의사결정과정을 통해 학생·교직원·학부모 등 교육 주체가 서로 연대하고 소통하는 민주적 학교문화 조성 필요
• 직접 참여하고 실천할 수 있는 민주시민교육 경험 부족 –단위학교 여건에 따라 학생자치기구를 설치·운영하고 있으나, 실질적인 결정권 부족, 행·재정상 지원 부족으로 다수 학교에서 학생자치기구는 형식적인 기구로 전락 –학생을 자치의 주체로 존중하지 않거나 입시 전까지 모든 참여활동을 유예하는 문화로 인해, 학생들이 직접 참여하고 실천할 수 있는 자치활동 미비	–다양한 학생자치활동, 실천과 참여를 통해 학생들의 시민적 효능감 제고 필요

출처: 교육부(2018. 12. 13.: 4-7).

6) 학교 민주시민교육의 방향과 과제

학교 민주시민교육의 현주소(문제점)를 토대로 향후 학교 민주시민교육이 나아가야 할 방향과 과제를 문제점을 영역별로 제시하면 다음과 같다(이쌍철 외, 2019: 228-263).

첫째, 학교 민주시민교육의 목표(개념, 범위, 내용)와 관련해서는 ① 총론에 제시된 민주시민교육의 성격 및 방향 명료화, ② 민주시민교육의 중점 방향 설정, ③ 민주시민교육의 중점 가치 및 태도 설정, ④ 민주시민교육의 중점 기능(skill) 설정 등이 이루어져야 한다.

둘째, 학교 교육과정과 관련해서는 ① 역량기반 교육과정 개발 및 도입, ② 교과내용 및 체제 개편, ③ 단위학교 자율성에 기반한 교육과정 운영이 이루어져야 한다.

셋째, 학교 민주시민교육을 위한 교수-학습 방법 및 풍토와 관련해서는 ① 사회현상을 적극적으로 반영하는 수업, ② 학생중심의 개방적 수업풍토 조성, ③ 과정중심 평가로의 전환이 필요하다.

넷째, 학생의 학교운영 참여와 관련해서는 ① 학생자치 관련 법령 정비, ② 학교급별 학생 참여 범위 및 역할 명료화, ③ 민주적 학교풍토 조성이 이루어져야 한다.

다섯째, 학교 민주시민교육 활성화를 위한 정책적 지원으로는 ① 교육부-교육청 간 협력체제 구축, ② 학교자치 논의와 병행한 민주시민교육 추진, ③ 교사역량 강화, ④ 인성교육 정책과 민주시민교육 정책의 통합, ⑤ 교수-학습자료 개발 보급 및 플랫폼 구축 등이 이루어져야 한다.

지금까지 살펴본 학교 민주시민교육의 영역별 현주소(문제점), 정책방향과 과제를 도식화하여 제시하면 [그림 11-1]과 같다.

학교에서 이루어지고 있는 민주시민교육이 향후 한 단계 더 발전하기 위해서는 학교가 진정으로 학생들의 생활 · 경험 · 학습의 공간이 되어야 하며, 이를 통해 개방적이고 자율적인 학교문화가 정착되어야 할 것이다.

영역	목표 (개념, 범위, 내용)	교육과정 구성방식	교수-학습 방법	학생의 학교운영 참여 (학교풍토)	지원 체제
현주소	**10명이면 10명의 정의가 다른 민주시민교육**	**실체가 없는 민주시민교육**	**삶과 단절된 수업**	**절차적 참여**	**정부 역할 미흡**
	• 국가수준 문서 간 개념 일치성 결여 • 개념적 혼용 • 학교급별 목표, 내용 정립 부재	• 교육과정의 분절적 접근 • 교육정책의 분절적 접근	• 지식중심 수업 • 정치적 중립성: 자기검열	• 제한적인 참여범위 • 제한적인 참여방법	• 양성단계에서 교원의 전문성 개발 지원 취약 • 교수-학습지원 부족 • 지역 간 학교 내 학생 간 차이
정책방향	사회적 합의를 통한 목표와 원칙 수립	통합적 · 총체적 접근	학생-학생, 학생-사회를 연결하는 수업	학생을 바라보는 관점 변화 (절차적 참여에서 실질적 참여로)	국가수준 교육과정 정책으로서의 위상 확립
정책과제	• 총론에 제시된 민주시민교육의 성격 및 방향 명료화 • 민주시민교육의 중점 방향 설정 • 민주시민교육 중점가치/태도 설정 • 민주시민교육 중점 기능 설정	• 역량기반 교육과정 개발 • 교과내용 및 체제 개편 • 단위학교 자율성에 기반한 교육과정 운영	• 사회현상을 적극적으로 수업에 반영 • 학생중심의 개방적 수업 풍토 조성 • 과정중심 평가로의 전환	• 학생자치 관련 법령 정비 • 학생의 참여 범위 및 역할 명료화 • 민주적 학교 풍토 조성	• 교육부-교육청 간 협력체제 구축 • 학교자치 논의와 병행한 민주시민교육 • 교사역량 강화 • 인성교육정책과 민주시민교육 정책의 통합 • 교수-학습 간 자료 개발 보급 및 플랫폼 구축

[그림 11-1] 학교 민주시민교육 활성화를 위한 정책 방향과 과제

출처: 이쌍철 외(2019: 235).

학교현장 이야기

■ **사례 1: A 초등학교 교사가 전해 주는 민주시민교육의 실태**

① 그동안 우리나라 학교에는 민주적인 문화가 거의 없었잖아요. 그런데 지금은 아이들한테 민주주의를 가르치고 있거든요. 당연히 제대로 가르치고 있다고 보기 어렵죠. 당장 교무회의에서 내 요구가 전달되거나 관철되고 그런 게 없는데, 애들한테 요구를 이야기해 봐라? 또 이야기를 한다고 해도 들어주나요? 안 들어주죠…….

아직까지 학교현장에 계신 상당수 선생님은 학생들의 주장과 요구를 학생인권과 교권의 싸움으로 보고 있어서, 학생들의 목소리를 다 받아 주면 지도가 안 된다. 이렇게 얘기하시는 분들이 많아요. 어떻게 보면 민주시민교육의 기초가 이루어져야 할 학교가 가장 권위적인 집단인 거지요.

② 교사들끼리도 민주시민교육에 관련된 논의를 거의 하지 않아요. 최근 몇 년 동안 수업혁신 얘기, 학생 참여수업, 그거 얘기하기도 바쁜데 내 수업을 어떻게 바꿀 것이냐, 평가를 어떻게 바꿀 것이냐, 이 고민하기도 바쁜데 민주시민교육을 위한 논의나 고민? 이건 거의 학교에서는 이루어지지 않고 있죠.

■ **사례 2: B 초등학교 교사가 전해 주는 학생자치활동의 실제**

① 학생자치와 관련해서 애들이 특별히 좋아하는 주제들이 있어요. 예를 들어, 애들이 주제를 던지지 않아도 되게 잘하는 학급의 티셔츠 정하는 게 있거든요. 3월에 회장이 뽑히면 재빠르게 반티 제작 회의에 들어가서 체육대회가 5월임에도 불구하고 3월에 결론이 나요. 그리고 그것을 페이스북이나 어디에 올려서 다른 반은 그 옷을 못 고르게 합니다. 최대한 빨리 골라야 자기가 원하는 옷을 고를 수 있는 그런 것이 있어요. 그래서 정말 경쟁적으로 학급회의를 하는데 사실은 엉망이죠.

② 학생자치라는 이름으로 교사의 업무를 학생에게 떠넘기게 되거나 혹은 교사가 다 만들어 놓은 것을 학생들에게 너희가 와서 사회만 봐라 하는 식은 문제가 되는 거예요. 그런데 아이들은 이런 걸 원하지 않아요.

▣ 사례 3: 프랑스 메노 초등학교의 학생자치활동 사례

메노 초등학교에는 6세부터 11세까지 총 280명의 학생이 재학 중이며 16명의 교원이 5개 학년의 총 14개 학급을 담당하고 있다. 학급당 최소 15명에서 최대 24명의 학생들이 있다.

민주시민교육은 메노 초등학교의 중요한 교육목표 중 하나로, 교사들은 모든 학년에 민주시민교육과 관련한 교육활동을 편성하였고, 편중 비중을 꾸준히 확대해 오고 있다. 특히 5년 전부터는 매해 5월마다 '어린이 시민의 주간'이라는 행사를 개최하여 학교의 모든 학생이 참여하도록 지원하고 있다. 행사의 주요내용은 주로 민주시민으로서 어린이의 권리와 의무 및 비판정신 등을 주제로 학생들이 창작물을 만들고 전시하는 것을 골자로 한다. 올해 행사에서는 어린이의 권리, 인터넷 사용의 위험성, 음식 섭취, 응급구조 방법 등을 주제로 한 전시 및 상영과 스트라스부르에 위치한 유럽평의회 등 관련 기관을 방문하였다(메노 초등학교, 2019: 이쌍철 외, 2019: 186 재인용).

메노 초등학교는 2015년부터 학생들과 함께 민주시민교육 관련 활동들을 꾸준히 운영해 왔고 이를 통해 학생들은 특정 문제에 관해 서로 토론할 수 있는 능력을 갖추고 있으며, 특히 학급평의회에서 학급 내의 다양하고 복잡한 문제들에 대해 많은 논의가 오고 갈수록 학교 내의 괴롭힘이나 갈등이 줄어드는 실질적인 효과가 나타났다고 밝히고 있다. 한 예로 메노 초등학교 학생들은 수업시간에 하는 게임의 종류를 다양하게 하거나 레크리에이션 수업시간을 늘리자는 의견, 수학이나 과학 과목의 비중을 높였으면 좋겠다고 제안하거나 야외수업 또는 소풍을 먼저 제안하기도 하며, 교사들은 이러한 의견들을 듣고 학교에서 실현 가능한 방향을 고려하여 반영하며, 학급의 범위를 넘어서는 제안의 경우 학급대표들과 학교대표가 모이는 학급대표자 평의회 혹은 학교평의회의 의제가 되도록 도와준다. 이런 과정을 통해 학생들은 학교운영 방식과 교사의 역할 등에 대해 더 잘 이해하게 된다.

한 교사의 설명에 따르면, 학생들이 이런 자치활동을 해 나가는 데 있어 학교 측에서 항상 주의하는 점은 옳고 그름에 대해 어른들의 생각을 일방적으로 주입하는 것이 아니라 학생이 직접 참여하고 토론하는 등 민주적 의사결정 과정을 체험할 수 있도록 지원해야 한다는 점이다. 그 결과, 메노 초등학교의 학생들은 자유롭게 자신의 의사를 표현하고 타인의 의견을 경청하며 서로의 생각을 교환하는 방식에 익숙하다(이쌍철 외, 2019).

▣ 사례에 대한 논의

사례 1과 사례 2의 우리나라 초등학교 사례는 민주시민교육의 핵심 요소로 이해되고 있는 학생들의 교내 자치활동 또한 아직은 제한적이고 형식적인 수준에서 이루어지고 있음을 단적으로 보여 주는 것이다. 과거에 비해서는 학생자치활동이 더 실질적이고 학생 주도적으로 이루어지고 있지만 여전히 자치활동 콘텐츠가 제한적이고 학생들이 모은 의견이 실제 학교운영에 반영되는 경우는 아직 드물다. 또한 학생들이 관심을 가지는 자치활동은 주로 운동회, 학급 티셔츠 선정 등과 같은 특정 이벤트성 분야에 한정되어 있어서 실질적인 자치활동이라고 보기 어렵다는 것이다. 더 나아가 학생자치활동의 상당 부분은 교사가 관련 사항을 모두 정해 놓은 상황에 학생들이 동원되거나 아니면 교사의 업무가 학생들에게 떠넘겨지는 형식으로 미루어지는 경우도 일부 나타나 결국 학생들의 자발성이나 주도성은 결여된 상태로 운영되고 있다.

반면, 사례 3은 프랑스 초등학교에서 가장 보편적으로 운영되는 학생자치활동인 학급평의회를 통해 학급의 모든 인원과 담임교사가 모여 학급생활의 문제에 대해 함께 이야기하고 있으며, 학급평의회에서 다뤄진 문제가 학교운영 전반에도 관련될 경우 학급대표자 평의회(학급 대표들과 교장, 담임교사들의 모임)의 의제 혹은 학교평의회(교사 대표와 학부모 대표의 모임)의 의제로까지 발전할 수 있음을 보여준다. 이를 통해 학생들은 학교가 자신들의 이야기를 듣고 있으며 학생들이 낸 의견 또한 교사들과의 협의를 거쳐 학교생활과 교육 활동에 반영되고 있다는 것을 느끼게 된다.

요약

- 민주시민교육의 개념 정의는 '민주적인 학교문화 속에서 민주주의의 이념과 가치, 기능을 배우고, 그것을 자신의 삶과 사회에 적용하는 주권자로서 성장하도록 지원하는 교육', '학교라는 공식적인 공간에서 교육과정이라는 제도적인 장치를 통해 이루어지는 교육', '비판적 사고력을 가진 주체적인 시민이 민주주의의 가치를 존중하고 서로 상생할 수 있도록 민주시민으로서의 역량을 향상시키는 교육' 등 매우 다양하다.

- 민주사회를 살아가는 데 필요한 시민으로서의 역량을 기르는 민주시민교육의 중요성은 매우 크다. 그리고 민주시민에게 요구되는 자질과 능력은 저절로 갖추어지는 것이 아니라 학습과정을 통해 획득된다. 따라서 민주시민을 기르기 위한 학교 교육과정의 핵심은 학생들로 하여금 생각할 수 있게 하고 신중한 의사결정을 할 수 있도록 해 주는 것이 되어야 한다.

- 우리나라의 민주시민교육은 해방 이후부터 줄곧 교육과정을 통해 이루어져 왔으며, 최근 2015 개정 교육과정에서는 특정 교과(사회과, 도더과 등)뿐만 아니라 범교과 학습 주제 중 하나로도 포함되는 등 그 중요성이 더욱 커지고 있다. 또한 교육부와 시도교육청 주도로 민주시민교육 활성화 노력이 확대되고 있다.

- 하지만 여전히 선진국에 비해 우리나라의 민주시민교육은 초보적인 수준에 머물고 있으며 활성화를 방해하는 여러 가지 문제점을 가지고 있다. 향후 우리나라 민주시민교육이 나아가야 할 방향과 과제들을 토대로 민주시민교육이 활성화되어야 할 것이다.

토론주제

1. 해외 선진국(미국, 독일, 프랑스, 영국 등) 중 한 나라를 정하고 그 나라의 민주시민교육 현황과 실태를 조사해 보자. 그리고 그 나라의 사례가 우리나라 학교의 민주시민교육에 주는 시사점은 무엇인지 토론해 보자.

2. 우리나라 초등학교(혹은 중등학교)에서 민주시민교육의 활성화를 저해하는 요인은 무엇이며, 저해요인을 제거하고 활성화하는 방안은 무엇인지에 대해 논의해 보자.

3. 본인이 교육청의 민주시민교육 담당부서의 장학사 혹은 교육부의 정책입안 담당자라면 민주시민교육을 위해 가장 먼저 어떤 정책이나 제도를 시행하고 싶은지를 이야기하고 그 이유를 말해 보자.

4. 학교에서의 민주시민교육은 특정 교과(사회과, 도덕과 등)뿐만 아니라 범교과 학습주제의 하나로도 제시되고 있는데, 범교과 학습주제인 민주시민교육의 구체적인 하위 주제로 무엇이 가능할지(예: 정치, 선거, 통일, 시민사회, 과학기술, 환경, 정보화 등), 하위 주제별로 어떤 세부 주제가 좋을지 등에 대해 자신의 의견과 이유를 제시하고 토론해 보자.

참고문헌

강영혜, 양승실, 유성상, 박현정(2011). 민주 시민교육 활성화 방안 연구. 한국교육개발원 연구보고. RR 2011-09.

교육과학기술부(2010. 10. 2.). 민주시민교육 활성화 방안. 보도자료.

교육부(2015a). 초 · 중등학교 교육과정 총론. 교육부고시 제2015-74호 [별책 1].

교육부(2015b). 도덕과교육과정. 교육부고시 제2015-74호 [별책 6].

교육부(2015c). 사회과교육과정. 교육부고시 제2015-74호 [별책 7].

교육부(2018. 12. 13.). 민주시민교육 활성화를 위한 종합계획. 보도자료.

김성수, 신두철, 유평준, 정하윤(2015). 학교 내 민주시민교육 활성화 방안. 한양대학교 국가전략연구소. 교육부 정책연구보고서 정책 2015 위탁-9.

박희진, 김희경, 정바울(2018). 인성을 갖춘 민주시민 육성을 위한 학교문화 개선 방안 연구: 학급자치 실태를 중심으로. 한국교육개발원.

설규주(2019). 사회과 교과 역량의 의미와 특징에 대한 시론적 연구: 2015 개정 교육과정을 중심으로. 경인교육대학교 교육연구원(편). **새로운 시대, 새로운 교육과정**. 서울: 책과 공간.

신두철, 허영식(2007). **민주시민교육의 정석**. 서울: 엠-애드.

유명철(2007). **민주시민교육론**. 서울: 교육과학사.

이상은, 김은영, 김소아, 유예림, 최수진(2018). OECD 교육 2030 참여 연구: 역량의 교육정책적 적용 과제 탐색. 연구보고 RR 2018-08. 충북: 한국교육개발원.

이쌍철, 김미숙, 김태준, 이호준, 김정아, 강구섭, 설규주, 임희진, 이지미(2019). 초 · 중등학교 민주시민교육 활성화를 위한 방향과 과제. 연구보고 RR 2019-04. 충북: 한국교육개발원.

전득주 외(1992). **현대민주시민교육론**. 서울: 평민사.

정문성, 강대현, 설규주, 전영은(2018). 학교 민주시민교육을 위한 교육과정 개선 방안 연구. 교육부.

정원규 외(2018). 학교 민주시민교육의 기본개념 및 추진원칙 연구. 교육부 민주시민교육 정책중점연구소. 교육부 · 민주주의연구소.

한국교육개발원(1994). **민주시민교육**. 서울: 대한교과서.

허영식(2003). **세계화 · 정보화시대의 민주시민교육, 어떻게 할 것인가?** 서울: 원미사.

Coster, I. D., & Sigals, E. (2018). Eurydic Brief: Citizenship education at school in Europe 2017. European commission.

Engle, S. H., & Ochoa, A. S. (1988). *Education for democratic citizenship: Decision making in the social studies*. New York: Teachers College Press.

Gross, R. E., & Dynneson, T. L. (1991). *Social science perspectives on citizenship education*. New York: Teachers College Press.

Kerr, D. (1999). *Citizenship education in the curriculum: An international review*. UK: National Foundation for Educational Research.

Meyer, L. A. (1979). *Programs and problems: The citizenship education issues*. Denver: Education Commission of the States.

OECD (2018). The future of education and skills. Education 2030. position paper.

제12장

회복적 생활교육

최원석(경인교육대학교)

이 장에서는 회복적 생활교육에 대해 살펴볼 것이다. 회복적 생활교육은 학교폭력 문제에 대해 무관용주의를 바탕으로 한 처벌 중심의 관점이 갖는 한계를 극복하기 위해 제안된 회복적 정의(restorative justice)의 개념과 관련되어 있다. 그러나 심각한 문제행동이 발생했을 때 이를 해결하기 위한 프로그램에 국한되는 것은 아니다. 학급에서 발생하는 다양한 갈등을 조정하기 위한 방안으로서, 보다 근본적으로는 서로 존중하고 신뢰할 수 있는 학급 문화를 만들기 위한 프로그램으로서 학급운영에 적용되고 있다.

1. 회복적 생활교육의 개념

회복적 생활교육은 "전통적 생활지도의 한계를 극복하고자 회복적 정의를 학교현장에 적용하여 교육하는 것"(허수진, 오인수, 2018: 772)이다. 이 개념을 이해하기 위해서는 회복적 정의의 개념과 교육으로서의 교실관리 개념을 우선 살펴볼 필요가 있다.

1) 회복적 정의

회복적 정의(restorative justice)라는 개념은 바넷(Barnett, 1977)이 당시 미국에서 피해자와 가해자의 사이를 조정하기 위해 활용되었던 여러 가지 원칙을 지칭하는 의미로 사용한 이래 수많은 학자의 이론적 논의와 실무적 경험을 통해 발전되었다(김용세, 박광섭, 도중진, 2001). 특히 하워드 제어(Howard Zehr)에 의해 전통적인 '응보적 정의(retributive justice)'가 갖는 한계를 극복하기 위한 대안적 개념으로 사용되었다(손진, 2019: 이재호, 2020: 404에서 재인용).[1]

사회적 갈등이 발생할 때, 응보적 정의의 관점에서는 범죄를 일으킨 가해자에 의해 국가와 법질서가 침해되었음을 주목하고, 가해자를 비난하고 합당한 처벌을 부과하여 처리하는 방식을 취한다(서정기, 2012). 즉, 불법행위에 상응하는 벌을 부과함으로써, 잠재적 범죄자를 위협하여 범죄발생을 억제하고(소극적 일반예방), 범죄에 의해 침해된 법적 평화를 회복하여 법질서의 실존을 증명하며(적극적 일반예방), 가해자를 개선·교화하여 재사회화(특별예장)하고자 한다(김용세 외, 2001; 도중진, 2012).

그런데 가해자가 외적 처벌을 받는 과정에서 진정성 있는 반성과 성찰이 보장되는 것은 아니다. 가해자가 진정한 반성과 성찰 없이 외적 처벌을 통해 자신이 도덕적·법적 책임으로부터 자유로워졌다고 여길 경우 피해자의 상처는 고스란히 남게 된다. 회복적 정의는 응보적 정의가 갖는 이러한 한계를 극복하기 위한 대안으로 출현하게 되었다(이재호, 2020).

회복적 정의는 범죄를 사람과 관계성에 대한 침해라고 바라본다. 가해자는 모든 것을 문제 발생 이전의 상태로 회복시켜 놓아야 할 의무가 있다. 모든 것에는 사람의 마음의 상처, 물질적 피해, 공동체의 파괴가 포함된다. 회복의 과정에는 피해자와 가해자뿐만 아니라 이들이 속한 공동체도 함께 참여하여 회복을 위해 노력해야 한다(이재호, 2020). 회복적 정의는 회복을 위한 피해자의 요구와 가해자의 책임에

---

1) 'restorative justice'라는 용어를 법학에서는 회복적 사법으로 번역하여 사용되고 있으며, 이 장에서 인용하고 있는 김용세 외(2001)의 논문이나 도중진(2012), 김은경(2007)의 논문에서도 회복적 사법이라는 용어를 사용하고 있다. 그러나 이 개념이 강조하는 철학적 기반을 수용하여 다른 분야에 적용할 때 '회복적 정의'라는 용어를 사용하기도 한다(이재호, 2020). 이 장에서는 restorative justice라는 용어에 대해 회복적 정의라는 표현을 사용하였다.

표 12-1 응보적 정의와 회복적 정의 비교

응보적 정의	회복적 정의[2]
두 가지 다른 관점(views)	
범죄는 국가와 법에 대한 침해이다.	범죄는 사람과 관계성에 대한 침해이다.
잘못은 유죄를 만들어 낸다.	잘못은 의무를 만들어 낸다.
정의는 국가의 비난(유죄확정)과 고통부여(처벌)로 성취된다.	정의는 잘못을 바로잡기 위한 피해자, 가해자, 그리고 공동체 구성원의 노력으로 성취된다.
핵심 초점: 가해자가 합당한 형벌을 받는 것	핵심 초점: 피해를 회복하기 위한 피해자의 요구와 가해자의 책임
세 가지 다른 질문	
어떤 법을 위반했는가?	누가 피해를 입었는가?
누가 범인인가?	피해자의 요구는 무엇인가?
어떤 처벌이 합당한가?	누가 책임을 져야 하는가?

출처: Zehr(2002)가 제시한 내용을 서정기(2012: 30)에서 재인용.

초점을 맞추고 있다(서정기, 2012).

회복적 정의는 특정한 문제행동과 그로 인해 발생한 피해에 관하여 이해관계가 있는 자들이 주체적으로 참여하여 적절한 대응 방안과 재발 방지를 위한 방안을 모색해 가는 일련의 과정으로 구성된다. 가해자의 반성과 재범방지에 긍정적인 효과가 있고, 전과자라는 낙인을 피할 수 있으며, 피해자에게는 가해자로부터의 사과와 피해배상 등을 통해 신변의 안전감을 확보하는 등 피해극복에 긍정적인 효과가 있는 것으로 평가받고 있다(김은경, 2007; 서정기, 2012).

2) 교육으로서의 학급운영

하딘(Hardin, 2012)은 학급운영(classroom management)에 관한 다양한 모형을 비교하고 분류하면서, 학급운영을 바라보는 관점은 훈육을 중심으로 하는 전통적인

2) 서정기(2012: 30)의 원문에서는 각각 응보적 사법, 회복적 사법으로 표현되었으나, 이 장에서는 기술의 일관성을 유지하기 위해 응보적 정의, 회복적 정의로 표기하였음.

관점에서 학생들의 윤리적 판단과 결정을 돕는 교육을 강조하는 관점으로 변화하고 있다고 주장하였다. 훈육을 중심으로 하는 학급운영은 교실을 안전하게 만들고, 행위에 대한 규칙을 설정하며, 훈육을 유지하는 것을 강조한다. 이를 위해 교실 안에서의 긍정적 행동과 부정적 행동이 무엇인지를 명확히 하고, 긍정적 행동에 대한 보상이나 부정적 행동에 대한 처벌의 강도, 부여 시기, 부여 절차 등에 관한 규칙을 만들며, 그 규칙에 따라 공평하고 일관성 있게 실행할 것이 강조된다. 하딘(Hardin, 2012)에 따르면, 행동 교정에 관한 심리이론을 바탕으로 한 스키너(Skinner)의 행동주의적 관리(behavioral management), 캔터(Canter)의 단정적 훈육(assertive discipline), 존스(Jones)의 긍정적 교실 훈육(positive classroom discipline), 앨버트(Albert)의 논리적 결과(logical consequences)와 같은 네 가지 모형이 훈육으로서의 학급운영 모형이라 할 수 있다.

전통적인 훈육 중심의 학급운영 관점은 다양한 비판을 받아 왔는데, 그 가운에 하나는 보상, 규칙, 결과 및 절차에 초점을 둔 학급운영 모형들은 일반적인 학급 규칙과 훈육에 치중하고 학생의 개별적 욕구를 간과한다는 점이다. 다양한 환경에서 자라나는 아이들 모두에게 전통적인 훈육 방법이 부합하지 않는다는 비판과 함께(Wolfgang & Kelsay, 1992: Hardin, 2012에서 재인용), 규칙에 얽매인 훈육 프로그램을 학생의 윤리적 판단과 결정을 돕는 교육으로 대체하려는 흐름이 나타났다.

이러한 접근법은 학생들에게 친사회적 기술을 가르치는 데 중점을 둔다. 화해하는 습관, 평화를 조성하는 습관은 이른 시기부터 학습, 지속되어야 한다. 폭력을 예방하기 위해서는 "폭력이 그들의 분노를 표현하는 자동적인 수단이 되기 전에 아동의 신념, 태도, 행동을 조성하는 것이 중요"(Remboldt, 1998: 33: Hardin, 2012: 8에서 재인용)하다. 하딘(Hardin, 2012)은 콜로로소(Coloroso)의 내면적 훈육(inner discipline), 긍정적 행동지원(positive behavior support), 보딘(Bodine)과 크로퍼드(Crawford)의 갈등해결과 동료 중재(conflict resolution and peer mediation), 개더콜(Gathercoal)의 사법적 훈육(judicious discipline)을 교육으로서의 학급운영 모형으로 구분하였다. 비록 회복적 생활교육에 대해 언급하지는 않았지만, 친사회적 기술을 가르치는 데 중점을 두고, 공동체 차원의 갈등해결과 동료 중재를 가르치며, 학생들의 도덕적 판단과 결정을 돕는다는 점에서 회복적 생활교육은 학급운영을 훈육보다는 교육으로서 접근하는 일련의 흐름과 연관되어 있다고 볼 수 있다.

표 12-2 학급운영의 관점 비교

구분	주요 개념	관련 프로그램
훈육으로서의 학급운영*	• 교사는 교실통제를 유지하는 데 책임을 진다. • 훈육은 교수 이전에 이루어진다. • 부적절한 행동에는 결과가 주어져야 한다.	교실관리의 행동주의적 접근 단정적 훈육 긍정적 교실훈육 논리적 결과
교육으로서의 학급운영*	• 친사회적 기술을 가르치는 데 중점이 있다. • 평화를 조성하는 습관 형성이 목적이다. • 범학교차원의 프로그램은 갈등해결과 동료 중재의 기술을 가르친다. • 교사는 학생들이 도덕적 판단과 결정을 하도록 돕는다.	내면적 훈육 긍정적 행동지원 갈등해결과 동료 중재 사법적 훈육

출처: Hardin(2012: 9)의 내용을 이 장의 내용에 맞게 수정함. Hardin은 체계로서의 교실관리라는 또 다른 접근법을 소개하고 있으나, 이 장의 내용적 특성상 생략하였음.

주: Hardin(2012)의 책을 번역한 김은주는 '훈육으로서의 교실관리', '교수로서의 교실관리'라는 표현을 사용하였는데 이는 'classroom management as discipline'과 'classroom management as instruction'을 각각 번역한 것임. 책에서 사용되는 용어의 통일성을 고려하여, 이 장에서는 '훈육으로서의 학급운영', '교육으로서의 학급운영'으로 각각 번역하였음.

3) 회복적 생활교육

회복적 생활교육은 '회복적 정의'를 학교현장에 적용하여 '교육'하는 것이다. 학생이 서로 간의 갈등을 해결하기 위해 참여하고, 스스로 관계회복을 위해 노력할 것을 기대한다(경기도교육청, 2014). 학교와 교사의 학급운영에 대한 관점이 훈육 중심의 전통적 관점에서 친사회적 기술 및 태도 교육 중심의 관점으로 변화하고 있는 흐름도 회복적 정의의 접근방식을 받아들일 수 있는 여건을 조성하고 있다.

회복적 생활교육은 학급에서 갈등이 발생할 경우 이로 인한 피해와 깨어진 관계를 회복하고 공동체성을 회복하는 것을 목표로 한다. 이를 위해 잘못을 한 학생이 개인과 공동체에 끼친 피해를 직시하고, 이를 회복할 방법을 책임 있게 실천하도록 한다(서정기, 2012). 이와 같은 회복적 생활교육의 목표와 실천 원칙을 정리하면 〈표 12-3〉과 같다.

표 12-3 회복적 생활교육의 목표와 실천 원칙

문제점	과제와 발전방향
• 피해 사실을 바로 인식하고 모두가 공감하게 하기 • 피해를 입은 쪽과 입힌 쪽의 필요를 알고 충족하기 • 문제해결 과정에 당사자들이 참여를 통해 책임과 의무감을 갖게 하기 • 당사자들이 가정, 학교 공동체에 다시 재결합할 수 있도록 돕기 • 갈등을 공동체성을 키우는 기회로 만들기	• 관계가 공동체 형성의 중심이라는 점을 인식하기 • 관계를 강화하는 방향으로 잘못된 행동과 피해를 연결할 수 있는 제도를 고안할 것 • 단순한 규범을 어긴 부분이 아니라 발생한 피해에 초점을 맞출 것 • 피해자에게 목소리를 낼 수 있도록 할 것 • 공동으로 참여하는 문제해결 방식을 활용할 것 • 과거가 아닌 미래에 초점을 두고 변화와 성장이 일어나도록 할 것

출처: Zehr(2002)가 제시한 내용을 서정기(2012: 36)에서 재인용.

이를 위해서는 갈등문제해결 차원 이상의 노력이 필요하다. 학생에 대해 교사가 갖고 있는 수직적 권위에 근거하여 문제행동을 한 학생에게 처벌을 하는 방식은 지양한다. 학생의 내면에 자기 행동을 통제할 수 있는 능력이 있으며, 개인의 자율성과 자기 결정을 통해 교육적 성장을 할 수 있는 존재라는 점을 신뢰해야 한다.[3] 수평적, 상호 호혜적인 관계 속에서 문제행동을 일으키는 내면의 욕구를 살피고, 가해자가 피해자와의 관계를 회복하는 것에 책임 있게 행동할 수 있도록 도와야 한다. 이러한 점에서 회복적 생활교육은 전통적 생활지도와 다른 특성을 갖는다.

3) 허수진과 오인수(2018)는 회복적 생활교육이 철학적으로 로저스(Rogers)의 인간중심적 접근과 아들러(Adler)의 개인심리학적 접근에 그 기초를 두고 있다고 보았는데, 이는 회복적 생활교육이 학생들을 자기통제 및 자기결정 능력, 대화를 통해 자신의 행동과 그에 따른 논리적 결과에 합의점을 찾아갈 수 있는 능력을 지닌 존재로 보는 점과 연관된다.

표 12-4 전통적 생활지도와 회복적 생활교육의 비교

구분	전통적 생활지도	회복적 생활교육
방법	처벌 중심	관계회복 중심
의식	판단 중심(잘잘못)	가치 및 구성원들의 욕구 중심
관계	승패경쟁, 지배구조, 리더 중심	상호 호혜성, 힘의 공유, 모두의 욕구 중심
문제행동에 대한 자세	규제를 통해 문제행동을 멈추게 하는 것을 지향	관계의 단절로 봄. 문제행동을 일으키는 내면의 욕구를 살펴봄
문제해결을 위한 가해자의 책임	가해자가 합당한 벌을 받음	가해자가 피해자와의 관계를 회복하는 것에 책임을 짐
행동동기	처벌과 보상, 비난, 칭찬, 강요	자발성, 관계회복에 기여하고자 하는 열망
조직문화	수직적	수평적
고통 다루기	처벌로 고통을 주기	공감으로 함께하기
느낌의 근원	다른 사람의 행동 및 사건	자신의 욕구에 의해 야기
권위의 출처	외부	자신의 내면
상징	피라미드형 혹은 삼각형	원형

출처: 박성용(2012: 46: 경기도교육청, 2014: 6에서 재인용)을 바탕으로 저자가 일부 수정함.

2. 회복적 생활교육의 통합적 접근

앞서 언급하였듯이 회복적 생활교육은 학급에서 갈등이 발생할 경우 이로 인한 피해와 깨어진 관계를 회복하고 공동체성을 회복하는 것을 목표로 한다. 그렇다고 해서 학급에서 갈등이 발생한 이후부터 회복적 생활교육이 시작되는 것은 아니다. 심각한 갈등이 발생하기 이전에 다양한 갈등 상황을 조정할 수 있는 역량을 기르는 생활교육이 필요하고, 그 기저에는 상호존중, 신뢰, 공감, 적극적 경청을 바탕으로 한 평화적인 공동체 문화를 형성하는 생활교육이 진행되어야 한다. 이처럼 회복적 생활교육은 통합적으로 접근될 필요가 있다.

모리슨(Morrison)은 회복적 생활교육을 학급 공동체에 적용하는 대상과 수준에 따라 [그림 12-1]과 같이 3단계로 구분하여 접근하였다(정진, 2016; 허수진, 오인수,

2018). 1단계는 관계형성 단계로서, 상호존중, 신뢰, 공감 등을 바탕으로 평화적 공동체 문화를 형성하기 위해 교사가 개입하는 단계이다. 2단계는 관계개선 단계로 사소한 갈등이 생겼을 때 문제를 해결하고 관계를 회복하기 위해 교사가 개입하는 단계이다. 3단계는 관계회복 단계이며, 심각한 갈등을 초래한 문제학생들을 위한 특별한 개입을 통해 관계회복을 추구하는 단계이다. 모리슨(Morrison)은 학급 구성원 전체 중, 3단계의 개입이 필요한 문제와 갈등에 노출된 수위가 높은 고위험군 아이들은 약 5%에 지나지 않으며, 2단계가 필요한 문제가 드러나지 않았지만 잠재적 위험성을 지닌 학생들이 약 15%, 그 외 약 80%의 학생들은 보통의 평범한 아이들이라고 보았다(허수진, 오인수, 2018).

한편, 정진(2016)은 각 집단을 구성하는 학생의 비율이 교사의 생활교육 개입 정도라고 주장하였다. 즉, 교사는 생활교육과 관련한 80% 정도의 노력을 모든 학생을 포함한 평화적 공동체 문화 형성에 기울이고, 15% 정도의 노력은 문제행동의 이슈와 쟁점을 만드는 학생들을 위한 프로그램의 운영에, 5% 정도의 노력은 심각한 갈등을 초래한 문제학생들을 위한 특화된 시스템의 운영에 기울여야 한다는 것이다. 그는 교사가 가장 공을 들여야 하는 평화적인 공동체 문화를 "공동체의 평화적 하부구조"

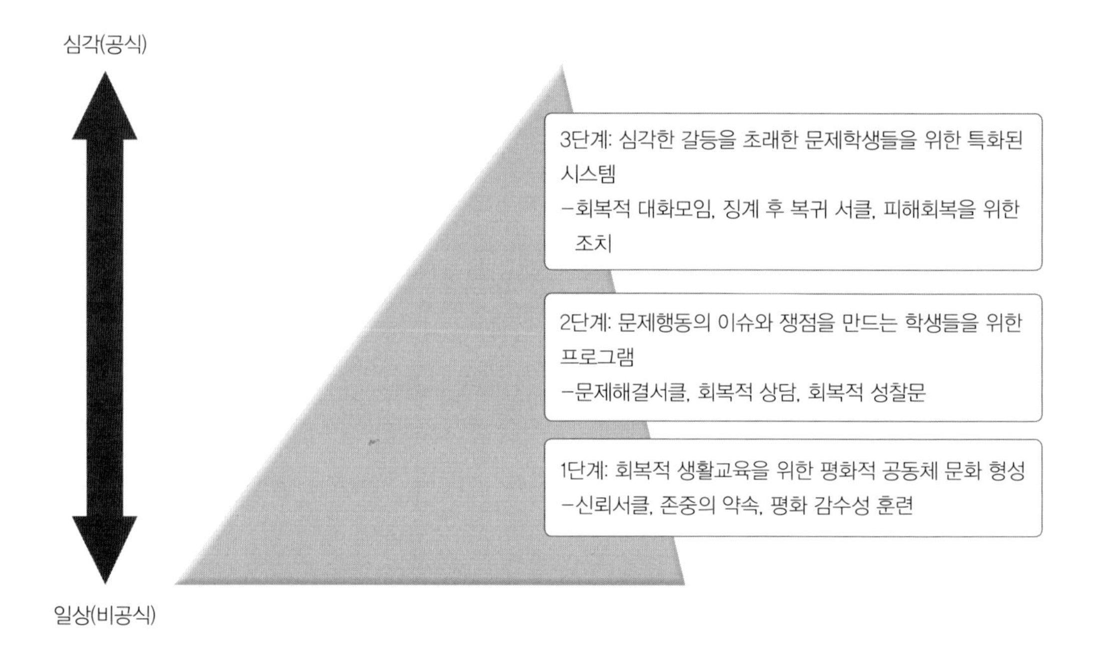

[그림 12-1] 회복적 공동체 형성을 위한 기본 프로그램

출처: 정진(2016: 28).

(정진, 2016: 24-26)라고 표현하였다. 평화적 하부구조가 탄탄할 때, 그 공동체는 교사의 수직적 지위에서 나오는 권위에 의존하지 않고도 존중과 배려의 영향력을 주고받는 평화적 압력을 통해 공동체 구성원의 필요와 요구에 반응하게 만들 수 있다.

한편, 경기도교육청(2014)은 회복적 생활교육의 접근 방식을 3단계로 구분하여 제시하였는데, 단계의 구분과 단계별로 적용 가능한 활동들이 유사하다. 이 장에서는 정진(2016)이 제시한 그림을 중심으로 경기도교육청(2014)의 모형을 함께 고려하여 정리하였다.

이하에서는 각 단계별 특성을 좀 더 자세하게 살펴보겠다. 그러나 구체적인 실천 프로그램과 절차, 예시 등을 다루기에는 지면의 한계 등으로 적절치 않다고 여겨진다. 이러한 내용은 이하의 설명에서 인용된 자료들을 포함하여 회복적 생활교육과 관련된 여러 자료를 통해 확인할 수 있다. 특히 경기도교육청(2014)에서 발간한 회복적 생활교육 매뉴얼은 인터넷을 통해 쉽게 구할 수 있으며, 다양한 사례와 구체적 절차를 담고 있어 유용하다고 판단된다.

1) 1단계: 관계형성

이 단계는 문제가 발생하기 이전에 예방에 초점을 맞추어 구성원 간의 상호존중, 신뢰, 공감을 다지고 적극적으로 경청하는 평화적 공동체 문화를 형성하는 단계이다. 이러한 공동체 문화는 회복적 실천의 토대에 해당한다(Hopkins, 2004: 31: 이재호, 2020: 407에서 재인용).

관계형성을 위해 사용되는 대표적인 방식은 신뢰서클이다. 서클은 아메리카 원주민들의 오랜 전통에서 비롯된 것으로 원형으로 앉아서 토킹스틱이라는 도구를 차례로 옆 사람에게 건네고 그것을 받은 사람이 자신의 이야기를 말하는 형태의 모임을 말한다(정진, 2016). 학급 구성원 간에 서로를 알아 가는 것을 목표로 자신을 표현하고 칭찬, 사과, 관심사 등에 대해 이야기를 나눈다. 이를 통해 친밀감을 향상시키고 관계의 증진을 추구한다(이혜경, 최중진, 2018). 갈등이 없는 상황에서도 이러한 관계형성 교육을 통해 학급 구성원들은 자신의 감정과 필요, 욕구 등을 자연스럽게 표현함으로써 서로에 대한 이해와 공감을 높이고, 공동체 의식이 강화되는 것으로 여겨진다(이혜경, 최중진, 2018). 서클의 구성요소와 운영 내용을 요약하여 표로 제시

표 12-5 서클의 구성요소와 운영 내용

구성요소	운영 내용
의식	• 서클의 의미를 담은 의식을 통해 서로의 마음을 모은다. • 잠시 명상하기와 같은 간단한 의식이나, 함께하는 활동, 또는 상징물을 사용해 의식을 진행할 수 있다.
기본규칙	• 토킹스틱을 가진 사람만 이야기할 수 있다. • 다른 사람들의 이야기를 경청한다. • 서클은 처음부터 끝까지 유지되어야 한다. • 서클에서 나온 이야기는 비밀이 보장되어야 한다.
토킹스틱	• 말하는 사람이 잡고 이야기하는 도구이다. • 토킹스틱을 든 사람이 말할 때는 모두가 경청하는 규칙을 통해 토킹스틱은 참여자에 대한 존중을 시각화하는 효과가 있다.
진행자	• 신뢰를 받는 상담사로서의 역할을 수행한다. • 서클의 역동을 잘 지키는 훈련된 진행자가 필요하다.
공간	• 서클 공간은 안전해야 한다. • 대화가 방해받지 않도록 자리배치, 센터피스 구성 등이 서클의 주제에 맞게 기획되어야 한다.

출처: 김은주(2020: 205)의 표를 바탕으로 정진(2016)의 글을 참조하여 저자가 수정함.

하면 〈표 12-5〉와 같다.

관계형성은 첫 만남부터 시작되어야 하며 장기간 꾸준히 지속하는 것이 중요하다. 관계나 문화는 몇 번의 프로그램으로 형성되거나 변화할 수 없기 때문이다. 정진(2016)은 시간을 내기가 어렵더라도 적어도 매주 월요일 조회와 금요일 종례를 체크인 · 체크아웃 서클[4] 형식으로 진행하고, 한 달에 1~2회 정도의 공식적인 신뢰서클을 갖기를 권하고 있다.

2) 2단계: 관계개선

이 단계는 심각하지 않은 갈등을 다루는 단계이다. 이재호(2020: 411)는 "출결에

4) 무언가를 시작하기 전(체크인)과 마친 후(체크아웃), 서클 방식으로 한두 가지의 주제에 대해 이야기를 나누는 활동이다. 가장 간단한 형태의 서클 활동이다(경기도교육청, 2014).

문제가 있거나, 주어진 임무를 수행하지 않은 경미한 문제행동의 교정, 쉽게 짜증을 부리고 감정 조절에 어려움을 느끼며 적절하지 않은 언어를 사용하는 행동의 교정, 교사에게 대들며 반항하는 학생과의 소통, 수업을 방해하거나 교사를 모욕하는 행동에 대한 교정 등"이 이 단계에서 다룰 수 있는 갈등의 사례라고 제시하였다. 경미한 갈등을 다루는 과정에서 서클을 형성하고, 서클을 통해 대화를 나누며, 또래 조정 활동을 실시하고, 공감하고 경청하는 기술이 적극적으로 활용되어야 한다 (Hopkins, 2004: 31: 이재호, 2020: 47에서 재인용).

교사가 문제행동을 보이는 학생과 일대일로 회복적 상담을 하거나 둘 이상의 당

표 12-6 회복적 질문의 기본 틀과 예시

상황 이해	피해자 맥락	• 무슨 일이 있었나요? • 본인 생각에는 이번 일이 왜 일어났다고 생각하나요?
	가해자 맥락	• 무슨 일이 있었나요? • 그때 그렇게 하게 된 이유가 있었나요?
영향 파악	개인의 영향	• 이번 일로 본인에게 가장 힘든 점은 무엇인가요? • 이번 일이 어떻게 해결되어야 한다고 생각하나요?
	공동체 영향	• 이번 일로 누가 어떤 영향을 받았다고 생각하나요? • 학급 공동체가 겪고 있는 어려움은 무엇이라고 생각하나요?
자발적 책임	직면과 공감	• 상대 친구가 어떤 어려움을 겪고 있다고 생각하나요? • 다른 사람의 이야기를 들으면서 무엇을 느꼈나요? • 이번 일의 결과를 보면서 무엇을 느꼈나요?
	책임 수행	• 이번 일이 해결되기 위해서는 어떤 과정이 필요하다고 생각하나요? • 피해를 바로잡기 위해 무엇을 해야 한다고 생각하나요?
관계 설정	재발 방지	• 이런 일이 다시 일어나지 않으려면 어떻게 해야 할까요? • 본인이 노력해야 할 부분은 무엇인가요? • 앞으로 이와 비슷한 일이 생긴다면 그때는 어떻게 대처할 건가요?
	회복 노력	• 선생님, 학교, 부모님이 어떻게 도와주면 좋을까요? • 앞으로 어떤 관계가 되기를 원하나요?
성장의 기회	배움 나눔	• 오늘 모임에서 새롭게 배운 것은 무엇인가요?
	느낌 나눔	• 모임을 마치면서 드는 느낌은 어떤가요?

출처: 정진(2016: 381-382).

사자 간 피해회복에 초점을 맞춘 회복적 대화모임, 공동체적 접근방식을 통해 문제해결을 시도하는 문제해결서클 등이 이 단계에서 활용될 수 있는 접근 방식이다. 회복적 방식으로 교사가 문제 상황에 개입하기 위해서는 중립적으로 개입하는 것이 중요하다(정진, 2016). 이것은 문제행동을 한 학생에게 교사 자신의 생각을 결론적으로 말하거나 감정 섞인 비난을 하는 것을 피하고, 당사자가 안전한 공간에서 자신을 드러내도록 만들어야 한다는 것을 의미한다. 교사의 중립적 개입에는 회복적 질문으로 대화를 시작하는 것이 도움이 된다. 정진(2016)은 회복적 질문을 대화의 흐름에 따라 상황 이해, 영향 파악, 자발적 책임, 관계 설정, 성장의 기회의 다섯 가지 기본 틀로 유형화하고 구체적인 질문 사례를 〈표 12-6〉과 같이 제시하고 있다.

정진(2016: 383-385)은 회복적 질문이 긍정적 탐색과 열린 질문, 욕구와 필요를 추구한다고 주장하였다. 그에 따르면 회복적 질문은 당사자가 자신의 경험과 기억을 재구성하는 것에서 출발하여 새로운 미래를 위한 구체적인 비전을 긍정적으로 탐색하도록 유도한다. 또한 질문자의 의도가 아닌 당사자 자신의 생각을 표현하도록 돕는다는 점에서 열린 질문이다. 마지막으로 회복적 질문은 권위자의 결정에 순응할 것을 요구하기보다는 당사자가 문제해결 과정을 책임감 있게 탐색하고 행동할 수 있도록 촉진하기 때문에 당사자의 욕구와 필요를 추구한다고 평가할 수 있다.

이경원과 김순자(2020)는 회복적 생활교육의 일환으로 초등 도덕과 수업에 적용할 수 있는 또래중재 프로그램을 개발하여 제시하였다. 또래중재 프로그램은 학생들 사이에 갈등이 있을 때 교사가 아닌 또래가 중재자로 나서서 문제해결을 위한 대화의 진행을 돕는 방식으로, 열린 질문의 구조가 정해져 있어서 또래조정자의 대화 기술에 대한 부담을 최소화시킨다는 특징이 있다(경기도교육청, 2014). 교사가 아닌 또래가 중재하는 것은 학생들이 성인의 개입 없이 서로의 차이를 해결할 수 있는 능력을 보여 준다는 점에서 여러 학자의 관심을 받아 왔다(예를 들면, Crawford & Bodine, 2001; Hardin, 2012/2012: 271). 세 가지 문헌에서 제시하는 또래중재 프로그램의 구조화된 절차를 〈표 12-7〉에 비교하여 제시하였다. 표에서 확인할 수 있듯이, 경기도교육청(2014)의 자료가 제시하는 절차가 상대적으로 단순하기는 하지만, 진행되는 흐름은 유사함을 확인할 수 있다.

표 12-7 선행 연구에 나타난 또래중재 프로그램의 절차 비교

<table>
<tr><th>이경원, 김순자(2020):
또래중재 프로그램</th><th>Crawford & Bodine(2001):
갈등해결과 동료 중재*</th><th>경기도교육청(2014: 96-100):
회복적 서클을 통한 또래조정</th></tr>
<tr><td>도입: 문제해결을 위한 기본 규칙을 세운다.</td><td>무대설정: 문제해결을 위한 기본 규칙을 세운다.</td><td>환영과 간단한 규칙 소개하기</td></tr>
<tr><td>생각 나누기: 논쟁자 간의 견해를 듣는다.</td><td>관점 모으기: 모든 학생이 자신의 의견을 피력하고 경청받을 기회를 갖는다.</td><td>상호 이해를 돕기: 논쟁자 간에 자신의 이야기를 할 수 있는 기회를 갖는다.</td></tr>
<tr><td>차이 인식: 서로 간의 견해 차이를 인식한다.</td><td>이익 규명하기: 참여자들은 각각 그들이 원하는 것을 설명한다. 문제에 대한 입장과 분리하여 이익에 초점을 두게 한다.</td><td>진심이 들리게 돕기: 참여자들은 자신이 무엇을 진심으로 원해서 그런 말과 행동을 했는지를 말할 기회를 갖는다.</td></tr>
<tr><td>대안 작성: 갈등 당사자의 욕구를 해결할 수 있는 대안을 작성한다.</td><td>선택안 만들기: 브레인스토밍을 통해 잠정적 해결책을 구상한다.</td><td rowspan="3">이행에 대한 동의를 하기: 서로가 원하는 해결안을 이야기하고 상호 수용 가능하도록 조정하고, 합의한다.</td></tr>
<tr><td>대안 평가: 작성된 대안들을 평가한다.</td><td>선택안 평가하기: 선택안 평가 기준을 설정하고, 선택안을 평가한다.</td></tr>
<tr><td rowspan="2">조정: 당사자들 간 논쟁이 되는 부분을 조정한다.</td><td rowspan="2">합의점 찾기: 갈등 당사자들이 유용 가능한 선택안에 대해 토론하고 행동계획을 세운다.</td></tr>
<tr><td>(격려와 마무리하기)</td></tr>
</table>

주: Crawford & Bodine(2001)의 내용은 Hardin(2012: 272-276)을 바탕으로 정리하였음.

3) 3단계: 관계회복

이 단계는 심각한 갈등 상황을 다루기 위하여 회복적 대화 모임을 진행하는 단계이다. 심각한 수준의 갈등을 다루기 때문에 일반 교사가 개입하는 차원을 넘어서서 전문적인 훈련을 받은 진행자나 조정자에 의해 진행되어야 한다. 회복적 대화 모임에서는 〈표 12-8〉에 제시된 기술들이 충분한 교육과 연습을 통해 적절하게 사용되어야 한다(경기도교육청, 2014).

표 12-8 회복적 대화 모임에서 사용하는 진행 기술

공감	진행자가 자기 생각을 내려놓고 갈등 당사자들이나 참여자들의 말을 적극적으로 경청함으로써 그들 각각의 마음속 생각, 느낌과 욕구에 대해 가슴으로 연결되어 있는 상태를 말한다. 진행자(조정자)가 공감하는 태도는 상대방과 관계가 단절되어 있고, 마음의 상처를 입었으며, 부정적 이미지가 있는 참여자들이 상대방의 말을 귀 기울여 들을 수 있게 도와준다. 공감은 대화모임에서 가장 기본적인 바탕이 되는 기술이다.
바꿔 말해 주기	참여자들이 서로 주고받는 거친 말, 비난, 욕설, 강요와 짜증 등의 표현을 걸러 내어 그 뒤에 숨어 있는 사실, 의도, 가치 등 원래 전하고 싶은 속뜻을 다시 말해 주는 것이다. 말하고 있는 사람이 진정으로 말하고 싶은 것을 짚어 내어 진행자가 다시 전달해 주는 대화기술이다.
입장과 욕구의 구별	갈등 당사자들의 대립된 주장을 깊이 있게 이해하여 그 주장 뒤에 실제로 의도하고 있는 관심과 필요(욕구)를 파악한 뒤 문제 상황을 다시 보도록 안내하는 대화기술이다.
진행 흐름 단계에 대한 이해	비행기가 하늘을 날 때 그냥 날아가는 것이 아니라 보이지 않는 일정한 비행길이 있는 것처럼 갈등 전환을 위한 대화도 진행단계에 맞는 대화기술과 열린 질문들이 있다. 이 흐름을 이해할 때 안전한 소통 공간이 만들어지고 변화가 생긴다.
감정언어 진술	진행자가 회복적 대화모임에서 가장 주목해야 할 것 중 하나는 옳고 그른 논리적 사고보다 각자의 말 뒤에 흐르고 있는 감정의 에너지이다. 그 감정을 제대로 표현하고 상대방이 이를 제대로 듣게 함으로써 서로의 입장을 넘어 진정으로 원하는 것을 찾을 수 있다.
합의의 성격	회복적 대화모임은 진행자가 답을 제시하거나 법조계처럼 타협을 하라고 강요하지 않는다. 오히려 갈등 당사자들이 서로의 말을 충분히 들은 후에 상대가 이해될 때 스스로 책임질 수 있는 바람직한 해결 방법을 찾을 수 있다.
비(非)판단적인 자기 연결	진행자는 당사자들 중 어느 한쪽에 대한 도덕적 판단이나 평소에 보아 온 그 사람의 말과 행동으로 선입견을 가질 수 있다. 또는 대화과정에서 불편한 말이나 비협조적인 태도 때문에 자극을 받을 수 있는데 이를 극복하기 위해서 진행자는 대화 전과 대화 과정 중에 의식적으로 자신의 내면을 들여다보는 자기 연결의 기술을 사용한다.

출처: 경기도교육청(2014: 124-125).

3. 회복적 생활교육 관련 국내 초등교육 연구

회복적 생활교육과 관련하여 최근 국내에서 의미 있는 연구들이 다양하게 진행되고 있다. 이 절에서는 초등교육과 관련하여 최근에 학술지에 발표된 연구들을 크게 세 개의 범주로 구분하여 소개하고자 한다. 연구들은 ① 회복적 생활교육의 논리체계에 대해 이론적으로 검토한 연구들(이슬희, 2020; 이재호, 2020), ② 회복적 생활교육의 효과성을 평가한 연구들(강인구, 김광수, 2015; 김은아, 2017; 이혜경, 최중진, 2018; 허수진, 오인수, 2018), ③ 회복적 생활교육 실천을 위한 학교교육 프로그램 개발 연구들(김은주, 2020; 이경원, 2019; 이경원, 김순자, 2020)로 구분하였다.

1) 이론적 검토

이슬희(2020)는 따돌림의 발생 구조와 해결 방안에 대해 고찰하였다. 연구자는 따돌림 현상은 힘의 서열에 민감한 수직적 본능, 집단의 동질화와 집단 질서를 중시하는 수평적 본능, 그리고 불안 에너지로의 상호작용이라고 보았다. 집단과 이질적 모습을 보이는 대상에게 수직적 힘을 작동시키는 것이 따돌림이며, 안전이 보장되지 않는 상황에서는 불안 에너지가 작동하여 수직적 힘과 수평적 힘을 작동시킨다고 설명한다. 우리 사회는 "관계성이 지나쳐서 생긴 따돌림 문제를 다시 관계성을 강조하여 해결하려"(이슬희, 2020: 35) 노력해 왔으며, 회복적 생활교육 역시 같은 접근 방식을 취하고 있는데, 이것은 자칫 수평적 본능을 강화시킬 수 있다는 점에서 적절치 못하다고 보았다. 연구자는 오히려 '사이좋게 지내기'라는 맹목적 프레임을 벗어나 집단성을 줄여 나가야 하며, 서열을 매기는 교육에서 벗어나 수평적 다양화를 추구하는 교육을 섬세히 지향하고, 감정훈련교육을 강화해야 한다고 주장했다.

이재호(2020)의 연구는 이슬희(2020)가 제기한 문제의 의미를 높게 평가하면서도 비판자가 회복적 생활교육을 관계중심의 문제해결 과정에 한정하여 제한적으로 인식한 나머지 평화적 공동체 형성을 통한 예방적 과정을 간과하였다고 보았다. 또한 이슬희(2020)가 대안으로 제기한 해결 방안이 '개인주의적 협력'이라는 관점에 기초하고 있지만, 이 경우의 협력은 개인적 목표 달성을 위한 수단에 지나지 않으며 개인이 위치하고 있는 공동체와 연결되는 것의 중요성을 지나치게 간과한다고 비판하였다. 이러한 검토를 바탕으로 회복적 생활교육의 조건으로 ① 학교폭력 문제를 비롯하여 교육이라는 총체적 활동과 관련해 처방적 접근과 예방적 접근을 동시에 추구해야 한다는 점, ② 인간의 변화 가능성에 대한 신뢰에 기반한 관계성을 추구해야 한다는 점을 꼽았다. 또한 방법적 원리로는 비고츠키(Vygotsky) 손상학에서 말하는 과보완(overcompensation)을 제안하였다.

이슬희(2020)와 이재호(2020)의 논의는 회복적 생활교육이 자칫 빠질 수 있는 동질성과 질서 유지 중심의 집단주의에 대한 경격심을 일깨워 준다. 이슬희(2020)가 지적한 바와 같이 공동체성을 강조하는 것이 집단의 동질성과 질서를 강조하는 방향으로만 진행되는 것은 경계할 필요가 있다. 이를 위해서는 상호존중과 신뢰, 공감과 경청의 가치를 중심으로 한 공동체 구축을 지속적으로 지향하는 것이 중요하다.

2) 회복적 생활교육 프로그램의 효과

허수진과 오인수(2018)는 개념도 방법을 사용하여 생활교육을 실천하는 초등학교 교사들의 경험에 대한 기술을 바탕으로 그 효과 요인과 도전 요인을 분석하였다. 분석 결과, 효과 요인으로는 학생의 의사소통기술 향상, 긍정적 학급 분위기, 학교폭력의 예방 및 개선, 학생의 전인적 발달, 교사-학생의 신뢰관계 형성, 학생 간 갈등 감소, 교사 자신의 긍정적 변화, 학부모의 긍정적 변화, 교사 전문성 강화의 아홉 개 요인으로 구분되었다. 또한 도전 요인으로는 법·제도 제반 미흡, 인식전환의 어려움, 열악한 실천 여건, 적용범위 설정의 어려움, 내면화의 어려움, 동료와 관리자의 인식 및 지지 부족, 적용 초기의 효과성 한계, 체제적 지원의 부족, 교사 개인의 적응 및 준비의 어려움의 일곱 개 요인으로 구분하여 제시하였다.

강인구와 김광수(2015)는 서울의 어느 초등학교 5학년 학생을 대상으로 6주 동안 1회당 40분씩 총 10회의 회복적 생활교육을 실시하고 사전-사후통제집단설계를 통해 그 프로그램이 학급응집력에 미치는 효과를 분석하였다. 이 연구의 처치에 사용된 회복적 생활교육은 도입(1회차), 신뢰서클(2회차), 갈등해결서클(5회차), 의사결정서클(1회차), 마무리(1회차)로 구성하여 진행되었다. 분석 결과, 회복적 생활교육이 학급응집력에 긍정적인 효과를 주는 것으로 나타났다.

김은아(2017)는 초등학교 4학년 학생을 대상으로 4주 동안 총 8회의 회복적 생활교육에 근거한 활동중심 갈등해결 프로그램을 실시하였다. 사전-사후단일집단설계를 통해 그 프로그램이 학생들의 회복탄력성, 책임감, 방관적 태도에 미치는 영향을 분석하였다. 적용된 프로그램은 소개, 갈등이해, 피해의 회복, 피해 회복에 대한 책임, 공동체의 참여, 갈등을 통한 공동체성 확립, 마무리로 구성되었다. 분석 결과, 활동중심 갈등해결 프로그램이 학생들의 회복탄력성과 책임감에는 긍정적인 영향을 주었으나 방관적 태도에는 변화를 가져오지 않은 것으로 나타났다.

이혜경과 최중진(2018)은 초등학교 6학년 학생을 대상으로 3주 동안 총 3회의 회복적 생활교육을 실시하고, 역시 사전-사후통제집단설계를 통해 해당 프로그램이 학급응집력과 교우관계에 미치는 효과를 분석하였다. 이 연구의 처치에 적용된 회복적 생활교육은 친밀감 형성, 갈등과 갈등전환, 건강한 공동체 세우기와 협력을 주제로 하여 신뢰서클, 존중약속 만들기 등의 활동을 통해 수행되었다. 분석 결과, 시행된 회복적 생활교육이 학급응집력과 교우관계에 긍정적인 효과를 주는 것으로 나타나 강인구와 김광수(2015)의 연구 결과와 일치하는 결론을 얻었다.

이상의 연구들은 3주에서 10주에 걸친 회복적 생활교육이 학생을 대상으로 한 설문조사를 통해 측정되는 학급응집력, 교육관계, 회복탄력성, 책임감에 긍정적인 변화를 가져온다는 점을 일관되게 보여 주고 있다. 비교적 짧은 기간의 교육을 통해서도 회복적 공동체 문화가 형성되기 시작하고 갈등을 처리할 역량이 신장되었음을 보여 준다는 점에서 의미 있는 결과라 할 수 있다. 그러나 이 연구들은 학급 내에서 실제로 갈등이 발생했을 때 그것을 회복적으로 다룰 수 있는 충분한 역량을 갖추었음을 확인한 결과는 아니다. 즉, 이러한 연구 결과들을 단기간의 회복적 생활교육으로 충분한 회복적 공동체 역량을 기를 수 있다고 오독하는 것을 경계해야 한다. 이 분야의 실천가들이 지적하는 바와 같이 회복적 공동체 문화 형성을 위해서는 단계적이고 지속적이며 반복적인 학습과 훈련을 필요로 한다(정진, 2016: 36-37).

3) 회복적 생활교육 프로그램의 개발

최근 학술지에 발표된 논문들 가운데서는 학교에서, 특히 정규 교육과정과 연계하여 활용할 수 있는 생활교육 프로그램을 개발하는 연구들이 등장하기 시작했다.

이경원(2019)은 회복적 정의에 입각한 회복적 생활교육이 인간존중, 관계 중시, 결과보다 과정 중시, 공동체성의 강조하는 것에 핵심 가치를 두고 있으며, 이러한 특성들이 도덕교과와 밀접하게 연관되어 있다고 주장하였다.

이러한 인식을 바탕으로, 이경원과 김순자(2020)는 초등학교 도덕과 교육과정과 관련하여 갈등관리를 위한 또래중재 프로그램을 개발하였다. 중재 프로그램 실행 이전에 우선 갈등을 전환하는 공동체를 형성하기 위해서는 신뢰서클의 형성, 존중의 약속 만들기, 평화 감수성 훈련을 통해 평화로운 교실 공동체를 세우는 과정을 설정하였다. 이를 바탕으로 학급 내 갈등을 다루는 또래중재 프로그램을 개발하여 제안하였다. 이 연구에서는 Cleveland School Center For Conflict Resolution(1998)이 제안한 절차에 따라 ① 소개, ② 이야기 나누기, ③ 문제 이해하기, ④ 대안 찾기, ⑤ 해결, ⑥ 마무리의 6단계를 통해 진행되는 또래중재 프로그램을 제시하였다. 이 프로그램이 진행되는 동안 중재자는 인정하기, 말 되돌려 주기(경청한 말을 요약하기), 반영하기, 질문하기, 믿음 주기와 같은 경청기술을 적절히 사용하는 것이 중요하다고 제시하였다.

김은주(2020)는 초등학교 3~6학년 음악과 교육과정과 관련하여 동요를 매개로 한 회복적 생활교육 프로그램을 개발하였다. 이 프로그램은 연간 로드맵을 기반으로 구성되었는데, 3월의 '만나기', 4~5월의 '친해지기', 6~7월의 '깊어지기', 8~9월의 '실천하기', 10~11월의 '지지하기', 12~1월의 '간직하기'로 단계를 구분하고, 각 단계별로 중점 목표, 활용 가능한 동요 목록, 주요 학습활동 예시 및 서클 운영 전략을 제시하였다.

기존의 매뉴얼이나 가이드북(예를 들면, 경기도교육청, 2014; 정진, 2016)들은 창의적 체험활동 등을 통해 실천할 수 있는 활동들을 중심으로 회복적 생활교육을 소개해 왔다. 이에 비해 여기에 소개한 연구들은 정규 교육과정과 연계한 프로그램을 구안함으로써 회복적 생활교육을 수업시간으로 확장할 수 있는 가능성을 제시한다는 점에서 의의가 있다. 아직 다양한 교과에 관한 프로그램을 확인하지는 못했지만 이와 같은 노력이 타 교과들을 활용해서도 나타날 것으로 기대된다.

작년 우리 반에는 다른 아이들보다 느리지만 조금씩 성장하고 있는 특별한 친구, 지용이가 있었다. 지용이는 과잉행동은 거의 없지만 수업 시간에 제자리에 있지를 못하고 돌아다닌다. 지용이를 수업시간에게 억지로 자리에 앉혀 두면 제자리에서 이상한 소리를 내거나 카드를 만지작거리며 논다. 그러다 쉬는 시간이 되면 활발하게 뛰어다니며 논다. 지용이와 같은 모둠인 아이들은 짝 활동이나 모둠 활동 중에 갑자기 사라져 버리는 지용이를 찾아다니느라 제대로 활동에 참여하지 못하기 때문에 지용이와 같은 모둠이 되는 것을 기피한다. 그리고 지용이가 친구들과 놀이를 할 때 규칙을 어기거나 공동의 방식이 아닌 자기만의 방식으로 참여할 때가 많아 친구들이 같이 놀기를 꺼려하는 상황이다.

지용이의 2학년 담임교사와 상의하였을 때, 2학년의 경우 국어, 수학을 제외하고는 통합교과여서 놀이 위주의 활동이었기 때문인지 수업시간에 돌아다니는 이상행동이 있었지만 많지 않았다고 한다. 부모님께 주의력결핍과잉행동장애(ADHD) 가능성을 상담받아 볼 것을 권유했으나, 부모님은 자기 아이는 괜찮다며 인내심을 갖고 지켜봐 달라고 말씀하시며 이를 거부하셨다.

학년 초반에, 나는 지용이를 다른 아이들과 다르게 보지 않으려 노력했고 어떤 잘못을 했을 때 잘못된 행동을 바로 교정할 수 있도록 즉각적으로 훈육을 하였다. 그런데 점점 학생들이 지용이를 미워하기 시작했다. 자주 반복되는 지용이의 문제행동과 장난에 학급 친구들도 지용이를 이해하지 못하게 된 것이다. 이런 상황이 미숙했던 나는 지용이를 더 다그치고 더 엄하게 훈육했다. 그러자 지용이는 불안할 때 하는 손톱 물어뜯기와 같은 행동들을 보이기 시작했다. 수업시간에 자리에 가만히 있지 못하고 돌아다니는 일이 더 잦아졌고, 수업 중에 친구들의 학습을 방해하는 소리를 내기 시작했다. 그럴수록 학급 아이들은 점점 지용이를 피하기 시작했다.

지용이 부모님은 지나치게 엄격한 훈육이 오히려 부정적인 영향을 줄 수 있으니 훈육 방식을 부드럽게 바꿔 주기를 원했다. 나는 교장선생님께 이 상황에 대해 말씀드렸다. 교장선생님께서는 아이를 쉬는 시간에 교장실로 보내 달라고 하셨다. 아이는 그날 쉬는 시간에 교장실에 다녀온 뒤로도 자주 교장실을 찾아가 간식을 얻어

먹고 놀다 오곤 했다. 나 역시 아이가 수업에 참여하는 것을 힘들어할 때는 교실 뒤편에 앉아 있어도 된다고 이야기해 주었다. 그리고 많이 힘들 때는 교장선생님께 협조를 구해 교장실에 보내기도 했다.

나는 2학기가 되면서 다시 마음을 다잡았다. 학부모님과 상담하면서 서로의 이해를 높이고, 학교에서 학생을 위해 지원해 줄 수 있는 여러 방안을 생각해 보기 시작했다. 학교에 상담교사가 없어서 교육청에 연계된 상담센터에서 진단을 받게 하였다. 그리고 나의 미숙함으로 상처받았을 지용이의 감정을 헤아리기 위해 동 학년 선생님들과 함께 상담 관련 연수를 듣게 되었다. 그리고 연수 과정에서 알게 된 공감대화카드로 지용이의 감정과 바람이 무엇인지 헤아려 보면서 그동안 지용이가 보인 행동들을 이해하게 되었다.

한편, 친구들과의 관계를 개선하기 위해서는 학급 아이들의 도움이 가장 절실했다. 물론 3학년 아이들이라 어려서 말로 이해하기는 힘들 수 있지만, 지용이가 늦게 등교하는 날 아침 시간에 그룹별로 아이들을 따로 모이게 하여 지용이의 상황에 대해 진지하게 이야기했다. 지용이의 말과 행동이 이해가 안 되는 부분들이 많은데, 사람마다 성장하는 속도가 다르듯이 지용이는 마음이 더디게 크고 있는 것이며, 지용이가 느리지만 잘 성장할 수 있도록 학급 친구들의 도움이 필요한 상황이라고 설명했다. 이때 공감대화카드에서 지용이가 뽑았던 감정, 바람 카드에 대해서도 말해 주었다. 학생들은 지용이의 마음에 공감하면서 자신들이 그동안 지용이에게 모질게 굴었던 일들이 생각났는지 미안해했다. 그리고 내가 말을 마치기도 전에 자신들이 지용이에게 어떤 도움을 줄지 이야기를 꺼내기 시작했다.

학생들과의 대화 이후로, 학생들이 지용이를 대하는 태도가 많이 달라졌다. 어떤 학생들은 지용이의 준비물을 챙겨 주기도 하고 수업시간에 지용이가 엉뚱한 답변을 해도 크게 칭찬을 해 주었다. 다른 어떤 학생들은 간혹 티격태격하면서도 게임에 지용이를 계속 참여시키고 지용이의 장난도 받아 주는 게 눈에 보였다. 무엇보다 지용이가 조금씩 자신감을 가지고 친구들을 대하는 게 눈에 보였다.

이 경험을 되돌아보니 '내가 처음부터 반 분위기를 협력적이고 따뜻한 분위기로 만들었다면 이렇게까지 1년의 학급경영이 힘들지는 않았을 텐데'라는 아쉬움이 남는다. 어떤 반이든 학급 내에 갈등은 필연적이다. 하지만 이런 갈등을 해결하기 위해 교사 혼자만의 노력은 해결을 더디게 만들 뿐이다. 오히려 학급 전체가 문제해결을 위해 동참하는 것이 훨씬 효과적이다. 문제해결을 위해 교사가 무언가를 가르치려 하는 것을 줄이고, 그것에 대해 학급 구성원이 함께 논의하기 시작해야 한다. 이를 통해 유대감, 자존감, 소속감, 책임감에 기반한 행복한 교실을 만들 수 있을 것이다.

—2020년 전남지역 어느 초등학교 교사의 이야기

※ 이 글에서 사용된 학생의 이름은 가명입니다.

요약

- 회복적 생활교육은 법학에서 논의되어 온 '회복적 정의' 개념을 학교현장에 적용하여 교육하는 것이다. 전통적인 응보적 정의 관점이 가해자가 합당한 형벌을 받는 것에 초점을 맞추고 있는 것에 비해, 회복적 정의 관점은 피해를 회복하기 위한 피해자의 요구와 가해자의 책임에 초점을 맞추고 있다. 회복적 정의는 잘못을 바로잡기 위해 피해자, 가해자, 그리고 공동체 구성원의 노력을 통해 정의가 성취된다는 입장을 견지한다.

- 회복적 생활교육은 교육학에서 논의되어 온 '교육으로서의 학급운영'의 흐름과 연관되어 있다. 이 흐름은 훈육을 통해 교실을 통제하는 것보다는 학생들에게 친사회적 기술, 평화를 조성하는 습관, 갈등해결 기술을 가르치고 도덕적 판단과 결정을 돕는 것에 초점을 맞추고 있다.

- 회복적 생활교육은 학급에서 갈등이 발생할 경우 이로 인한 피해와 깨어진 관계를 회복하고 공동체성을 회복하는 것을 목표로 한다. 그렇다고 해서 학급에서 갈등이 발생한 이후부터 회복적 생활교육이 시작되는 것은 아니다. 심각한 갈등이 발생하기 이전에 다양한 갈등 상황을 조정할 수 있는 역량을 기르는 생활교육이 필요하고, 그 기저에는 상호존중, 신뢰, 공감, 적극적 경청을 바탕으로 한 평화적인 공동체 문화를 형성하는 생활교육이 진행되어야 한다.

- 회복적 생활교육은 평화로운 학급공동체의 형성을 바탕으로 심각하지 않은 갈등 상황에서 관계를 개선하는 활동, 심각한 갈등 상황에서 관계를 회복하는 활동으로 나아간다. 이러한 활동 경험은 다시 평화로운 학급공동체를 탄탄하게 하는 계기가 된다.

토론주제

다음은 경기도의 어느 초등학교 교사의 경험에 수정을 가하여 교사와 학생 간의 대화를 재구성한 시나리오이다(학생의 이름은 모두 가명을 사용하였다). 이를 읽고 다음 질문에 대해 함께 생각해 보자.

김유미가 최수진과 다른 반 친구들에게 사이버 폭력을 당했다며 김 교사에게 학교폭력 신고를 하였다. 면담 결과 김유미는 최수진과 친한 친구 사이였으나 최근 사소한 문제로 다툼이 발생하였고, 최수진이 김유미에게 사과를 강요했다고 하였다. 김유미가 사과하지 않자 최수진이 다른 반 친구들을 SNS 대화방에 초대하여 집단으로 욕설과 함께 비난, 조롱, 협박을 하였고, 결국 김유미는 반강제적으로 사과를 하게 되었다고 했다. 그 후 김유미는 며칠 동안 학교에 다니기 싫을 정도로 힘든 시기를 보냈고, 용기를 내 김 교사에게 도움을 요청하게 되었다고 했다.

김 교사는 방과후 최수진을 불렀다. "선생님이 갑자기 수진이를 불러서 놀랐지요? 이렇게 수진이를 부르게 된 이유는 유미가 힘든 일이 있다며 선생님의 도움을 요청했기 때문이에요. 혹시 짐작이 가는 부분이 있나요?"

최수진은 황당하다는 듯한 태도로 "네. 다툼이 좀 있었어요. 그런데 다 해결된 문제예요."라고 말했다.

"그랬군요. 우선 선생님이 유미에게 들은 이야기가 맞는지 한번 들어 볼래요? 혹시 다른 점이 있다면 말해 주세요." 김 교사는 차분하게 김유미의 이야기를 전했다. "유미의 말에 다른 점이 있나요?"

"아니요. 없어요. 하지만……." 최수진은 말끝을 흐렸다.

김 교사는 부드러운 표정과 말투로 물었다. "수진이도 뭔가 하고 싶은 말이 있군요?"

"네. 저랑 제일 친했던 안나가 요즘 들어 유미랑만 놀고 유미 편만 들었어요. 이번에 다툼에서도 안나가 참견하고 계속 유미 편을 들어서 너무 분했어요."

"그랬군요. 그래서 수진이는 수진이 편을 들어 줄 수 있는 다른 친구들을 대화방에 초대했군요?"

"네. 맞아요. 친구들을 대화방에 불러서 도와달라고 하긴 했는데, 친구들이 욕을 하고 협박까지 할 줄은 몰랐어요." 수진이는 울먹거리며 말했다.

"선생님이 느끼기에는 수진이가 어느 정도 후회하고 있는 것 같아요. 수진이가 유미에게 잘못한 것 같나요?" 최수진은 고개를 끄덕였다. "어떤 부분이 잘못한 것 같아요?" 김 교사가 물었다.

"싸움이 생기면 저희끼리 해결하면 되는데, 친구들을 초대한 점이요."

김 교사도 고개를 끄덕이며 말했다. "선생님 생각에도 그 부분이 수진이가 잘못한 점인 것 같아요. 물론 친구들의 잘못도 있지요. 그 상황에서 유미의 기분은 어땠을까요?"

"화가 났을 것 같아요."

"맞아요. 그리고 만약 선생님이 그 상황이었다면, 선생님은 엄청 무서웠을 것 같아요. 수진이도 한번 생각해 볼래요? 다른 친구들이 집단으로 대화방에서 나를 비난하고, 욕하고, 협박하고. 게다가 매일 학교에 갈 때마다 마주칠 수 있다고 생각하면, 학교에 오는 것 자체가 무섭고 힘들었겠지요?"

"네."

김 교사는 친절하면서도 단호한 말투로 말했다. "다른 사람에게 공포를 느끼게 할 권리, 학교에 다니는 것이 힘들게 느끼게 할 권리, 욕설과 협박을 할 권리는 이 세상 누구에게도 없어요. 그 어떤 누구도 수진이한테 그러면 안 되듯이 수진이도 그 어떤 누구에게도 그렇게 해서는 안 돼요. 내가 소중한 만큼 다른 모든 사람도 소중하니까요."

"네."

"이제 수진이는 어떻게 하면 좋을까요?"

"유미에게 사과하고 싶어요."

"사과하고 앞으로 어떻게 하면 좋을까요?"

"다시는 그러지 않겠다고 약속하고 싶어요."

"유미가 수진이에게 바라는 점도 방금 수진이가 말한 부분과 같아요. 수진이가 사과하고 다시는 그러지 않겠다고 약속하는 것. 그럼 선생님이 유미랑 이야기할 수 있는 자리를 만들어 볼게요. 괜찮은가요?"

"네. 선생님."

"이제 그리고 선생님이 숙제 한 가지를 내줄게요. 선생님과 이야기한 내용을 생각하면서 유미에게 사과 편지를 써 보았으면 좋겠어요. 괜찮은가요?"

교사의 말에 최수진은 알겠다고 말하였다.

1. 앞서 제시된 김 교사와 최수진 학생 간의 대화를 이 장의 〈표 12-6〉에 제시된 회복적 질문의 기본 틀과 비교하여 보자. ① 김 교사가 던진 좋은 질문은 무엇이고 생략된 질문은 무엇인가? 또한 수정해서 제시해야 할 질문이 있다면 무엇인가? ② 만약 그러한 방식으로 질문이 제시되었다면 대화가 어떻게 달라졌을 것으로 예상되는가?

2. 대화의 마지막을 볼 때, 향후 최수진은 김유미에게 편지를 전달하게 되고, 그 후 김 교사와 최수진, 김유미가 함께 만나 대화하는 자리가 마련될 것으로 예상된다. ① 김 교사는 향후의 대화를 위해 무엇을 준비해야 하는가? ② 향후의 대화에서 대화의 중재자로서 김 교사는 어떻게 대화를 진행시켜야 한다고 생각하는가?

3. 이 대화의 출발점이 된 SNS상에서의 갈등에는 최수진, 김유미 학생 외에도 다른 반 친구들이 연관되어 있다. 이들과의 관계에 대해서는 어떠한 노력이 필요할까?

참고문헌

강인구, 김광수(2015). 회복적 생활교육 개입이 학급응집력에 미치는 효과. **초등상담연구, 14**(1), 43-61.

경기도교육청(2014). 평화로운 학교를 위한 회복적 생활교육 매뉴얼.

김용세, 박광섭, 도중진(2001). **형사화해제도 도입을 위한 입법론적 연구**. 서울: 한국형사정책연구원.

김은경(2007). 21세기 소년사법 개혁과 회복적 사법의 가치. **형사정책연구, 18**(3), 1159-1188.

김은아(2017). 회복적 생활교육에 근거한 활동중심 갈등해결 프로그램이 초등학생의 공동체 의식에 미치는 효과. **행동분석 · 지원연구, 4**(1), 49-73.

김은주(2020). 초등 3-6학년 학생의 회복적 생활교육을 위한 동요 지도 방안 연구. **문화교류와 다문화교육, 9**(2), 199-226.

남은미(2008). 아들러의 '논리적 결과'를 활용한 학급운영이 초등학생의 문제행동개선에 미치는 효과. **초등상담연구, 7**(1), 135-163.

도중진(2012). 학교폭력의 분쟁조정과 회복적 사법: 학교폭력예방 및 대책에 관한 법률 시행령상의 분쟁조정 제도의 실효적 개선방안을 중심으로. **형사법의 신동향, 35**, 52-90.

서정기(2012). 학교폭력의 교육적 대안: 회복적 생활교육. **배움학 연구, 4**(1), 25-40.

이경원(2019). 회복적 생활교육과 도덕교육: 회복적 생활교육을 통한 치유. **초등도덕교육, 65**, 339-362.

이경원, 김순자(2020). 초등학교에서 갈등전환을 위한 또래중재프로그램의 개발연구. **초등도덕교육, 70**, 155-191.

이슬희(2020). 따돌림의 발생 구조와 해결 방안 고찰. **초등도덕교육, 69**, 23-56.

이재호(2020). 회복적 생활교육에 관한 쟁점 및 방법적 원리 탐색. **초등도덕교육, 70**, 401-431.

이혜경, 최중진(2018). 회복적 생활교육이 초기 청소년의 학급응집력과 교우관계에 미치는 영향. **청소년학연구, 25**(6), 27-53.

정진(2016). **회복적 생활교육 학급운영 가이드북**. 경기: 피스빌딩.

허수진, 오인수(2018). 초등교사의 회복적 생활교육의 효과 요인 및 도전 요인에 대한 개념도 분석. **아시아교육연구, 19**(3), 767-793.

Barnett, R. E. (1977). Restitution: A new paradigm of criminal justice. *Ethics, 87*(4), 279-301. https://doi.org/10.1086/292043

Hardin, C. J. (2012). *Effective classroom management: Models and strategies for today's classroom*. Upper Saddle River, NJ: Pearson. 김은주 역(2012). **효과적인 교실관리: 오늘날의 교실을 위한 모형 및 전략**. 서울: 시그마프레스.

찾아보기

저자 소개

김현욱(Kim, Hyun-wook)
한국교원대학교 대학원(초등교육학 전공, 교육학박사)
한국교원대학교 초등교육과 교수

고전(Ko, Jeon)
연세대학교 대학원(교육법학 전공, 교육학박사)
제주대학교 부총장

김민조(Kim, Min-jo)
서울대학교 대학원(교육행정 전공, 교육학박사)
청주교육대학교 교육학과 교수

박상완(Park, Sang-wan)
서울대학교 대학원(교육행정 전공, 교육학박사)
부산교육대학교 교육학과 교수

박일수(Park, Il-soo)
한국교원대학교 대학원(교육과정 전공, 교육학박사)
공주교육대학교 교육학과 부교수

서현석(Seo, Hyun-seok)
한국교원대학교 대학원(초등국어교육(화법) 전공, 교육학박사)
전주교육대학교 국어교육과 교수

이재호(Lee, Jae-ho)
한국교원대학교 대학원(도덕교육 전공, 교육학박사)
광주교육대학교 윤리교육과 교수

정바울(Chung, Ba-ul)
미국 Boston College(교육행정 전공, 교육학박사)
서울교육대학교 초등교육과 교수

정상원(Jung, Sang-won)
경북대학교 대학원(교육과정 및 방법 전공, 교육학박사)
춘천교육대학교 교육학과 교수

정성수(Jung, Sung-soo)
서울대학교 대학원(교육행정 전공, 교육학박사)
대구교육대학교 교육학과 교수

최원석(Choi, Won-seok)
University of Minnesota(교육행정 전공, 교육학박사)
경인교육대학교 교육학과 조교수

홍영기(Hong, Young-ki)
University of Nebraska at Lincoln(교육과정과 수업 전공, 교육학박사)
진주교육대학교 교육학과 교수

학생과 소통하는 행복한 학급 만들기

Building a Positive Classroom Communicating with Students

2021년 8월 10일 1판 1쇄 인쇄
2021년 8월 20일 1판 1쇄 발행

지은이 • 김현욱 · 고 전 · 김민조 · 박상완 · 박일수 · 서현석
이재호 · 정바울 · 정상원 · 정성수 · 최원석 · 홍영기

펴낸이 • 김진환

펴낸곳 • ㈜학지사
04031 서울특별시 마포구 양화로 15길 20 마인드월드빌딩
대표전화 • 02-330-5114 팩스 • 02-324-2345
등록번호 • 제313-2006-000265호

홈페이지 • http://www.hakjisa.co.kr
페이스북 • https://www.facebook.com/hakjisabook

ISBN 978-89-997-2467-1 93370

정가 20,000원